तुलनात्मक साहित्य : सैद्धांतिक परिप्रेक्ष्य

ज्ञान शांति मैत्री

महात्मा गांधी अंतर्राष्ट्रीय हिंदी विश्वविद्यालय, वर्धा (महाराष्ट्र)

तुलनात्मक साहित्य : सैद्धांतिक परिप्रेक्ष्य

संपादक

हनुमानप्रसाद शुक्ल

पुनरीक्षक

देवराज

राजकमल प्रकाशन

ISBN : 978-81-267-2799-5

मूल्य : ₹895

पहला संस्करण : 2015
This book is printed on **Print on Demand** Technology : 2024

प्रकाशक : राजकमल प्रकाशन प्रा. लि.
1-बी, नेताजी सुभाष मार्ग, दरियागंज
नई दिल्ली-110 002

शाखाएँ : अशोक राजपथ, साइंस कॉलेज के सामने, पटना-800 006
पहली मंजिल, दरबारी बिल्डिंग, महात्मा गांधी मार्ग, प्रयागराज-211 001
1, अनमोल सोराबजी संतुक लेन, धोबी तलाव, मरीन लाइंस, मुम्बई-400 002
वेबसाइट : www.rajkamalprakashan.com
ई-मेल : info@rajkamalprakashan.com

TULANATMAK SAAHITYA : SAIDDHANTIK PARIPREKSHYA
Edited by Hanumanprasad Shukla
Revised by Devraj

भारतीय साहित्य के अनन्य अध्येता
विद्या-विनय-संपन्न
प्रो. शिशिर कुमार दास
का
कृतज्ञ स्मरण

संपादकीय भूमिका

जादवपुर विश्वविद्यालय में 1956 ई. में बुद्धदेव बसु के नेतृत्व में भारत का पहला तुलनात्मक साहित्य विभाग विधिवत् स्थापित हो जाने के बाद भी बीसवीं सदी के आठवें दशक तक उसकी स्वीकृति और प्रगति के कोई प्रभावी लक्षण दिखाई नहीं पड़ते। यूरो-अमेरिकी निर्भरता और भारतीय साहित्यों की परस्परता से उदासीनता कदाचित् इसके मुख्य कारण रहे हों। यूरोप-अमेरिका में तुलनात्मक साहित्य अनुशासन के उद्भव-विकास के कारण यह स्वाभाविक ही है। परंतु आठवें दशक के आते-आते भारत भर में जहाँ-तहाँ तुलनात्मक साहित्य की चर्चा होने लगती है। यह चर्चा धीरे-धीरे संगोष्ठियों के आयोजन और एम.ए./एम.फिल. के पाठ्यक्रमों में 'तुलनात्मक साहित्य' के समाहित किए जाने के रूप में सामने आती है। कई विश्वविद्यालयों के हिंदी विभागों में एम.ए. या एम.फिल. पाठ्यक्रम में कहीं अनिवार्य तो कहीं ऐच्छिक रूप में इसे जगह दी गई। जिस वर्ष मैं लखनऊ विश्वविद्यालय में एम.ए. का विद्यार्थी था, उसी वर्ष हिंदी विभाग के तत्कालीन अध्यक्ष, प्रो. सूर्यप्रसाद दीक्षित के द्वारा तुलनात्मक साहित्य का एक अनिवार्य प्रश्नपत्र शुरू किया गया था जिसमें हिंदी के साथ मलयालम, तमिल, मराठी, गुजराती और बँगला के तुलनात्मक अध्ययन के विकल्प थे। परंतु उस समय तुलनात्मक अध्ययन द्विआधारी (Binary) ही था; या फिर अध्ययन की एक पद्धति मात्र के रूप में देखा-समझा जा रहा था। एक स्वतंत्र अनुशासन या साहित्य अध्ययन के एक सम्पूर्ण तंत्र के रूप में तुलनात्मक साहित्य की समझ मौजूद नहीं दिखाई पड़ती। 'एक भाषा-एक साहित्य' समीकरण वाले एकल साहित्य अध्ययनों की रुचि-प्रवृत्ति इधर प्रायः नहीं हुई। इस कारण, कुछ दृष्टि-संपन्न अध्येताओं के उद्योग से जहाँ कहीं इसकी शुरुआत हुई या स्वतंत्र विभाग खुले, वे कुछ वर्षों में धीरे-धीरे बन्द हो गए। इस दिशा में किए गए उद्योग निजी रुचि-क्षमता पर आधारित थे जिन्हें उत्तरजीविता और अनुसमर्थन नहीं मिल सका। जादवपुर विश्वविद्यालय, जो भारत में तुलनात्मक साहित्य का पुरस्कर्ता था, उसने भारत में नेतृत्वकारी भूमिका के बजाय अपने परिसर तक ही स्वयं को सीमित रखा। भारतीय साहित्य में भी उसकी परिधि संस्कृत और बँगला तक ही सीमित रही; केंद्र में यूरो-अमेरिकी एजेंडा रहा। बीसवीं शताब्दी के ढलते वर्षों में जरूर कुछ कोशिशें नजर आईं। कंपेरेटिव लिटरेचर एसोसिएशन ऑफ इंडिया (CLAI) भी भारतीय साहित्य (ों) के संबंध में

कोई निर्णायक पहल करने में विफल रहा; वहाँ वर्चस्व अंग्रेजी का ही बना रहा। कुछ व्यक्तिगत प्रयत्नों की सराहना अवश्य की जा सकती है।

यह पुस्तक बहुत विलंब से तैयार हुई है; कारण बहुत-से हैं। पुस्तक की संक्षिप्त विलंब-कथा इस प्रकार कही जा सकती है–

दिसंबर, 2006 में जब मैं महात्मा गांधी अंतर्राष्ट्रीय हिंदी विश्वविद्यालय में साहित्य विद्यापीठ में रीडर के पद पर नियुक्त हुआ तो उस समय प्रो. जी. गोपीनाथन कुलपति थे। वे स्वयं हिंदी के प्रोफेसर रहने के साथ ही तुलनात्मक साहित्य और अनुवाद के विशेषज्ञ थे। उन्होंने विश्वविद्यालय में एम.ए., एम.फिल. और पी-एच.डी. के स्तर पर हिंदी में तुलनात्मक साहित्य के दृष्टि-संपन्न पाठ्यक्रमों की शुरुआत की थी। तुलनात्मक साहित्य संबंधी उनकी दृष्टि का साक्ष्य भारतीय हिंदी परिषद के 16-17 अक्टूबर, 1992 को संपन्न 32वें अधिवेशन (जयपुर) में दिए गए उनके अध्यक्षीय भाषण में पाया जा सकता है। कार्यभार ग्रहण करते ही उन्होंने मुझे साहित्य विभाग (साहित्य विद्यापीठ) का विधिवत् अध्यक्ष नियुक्त किया और हिंदी में पहले तुलनात्मक साहित्य विभाग की स्थापना का गौरवपूर्ण दायित्व सौंपा। मैं उनकी इस अनुकंपा और मुझमें व्यक्त किए गए विश्वास के लिए उनका कृतज्ञ हूँ। मैं स्वयं हिंदी का विद्यार्थी रहा था और तब तुलनात्मक साहित्य से मेरा परिचय सामान्य ही कहा जाएगा। अपने कर्तव्य को स्थिर करने के लिए मैंने देश के प्रतिष्ठित तुलनाविदों से संपर्क-संवाद शुरू किया। आरंभिक दौर में हिंदी में तुलनात्मक साहित्य अध्ययन की संभावनाएँ हताश करने वाली थीं। पर जैसे-जैसे तुलनात्मक साहित्य और तुलनाविदों से परिचय गहराता गया, हताशा आत्मविश्वास और निश्चय में बदलती गई। विभाग को स्वरूप देने के लिए मैंने तुलनात्मक साहित्य के भारत में पहले विभाग के विकास को समझने के लिए अपने दो सहयोगियों–डॉ. अशोकनाथ त्रिपाठी और डॉ. उमेश कुमार सिंह–के साथ जादवपुर की जनवरी, 2008 में यात्रा की थी। इस यात्रा में प्रो. अमिय देव और प्रो. स्वपन मजूमदार से मुलाकात मार्गदर्शक और प्रोत्साहनकारी रही। प्रो. शुभा चक्रवर्ती दासगुप्ता, प्रो. ईप्सिता चंदा और अन्य लोगों का बड़ा सहयोग मिला। फिर अन्य अनेक उपायों के साथ ही हिंदी में आधार-ग्रंथों की तैयारी अनिवार्य कर्तव्य की तरह सामने आई। मेरे इस प्रस्ताव को प्रो. जी. गोपीनाथन ने उदारतापूर्वक अपना समर्थन दिया। पर इसके बावजूद कुछ प्रशासनिक कारणों से यह योजना अधर में अटक गई। सुना है एक बार इससे पहले भी यह विचार कार्यान्वित होने से रह गया था।

फिर जब श्री विभूति नारायण राय, विश्वविद्यालय के कुलपति हुए तो कुछ समय के बाद मैंने उनसे इस संबंध में अनुरोध किया तो उन्होंने न केवल अपना उदार समर्थन दिया, बल्कि मेरे प्रस्ताव के अनुसार इसको सब प्रकार से अनुमोदित भी कराया। एक वर्ष से अधिक के व्यवधान के बाद मैंने फिर काम शुरू किया। मई, 2009 में भारतीय

उच्च अध्ययन संस्थान, शिमला में एक माह रहकर मैंने इस संबंध में आधार तैयारी की। काम आगे बढ़ता कि सितंबर, 2009 में मैं प्रोफेसर पद पर राजस्थान विश्वविद्यालय, जयपुर चला गया। इस संबंध में मैंने केंद्रीय साहित्य अकादेमी, नई दिल्ली के साथ एक राष्ट्रीय संगोष्ठी भी प्रस्तावित की थी, जो 4-5 फरवरी, 2010 को जयपुर जाकर की। पुस्तक का काम एक बार फिर छूट गया था। पर मेरी एक वर्धा यात्रा के दौरान कुलपति महोदय ने इस पुस्तक को पूरा करने के लिए कहा। मैंने स्वीकार किया और फिर कुछ काम शुरू किया। किंतु मेरी लंबी अस्वस्थता के चलते कार्य को गति नहीं मिल पा रही थी। इसी बीच समाचार मिला कि महात्मा गांधी अंतर्राष्ट्रीय हिंदी विश्वविद्यालय ने हिंदी (तुलनात्मक साहित्य) पाठ्यक्रम विधिवत् बन्द (स्थगित?) कर दिया है। इस समाचार से अस्वस्थताजनित अन्यमनस्कता, उदासीनता और शिथिलता की ओर बढ़ चली। मेरी सम्मति में यह पर्याप्त विचार के बिना लिया गया पश्चगामी निर्णय था।

इस बीच जो कुछ काम हिंदी-अंग्रेजी में हुआ था, वह पड़ा रहा और पुस्तक टलती रही। अब जब विश्वविद्यालय में दुबारा आना हुआ है तो माननीय कुलपति महोदय के निर्देश पर इस पुस्तक का काम नए सिरे से फिर हाथ में लिया। और अब किताब फिलहाल पूरी हो गई है। लेकिन यदि पूरी हो गई है तो इसका समूचा श्रेय विश्वविद्यालय के माननीय कुलपति श्री विभूति नारायण राय के उदार समर्थन और धैर्य को है।

2

भारत में तुलनात्मक साहित्य अध्ययन में सबसे बड़ी बाधा एकल साहित्य विभागों की आत्मकेंद्रिकता है। हिंदी, उर्दू, मराठी, बँगला, तमिल आदि का आपस में प्रायः कोई संवाद नहीं है, अंग्रेजी का आभिजात्य और अ-लगाव अपनी जगह है ही। बहुभाषाविदों की संख्या निरंतर घटी है और भारतीय संदर्भ में उसके बढ़ने के कोई बहुत स्पष्ट आसार या कारण नहीं दिखाई पड़ते। तुलनात्मक साहित्य अध्ययन के लिए बहुभाषाविद् होना या अध्ययन किए जाने वाले साहित्य की भाषा का सम्यक् बोध होना काम्य स्थिति है; पर अनिवार्य शर्त नहीं। ठीक उसी प्रकार जैसे भाषाविज्ञान के अध्ययन के लिए बहुभाषाविद् होना आवश्यक नहीं है; भाषाविज्ञान से पहले फिलालॉजी के लिए यह जरूरी था। यह भी आवश्यक नहीं कि किसी भाषा का ज्ञान होने मात्र से उस भाषा में रचित साहित्य की समझ भी आ जाए। तुलनात्मक साहित्य के विकास के आरंभिक दौर में, जब उसका स्वरूप ठीक तरह से विकसित नहीं था, तब की बात और थी। अब परिदृश्य बिलकुल अलग है। अनुवाद, तुलनात्मक साहित्यिक अध्ययनों का अब प्राथमिक आधार बन चुका है। वे दिन भी अब बीत चुके हैं जब अनुवाद दोयम दर्जे की गतिविधि मानी जाती थी और उसे अकादमिक सम्मान प्राप्त नहीं था। अनुवाद अध्ययन भी अब अन्य अनुशासनों की तरह ही एक स्वतंत्र और गरिमापूर्ण अनुशासन है। जो इससे परिचित

नहीं हैं उन्हें आत्म संशोधन और आत्म विस्तार करने की जरूरत है। किंतु सुसान बासनेट जैसी विदुषियों की यह स्थापना भी चिंतनीय है कि अनुवाद अध्ययन ही अब प्रमुख है; तुलनात्मक साहित्य के दिन बीत चुके हैं और वह अनुवाद अध्ययन का सहायक-भर है। तुलनात्मक साहित्य से भिन्न संदर्भ में उनकी बात ठीक हो सकती है। यह बात भी उचित नहीं है कि प्रायः अनुवाद मूल से बहुत दूर होते हैं या कि अच्छे अनुवाद सुलभ नहीं हो पाते। यही बात तो रचना को लेकर भी कही जा सकती है। वस्तुतः अनुवाद का अच्छा या बुरा होना उसके अनुवादक पर निर्भर करता है। इन्हीं स्थितियों का परिणाम है कि भारतीय भाषाओं में तुलनात्मक साहित्य का विकास नहीं हो सका या नहीं होने दिया गया। भारतीय साहित्य जहाँ तुलनात्मक साहित्य का विषय बना भी, वहाँ वह अंग्रेजी में हुआ। अभी भी तुलनात्मक भारतीय साहित्य अंग्रेजी वर्चस्व के शिकंजे से बाहर नहीं आ सका है। इन्हीं स्थितियों के बीच महात्मा गांधी अंतर्राष्ट्रीय हिंदी विश्वविद्यालय ने इस दिशा में पहल की थी और हिंदी माध्यम से, हिंदी साहित्य को आधार मानते हुए भारतीय एवं शेष विश्व साहित्य को लेकर एक भारतीय मॉडल विकसित करने की दिशा में पहला कदम रखा था जिसकी प्रेरणा से इस पुस्तक का विचार उपजा था।

3

तुलनात्मक साहित्य एकल साहित्य से कोई नितांत अलग या न्यारी चीज नहीं है। यह ठीक है कि वह एक व्यवस्थित अनुशासन का रूप ले चुका है; किंतु साहित्य अध्ययन में वह अन्वेषण की एक पद्धति भी है। उसके अध्ययन के उपादान एकल साहित्य अध्ययन से बहुत अलग नहीं हैं, उनकी विधि भी एक जैसी है। एकल साहित्य से उसका मुख्य अंतर अंतर्वस्तु, दृष्टिबिंदु और परिप्रेक्ष्य को लेकर ही है। साम्य-वैषम्य, व्यतिरेक, समानांतरता, थीम, काव्य-रूप और विधा, इतिहास/परंपरा, प्रभाव/स्वीकरण (अभिग्रहण) और अनुवाद तुलनात्मक साहित्य अध्ययन के मुख्य पक्ष में हैं।

तुलनात्मक साहित्य का विकास पिछली डेढ़-दो शताब्दियों में यूरोप, अमेरिका, एशिया, अफ्रीका और लैटिन अमेरिका जैसे कई भू-सांस्कृतिक क्षेत्रों में हुआ है। इस कारण देश-काल के अंतर से तुलनात्मक साहित्य के स्वरूप में भेद पाया जा सकता है; क्योंकि हर देश-काल में कुछ निजी और अनूठापन होता ही है। पर इसका अर्थ यह नहीं है कि एक देश-काल में विकसित तुलनात्मक साहित्य का दूसरे देश-काल के तुलनात्मक साहित्य से कोई संबंध ही नहीं हो सकता। इसलिए तुलनात्मक साहित्य के फ्रेंच, जर्मन, ब्रिटिश या अमेरिकी प्रस्थान (School) की बात का कोई औचित्य प्रतीत नहीं होता। उचित कदाचित् यही है कि सभी देश-कालों में विकसित तुलनात्मक साहित्य का पर्यवेक्षण कर देखा जाए कि उसमें इस अनुशासन की दृष्टि से क्या सार-तत्त्व (Essence) है और उन सबके योग से कैसे इस अनुशासन को एक सार्वभौम रूप दिया जा सकता है जिससे

उसे 'विश्व साहित्य' का गौरव सचमुच मिल सके। यूरो-अमेरिकी तुलनात्मक साहित्य में अभी इतनी उदारता संभव नहीं हो पाई है। वहाँ अभी एक को दूसरे के विरोधी के रूप में ही देखा जाता है; पूरक के रूप में देखने की दृष्टि विकसित होना अभी बाकी है। यही वजह है कि यूरो-अमेरिकी तुलनात्मक साहित्य एशिया, अफ्रीका और लैटिन अमेरिका के लिए उत्प्रेरक (या मार्गदर्शक) भले हो जाए, बहुत काम का नहीं है।

4

तुलनात्मक साहित्य का विचार उन्नीसवीं शताब्दी में जब उद्‌भूत हुआ उस समय यूरोप के प्रायः सभी नवोदित राष्ट्र-राज्य साम्राज्यवादी वर्चस्व के लिए भयानक संघर्ष में परस्पर उलझे हुए थे। वे 'एक भाषा-एक राष्ट्र' के साथ ही 'एक साहित्य' की धारणा को साकार करने में हठपूर्वक संलग्न थे। समूचे यूरोप की आधार-प्रेरणा ग्रीक तथा मध्य युग की साझी भाषा लैटिन होने के बावजूद 'फ्रांस-फ्रेंच भाषा-फ्रेंच साहित्य', 'इंग्लैंड-अंग्रेजी भाषा-अंग्रेजी साहित्य', 'स्पेन-स्पेनिश भाषा-स्पेनिश साहित्य' आदि का दुर्निवार्य आग्रह बढ़ चला था; केवल स्विट्जरलैंड और बेल्जियम जैसे देश अपवाद थे। हद तो यहाँ तक थी कि इंग्लैंड जैसे देश अपनी ही आयरिश, वेल्श, स्कॉटिश जैसी भाषाओं और उनकी राष्ट्रीयता को पोषण देने वाले साहित्य को बर्दाश्त करने को तैयार नहीं थे। इन्हीं कथित राष्ट्रीय साहित्यों की प्रतिक्रिया में यूरोप की शांति और एकता के लिए 'तुलनात्मक साहित्य' क्रमशः विकसित हुआ। जो मनीषी यूरोप के आंतरिक द्वंद्व से विचलित थे, उनमें भी यूरोपीय श्रेष्ठता के दंभ के साथ-साथ राष्ट्रीय मोहांधता विद्यमान थी। उदाहरण के लिए, गोएते कह रहे थे, "... a general Weltliteratur is in the making in which an honorable role is reserved for us Germans." उनसे भी आगे बढ़कर चेसल्स ने कहा, "...What Europe is to the world, France is to Europe."

इसी परिप्रेक्ष्य में, तुलनात्मक साहित्य उनके लिए राष्ट्रीय सीमाओं से परे दो या अधिक साहित्यों के पारस्परिक संबंधों का अध्ययन था और राष्ट्रीय सीमाएँ यूरोपीय राष्ट्रों की सीमाओं तक सीमित थीं, शेष दुनिया और राष्ट्र इसकी परिधि में नहीं आते थे। गोएते के Weltliteratur में भी केवल क्लासिक्स, खासकर यूरोपीय क्लासिक्स, के लिए ही जगह थी। दरअसल यह यूरोपीय पृष्ठभूमि ही थी जिसमें 'राष्ट्रीय साहित्य', 'विश्व साहित्य' और 'सामान्य साहित्य' जैसे पद चलाए गए। 'तुलनात्मक साहित्य' से 'सामान्य साहित्य' का अंतर करते हुए कहा गया कि सार्वभौम सिद्धांत और काव्यशास्त्र 'सामान्य साहित्य' की परिधि में हैं, जबकि दो या दो से अधिक साहित्यों का तुलनात्मक अध्ययन 'तुलनात्मक साहित्य' है। आगे चलकर रेनेवेलेक ने इस अंतर की कृत्रिमता को ठीक ही रेखांकित किया। 'तुलनात्मक साहित्य' के नाम को लेकर भी अनेक वाद-प्रतिवाद हुए। परंतु वह सब अब इतिहास का अंग बन चुका है और 'तुलनात्मक साहित्य' सुस्पष्ट अभिधान के रूप में स्वीकृत हो चुका है। इस प्रसंग में

ध्यान रखने की बात यह भी है कि 'तुलनात्मक साहित्य' के लिए रवींद्रनाथ द्वारा प्रयुक्त 'विश्व साहित्य' पद गोएते के Weltliteratur से अधिक व्यापक और उदार है; साथ ही एक विराट चेतना और भिन्न सांस्कृतिक दृष्टि की भी उपज है। एक बात और कि 'तुलनात्मक साहित्य' के संदर्भ में 'भारतीय साहित्य' की तुलना 'यूरोपीय साहित्य' से करनी चाहिए, न कि फ्रेंच, जर्मन, इंगलिश और स्पेनिश साहित्य से। फ्रेंच, जर्मन, इंगलिश और स्पेनिश आदि के साहित्य की तुलना करनी ही हो तो बँगला, मराठी, हिंदी, तमिल आदि के साहित्य से करनी चाहिए; तुलना के लिए यही समतुल्य और उचित संदर्भ है।

5

तुलनात्मक साहित्य का उद्भव-मूल यूरोपीय होने और अपने विकासक्रम में यूरो-अमेरिकी हितों के पोषण के लिए साधन रूप में इस्तेमाल किए जाने के बावजूद वह अपने यूरो-अमेरिकी पुरोधाओं के हाथ से निरंतर फिसलता गया है। अपने नाना रूपों और अवतारों में उसने क्रमशः एक विरतृत, बहुलतापूर्ण और लोकतांत्रिक मानवीय परिवेश को संभव बनाने के लिए अपने नियंताओं से विद्रोह किया है। उसकी इसी प्रवृत्ति से तंग आकर उसे एरिया स्टडीज, कल्चर स्टडीज, लिटरेरी थ्योरी आदि से विस्थापित करने तथा उसे एक ग्लोबल रूप में अवतरित करने की कोशिशें हुईं और जब इससे यूरो-अमेरिकी हितों की सिद्धि असंभव जान पड़ने लगी तो उसकी मृत्यु की घोषणा की जाने लगी। इस बीच एशिया और अफ्रीका में उसको नया अवतार मिल गया। मृत्यु की घोषणा करने वाले अपना माथा पीटते रह गए। तुलनात्मक साहित्य की एक और हिमाकत रही कि उसने अपने क्षेत्र में सर्वसत्तावादी विचारधाराओं और अंधराष्ट्रवाद या अंधपरंपरावाद की भी पोल खोल दी। इसलिए उसके विरोधियों में कट्टर वैचारिक, अंधराष्ट्रवादी और अंधपरंपरावादी सभी सम्मिलित हो गए; आपस में तीखे विरोध के बावजूद। हिटलर की जर्मनी और स्टालिन के सोवियत संघ में 'तुलनात्मक साहित्य' की कोई जगह नहीं थी। इन्हीं शक्तियों के द्वारा 'एक राष्ट्र-भाषा साहित्य' फार्मूले की हदबंदी कर विभिन्न साहित्यों के बीच एक अभेद्य दीवार खड़ी की जाती रही और पूरी चौकसी बरती जाती रही कि इसमें कोई दरार न पड़ने पाए। अकर्मण्यों की भीड़ को भी जीने का सहारा मिला और बिना जाने-समझे वे झंडे-नारे के साथ, साथ हो लिए—पहले दूसरी भाषा सीखो, फिर साहित्य पढ़ो। पर सभी प्रकार की संकीर्णताएँ अपना सिर धुनती रह गईं।

6

एशिया-अफ्रीका में फैलने के साथ तुलनात्मक साहित्य ने साहित्य की चौहद्दी को भी तोड़ा है और अन्य सभी ज्ञानानुशासनों के साथ अपने नैसर्गिक संबंध की घोषणा की

है। हेनरी रेमाक ने सातवें दशक की शुरुआत में तुलनात्मक साहित्य के अंतर-अनुशासनिक चरित्र को स्पष्ट करते हुए लिखा–

"Comparative Literature is the study of literature beyond the confines of one particular country, and the study of the relationships between literature on the one hand, and other areas of knowledge and belief, such as the arts (e.g. painting, sculpture, architecture, music), philosophy, history, the social sciences (e.g. politics, economics, sociology), the sciences, religion etc., on the other. In brief, it is the comparison of literature with other spheres of human expression."

रेमाक का उपर्युक्त कथन भले ही अमेरिकी तुलनात्मक साहित्य के आधार को स्पष्ट करने वाला माना जाता हो, परंतु वह तुलनात्मक साहित्य के स्वतंत्र और सम्पूर्ण अनुशासन के रूप में उसके व्यक्तित्व को भी स्पष्ट करता है। इतना ही नहीं, नए माध्यमों में साहित्य के संचरण और रूपांतरण के कारण फिल्म और मीडिया भी साहित्य की नई विधाएँ हो गई हैं; इस कारण ये तुलनात्मक साहित्य की अध्ययन परिधि में स्वभावतः आ गए हैं। इसी प्रकार, इधर उपजे विभिन्न अस्मितावादी विमर्श (यथा- दलित, आदिवासी, स्त्री आदि) तथा लोक साहित्य भी इसके दायरे में आए हैं। इस कारण लंबे समय से चर्चा का विषय रहा तुलनात्मक साहित्य का आभिजात्य प्रश्नांकित हुआ है। आशय यह है कि अब उसका स्वरूप पूरी तरह से अंतर-अनुशासनिक और लोकतांत्रिक हो गया है। साहित्य के मूल चरित्र के अनुरूप अब कोई भी विषय क्षेत्र उसके दायरे के बाहर नहीं है। इस प्रकार तुलनात्मक साहित्य को मूलतः साहित्यों का गणतंत्र कहा जा सकता है और मानविकी के प्रस्थान से समस्त ज्ञानानुशासनों के संयोजक केंद्र के रूप में उसे संयुक्त राष्ट्र संघ (UNO) की तरह देखा जा सकता है।

7

यह पुस्तक चार भागों में विन्यस्त है। पहले भाग में तुलनात्मक साहित्य के आरंभ, अवधारणा तथा उसके भारतीय एवं भारतेतर संदर्भों पर केंद्रित आलेख हैं जिससे उसका स्वरूप सम्यक् रूप से स्पष्ट हो जाए। दूसरे भाग में तुलनात्मक साहित्य की अध्ययन-पद्धति और उसके प्रमुख विषय-क्षेत्रों तथा साहित्य और अन्य कला-रूपों के संबंध का विवेचन है। तीसरे भाग में तुलनात्मक साहित्य के भारतीय आयामों की खोज, भारतीय साहित्य की अवधारणा और भारत में तुलनात्मक साहित्य अध्ययन के मॉडल और ब्यौरे पर केंद्रित आलेख हैं। चौथे भाग में एस.एस. प्रा'र, उलरिक वाइस्तीन, क्लादियो गिलेन, सुसान बासनेट और स्टीवन टोटोसी की तुलनात्मक साहित्य विषयक पुस्तकों का परिचयात्मक विवरण है जो यहाँ इस दृष्टि से संयोजित है कि पाठकों को पता चल सके कि प्रमुख तुलनाविदों ने इस अनुशासन को किस ढंग से संगठित करने की कोशिश की है। इससे यह जानने में भी मदद मिलेगी कि हिंदी और अन्य भारतीय भाषाओं में इस तरह की कोशिशें नहीं हुईं और

यह भी कि हिंदी और भारतीय भाषाओं में ऐसी किताबों की कितनी जरूरत है। परिशिष्ट में तुलनात्मक साहित्य का अध्ययन आरंभ करने की दृष्टि से कुछ बहुत जरूरी किताबों की सूची के साथ लेखकों-अनुवादकों का परिचय भी दिया गया है। पुस्तक के कुल 21 आलेखों में से 6 मूलतः हिंदी में लिखे गए तथा 2 बँगला और 13 अंग्रेजी से अनूदित हैं जिनका संकेत यथास्थान कर दिया गया है। पुस्तक में वर्तनी की एकरूपता बनाए रखने की भरसक कोशिश की गई है; फिर भी अन्य मानवीय उपक्रमों की तरह भूल-चूक की गुंजाइश हो ही सकती है।

'तुलनात्मक साहित्य : सैद्धांतिक परिप्रेक्ष्य' पुस्तक तुलनात्मक साहित्य अध्ययन के किसी प्रतिमान की स्थापना का संकल्प नहीं करती, बल्कि केवल उस परिदृश्य को हमारे सामने उद्घाटित करने की कोशिश करती है जिसमें भारत में तुलनात्मक साहित्य अध्ययन की संभावना को पहचाना जा सके। इस पुस्तक में तुलनात्मक साहित्य को एक विकसनशील अनुशासन मानकर चला गया है, इसलिए स्कूलों (प्रस्थानों) की अलग से चर्चा नहीं है। पर अगर कोई आग्रह करना ही हो तो यहाँ तुलनात्मक साहित्य के भारतीय प्रस्थान की एक झलक देखी जा सकती है। तुलनात्मक साहित्य की दिशा में इस पुस्तक को हिंदी में एक आरंभिक प्रयत्न (प्रस्तावना) के रूप में देखा जाना चाहिए; एक सम्पूर्ण उपक्रम या निष्पत्ति की तरह नहीं। निश्चय ही इस दिशा में और अधिक प्रयत्नों के नैरंतर्य की जरूरत है। ये प्रयत्न व्यक्तिगत भी हो सकते हैं और सामूहिक भी। यह पुस्तक इस दिशा में पहला और एक कदम है; आखिरी पड़ाव आसान नहीं है–

लंबा मारग दूरि घर विकट पंथ बहुमार।
कहो संतो क्यों पाइए दुरलभ हरि दीदार॥

–हनुमानप्रसाद शुक्ल

आभार

यह पुस्तक अनगिनत सहयोगों-सद्‌भावनाओं का परिणाम है। मैं ऐसे समस्त सहयोगों-सद्‌भावनाओं के प्रति प्रणत हूँ जिनके कारण एक अनाड़ी को तुलनात्मक साहित्य के प्रांगण में विचरने की इजाजत मिल गई।

प्रो. अमिय देव, प्रो. स्वपन मजूमदार, प्रो. इंद्रनाथ चौधुरी, प्रो. गणेश नारायण देवी, प्रो. अवधेश कुमार सिंह, प्रो. शुभा चक्रवर्ती दासगुप्ता और प्रो. ईप्सिता चंदा के आत्मीय उत्प्रेरण, अहेतुक सहयोग और समर्थन की स्मृति अभिभूत करती है। डॉ. चंद्रमोहन, डॉ. सायंतन दासगुप्ता और डॉ. समंतक दास का सहयोग भी स्मरणीय रहेगा। इन सबके प्रति मेरी हार्दिक कृतज्ञता।

श्रीमती सुस्मिता दास ने स्व. प्रो. शिशिर कुमार दास के लेख को सम्मिलित करने की कृपापूर्ण अनुमति प्रदान की है। मैं इस उपकार के लिए आभार-नत हूँ।

मैं पुस्तक के सभी सहयोगी लेखकों और अनुवादकों का अत्यंत आभारी हूँ, जिनके सहयोग के बिना यह उद्यम साकार न हो पाता। विश्वविद्यालय के अनुवाद और निर्वचन विद्यापीठ के अधिष्ठाता प्रो. देवराज ने अनुवाद कार्य के साथ ही पुनरीक्षक का गुरुतर दायित्व भी मेरे आग्रह पर सहज भाव से निभाया। उनके सहयोग और आत्मीयता का प्रत्युपकार या उससे उऋण होना असंभव है। मेरे शिष्य—गोविंद और राजीव—सौंपे गए काम को जिस निष्ठा से निभाते हैं, उसके लिए वे सदैव मेरे स्नेहभाजन रहेंगे। पुस्तक की प्रेस कॉपी तैयार करने के लिए श्री उमाशंकर, कवर डिजाइन के लिए श्री राजेश आगरकर तथा पुस्तक के प्रकाशन के लिए राजकमल प्रकाशन, नई दिल्ली के श्री अशोक महेश्वरी को धन्यवाद देता हूँ।

पुस्तक छप रही है तो उसके पीछे हमारे विश्वविद्यालय के माननीय कुलपति श्री विभूति नारायण राय का उदार समर्थन है; इसके लिए मैं उनके प्रति हार्दिक आभार प्रकट करता हूँ।

अनुक्रम

पहला भाग

दूसरा भाग

तीसरा भाग

चौथा भाग

परिशिष्ट

पहला भाग

तुलनात्मक साहित्य*

अमिय देव

आज तक तुलनात्मक साहित्य पर जो विचार-विमर्श हुआ है, वह कोई कम नहीं है। जिन लोगों ने यूरोप में इसके प्रादुर्भाव का इतिहास लिखा है, उन्होंने औद्योगिक-क्रांति के फलस्वरूप होने वाले बाजार के विस्तार के दृष्टांत ग्रहण किए हैं। जब साहित्य एक भाषा की परिधि लाँघ कर दूसरी भाषा के पाठकों तक पहुँचा, तभी साहित्यिक हलकों में तुलनात्मक साहित्य के विचार ने जगह बनाई। यह प्रक्रिया जितनी स्रोत-भाषा द्वारा निर्मित है, उतनी ही अनुवाद पर अवलंबित भी। गोएते ने अपने दृष्टिकोण के अनुसार इस बात को समझा था। जब 1927 में उन्होंने अपने एक तरुण श्रोता, पीटर एकर्मान के सामने जातीय-साहित्य के बदले विश्व साहित्य के आविर्भाव का प्रसंग प्रस्तुत किया था, तब उनके समक्ष एक चीनी आख्यान के अनुवाद-पाठ की प्रेरणा थी। इसी के बाद फ्रेंच विद्वत्-समाज के कुछ लोगों ने 'लितरात्यूर कंपारे' की चर्चा शुरू कर दी। तुलनात्मक साहित्य के प्रारंभिक विचार के रूप में जिस फारसी संदर्भ का उल्लेख किया जाता है, उसका विषय था, मध्ययुगीन साहित्य के साथ अंग्रेजी साहित्य की तुलना। हमारी जानकारी में मैथ्यू आर्नल्ड ने उसी संदर्भ में एक फारसी कथन का अनुवाद किया था, 'कंपेरेटिव लिटरेचर'। सन् 1907 में भारत में कंपेरेटिव लिटरेचर का विचार आ पहुँचा था। इसका प्रमाण यह है कि जब नव प्रतिष्ठित 'बंगाल जातीय परिषद' ने रवींद्रनाथ को इस विषय पर भाषण देने के लिए आमंत्रित किया, तो उन्होंने बदले में 'विश्व साहित्य' की बात की। इस प्रकार रवींद्रनाथ ने साहित्य के नवीन पाठ की परिकल्पना प्रस्तुत की। हम यह निश्चित रूप से कह सकते हैं कि उनका 'विश्व साहित्य' गोएते अथवा 'कम्युनिस्ट मैनीफेस्टो' के मार्क्स-एंगेल्स का विश्वव्यापी साहित्य नहीं है, बल्कि वे दरअसल लोक-साहित्य के बरक्स विश्वव्यापी साहित्य की कल्पना कर रहे थे। कहना अनावश्यक होगा कि यह कोरा भाववाद नहीं था, इसके मूल में उनका स्वदेशी-बोध और भारत का गौरव था। उनका प्रसिद्ध निबंध 'शकुंतला' इसके पूर्व लिखा जा चुका था।

---

* मूल बँगला से हिंदी अनुवाद : जयश्री दत्त

'शकुंतला' में निश्चित रूप से तुलनात्मकता का निदर्शन प्राप्त होता है, ठीक उसी तरह, जैसे रवींद्र के पहले बंकिम का 'शकुंतला, मिरांडा और देसदिमोना' निबंध था। दोनों ही निबंधों में दो भाषाओं में रचित पाठों के बीच समानता-असमानता का निरूपण है। जिस प्रकार तुलनात्मक साहित्य के अध्ययन के अंतर्गत संबंध की खोज जरूरी है, वैसे ही समानता की खोज भी। पहले फ्रेंच तुलनावादी इस बात को स्वीकार नहीं करते थे। उनके लिए प्रत्यक्ष संपर्क के अलावा और सब कुछ विचार-विमर्श के परे था। दूसरी ओर उन्नीसवीं सदी के रूस में सादृश्य के आधार पर ही एक नवीन साहित्यिक इतिहास बोध उठ खड़ा हुआ था, जिसके प्रवक्ता अलेक्सेंद्र वैस्लोवस्की थे। उनके मतानुसार समग्र साहित्य ही कुछ निर्दिष्ट सोपानों को पार करता है, जिनमें निश्चित रूप से एक है, परंपरा। यही कारण है कि दो या दो से अधिक साहित्यों की तुलना सोपानों पर निर्भर करती है, समय का व्यतिरेक भले ही हो, सोपानों का व्यतिरेक नहीं होता। यह तो स्पष्ट ही है कि इस दौरान डार्विन के आकर्षक अभिव्यक्तिवाद ने अपना काम किया था। जो भी हो, संबंध या सादृश्यता तुलनात्मकता की पहली शर्त है। इस एकाधिकता को सभी ने मान्यता प्रदान की है। यह एकाधिकता बहिर्वर्ती और अंतर्वर्ती, दोनों पक्षों से संबंध रखती है। इस क्षेत्र में यांत्रिकता के लिए कोई जगह नहीं है। फ्रेंच विद्वान इस पक्ष पर कुछ अधिक ही बल देते थे कि 'क'-'ख' कौन हैं, अर्थात् 'क' पर 'ख' का क्या प्रभाव है अथवा 'ख' किस प्रकार 'क' के प्रभाव को ग्रहण करता है? इसका अर्थ हुआ कि वे प्रभाव-ग्रहण के हिसाब-किताब में निमग्न रहते थे। उनका संकट द्वितीय विश्व युद्ध के यूरोप—मार्किन—में गुंजायमान होने लगा था। कुछ विचारक यह भी स्मरण कराने में जुटे थे कि मात्र तुलना ही एकमात्र मार्ग नहीं है, यहाँ तक कि रचना की पाकशाला में कौन-सी क्रिया संपन्न होगी, केवल यही विचार का विषय नहीं है। हमें यह भी स्मरण रखना चाहिए कि उसी दौरान पश्चिमी यूरोप का पूर्वी यूरोपीय देशों के साथ जो साक्षात्कार हुआ था, उसके परिणामस्वरूप परिदृश्य बदल गया था। दूसरी ओर इस तथ्य को भी कैसे भूला जा सकता है कि मार्किन फ्रेंच प्रभावित प्रत्यक्षवादी प्रवृत्ति को निष्प्रभावी बना कर शायद कुछ जर्मन प्रेरित तुलनात्मकता में नया परिवर्तन ला रहे थे। निश्चित रूप से एक शिल्प के साथ और दूसरे शिल्प के बंधन पर विचार करते हुए नवीन आग्रह के असंयमित आधिक्य के साथ कुछ लोग, साहित्य में स्वाभाविक रूप में समन्वित, इतिहास या साहित्य-दर्शन के सूत्र खोजने की इच्छा भी करने लगे थे। उस समय भाषा में विचरण करने वाली उदारता में बहुत अधिक वृद्धि हुई थी। जब तक राह के ऐसे रोड़ों को हटाया नहीं जाता, तब तक आगे कैसे बढ़ा जा सकता था? कारण जो उदारता तुलनात्मक साहित्य की शक्ति है, वही दूसरी ओर उसकी दुर्बलता का कारण भी बन गई थी।

अगर ऐसा हो सकता कि 'मेरा साहित्य केवल अपनी सीमा में ही आबद्ध है, अन्य किसी साहित्य के साथ उसका कोई संबंध नहीं है', तो उसका पठन-पाठन विशुद्ध हो सकता था। ऐसे में तुलनात्मक पद्धति का कोई उपयोग ही न हुआ होता। लेकिन ऐसा

साहित्य दुर्लभ है। होमर अपने 'ओडेसी' काव्य में एक सागर-बंधुत्वभावी और अतिथि-वत्सल देश की चर्चा करते हुए कहते हैं कि उसे एक शाप लगा हुआ था कि यदि कभी उसने ओद्युसिएस को शरण दी, तो वह अपने सागर-तट से हाथ धो बैठेगा और दुर्गम पहाड़ी घेरे के भीतर कैद एक भूखंड मात्र रह जाएगा। शाप इतिहास के विपरीत मार्ग पर चलता है, सो उसके बाद उस देश के बारे में किसी को कुछ पता नहीं चलेगा। वॉल्तेयर का काँदीद काकाँवो अचानक एल्दोरेदो में आ पहुँचता है। पर्वत के अंतर्तंत्र के तीव्र प्रवाह में उछलते-कूदते उसे बहुत कुछ उपलब्ध होता है, किंतु वह स्वर्ण देश भविष्यहीन था, अतः उसे वापस लौट जाना पड़ता है। वह जादू के बल पर पहाड़ लाँघ कर आता है, किंतु वह जो स्वर्ण-धूलि लेकर आया था, उसका सामान्य सा अवशेष ही रह जाता है। एल्दोरेदो की अतिशय प्रशंसा की जा सकती है, लेकिन वह इतिहास के बाहर है, लुटेरे का स्वप्न मात्र, उपनिवेश के कब्जे के बाहर। उपनिवेश कहा जाएगा सूरीनाम को, जहाँ काँदीद काकाँवो आ पहुँचा था। कारण चाहे उपनिवेशवाद से संबंधित हों अथवा व्यापारिक या फिर चाहे पारस्परिक परिस्थितियाँ हों, भाषा और भाषा के बीच वियोग से कहीं ज्यादा संयोग के उदाहरण मौजूद हैं और हमारा यह अनुभव है कि उस संयोग का प्रभुत्व स्थाई रहता है। जो संस्कृतियाँ स्वावलंबी होने की बात करती हैं, उनके नृतत्त्व में समाज तत्त्व का अभाव नहीं रहता, लेकिन यही स्वावलंबन अंत तक आकर पराजित हो जाता है और संस्कृति आक्रांत हो जाती है। क्या इस बात की जानकारी इन्हें नहीं रहती? होमर में फोइयाकिया और वाल्तेयर में एल्दोरेदो के अलावा कुछ भी इतिहास के परे नहीं है और इतिहास के अंतर्गत आने का सीधा अर्थ है—संयोग, हस्तक्षेप, संस्कारित होना, सम्मिश्रण तथा कर्मशीलता।

एक समय तुलनावादियों ने प्रभाव की बात करते समय 'उच्च-निम्न' पद्धति का प्रस्ताव किया था। उनका मानना था कि प्रभाव उच्च से निम्न की ओर बह कर आता है। यह भेद अब उत्तर-औपनिवेशिकों के विचार का प्रमुख विषय बन गया है। उसके भीतर विद्यमान बिंदु केवल विवरणों की खोज भर हैं। ऐसे में हम यदि कार्य-प्रणाली तत्त्व पर ध्यान नहीं देंगे, तो हमारे लिए अंग्रेजी में उपलब्ध विचार-विमर्श समझना कठिन हो जाएगा, फिर चाहे वह लिखित अथवा पठित रूप में ही क्यों न हो। क्या अभी तक हमारे लेखन या पठन में कार्य-प्रणाली का अभाव नहीं है? अभी भी हमारा सोच विश्व आधारित है, हमें 'अपना' अधिकांश अनुवाद में ही उपलब्ध है, अतः अनुवाद का मर्म समझे बिना हम अपने आप को कैसे समझेंगे!

उत्तर औपनिवेशिकों के आवेश को देखने भर से ही हमें अपनी पारंपरीण संयोगशीलता को विस्मृत नहीं करना चाहिए। तुलनात्मक साहित्य का बड़ा उत्तरदायित्व यही है। उदाहरण के लिए चीन देश के साथ हुए आदान-प्रदान के इतिहास को हमें पूरी तरह जान लेना होगा। कुछ लोग जो कहते हैं कि बौद्ध-भारतीय कथाएँ यहाँ पर मौजूद हैं, हमें इसकी वास्तविकता का पता लगाना होगा। जब रवींद्रनाथ को चीन ने आमंत्रित किया था,

उस समय वहाँ के बुद्धिजीवियों के एक बड़े वर्ग ने उन्हें एशिया की आधुनिकता के प्रतिनिधि के रूप में देखना चाहा था। रवींद्रनाथ के लिए चीन भारत के साथ अटूट संबंध रखने वाला बहु-प्राचीन देश था। उन्होंने 1924 में इस प्राचीन संबंध की कथा सुनाई थी और जब वे यह कथा सुना रहे थे, तो आधुनिकता की कामना करने वाले चीन देश के लिए एक 'निर्विवाद अतिथि' हो उठे थे। क्या हमें यह प्रसंग भूल जाना चाहिए? इसके पूर्व जब उन्होंने 1916 में जापान जाकर मेइजी के बाद के पश्चिमी परिप्रेक्ष्य में प्राचीन अतीत की बात स्मरण करा दी थी, तो वहाँ के अनेक लोगों ने उन्हें गलत समझा था। इसी गलत समझने के बहाव में वे आ गए थे, एक इतिहास लेखक मार्किन ने रवींद्रनाथ के इस चीन-जापान संयोग में संकीर्ण प्राच्यवाद अथवा एशियावाद की झलक देखी थी, जो अंततः एक व्यर्थ बात थी। इस संयोग में कितना सुमेल है और कितनी गलत समझ, इसके न्याय का भार तुलनात्मक साहित्य पर है। चीन-जापान की अपेक्षा स्याम-कांबोज के साथ भारत का संबंध अधिक प्रत्यक्ष है। क्या आधुनिकता के अनुसरण में उसका निरूपण आंशिक है अथवा उसका चित्र कुछ भिन्न है। दूसरी ओर फारसी और अरबी संयोग कितना फलीभूत हुआ, इस विषय में तुलनात्मक साहित्य कैसे चुप रह सकता है? मैक्समूलर के विचार, 'विदेशयात्रा के रोमांचक संदर्भ में क्या हम कुछ और जोड़ने की आवश्यकता अनुभव करते हैं? जो भी हो, 'अरब-रजनी (अरेबियन नाइट्स) के पहले अनुवाद के तीन-सौ साल पूरे होने के अवसर पर क्या यह विश्वास उत्पन्न नहीं होता कि भारतीय कथाओं के साथ-साथ और अनेक प्राचीन कथाएँ हैं, जिनका कथाबंध नितांत भारत से अर्जित नहीं किया गया है, बल्कि वह एक अति प्राचीन, एक अति सहज, मिश्रित प्रकरण से कालक्रम में उपजा है। स्थिति यह भी है कि मूल ग्रंथ के मुद्रण और उसके विविध अनुवादों को देखने भर से यह प्रमाणित नहीं हो जाता कि हमने जो कथाएँ अरब या फारस भेजी हैं, उन्हीं में से कुछ पुनः हमारे पास आ पहुँची हैं। इस संबंध में एक रोचक दृष्टांत एक दर्शनशास्त्रज्ञ मित्र का है। उनका उद्देश्य अनुवाद के मर्म का विवेचन करना था। उन्होंने बताया कि रवींद्रनाथ की 'तुमि संधार मेघमाला' (तुम संध्या की मेघमाला) के अंग्रेजी अनुवाद की आधार-भूमि पर (जो दरअसल शायद अंग्रेजी अनुवाद से हुए स्पेनिश अनुवाद की आधार-भूमि पर था) युवा पाब्लो नेरुदा ने एक प्रेम-कविता रची। यह 'बीस प्रेम-कविताएँ और एक निराशा का गीत' में संकलित है। इस कविता का स्पेनिश से अंग्रेजी में मार्किन कवि डब्ल्यू. एस. मेरुइन ने अनुवाद किया। और मेरुइन के इस अनुवाद को पढ़ कर इसी कविता का बँगला में अनुवाद किया, शक्ति चट्टोपाध्याय ने। स्मरणीय है कि नेरुदा की 'बीस प्रेम-कविताएँ' में इस अनुवाद को स्थान मिला था और तब तक मानवेंद्र बंद्योपाध्याय ने इसका अनुवाद नहीं किया था, जिसके दो रूप उन्हें देखने को मिले थे। हमारे दर्शन शास्त्रज्ञ मित्र ने बँगला से अंग्रेजी, अंग्रेजी से स्पेनिश, स्पेनिश से अंग्रेजी और अंत में अंग्रेजी से बँगला में हुए इस अनुवाद का उदाहरण देते हुए सवाल उठाया कि क्या शक्ति चट्टोपाध्याय

की 'आबार आकाशे गोधूलि बेला' (आकाश में फिर से गोधूलि वेला) रवींद्रनाथ की 'तुमि संधार मेघमाला' का बंगीय अनुवाद है? ऐसा नहीं कि ऐसे रोचक प्रसंग और कहीं देखने को नहीं मिलते, लेकिन यह आवश्यक नहीं कि सब कहीं राजनीति एक जैसी ही हो। सारी संस्कृतियाँ लाभ-हानि की दृष्टि से एक ही प्रभुत्वशाली नियंत्रक पर निर्भर नहीं करतीं। और क्योंकि अनुवाद भाषा और भाषा के बीच सेतु-बंधन की मर्यादा में बँधा होता है, अतः उसका कर्म-कौशल निश्चित रूप से विचार के योग्य है। मात्र यह देखने से काम नहीं चलता कि एक भाषा बड़ी और दूसरी छोटी है। यह क्या जानने वाली बात नहीं है कि बड़ी से छोटी और छोटी से बड़ी के मध्य आदान-प्रदान किस प्रकार हुआ है? विशेषकर उस दशा में, जब कि उद्दिष्ट पाठकों का अधिकार एक ही भाषा में सिमटा हुआ है, दो में नहीं। ऐसे में यह तथ्य स्पष्ट रूप में उभरता है कि इस सबके विचार-विश्लेषण का उत्तरदायित्व तुलनात्मक साहित्य पर है।

वस्तुतः अनुवाद की अपेक्षा तुलनात्मकता का विचार-क्षेत्र सीमित होता है। अनुवाद केवल विदेशी भाषाओं में होता हो, ऐसा नहीं है। देशीय भाषाओं में एक से दूसरी में कम अनुवाद नहीं किया जाता। नेशनल बुक ट्रस्ट ने इसे आदान-प्रदान कहा है, उसका लक्ष्य है भी वही, किंतु अधिकांशतः तीसरी भाषा को चुन लिया जाता है। इसके विपरीत, एक स्वदेशी भाषा से दूसरी भारतीय भाषा में अनुवाद भी दुर्लभ नहीं है। हममें से अनेक ऐसे हैं, जिन्हें भारतीय समाज का समग्र परिचय पाने के लिए अनुवाद पर निर्भर रहना पड़ता है। तकषी शिवशंकर पिल्लै ने अपने जीवन के उत्तरार्ध में एक वृहत आख्यान की रचना की थी, जिस पर आधारित एक टेलीविजन सीरियल निर्मित हुआ था। उसकी कथा में केरल की धरा पर निवास करने वाले ग्रामीण समाज का दो-सौ वर्ष का जो परिचय विद्यमान है, उसे जानने के लिए हममें से कुछ लोग अगर मलयालम सीख लें, तो इससे अच्छी बात और क्या हो सकती है! परंतु जब तक हम यथेष्ट मलयालम न सीख जाएँ, तब तक कुछ भी नहीं पढ़ सकते। यदि हमारी सोच यही रही कि अनुवाद मूल की विकृति है, तो हमारे लिए 'कायर' का तनिक-सा परिचय भी कठिन होगा। इस विचार का कोई उपाय नहीं कि अनुवाद का कोई साहित्यिक-पाठ नहीं हो सकता। भले ही मूल पाठ न हो, मूल पर आधारित एक खंडित पाठ अवश्य है, इस रूप में वाक् और अर्थ पर विश्वास रखने वाले भी अनुवाद की निंदा नहीं कर सकते। इसके अतिरिक्त हमारा लक्ष्य यह कहना भी नहीं है कि हमारे प्रतिदिन के साहित्य-पठन में पाठ-क्रम का कोई सहयोग नहीं होता। इसे अस्वीकार नहीं किया जा सकता कि हम अनुवाद पढ़ते हैं और उसे पढ़ कर आनंद भी उठाते हैं। हम अपनी भाषा में पढ़ते हैं, इसी के साथ हम दूसरी भाषा में पढ़ते हैं, कभी-कभी हम एक तीसरी भाषा में भी पढ़ते हैं, इस प्रकार अनुवाद हमारे दैनंदिन पठन के अंतर्गत शामिल हो जाता है। पाठ-क्रम में अनुवाद का अंतःप्रवेश अनुचित नहीं, अगर हम अनुवाद को मूल समझने की भूल न करें अथवा इस विषय में सचेत रहें कि पाठ से अनुवाद और मूल की कितनी दूरी है!

अनुवाद-पठन के संदर्भ में हम अभी तक उपनिवेशवाद या दासता के बंधन से मुक्त नहीं हो पाए हैं। इसका प्रमाण हमें उस समय मिलता है, जब हम अंग्रेजी से इतर साहित्य के अंग्रेजी अनुवाद पर आँखें मूँद कर विश्वास करते हैं और उसी के अन्य भारतीय भाषाओं में किए गए अनुवाद को अविश्वास की दृष्टि से देखते हैं। हम लोग ग्रीक-त्रासदी को अंग्रेजी में पढ़ने के आदी हैं, जबकि उसी को बँगला में पढ़ने में हमें दुविधा होती है। क्या इस दशा में अनुवाद के संसार में बँगला भाषा की उपस्थिति संभव है? ईडिपस, जो ओडिपाउस है, को पहले उदात्त स्वर में विस्तार देते हैं। शंभु मित्र और उनके बाद शिशिरकुमार दास मूल के और निकट जाकर 'ओदिपोस' का प्रयोग करते हैं, फलस्वरूप मूल पाठ के संस्पर्श की सीमा छू लेते हैं। क्या हम सहज ही स्वीकार कर लेते हैं कि उनकी 'बंदिनी' 'वीमेन ऑफ ट्राय' से हीन नहीं है? अथवा वे जब ग्रीक लिरिक का बँगला में अनुवाद करते हैं, तो क्या हम उनकी पुस्तक, 'बहु जुगेर ओपार' (बहु युगों के उस पार) को ध्यान से पढ़ते हैं? प्रश्न किसी दुराग्रह का नहीं है, उत्तर उपनिवेशवादी चिंतन विशेष का है। इस विषय में कोई दूसरा उदाहरण लेना हो, तो कबीर का अनुवाद लिया जा सकता है। इसके लिए रंजन बंद्योपाध्याय का 'कोबीर बीजक ओ अन्यान्य कोबिता' (कबीर बीजक और अन्यान्य कविताएँ) पढ़नी चाहिए या मराठी संत की कविताओं का उनके द्वारा किया गया अनुवाद देखना चाहिए। नवनीता देवसेन का 'एक शतेक वचन' है, यह कन्नड़ वीर शैव का अनुवाद है। इसके अनुवाद के लिए एक कन्नड़ विशेषज्ञ की सहायता ली गई है। पाठक में विश्वास उत्पन्न करने के लिए कुछ अलिखित शर्तें होती हैं, अनुवादक जिनका अनुसरण करते हैं। इनमें एक तो यह है कि अनूदित पाठ का मूल के साथ मेल होना चाहिए और उसे पढ़ने में आनंद मिलना चाहिए। अनूदित पाठ का मूल के साथ मेल और पाठ के आनंद के बीच जो द्वंद्व पाया जाता है, जो उसे जितना कम कर सकता है, वह उतना ही सफल अनुवादक बन जाता है।

कबीर, मराठी संत कविकुल और वीर शैव, अर्थात् भक्ति की दुनिया भारतीय तुलनात्मकता का एक श्रेष्ठ क्षेत्र है। मेरी दृष्टि से चतुर्दिक इतना विशाल और बहुमुखी आंदोलन शायद ही कहीं और फला-फूला हो! जन्म हुआ द्राविड देश, अर्थात् तमिलनाडु में, पोषण हुआ कर्नाटक में, कुछ दिन रही महाराष्ट्र में, गुजरात होते हुए पूर्णता को प्राप्त हुई वृंदावन में। और भक्ति मात्र इतनी ही नहीं है, उसकी अनेक पथ-रेखाएँ हैं। भक्ति आंदोलन का सामग्रिक इतिहास अभी तक लिखा नहीं गया है। अपनी-अपनी भाषा अथवा अंचल के इतिहास का बाहुल्य है, एक की चर्चा करते हुए दूसरे के विषय में नहीं सोचा गया है। चैतन्यदेव के क्रांतिकारी वैष्णव आंदोलन के प्रातिनिधिक चरित साहित्य को पढ़ कर अथवा वृंदावन के गोस्वामी की तत्त्व-कथा को सुन कर गौडीय भक्ति के सूक्ष्म अंगों का विवरण पता चल जाता है, लेकिन समीपवर्ती असम में समान रूप से सर्व-व्याप्त वैष्णव आंदोलन और शंकरदेव के विषय में अधिकतर कुछ सुनने

को नहीं मिलता। एक कठिन समय था, जब तीर्थ-यात्रा समस्याओं भरी होती थी, भक्ति ने तीर्थ-सलिल के आकर्षण में इस पथ या उस पथ पर गमन करते हुए परस्पर वियोग के साथ संयोग भी संभव बनाया था। समन्वित इतिहास तैयार करते समय इस संयोग-वियोग की चर्चा करनी होगी। हमें बताना होगा कि जैसी निर्गुण भक्ति थी, वैसी ही सगुण भक्ति भी थी। उस काल में हिंदू-चिंतन में एकमात्र विधि-विधान शंकराचार्य का अद्वैतवाद ही नहीं था, उनके भारत-दर्शन के समांतर अन्य भारत-दर्शन भी थे। इसी के साथ विचारणीय हैं, विशिष्टाद्वैतवादी रामानुज, जिन्होंने आलवारों से प्रभाव ग्रहण करके विष्णु के साथ 'श्री' की कल्पना की थी, मध्वाचार्य, जो शंकर को मानते थे, प्रच्छन्न बौद्ध, जिन्होंने भागवत की महिमा को भी मान लिया था, एक निर्वाग, जिन्होंने राधा के नाम का प्रचार किया था, वल्लभ, जिनके लिए भागवत ही सर्वोपरि प्रमाण था और जिन्होंने भक्ति में प्रेम का संचार किया था। गीता के शंकर भाष्य के साथ ज्ञानदेव की 'भावार्थादीपिका' का पर्याप्त पार्थक्य था। कबीर, गुरु रामानंद और गुरु नानक भक्ति का प्रचार करते हुए जाति भेद को मिटाने की चेष्टा कर रहे थे। भक्ति के साथ सूफियों तथा नाथों का भी संपर्क था। भक्ति में नारियों की उपस्थिति भी नितांत कम नहीं थी। आलवार अंडाल थीं, जिनका विवाह रंजननाथ विष्णु के साथ हुआ था। कावेरी तट के श्रीरंगम मंदिर में मुसलमान रमणी, बीबी नाचियार को आश्रय मिला था, जिन्हें रंगनाप्रिया कहा जाता था। चेन्नमाल्लिकार्जुन शिव के प्रति समर्पित अक्क महादेवी थीं। कश्मीर में ललद्यद थीं। राजपूत रमणी मीरा ने तो कृष्ण-प्रेम में डूब कर चित्तौड़ से द्वारका और वृंदावन तक अपने पद-चिह्न अंकित कर दिए थे। इस सब को स्मरण रखना होगा और यह विचार करना होगा कि भक्ति के संग नारी-मुक्ति का क्या संबंध था अथवा भक्ति जाति-भेद को किस सीमा तक समाप्त करने में सफल हो सकी थी? विष्णु देवता ओडिशा के मंदिर में प्रवेशाधिकार से वंचित कनकदास का कीर्तन सुनते ही घूम कर खड़े हो गए थे। फिर नियमित दर्शन के लिए मंदिर की दीवार में एक छिद्र फूट निकला था। क्या उस 'कणकणकिंदी' का प्रसंग मात्र एक किंवदंती भर है? हमें भक्तों से जुड़े प्रसंग ही नहीं, उनकी पदावली और उनकी परिव्रज्या को भी स्मरण रखना होगा और एक बहु-स्तरीय मानचित्र का अंकन करना होगा। विभिन्न पंथों की व्याप्ति और उनकी गद्दियाँ, वारकरियों के पवित्र स्थल, विट्ठल का पंढरपुर, बसवन्ना का स्मृति-स्थल कुड़लसंगम, वीरशैवों का संगम-स्थल समुदय अनुभवमंडप आदि उसमें दर्शाने होंगे। कौन-सा भक्त कौन-से पथ का अनुगमन करके कहाँ पहुँचा था, किसका, कहाँ नाथ-योगियों के साथ साक्षात्कार हुआ था, किसे, कहाँ सूफी दरवेश के दर्शन हुए थे, अर्थात् मध्यकाल के सम्पूर्ण श्रुति-समुच्चय को दर्शाना होगा। यह समस्त कार्य तुलनात्मक साहित्य के शोधार्थी का है, जिसे उद्देश्य निर्धारित करके ज्ञान के अन्य क्षेत्रों में प्रवेशाधिकार प्राप्त करना होगा। उसे यह भी समझना होगा कि ज्ञान अर्जित कर लेने भर से घटनाओं का संबंध-स्थापन और अनुभूति का संचार नहीं हो सकता, बल्कि इनके प्रयोजन को अनुभव करने पर ज्ञानार्जन होता है, अतः उसे

संज्ञार्थ-निरूपण में बँध जाने के बदले साहित्य-संस्कृति के रहस्य को समझने की चेष्टा करनी पड़ेगी।

इसका यह अर्थ नहीं निकाला जाना चाहिए कि तुलनात्मक साहित्य का अपना कोई व्याकरण नहीं होता। साहित्य और साहित्य के प्रत्यक्ष संपर्क की स्थिति के अलावा एक समय जो तंत्र निर्मित किया गया था, उसका आभास पहले दिया जा चुका है। उस तंत्र का मूल था, प्रभाव और ग्रहण। एक भाषा के लेखक का दूसरी भाषा के लेखक पर और एक भाषा की रचना का दूसरी भाषा की रचना पर प्रभाव पड़ना संभव है। यही प्रभाव जब व्याप्त हो जाता है, तब वह विशेष न रह कर साधारणीकृत हो जाता है। एक समय उसे स्वाभाविक क्रिया न कह कर बलात् प्रवेश कहने का चलन था, जबकि ग्रहण-परिग्रहण प्रभाव बलात् प्रवेश का उलटा है। ग्रहण-परिग्रहण के प्रसंग में स्थायित्व का प्रश्न सबसे आवश्यक है। वह कितना बना रहा, ग्रहण करते समय ग्रहीता भाषा ने उसमें कितना बदलाव किया आदि बातों पर विचार करना होगा। प्रभाव और ग्रहण के इस प्रत्यक्षवादी चिंतन के बरक्स जिस नवीन चिंतन ने खड़े होकर उसे अस्थिर बना दिया, वह थी, पारस्परिक अंतःपाठिकता। जब एक बुनावट के भीतर एक दूसरी बुनावट सन्निविष्ट होती है, तब अंतःपाठिकता द्वारा रचित एक संयुक्त बुनावट की स्थिति उपस्थित होती है। साहित्य के इतिहास में किसी साहित्य में इस संयुक्त बुनावट की मौजूदगी दिखाई दे जाती है, कहीं प्रत्यक्ष, तो कहीं प्रच्छन्न। जब मिल्टन ने कहा, "Things unattempted yet in prose or rhyme", तो उनके समय के अनेक पाठक जानते थे कि वे इटालियन कवि आरिओस्तो के 'ओरलांदो क्यूरियो' की उपक्रमणिका से एक उक्ति, 'cosa non detta in prosa, mai ne in rima' का शब्दशः अनुवाद कर रहे थे। तुलनात्मक मनोभाव रघुवंश में मूल में वहाँ भी दृष्टिगत होता है, जहाँ कालिदास अपने काव्य-विषय का उपस्थापन करते हुए, 'क्व सूर्यप्रभवोवंशः क्व चाल्पविषयामतिः' कह कर अपनी अक्षमता की बात करते हैं। वे केवल 'मंदकवियशःप्रार्थी' थे। दो उपमाओं द्वारा उन्होंने अपनी स्थिति स्पष्ट की है, एक नाव से सागर पार करना तथा दूसरी वामन होकर ऊँची डालियों से फल तोड़ने की चेष्टा। दूसरी ओर 'कृतवाग्द्वारे वंशेऽस्मिन पुण्यसुरभिः/मणो वज्रसमूतकिरणे सूत्र सेवास्ति मे गतिः।' व्यास से वाल्मीकि को यह नहीं कहना पड़ा था। होमर को भी नहीं कहना पड़ा। होमर का अनेक कवियों ने अनुसरण किया, यहाँ तक कि बँगला कवि मधुसूदन ने भी। दाँते की 'दिविना कॉमेदिया' में एक लघु उपाख्यान मिलता है, जिसमें भले ही वक्र मार्ग से हो, पूर्व और परवर्ती पीढ़ी के मेल की बात दिख जाती है। दाँते को केवल पुण्यवानों, पापमुक्तों, गैर ईसाइयों के अवस्थान वाले नरक के पहले सोपान पर वर्जिल के साथ चलते-चलते चार महात्माओं के दर्शन हो जाते हैं—होमर, होरेस, ओवीद और लुकान। वर्जिल उनका पाँचवाँ साथी बन कर उनके दल में सम्मिलित हो जाता है तथा वर्जिल का अनुगामी होने की हैसियत के चलते दाँते को भी उस दल में स्वीकार कर लिए जाने के कारण वे

छः सदस्य हो जाते हैं।

पूर्व और परवर्ती पीढ़ी की चर्चा करते हुए हम साहित्य के एक और प्रधान क्षेत्र में पहुँच गए हैं और मुझे मोलियर के 'हटाट नबाव' की भाषा शिक्षा का प्रसंग स्मरण आ रहा है, जिसमें अकस्मात् भद्र मनुष्य बन जाने के कारण जूर्देद के दर्शन-शिक्षक उससे कहते हैं कि भाषा दो प्रकार की होती है, गद्य और पद्य। गद्य की विवेचना करते हुए वे उन्हें समझाते हैं कि वही दैनंदिन संभाषण का साधन है। इस पर जूर्देद कहता है कि वह चालीस साल से केवल गद्य ही बोलता आया है। संस्कृत में गद्य और पद्य के साथ चंपू के लिए भी जगह है। शास्त्र में दो प्रकार की काव्य-शैली पर विचार किया गया है, दृश्य और श्रव्य। श्रव्य-काव्य के नाना रूप हैं– महाकाव्य, खण्डकाव्य, दूतकाव्य आदि। उसी प्रकार दृश्य-काव्य के भी हैं, जिनमें नाटक और प्रकरण प्रधान हैं। आगे चल कर काव्य-विधि के जनक, अरस्तू ने अपने अनुकरण तत्त्व के आधार पर शिल्प के प्रकार बताए–अनुकरण के रूप, उपादान, उपाय और लक्ष्य अनुसरणकर्ता। कहीं भिन्न रूप अनुसरणकर्ता, गुरु या लघु में, कहीं भिन्न उपाय अनुसरणकर्ता, कथन या प्रदर्शन में, कहीं भिन्न उपादान अनुसरणकर्ता, काव्य और संगीत या 'दिथूरांब' में, जिसमें कथा, संगीत और नृत्य, तीनों विद्यमान हैं। उद्देश्य सर्वत्र समान है–आनंद। कहना आवश्यक नहीं कि यहाँ कोई विश्व आंचलिकता नहीं है।

तुलनात्मक साहित्य के क्षेत्र में साहित्यशास्त्र के समान साहित्य की विषय-वस्तु का भी महत्त्वपूर्ण स्थान है। वस्तु के विश्लेषण के संदर्भ में अनेक विवाद सामने आते हैं। एक पक्ष का कहना है कि यह एक प्रकार से व्यर्थ का श्रम है, जबकि दूसरे पक्ष का कहना है कि यही वास्तविक है, क्योंकि अंत तक वस्तु ही विद्यमान रहती है। वस्तु का अभिप्राय युद्ध, मृत्यु, प्रेम, प्रकृति-पूजा आदि नहीं है, बल्कि उसका अर्थ है, आंतरिक अनुभव। निश्चय ही अभिव्यक्ति की तुलना में उपलब्धि अप्रकाशित है, लेकिन उपलब्धि की तुलना में अभिव्यक्ति अंतःसार शून्य है–मात्र वागाडंबर। भरत के जिस रस-सूत्र को अभिनव गुप्त ने अद्वैत, ब्रह्मानंद-सहोदर के रूप में समझा था, क्या उसमें विभाव-अनुभाव- व्यभिचारी भाव के सम्मिलन के फलस्वरूप स्थाई भाव की रसनिष्पत्ति नहीं हो रही है? रसों की संख्या आठ, नौ या दस है और उसी के परिप्रेक्ष्य में भाव भी आठ, नौ या दस हैं। वे भाव ही वस्तु हैं। संभव है समय के साथ भावों की संख्या बढ़ी हो, किंतु उनके नए नामों से रस में कोई बदलाव नहीं हुआ।

हम साहित्य में परिवार, समाज, संसार के संपर्कों का बनना-बिगड़ना, संग-निस्संगता, बुभुक्षा, श्रम-पूँजी-शोषण, विद्रोह-विप्लव, दुर्भिक्ष-अभाव, शंका-संकट, विश्वास-अविश्वास, आत्मत्याग, आशा-निराशा, सुख-दुःख-स्वप्न, व्यक्ति-समूह आदि बहुत कुछ पढ़ते हैं। वस्तु अध्येता का कार्य इन सबके प्रति सचेत होना है। तुलनात्मक साहित्य की भूमिका भाषा-जोड़क की होने के कारण वस्तु अध्येता को यह भी देखना है कि भाषाओं के बीच कैसा मेल-मिलाप और आदान-प्रदान हो रहा है! जब 1947 में बंगाल का बँटवारा

हो गया, तो बँगला साहित्य की एक मुख्य चिंता वस्तु का अभाव थी। बंगाल के साथ पंजाब भी बँटा था। हमें देखना होगा कि पंजाबी साहित्य में वस्तु के अभाव ने क्या रूप ग्रहण किया था। उस काल में सिंध तो जैसे भारत के मानचित्र से खो ही गया था। सिंधी हिंदुओं में वस्तु का अभाव, देश छूट जाने के बावजूद, भाषा को बचाने की समस्या से थोड़ा भिन्न है। मुंबई के उपकंठ, उल्हासनगर में शरणार्थियों के लिए अनेक शिविर लगाए गए थे। उन शिविरों के आसपास स्कूल-कॉलेज भी शुरू हुए थे। एक समय उनमें सिंधी भाषियों की संख्या काफी होती थी, लेकिन अब ऐसा नहीं है। अब तो सिंधी माँ-बाप के बच्चे भी हिंदी माध्यम के अभ्यर्थी होते हैं। सिंधी को आठवीं अनुसूची में शामिल किया गया, साहित्य अकादेमी हर साल सिंधी को पुरस्कार प्रदान करती है, फिर भी लगता है, सिंधी पाठकों की संख्या में दिन-ब-दिन कमी आती जा रही है।

वस्तु के अभाव में कुछ समकालीन अनुभव हमारे जीवन में प्रवेश करके साहित्य की वस्तु बन रहे हैं। स्त्री-चेतना और अधिकारबोध उन्हीं में से एक है। दलित और अंत्यज अधिकारबोध इस नई वस्तु का दूसरा भाग है। आदिवासी चेतना भी इसी का हिस्सा है। इस चेतना के एक किनारे शोषण है, तो दूसरे किनारे जागरण। अब यही सब साहित्य की वस्तु है। हमारा कर्तव्य वस्तु के इंद्रजाल से बचते हुए और वस्तून्मुखी होकर इन सबका मानचित्र बनाना है।

साहित्य की वस्तु के समान ही साहित्य के इतिहास की चिंता भी तुलनात्मक साहित्य की सीमा में आती है। किसी साहित्य के इतिहास के अन्वेषण में जो समस्याएँ आती हैं, उनके प्रति हमारी चेतना निरंतर सजग हो रही है। निश्चय ही साहित्य के इतिहास में कालक्रम आवश्यक होता है, लेकिन भौगोलिक ऐक्य के विषय में क्या कहेंगे? यदि एक ही भाषा का साहित्य भिन्न-भिन्न भौगोलिक क्षेत्रों अथवा देशों में रचा जा रहा हो, तो उसका एक ही इतिहास होगा अथवा अलग-अलग? बँगला देश का साहित्य क्या बँगला साहित्य की ही बँगलादेशी शाखा माना जाएगा अथवा उसे किसी भिन्न साहित्य का दर्जा दिया जाएगा? कुछ लोग 1952 के भाषा-आंदोलन और 1971 के मुक्ति-युद्ध को बँगलादेशी साहित्य को जन्म देने वाली दो परिघटनाएँ मानते हैं। उस दशा में क्या सैंतालीस से बावन होते हुए इकहत्तर तक पूर्वी पाकिस्तान में रचे गए बँगला-साहित्य को हम अपने इतिहास में प्रवेश की अनुमति प्रदान करेंगे? तब क्या उसे पूर्वी पाकिस्तानी बँगला-साहित्य नाम देंगे? और फिर बावन से प्रेरणा ग्रहण करके इकहत्तर के बाद रचे गए साहित्य को भी अपने इतिहास में स्थान देंगे? क्या उसे बँगलादेशी साहित्य कहेंगे? फिर उस साहित्य में बँगला पर उर्दू के प्रभाव का आकलन करेंगे? जो भी हो, हमें एक असली सवाल से रू-ब-रू होना ही पड़ेगा, वह यह कि क्या साहित्य केवल किसी क्षेत्र/अंचल या देश विशेष के संदर्भ में मात्र भाषा है? हमेशा भाषा और भूगोल के ऐक्य को लेकर आगे नहीं बढ़ा जा सकता। हम देख सकते हैं कि अंग्रेजी के अनेक स्वदेश हैं,

इसीलिए उसके साहित्य को एक अंग्रेजी साहित्य न कह कर अंग्रेजी साहित्य मंडल अथवा समूह कहना उचित होगा। स्पेनिश या फिर अन्य भाषाओं के बारे में भी यही कहा जा सकता है। स्पेनिश जगत का कहना है कि स्पेनिश लिखने वाले देशों को इकट्ठा कर देने के बाद भी वे जो लिखते हैं, वह उनसे भिन्न है। अंततः लैटिन अमेरिका को एक समूह चिह्न के रूप में प्रयुक्त करना पड़ता है। इन विचित्रताओं के साथ ही साहित्य का वह इतिहास सामने आता है, जहाँ भाषा मूलतः एक है, किंतु देश भिन्न हैं (मूलतः इसलिए कि देश की भिन्नता से भाषा में किंचित परिवर्तन आ जाता है)।

सोचना यह भी है कि जहाँ अनेक भाषाएँ साथ-साथ हैं, वहाँ साहित्य रचना की क्या स्थिति है? इस सोच का एक आधार भारत है, जिसके साहित्य के बारे में अनेकता में एकता की बात कही जाती है। शिशिर कुमार दास के इतिहास के बारे में पहले कहा जा चुका है। इसके पूर्व केरल साहित्य अकादेमी द्वारा भी भारतीय साहित्य के इतिहास की एक कोशिश हुई थी। इसके संपादक के.एम.जार्ज थे और दूसरे अनेक लोगों ने उनकी सहायता की थी। उनकी पद्धति मिश्रित थी। उन्होंने भाषाओं को लिया, कालक्रमानुसार कुछ बड़े अध्यायों में विभक्त किया और संकलन की साहित्य-विधि निश्चित कर ली, जैसे लघु-काव्य, दीर्घ-काव्य, नाटक, उपन्यास आदि। इतना कर लेने के बाद संपादकों की सहायता से विशेषज्ञ चुन कर विभिन्न भाषाओं के साहित्य पर लिखवाया। इस प्रकार भाषा के क्रम के अनुसार एक के बाद एक विवरण व्यवस्थित होते चले गए। अब अगर हमें भारतीय उपन्यास का इतिहास जानना हो, तो इतिहास के पाठक के समान क्रमानुसार मौजूद अध्यायों से सामग्री संकलित करनी होगी। के.एम. जॉर्ज ने दो खंडों में विभाजित भारतीय साहित्य के इतिहास को नाम दिया, 'तुलनात्मक भारतीय साहित्य'। अगर आस-पास रख देने भर को तुलना न मान लिया जाए, तो ग्रंथ में कोई तुलनात्मकता नहीं मिलेगी। वास्तव में शिशिर कुमार दास के 'भारतीय साहित्य के इतिहास' का आठवाँ और नौवाँ खंड तुलनात्मक साहित्य हैं। इस संदर्भ में एक अन्य इतिहास निर्माण की बात भी याद रखनी उचित होगी। 'अंतरजातिक तुलनात्मक साहित्य संस्था' कोई चार दशक से यूरोपीय भाषाओं में लिखित साहित्य के सामग्रिक (यह शिशिर कुमार दास के अर्थ में ठीक-ठीक निर्धारित नहीं है) इतिहास का संकलन कर रही है। उसकी विधि चयन पर आधारित है। पहले से निश्चित कुछ अध्यायों या आंदोलनों या लेखन-शैलियों को आधार बना कर अनेक लोगों ने मिल कर यह इतिहास लिखा है। भाषा-विस्तार के चलते उन्हें उत्तरी-दक्षिणी अमेरिका और अफ्रीका सहित अनेक भूखंडों में जाना पड़ा है। उन्हें एशिया में भी आना होगा, क्योंकि भारत, पाकिस्तान, श्रीलंका आदि की अंग्रेजी-लेखन की पूँजी भी तो कोई कम नहीं है।

एक समय फ्रांस में 'लितरात्यूर कंपारे' के साथ-साथ 'लितरात्यूर जनरल' नामक पद्धतियाँ प्रस्तावित की गई थीं। इनमें से 'लितरात्यूर कंपारे' का काम बताया गया था, साहित्य और साहित्य के बीच संबंध का निर्णय करना, जबकि 'लितरात्यूर जनरल' का

काम था, साहित्य की प्रविधि या विषय-वस्तु या व्याख्या का निरूपण। अभी भी कहीं-कहीं 'लितरात्यूर जनरल' की छाया मौजूद है। एक विख्यात मार्किन वार्षिक का नाम ही है, 'इयरबुक ऑफ कंपेरेटिव एंड जनरल लिटरेचर'। यह वैसे ही है, जैसे जर्मन तुलनात्मक अध्ययन संस्था के नाम के साथ अभी भी 'आलगे माइने' चिपका हुआ है। लेकिन प्रत्यक्ष-अप्रत्यक्ष, समग्र कार्य में तुलनात्मक साहित्य विद्यमान है। संस्कृति पाठ या कल्चरल स्टडीज के संबंध में भी ऐसा हो रहा है। संस्कृति-पाठ बड़ा व्यापक है। नृतत्त्व और समाज का उसके साथ संबंध बन रहा है। भाषा और साहित्य के विविध बाह्य क्षेत्र, विशेषकर भाषा का सामाजिक परिवृत्त तथा साहित्य का भाषिक-परिवेश उसमें ग्रहण किए जा रहे हैं। संस्कृति-पाठ के साथ तुलनात्मक साहित्य का जो मेल हो रहा है, इसके पीछे वह उदारता है, जिसे गुण मान लिए जाने पर तुलनात्मक साहित्य गुणी है और दोष मान लिए जाने की दशा में दोषी। उसका अर्थ लगातार बदलता चला आया है। एक समय वह एक महा-उपाख्यान में शामिल था, आज उसके चतुर्दिक अनेक छोटे-छोटे उपाख्यान खड़े होते जा रहे हैं। जो इस देश में आधुनिकता के दूत बन कर आए थे, वे अब शायद उत्तर-आधुनिकता के सखा बन गए हैं। इससे जो अभाव उत्पन्न हुआ है, उसे लेकर अनेक प्रश्न खड़े हो रहे हैं। कारण यह कि इस अभाव के चलते तुलनात्मक साहित्य में भिन्न-भिन्न साहित्यों पर पूरा ध्यान देने का अवकाश न रहने का संकट है। आज हमें यह भी स्मरण रखना चाहिए कि अंतर्राष्ट्रीय स्तर पर अंतर-सांस्कृतिक साहित्य-पाठ के जो प्रयास शुरू हुए हैं, उनके अंतर्गत समकालीन विशेष और साधारण की ओर ध्यान दिया जा रहा है। इस स्थिति में कुछेक पुरातन-प्रविधियों का त्याग दोष नहीं है। सबसे महत्त्वपूर्ण तथ्य यह है कि हमारे जैसे बहुभाषी राष्ट्र में साहित्य समूह के पारस्परिक जुड़ाव के लिए तुलनात्मक साहित्य ही साहित्य-पाठ की उत्तम पद्धति हो सकती है। इसका कोई विकल्प नहीं है।

तुलनात्मक साहित्य : आरंभिक विकास*

सौरव चक्रवर्ती
सोमा मुखर्जी

कभी तुलनात्मक साहित्य एक औपचारिक शैक्षणिक विषय माना जाता था, किंतु आज इसमें बहुत-सी गतिविधियाँ शामिल हैं, जिसे तुलनात्मक साहित्य के लिए एक सार्थक पहल माना जा सकता है। आमतौर पर तुलनात्मक साहित्य को 19 वीं सदी की उपज माना जाता है। किंतु थोड़े-से भिन्न भाव से देखें तो सारा साहित्य ही तुलनात्मक साहित्य के अंतर्गत आता है, जिसमें कई धाराओं का जल शामिल है। साहित्यिक आलोचना और समीक्षा के क्षेत्र में यह बोध शुरू में ही दस्तक दे गया था कि साहित्य का अध्ययन पृथक या अलग-अलग होकर नहीं किया जा सकता है। उदात्त की तलाश में ग्रीक, रोमन और हिब्रू साहित्य की दिशाओं का परीक्षण करते हुए लोंजाइनस ने पहले ही इस बात को समझ लिया था। बौद्ध शिक्षा लंबे समय तक पालि और संस्कृत के मुहावरों से जुड़ी रही, जिसके कारण चीनी लेखक और वक्ता इस भाषा की विशेषताओं के प्रति सचेत हो गए जो ध्वनियों और प्रतीकात्मक चरित्रों जैसी विशेषताओं के मामलों में एक भिन्न प्रकार की गढ़ी हुई भाषा थी। शिशिर कुमार दास ने अपने एक आलेख में बताया है कि भारत में साहित्य-समीक्षकों के साथ-साथ जनसाधारण द्वारा भाषायी सीमा से ऊपर उठने वाले साहित्य की प्रशंसा आम बात थी। उन्होंने गौर किया कि समान पाठ में प्राचीन भारतीय रचनाकार एकाधिक भाषा का उपयोग कर सकते थे तथा प्राचीन समीक्षकों ने पाया कि उनका यह प्रयास बेहद सामान्य था। यह अपने आप में सिद्ध करता है कि साहित्य की दृष्टि का विस्तार एक भाषा के पार था।

तुलनात्मक साहित्य की पहुँच का अनुमान हम दाँते में देख सकते हैं, जिन्होंने अपने लंबे निबंध 'De Vulgari Eloquentia' के नौवें अध्याय में प्राचीन फ्रेंच साहित्य (The Langue doc) की उसके समकक्ष उद्गमित साहित्य (The Langue) से तुलना की। इस परिप्रेक्ष्य में सुपरिचित लैटिन रचनाकार एल.आर. पामर (L.R.Palmer) ने एक टिप्पणी की और कहा, "यह मात्र साहित्यिक सिद्धांत और परंपराओं (परिपाटियों) के

* मूल अंग्रेजी से हिंदी अनुवाद : शशिभूषण सिंह

सामान्य मुद्दों में नहीं था जिसके प्रभाव को यूनानियों ने लैटिन साहित्यिक भाषा के निर्माण में प्रयोग किया। सच तो यह है कि आरंभिक लैटिन कविता का अधिकांश मात्र नकल नहीं है, बल्कि यह यूनानी अनुवाद ही है जिसका आशय है कि यूनानी निरंतर अपने ही लोगों के कंधों पर सवार रहे हैं।" जोचिम डु बेली के 'Defense et illustration de langue Francis' (1549) के साथ फ्रांस में परंपरावादियों और प्रगतिशीलों के बीच बहस शुरू हो गई। इसके माध्यम से तुलनात्मक साहित्य को अपने लिए एक जमीन मिली। यह परिचर्चा कॉर्नेल (Corneills) के Discours sur ler trios unites (1660) के सहारे 1687 से 1716 तक प्राचीनों और आधुनिकों के बीच तकरार के रूप में चली। वॉल्तेयर (Voltaire) का Letters Philosophiques (1734) भी तुलनात्मक साहित्य के कुछ तत्त्वों को समाहित करता है। जर्मनी में तुलनात्मक साहित्य का एक उदाहरण जोहान एलियास श्लेगेल (Johann Elias Schlegel) का 'Verglefchung Shakespeares and Andeas Gryphs' (1742) है। दिदरो (Dideros) का Letteres Philosophis भी तुलनात्मक साहित्य का Hamburgische Dramaturgie (1769) तथा ए. डब्ल्यू श्लेगेल (A.W.Schlegel) का Comparison of Euripides और रेसिन (Reacine) का 'Phaedra in French' (1807) भी तुलनात्मक साहित्य की दिशा में किया गया प्रयास है। मादाम दि स्तील (Madame de Steel) का 'World Literature' इस धारणा को ही बल देने वाला माना जाता है। इस पुस्तक में वह टिप्पणी करती हैं, "राष्ट्रों को निर्देशकों की भाँति एक-दूसरे की सेवा करनी चाहिए, ...विदेशी विचारों के स्वागत हेतु प्रत्येक देश को बेहतर करना चाहिए।" किंतु मादाम दि स्तील का विचार अत्यधिक सामाजिक है। वॉन टिघेम (Van Tieghem) के अनुसार वह जर्मन और फ्रेंच साहित्यों अथवा उनके पारस्परिक प्रभावों के बीच बहस नहीं करतीं। यह सामाजिक प्रवृत्ति कुछ वर्षों तक अनुसरित होती रहती है। इस सामाजिक दृष्टिकोण का सबसे महत्त्वपूर्ण व्यक्ति तेन (Hippolite Taine) और उनका क्षण Milieu and Race का सिद्धांत (Theory of Moments) था। तेन ने रेखांकित किया कि प्रत्येक सर्जनात्मक कार्य एक विशिष्ट Race और उसकी त्वरित Milieu का उत्पाद है तथा दूसरी तरफ रेस (race) अपने Milieu से प्रभावित हो सकता है। समय, एक क्षण है जो इस समय विशेष के व्यवहार विशेष का प्रतिनिधित्व करता है। तेन के ये तीन तत्त्व और उनका सैद्धांतीकरण उन्नीसवीं सदी के अंत तक बहुत प्रसिद्ध थे, किंतु वॉन टिघेम (Van Tieghem) ने बाद में अनुभव किया कि ये तीन तत्त्व फ्रेंच तुलनात्मकता को बाधित कर रहे हैं क्योंकि इस सिद्धांत में साहित्यिक प्रभाव का विचार उपस्थित नहीं है। सिसमोंद दि सिमोंदी (Sismonde de Sismondi) का 'La Literature du midi de I Europe' 1813 में प्रकाशित हुआ था, जिसमें लेखक ने साहित्य और मानव समाज के दोतरफा प्रभाव को दर्शाने का प्रयास किया। किंतु इसके पहले अठारहवीं सदी के यूरोप में यह आम

धारणा थी कि मानवीय गतिविधियाँ साहित्य के साथ परस्पर विकसित प्रगाढ़ संबंध को एक दूसरे के साथ बाँटती हैं। कुछ नए अनुशासन रोचक ढंग से तुलनात्मक विश्लेषण, तुलनात्मक भाषाशास्त्र या तुलनात्मक मिथकशास्त्र को पसंद करते हैं, जो काल के उस बिंदु पर इन्हें वास्तविकता प्रदान करते हैं, गोएते ने 1820 की अपनी परिकल्पना में 'विश्व साहित्य' (World Literature) के उस नए युग के आने का अनुमान लगाया था, जो अंतर्राष्ट्रीय वाणिज्य संबंधी मात्रा और उसके संरक्षित रूप के कारण बनने वाली परिस्थिति से संभव होगा। संस्कृत साहित्य और फारसी सूफी कविता की समालोचना संबंधी गोएते के दृष्टिकोण ने साहित्यिक अध्ययन के क्षेत्र में एक नए प्रकार के व्यवहार को जन्म दिया, जिसने यूरोप और पूर्वी जगत के साहित्यों को एकीकृत कर दिया। इसके परिणामस्वरूप तुलनात्मक साहित्यिक अध्ययनों के क्षेत्र में साहित्यिक आदान-प्रदान और साहित्यिक अभिग्रहण का विचार जैसे कुछ निश्चित मुद्दे सामने आए। महत्त्वपूर्ण तरीके से विश्व साहित्य की अवधारणा बंगाल की राष्ट्रीय शैक्षिक परिषद द्वारा आयोजित एक व्याख्यान के दौरान 1907 में रवींद्रनाथ टैगोर द्वारा प्रतिपादित की गई थी। किंतु उन्होंने विश्व साहित्य की अवधारणा को, साहित्य के क्षेत्र में सार्वभौम अथवा विश्वव्यापी अवधारणा के रूप में स्थापित किया था। कॉस्मोपोलिटनिज्म का भाव, उदारवाद, सभी तरह के अलगाववाद की अस्वीकृति उन्नीसवीं सदी से ही सुस्पष्ट थी। प्राकृतिक विज्ञानों में कुछ सदृश घटनाएँ अपना स्थान बना रही थीं। तुलनात्मक विश्लेषण और तुलनात्मक शरीर विज्ञान नामक अनुशासन स्थापित हो चुके थे। 1821 में ट्रौबाडोर्स की भाषा के संबंध में लैटिन-यूरोप की भाषाओं के तुलनात्मक व्याकरण पर एक पुस्तक प्रकाशित हुई। वेलेक, नोल और लैप्लेस के अनुसार, Literature Comparee' शब्द का प्रथम प्रयोग उनकी पुस्तक 'Cowrs de literature comparree' में हुआ। 'Examination of the infuence exerted by French 18th century writers on foreign literatures and on the European mind' शीर्षक से विलमेन ने एक व्याख्यान सोरबॉन में दिया। 1832 में आंपेयर ने 'Comparative history of literature' शीर्षक एक व्याख्यान प्रस्तुत किया। 1841 में जीन जैक्स आंपेयर की पुस्तक 'Histoire de la literature Francaise au moyen age comparee our literatures etrangers' प्रकाशित हुई। 1848 में मैथ्यू आर्नल्ड ने अंग्रेजी भाषा में पहली बार तुलनात्मक साहित्य शब्दावली का प्रयोग किया। उन्होंने लिखा कि "अब यह कहना बहुत सहज हो गया है, यद्यपि पिछले पचास वर्षों में तुलनात्मक साहित्यों की ओर ध्यान खींचे जाने में किसी को यह सोचने के लिए भी प्रेरित किया होगा कि एक विशेष अर्थ में इस क्षेत्र में इंग्लैंड इस महाद्वीप में बहुत पीछे है।" लेकिन साफ तौर पर अन्य साहित्यों और इंग्लैंड के साहित्य के बीच तुलना के लिए आर्नल्ड ने यहाँ इस पारिभाषिक प्रयुक्ति का बहुवचन के रूप में–तुलनात्मक साहित्यों– प्रयोग किया है। ऐसा माना जाता है कि आंपेयर द्वारा 'Histoire Comparative' शब्द के प्रयोग के पश्चात् आर्नल्ड ने 'तुलनात्मक साहित्य' शब्द गढ़ा।

इस संदर्भ में हम 'तुलनात्मक साहित्य' शब्द के विषय में एस. एस. प्रा'र के दृष्टिकोण का हवाला दे सकते हैं। लेन कूपर की भाँति प्रा'र भी 'साहित्य के तुलनात्मक अध्ययन' को बेढंगा, किंतु अपेक्षाकृत अधिक सटीक घटना के रूप में ग्रहण करते हैं। अंग्रेजी बोलने वालों की दुनिया में, इस क्षेत्र में हुए कार्य को बुनियादी रूप में देखा जाता है। और इस शीर्षक से पहला कार्य न्यूजीलैंड के विद्वान एच.एम. पॉसनेट का 'तुलनात्मक साहित्य' था, जो 1886 में प्रकाशित हुआ।

जो भी हो, जोहान वोल्फगैंग वॉन गोएते के विचारों में एक पूर्व पीठिका खोजी जा सकती है। विश्व साहित्य के प्रति उनकी दृष्टि पॉसनेट के द्वारा बड़े पैमाने पर उद्धृत की गई है। विलमेन ने 1829 में (Literature Comparee) शब्द का प्रयोग किया था। दूसरी तरफ जर्मनों ने 'तुलनात्मक साहित्य' शब्द को पारिभाषित करने के लिए Vergleichende Literature शब्द को प्रमुखता दी। इसके अतिरिक्त उलरिक वाइस्तीन ने अपनी पुस्तक 'तुलनात्मक साहित्य और साहित्यिक सिद्धांत : सर्वेक्षण और परिचय' (1973) में टिप्पणी की कि Vergleichende Literaturwissechaft एक शब्द (पद) है, जो अपने स्वभाव में दूसरे जर्मन शब्दों की तुलना में अपेक्षाकृत अधिक व्यापक है। उन्होंने जोर देकर कहा है कि Verglechende literaturewissechaft साहित्यिक इतिहास, साहित्यिक आलोचना, साहित्यिक सिद्धांत और काव्यशास्त्र को शामिल करता है तथा इस उपक्रम में दर्शनशास्त्र की एक शाखा के रूप में सौंदर्य शास्त्र को छोड़ देता है। इस जर्मन शब्द में निहित आंतरिक विचार तुलनात्मक साहित्यिक अध्ययन के संबंध में एक प्रकार से अंतर्राष्ट्रीय परिप्रेक्ष्य को अभिव्यक्त करता है। यह अंतर्राष्ट्रीय परिप्रेक्ष्य कई साहित्यों में अंतस्संबंध, साहित्यिक सिद्धांत, साहित्यिक आंदोलनों, अवधियों, शैलियों जैसे विभिन्न मुद्दों तथा प्राचीन काल से लेकर वर्तमान समय तक की लेखकीय उपलब्धियों को अपने में शामिल करता है। जर्मन शब्द अन्य यूरोपीय शब्दों की तुलना में अधिक वर्णनात्मक है। इस मुद्दे के संबंध में अंग्रेजी सिद्धांतशास्त्री एच.एम. पॉसनेट ने 1901 में टिप्पणी की थी कि "तुलनात्मक साहित्य प्रयुक्त प्रविधि की तुलना में अध्ययन के उद्देश्य को दर्शाता है।" वाइस्तीन के अनुसार, फ्रेंच शब्द (Literature Comparee) तथा इसके समकक्ष इटैलियन (Litteratura Comparata) स्पेनिश (Literatura Comparada) तथा पुर्तगाली (Litteratura Comparada) शब्द समान रूप से असंतोषजनक हैं। उनके अनुसार डच शब्द (Verlijkend Literatuuronderzock) तथा जर्मन शब्द कहीं अधिक वर्णनात्मक हैं। यूरोप में विश्व साहित्य का विचार समाज विज्ञान और जीव विज्ञान के लोकप्रिय अनुवाद के उपसिद्धांत के रूप में सामने आया जहाँ सभी विषय राष्ट्र, क्षेत्र और काल के अनुरूप वर्गीकृत हैं। संत एवरमोंड के अनुसार, "सौंदर्य के आदर्श सभी युगों में स्थिर नहीं होते तथा सभी देशों में एक समान नहीं होते, बल्कि स्थान और काल के अनुरूप इन्हें परिवर्तित होना चाहिए।" एक अकादमिक अनुशासन के रूप में Literature Camparee 1830 और 1840 के बीच फ्रांस में

विकसित हुआ। इस घटना से पहले शरीरविज्ञान, मिथकशास्त्र, दर्शनशास्त्र, शृंगारशास्त्र तथा भारतीय-जर्मनी भाषाशास्त्र में कुछ अध्ययन (शोध) प्रकाशित हुए थे। रूसी रूढ़िवादियों ने एलेक्जेंडर वेसेलोव्सकी को तुलनात्मक साहित्यिक अध्ययनों के लिए जमीनी कार्य करने का श्रेय दिया। विक्टर झिरमुन्स्की ने वेसेलोव्स्की को 'उन्नीसवीं सदी की रूसी और यूरोपीय विद्वता में तुलनात्मक साहित्यिक अध्ययन का सबसे विशिष्ट प्रतिनिधि' कहा है।

एक अकादमिक अनुशासन के रूप में तुलनात्मक साहित्य का वास्तविक जन्म 1897 में हुआ जब लिओन में तुलनात्मक साहित्य का एक पीठ स्थापित हुआ। सोरबॉन में दूसरे पीठ की स्थापना हुई। लुइस पॉल बेत्ज ने 1900 में अपना Bibliographie de Literature Comparee प्रकाशित करवाया। इस पुस्तक ने तुलनात्मक साहित्य के क्षेत्र में बहुत महत्त्वपूर्ण भूमिका निभाई और यह बाल्डेंस पर्जन-फ्रेडरिक की ग्रंथ-सूची के आधार के रूप में समादृत हुई। 1900 में विश्व भर के इतिहासकार अंतर्राष्ट्रीय सम्मेलन में भागीदारी हेतु एकत्र हुए। इसका छठा सत्र साहित्यों के तुलनात्मक इतिहास से संबंधित था। यहीं फ्रांस और दूसरे देशों के प्रतिनिधियों ने तुलनात्मक साहित्यिक इतिहास की एक अंतर्राष्ट्रीय संस्था बनाने की आवश्यकता का अनुभव किया। इसके आधी सदी बाद तक भी यह स्वप्न साकार नहीं हो सका। इस विशेष सम्मेलन में गैस्टन पेरिस ने अपने आरंभिक उद्‌बोधन में कहा था कि तुलनात्मक साहित्य का दोहरा कार्य साहित्यिक और लोक-साहित्य आधारित अध्ययनों के बीच तालमेल बनाना है। दूसरे विद्वान फर्दिनांद ब्रुनेतियर ने 'यूरोपीय साहित्य' पर एक व्याख्यान प्रस्तुत किया। ब्रुनेतियर के लिए सचेतन कलात्मक अभिप्राय मानदंड था जिसके माध्यम से साहित्य को मापा जाता था। उन्होंने यूरोपीय साहित्य को विश्व साहित्य का एक भाग बताया, जो उनके लिए Literature Comparee के समतुल्य था। 1918 में स्ट्रॉसबर्ग में तुलनात्मक साहित्य की तीसरी पीठ की स्थापना हुई थी। फर्दिनांद बॉल्देनस्पर्जर 1901 में लिओन में Texte के उत्तराधिकारी हुए। बाल्देनस्पर्जर ने हैजार्ड और वॉन टिघेम के साथ मिलकर सॉरबोन में 'आधुनिक और तुलनात्मक साहित्य संस्थान' की स्थापना की। 1925 में बाल्देनस्पर्जर ने अमेरिका के निमंत्रण को स्वीकार किया। बहुत वर्षों तक उन्होंने हार्वर्ड विश्वविद्यालय और कैलिफोर्निया विश्वविद्यालय में पढ़ाया और उनके प्रवास ने संयुक्त राज्य अमेरिका में तुलनात्मक साहित्य के अनुशासन को ऐतिहासिक महत्त्व प्रदान दिया। द्वितीय विश्वयुद्ध से अब तक तुलनात्मक साहित्य पर चार बड़े अंतर्राष्ट्रीय सम्मेलन हो चुके हैं : 1965, 1975, 1993 तथा 2004 में। प्रत्येक सम्मेलन के अवसर पर प्रकाशित प्रतिवेदन (reports) इस क्षेत्र की पेचीदा प्रकृति को अभिव्यक्त करते हैं और इस क्षेत्र के विभिन्न पक्षों/पहलुओं के संदर्भ में हुए विवादों/समझौतों को बड़े पैमाने पर दर्शाते हैं।

'अमेरिकी स्कूल' ने, जिसमें मुख्यतः युद्धोत्तर विद्वानों की प्रमुखता है, खोजी कार्यों और विस्तृत ऐतिहासिक अनुसंधान, जिसकी फ्रेंच स्कूल में माँग थी, की अपेक्षा साहित्य

के वास्तविक अध्ययन से प्रत्यक्षतः अधिक जुड़ाव की चेष्टा की। 'संस्कृति अध्ययन' नामक नए अनुशासन की खोज में लगे विद्वान अमेरिकी स्कूल के इस अभिगम से सुपरिचित हैं। आज तुलनात्मक साहित्य का क्षेत्र नितांत वैविध्यपूर्ण बन गया है। उदाहरण के लिए, तुलनाकर्ता लगातार एशिया, अफ्रीका, लैटिन अमेरिका और विश्व की अधिकांश बड़ी भाषाओं और प्रदेशों तथा अंग्रेजी और महाद्वीपीय यूरोपीय साहित्यों का अध्ययन करते हैं।

वर्तमान में तुलनात्मक साहित्य का सामान्य उद्देश्य इसके सरोकारों के अभिवृत्त में अंतर-सांस्कृतिक साहित्यिक अध्ययन को समेटना है। आज तुलनात्मक अध्ययन राष्ट्र केंद्रित अध्ययन के रूप में निर्मित न होकर साहित्य के अध्ययन की विशिष्ट धारणा के रूप में देशों के सीमांतों और सीमाओं के पार गमन करता है।

तुलनात्मक साहित्य अवधारणात्मक परिप्रेक्ष्य पर पुनर्विचार

अवधेश कुमार सिंह

विश्व साहित्य 'वर्ल्ड लिटरेचर' का अनुवाद है, जो जर्मन कवि व चिंतक गोएते द्वारा 1827 में प्रयुक्त 'वेल्टलिटरेचर' से प्रेरित है। पर गुरुदेव टैगोर ने 1907 में विश्व साहित्य की जो अवधारणा प्रस्तुत की, वह 1827 में जर्मन कवि व चिंतक गोएते और 2003 में तुलनात्मक साहित्य के अमेरिकी विद्वान डेविड डेमरोश द्वारा प्रस्तुत विश्व साहित्य की अवधारणा से बिल्कुल भिन्न है। यहाँ पहले भाग में राष्ट्रीय साहित्य, तुलनात्मक साहित्य, विश्व साहित्य, क्षेत्र अध्ययन तथा अध्ययन-विद्याओं की निर्माण प्रक्रिया, विशेषकर यूरोप व अमेरिका में, राजनीति तथा अर्थशास्त्र की चर्चा है। दूसरे भाग में डेविड डेमरोश की अवधारणा तथा तीसरे भाग में गुरुदेव रवींद्रनाथ की विश्व साहित्य की अवधारणा पर विचार किया गया है। चौथे भाग में कुछ आधुनिक भारतीय साहित्यकारों की रचनाओं में व्यक्त विश्व साहित्य की चेतना को दृष्टांत स्वरूप दर्शाने की कोशिश की गई है।

I

कहना न होगा कि 'तुलनात्मक साहित्य' और 'विश्व साहित्य' यूरोप में 18वीं सदी के आखिरी चतुर्थांश में राष्ट्रीय साहित्य (नेशनल लिटरेचर) की प्रतिक्रिया तथा प्रतिरोध के रूप में सामने आए। यह वह समय था, जब यूरोप में राजशाही तथा सामंतवादी साम्राज्य के बिखराव के साथ राष्ट्र (नेशन) अस्तित्व में आ चुके थे। पश्चिम में राष्ट्र का अर्थ था—एक भौगोलिक क्षेत्र, एक पंथ या धर्म, एक प्रजाति, एक भाषा, एक साहित्य। राष्ट्र के साथ राष्ट्रीय साहित्य की अवधारणा अस्तित्व में आई, जो सिद्धांत तथा व्यवहार दोनों के स्तर पर सीमित तथा संकीर्ण थी। परिणामतः राष्ट्रीय श्रेष्ठता सिर पर चढ़कर बोलने लगी। कहा जाने लगा कि विश्व जो कल सोचेगा, यूरोप वह आज सोचता है, और यूरोप जो कल सोचेगा, वह फ्रांस आज सोचता है। जर्मनी और इंग्लैंड भी इस

संक्रामक वाग्विलास से अछूते न थे। राष्ट्रीय साहित्य सर्वश्रेष्ठ माना गया और कहा गया कि यदि मेरा साहित्य सर्वश्रेष्ठ है तो मुझे दोयम दर्जे के अन्य साहित्यों को पढ़ने की क्या जरूरत? साहित्य का मुख्य उद्देश्य है—समाजों और संस्कृतियों के बीच संवाद स्थापित कर साहित्यिक और मानवीय मूल्यों की स्थापना करना, पर राष्ट्रीय साहित्य ने तो संवादहीनता की स्थिति खड़ी कर दी। ऐसे में यूरोप के उस समय के गोएते जैसे मनीषी ने 'विश्व साहित्य' और 'तुलनात्मक साहित्य' की अवधारणा प्रस्तुत की। विश्व साहित्य को 'विश्व क्लासिकी' या विश्व की ऐसी कालजयी रचनाओं का समुच्चय भी माना गया, जो देश, काल या कुल (प्रजाति या वर्ग) की सीमाओं से परे हो। इस अवधारणा के साथ दो समस्याएँ थीं। एक तो यह आभिजात्यवादी सीमित अवधारणा थी, जिसमें हाशिए के साहित्यों के लिए स्थान न था और दूसरी ओर विश्व खुद भी एक सापेक्षिक और सीमित विचार था। गोएते का विश्व उनके समय का यूरोप था, बाद में उसमें यूरोप के बाहर के समाज और साहित्य, जैसे अरबी और भारतीय, विशेषकर संस्कृत साहित्य आदि जुड़े, पर कहा गया, 'विश्व साहित्य'। यह बात 18वीं या 19वीं सदी तक ही नहीं, 20वीं सदी तक रही, जिसमें तथाकथित दो विश्वयुद्ध लड़े गए। पर वे क्या विश्वयुद्ध थे? वे मूलतः यूरोपीय युद्ध थे, जिनमें यूरोप से बाहर केवल अमेरिका शामिल था। यह बात और है कि द्वितीय विश्वयुद्ध में उपनिवेशित देशों, जैसे भारत को भी घसीट लिया गया था, जिसके बलबूते पर तत्कालीन अंग्रेजी सरकार दावा करती रही कि ब्रिटेन जर्मनी से तब तक लड़ेगा, जब तक एक भी भारतीय जिंदा रहेगा। इस लिहाज से देखा जाए तो अफगानिस्तान में जो कुछ वहाँ हुआ, वह छद्म विश्वयुद्ध से कम नहीं था, क्योंकि एक तरफ अमेरिकी सेना के साथ थीं अफगानी तथा नाटो देशों की सेनाएँ और दूसरी ओर वे जिनके साथ तालिबान और अलकायदा थे; अफगानिस्तान से लेकर पाकिस्तान, सऊदी अरब, मिस्र, यमन, लीबिया जैसे अन्य अरब देशों के विरोधी शामिल थे।

बहरहाल, विश्व और विश्व साहित्य किसी की खास मिल्कियत नहीं हैं, पर विजेता और प्रभुतासंपन्न समाज इसे हथिया लेते हैं और अपने अनुकूल अवधारणा को स्थापित कर व्यवहार में थोपने की कोशिश करते हैं। ध्यान रहे कि मैथ्यू आर्नल्ड, जिन्होंने 1846 में अपनी बहन को लिखे पत्र में बहुवचन संज्ञा 'तुलनात्मक साहित्यों' का प्रयोग किया था, उनका विश्व यूरोप और उसमें भी विशेषकर ग्रीक, लैटिन तथा फ्रेंच समाज व साहित्य तक सीमित था। उनके बाद आए टी.एस. इलियट, जिन्होंने आर्नल्ड को प्रोपेगंडावादी बताया था। उनकी आलोचना का विश्व यूरोप तक सीमित था, पर उनके सृजनात्मक साहित्य के विश्व में यूरोप से बाहर की सभ्यताएँ और देश, जैसे मिस्र और भारत भी शामिल थे। तभी तो उनकी कविता 'द वेस्टलैंड' की समाप्ति 'शांति, शांति' से होती है। अर्थात् समाजों की बात तो दूर, एक ही लेखक अपने विमर्श में अलग-अलग विश्वों को रचता है और उनमें विचरण करता है।

चूँकि यूरोप का 19वीं सदी में प्रभुत्व बढ़ा, अतः 'विश्व साहित्य' की यूरोपीय अवधारणा को व्यवहार में स्वीकृति मिली। उपनिवेशकाल में स्थापित आधुनिक विश्वविद्यालयों में अंग्रेजी या यूरोपीय साहित्य के विभागों में 'वर्ल्ड क्लासिक्स' का पाठ्यक्रम रखा गया, जिसमें विश्व की श्रेष्ठ कालजयी रचनाओं को पढ़ाया गया। उनमें रामायण, महाभारत, होमर के 'इलियड' या 'ओडेसी', दाँते की डिवाइन कॉमेडी, मिल्टन का 'पैराडाइज लॉस्ट' या सोफोक्लीज, कालिदास, शेक्सपियर, कार्नेल आदि प्रसिद्ध नाटककारों की रचनाओं को चुनकर रखा गया था। चूँकि यूरोप 'वर्ल्ड-लिटरेचर' की अवधारणा का प्रणेता था, अतः स्वाभाविक था कि मुख्यतः यूरोप की श्रेष्ठ रचनाएँ उसका हिस्सा बनतीं। 19वीं सदी के उपनिवेशीकरण के युग में यूरोप का साक्षात्कार नए भू-भागों, उनकी संस्कृति तथा साहित्य से हुआ, अतः नए-नए समाजों के लिए नई अध्ययन विद्या या पद्धति की आवश्यकता हुई। ऐसे में बराबर के राष्ट्रों अर्थात् यूरोपीय राष्ट्रों के साहित्य के अध्ययन के लिए तुलनात्मक साहित्य की अध्ययन पद्धति का विकास किया गया। जो समाज प्राचीनतम थे, पर थे ज्ञान-विज्ञान और आधुनिकीकरण से दूर, ऐसे तथाकथित 'अंधकार प्रदेशों' जैसे—अफ्रीका के लिए एंथ्रोपोलोजी या नृवंशशास्त्र जैसी ज्ञान-विद्या की स्थापना हुई और वे समाज, जिनका भूतकाल स्वर्णिम रहा था, पर वर्तमान पतन के गर्त में था, उनके लिए पौर्वात्यवाद (ओरिएंटलिज्म) का विमर्श तैयार किया गया, जो पाश्चात्य विद्वानों द्वारा पाश्चात्य वाचकवृंद के उपभोग हेतु पूर्व के बारे में विरचित ज्ञान-विमर्श है। कालांतर में पौर्वात्यवादी विमर्श में क्षेत्र विशेष के लिए, अर्थात् भारत के लिए इंडोलॉजी (भारत विद्या विमर्श), चीन के लिए साइनोलॉजी (चीन विद्या-विमर्श) और मिश्र के लिए 'इजिप्टोलॉजी' आदि का विकास हुआ।

यूरोप में 19वीं सदी के प्रथम चतुर्थांश तक तुलनात्मक साहित्य की अवधारणा स्वीकृत हो चुकी थी। तुलनात्मक साहित्य की खास बात यह थी कि इसमें अन्य साहित्यों के प्रति उदासीनता या हीनता के स्थान पर उसकी स्वीकृति थी। साथ-ही-साथ उसके प्रति सम्मान भी, क्योंकि खुद से बाहर अन्य को समझने के लिए पढ़ने से बेहतर सम्मान का तरीका और क्या हो सकता है? जब दो संस्कृतियों और भाषाओं की दो रचनाएँ एक साथ रखकर पढ़ी जाती हैं, तो सह-कृतित्व (को-टेक्सटुएलिटी) की स्थिति तो बनती ही है, साथ ही वे परस्पर प्रकाशवान भी होती हैं, जिससे उनकी ज्यादा अच्छी समझ बनती है। इसी के साथ तुलनात्मक साहित्य ने अपनी तथाकथित अध्ययन-पद्धति भी विकसित कर ली थी, क्योंकि वास्तव में तुलनात्मक साहित्य जैसी तो कोई चीज होती नहीं है। साहित्य, साहित्य होता है, उसके तुलनात्मक या अतुलनात्मक होने का सवाल ही नहीं होता। हाँ, 'साहित्यों' या 'साहित्यिक कृतियों' का तुलनात्मक अध्ययन अवश्य होता है, जिसकी अध्ययन पद्धति यूरोप के अलग-अलग देशों में स्कूलों के रूप में विकसित हुई। तुलनात्मक साहित्य के जर्मन स्कूल में विषय-वस्तु अध्ययन (थीमेटोलॉजी), फ्रेंच स्कूल में प्रभाव (इन्फ्लुएंस) तथा बाद में रिसेप्शन (स्वीकरण) पर जोर रहा, तो अंग्रेजी

स्कूल में रचनाओं को एक साथ रखकर पढ़ने (प्लेसिंग) पर। अमेरिकी स्कूल ने तुलनात्मक साहित्य का क्षेत्र व्यापक बना दिया।[1] साहित्यों का तुलनात्मक अध्ययन तो ठीक बात है, पर मूल में तो साहित्य ही है। साहित्य किसी ग्रीन हाउस में पैदा नहीं होता, वह मनुष्य का सृजन है। चूँकि मनुष्य समाज में रहता है, अतः सामाजिक, आर्थिक व राजनीतिक, सभी पक्ष उस पर असर डालते हैं। इस कारण साहित्य के तुलनात्मक अध्ययन में उनको नहीं नकारा जा सकता। परिणामतः साहित्य के साथ अर्थशास्त्र, समाजशास्त्र, मनोविज्ञान, राजनीतिशास्त्र, संगीत, ललित कला आदि का अध्ययन भी आवश्यक माना गया। इस अवधारणा के आधार पर अमेरिकी विद्वान हेनरी रेमाक की 1955 में तुलनात्मक साहित्य की परिभाषा ने उसे अंतरानुशासनिक (इंटरडिस्पिलनरी) बना दिया।[2] अमेरिका को तुलनात्मक-साहित्य इसलिए भी खोजना पड़ा, क्योंकि द्वितीय विश्वयुद्ध के आसपास यूरोपीय बौद्धिकों ने अपने देशों की सर्वसत्तावादी तानाशाह राजसत्ताओं से पलायन कर अमेरिका में शरण ली थी। स्वाभाविक था कि उनके साथ उनका साहित्य भी आया। उनके नए साहित्यों को समुचित स्थान और उनका अध्ययन तुलनात्मक साहित्य के द्वारा संभव था। इसके बाद अमेरिकी तुलनात्मक साहित्य संघ (अमेरिकन कंपेरेटिव लिटरेचर एसोसिएशन; ACLA) की स्थापना हुई। इसमें प्रावधान था कि दस वर्ष में एक रिपोर्ट तैयार की जाए, जिसमें 'मानदंड' निर्धारण हो। बाद में 1990 के दशक में मानदंड के स्थान पर 'स्टेटस रिपोर्ट' शब्द का प्रयोग किया गया। 1965 में प्रख्यात तुलनात्मक साहित्य विद्वान हेरी लेविन की अध्यक्षता में रिपोर्ट आई और उसके बाद टॉम ग्रीन ने दूसरी रिपोर्ट 1975 में पेश की। 1980 के दशक में रिपोर्ट न आ सकी, क्योंकि समिति के अध्यक्ष रिपोर्ट के मसौदे से सहमत न थे। 20वीं सदी के अन्तिम दशक में ए.सी.एल.ए. की रिपोर्ट 1994 में चार्ल्स बर्नहाइमर द्वारा संपादित पुस्तक 'कंपेरेटिव लिटरेचर इन द एज ऑफ मल्टीकल्चरिज्म' के रूप में आई।[3] जब बहुसांस्कृतिकवाद का स्थान भूमंडलीकरण ने ले लिया, तो 2006 में हॉन सॉसी की रिपोर्ट 2004 'कंपेरेटिव लिटरेचर इन ऐन एज ऑफ ग्लोबलाइजेशन' पुस्तक के रूप में आई,[4] जिसमें विश्व में आ रहे बदलावों को ध्यान में रखते हुए तुलनात्मक साहित्य की प्रतिक्रियाओं पर जोर था। इसमें फिल्म, संस्कृति, लोक वाङ्मय, हाशिए के विमर्श जैसे स्त्रीवाद, अंतरसांस्कृतिक और बहुसांस्कृतिकवाद या भूमंडलीकरण, यहाँ तक कि आतंकवाद जैसे विमर्श शामिल कर लिए गए थे, पर समस्या यह थी कि तुलनात्मक साहित्य के लिए वैसा आर्थिक प्रश्रय न था, जैसा बहुसांस्कृतिकवाद या अंतरसांस्कृतिकवाद के विमर्शों के लिए था। दूसरी ओर तुलनात्मक साहित्य ने हर नए विमर्श को भकोसने की कोशिश की, जिससे उसकी खुद की पहचान खो गई। इसकी तथाकथित अध्ययन पद्धति में कोई नया बदलाव नहीं आया, जिससे उसके विकास की संभावनाएँ रुक गईं। रही-सही कसर पूरी कर दी सुसान बासनेट जैसे तुलनात्मक साहित्यिकों ने, जिन्होंने 20वीं सदी के

अंतिम दशक में तुलनात्मक साहित्य के 'अंत' की घोषणा कर दी। खैरियत रही कि उन्होंने इसके साथ जोड़ा 'एक अर्थ में', और कहा कि तुलनात्मक साहित्य का स्थान अनुवाद-अध्ययन ने ले लिया है। ध्यान रहे कि इस घोषणा के दस वर्ष के अंदर डेमरोश ने 'विश्व साहित्य' का शगूफा फिर से छोड़ा।[5]

II

सवाल यह है कि डेविड डेमरोश को, विश्व साहित्य की अवधारणा की स्थापना के लगभग दो सदियों बाद 'विश्व साहित्य क्या है' पुस्तक लिखकर उसे पुनर्परिभाषित करने की क्या जरूरत आ पड़ी? इसके लिए थोड़ा पीछे जाना पड़ेगा। जैसा कि अमेरिका में होता है, सैन्य, आर्थिक, सामाजिक, सांस्कृतिक तथा अकादमिक जगत तथा हित एक-दूसरे से गुँथे रहते हैं। इसी के तहत यूरोपीय बौद्धिकों के अमेरिका में शरण लेने के बाद उनके साहित्यों के अध्ययन के लिए तुलनात्मक साहित्य को अपनाया गया, इसका संदर्भ दिया जा चुका है। इसके बाद 1965 में लेंडन जॉनसन के अप्रवासी अधिनियम में सुधार के बाद अमेरिका में एशियाई अप्रवासियों की संख्या में अभूतपूर्व वृद्धि हुई। 500 प्रतिशत के लगभग आई वृद्धि से अमेरिकी समाज के सामने सवाल खड़ा हुआ कि उनसे निपटने के लिए क्या किया जाए? नई संस्कृतियों के लोगों को जानने-समझने व निपटने के लिए एक नई अध्ययन पद्धति जरूरी थी, अतः सांस्कृतिक अध्ययन (कल्चर स्टडीज) को विकसित किया गया। इस बहुसांस्कृतिक परिवेश को समझने के लिए नए रूपक जैसे 'कुठाली' या ('मेल्टिंग पॉट'), 'सलाद का कटोरा', 'कसाटा', 'आइसक्रीम' आदि रचे गए। चूँकि ये अप्रवासी ऐसे देशों से आए जो पूर्व में उपनिवेश रहे थे, अतः उत्तर-उपनिवेशवादी अध्ययन भी इसी क्रम में स्थापित हुए और आगे चलकर सांस्कृतिक अध्ययन में घुल-मिल गए। इसी तरह द्वितीय विश्वयुद्ध के बाद शीतयुद्ध के युग में अमेरिकी सत्ता व हितों को किस प्रकार सुरक्षित किया जाए, यह मुख्य प्रश्न था। इस प्रश्न के जवाब में 'एरिया स्टडीज' या क्षेत्र-अध्ययन का प्रादुर्भाव हुआ था।

असल में क्षेत्र-अध्ययन की जरूरत द्वितीय विश्वयुद्ध के दौरान ही खड़ी हुई थी। "युद्ध के दौरान माँगों को पूरा करने के लिए विभिन्न ज्ञान-विधाओं के विद्वानों को अपने ज्ञान को हड़बड़ी में जुटाकर व्यवस्थित करने के लिए मजबूर होना पड़ा था, ताकि वे प्रशासकों तथा नीति-निर्माताओं को जरूरी सलाह दे सकें। युद्ध ने यह भी दिखाया कि अधिकांश क्षेत्रों के लिए प्रशिक्षित कर्मियों की आवश्यकता थी। सेना के विशिष्ट कार्यक्रमों तथा नागरिक विषयक प्रशिक्षण स्कूलों में बहुत से ऐसे प्रोफेसर थे, जो कि अपने विषय के बजाय क्षेत्र-केंद्रित आयोजित पाठ्यक्रम का पहला अनुभव कर रहे थे और काफी विद्यार्थी ऐसे थे, जो विदेशी क्षेत्रों और उनकी भाषाओं के अध्ययन की वास्तविक शुरुआत कर रहे थे।"[6]

विश्वयुद्ध की जरूरतों से उपजे क्षेत्र-अध्ययन बाद में तुलनात्मक समाज-अध्ययन

में विकसित हुए। क्षेत्र-अध्ययन के बारे में टीवी वॉकमन ने जो कि फोर्ड फाउंडेशन की कार्यक्रम अधिकारी के रूप में काम करती थीं, 1999 में सारगर्भित पैंफलेट प्रकाशित किया, जिसका मुख्य उद्‌देश्य क्षेत्र-अध्ययनों को फिर से मजबूत बनाना था।[7] परंपरागत क्षेत्र-अध्ययन के अनुसार विश्व में अमेरिकी हितों को सुरक्षित करने के लिए उसे जानना जरूरी है, क्योंकि जानने से ही उसे पाया जा सकता है। इसके लिए विश्व को जानने योग्य स्वतःपूर्ण (सेल्फ कंटेंड) क्षेत्रों में बाँटकर उनका अध्ययन करना जरूरी था। इसी के लिए पेंटागन तथा अमेरिकी विदेश विभाग ने विश्व को मिडिल ईस्ट, दक्षिण एशिया, दक्षिण पूर्व एशिया जैसे क्षेत्रों में विभाजित किया और इसी हिसाब से विदेश विभाग के उप या सह-सचिव बने तथा विश्वविद्यालयों में उसी के अनुसार विभाग बने और क्षेत्र-अध्ययनों की परियोजना को आर्थिक मदद भी दी गई। दक्षिण एशिया क्षेत्र-अध्ययन, सैन्य या राजनयिक हितों तक सीमित न रहा, बल्कि बाकायदा विश्वविद्यालयों में विभाग बने, इतने ताकतवर कि यह नई कैटेगरी एक दशक में ही स्थापित विभागों जैसे इंडोलॉजी, भारतीय साहित्य और सार्क साहित्य को निगल गई। चूँकि दक्षिण एशियाई अध्ययन के लिए पर्याप्त आर्थिक अनुदान उपलब्ध है, अतः शैल्डन पोलॉक, भारतीय विद्वानों से ही उनके साहित्यों के बारे में लेख लिखवाकर किताब संपादित करते हैं और उसे दक्षिण एशियाई साहित्यों के इतिहास की पुनर्रचनाओं का उपशीर्षक देते हैं।[8] यह एक ओर दक्षिण एशियाई क्षेत्र-अध्ययन में, तो दूसरी ओर नवपौर्वात्यवाद के विमर्श के रूप में अकादमिक योगदान था। पौर्वात्यवादी विमर्श पश्चिमी विद्वानों द्वारा पश्चिम के लिए पूर्व के बारे में पश्चिमी संस्थाओं की देखरेख में विरचित ज्ञान-विमर्श था, जबकि नवपौर्वात्यवाद पश्चिम के लिए पूर्व के विद्वानों द्वारा पूर्व के बारे में विरचित ज्ञान-विमर्श।[9] बस थोड़ा फर्क यह आया कि इस विमर्श के रचयिताओं ने चेहरे बदले, पुरु की सेना के हाथियों की तरह अपने ही सिपाहियों को रौंद डाला और दक्षिण एशियाई क्षेत्र इतिहास-अध्ययन की पुनर्रचना वैसी हुई, जैसा कि अमेरिकी सत्ता चाहती थी, क्योंकि पुनर्रचना की परियोजना का प्रारूप लेखन तथा वित्तीय अनुदान उसके चरित्र और निष्कर्ष को निर्धारित करते हैं। किराए के बौद्धिक सिपाही तो सिर्फ दूसरे के लिए लड़ते हैं और अपनी तनख्वाह लेते हैं। युद्ध के व्यूह व परिणाम से उनका कोई सरोकार नहीं होता, वे सेनापति के भाग्य में लिखे होते हैं।

इस चर्चा से एक बात साफ हो जाती है कि एक आर्थिक तथा सामरिक सत्ता, जिसका नाम आज अमेरिका है, शस्त्र के साथ शास्त्र—अर्थशास्त्र, संस्कृति, काव्य और काव्यशास्त्र की रचना एवं उसकी प्रक्रियाओं तथा उपभोग या रिसेप्शन को किस प्रकार प्रभावित करती है! अमेरिका ने क्षेत्र-अध्ययन जैसी अध्ययन पद्धति का विकास और उपयोग अपने हितों की रक्षा और संवर्धन के लिए किया। डेमरोश महोदय का 'विश्व साहित्य' असल में क्षेत्र-अध्ययन का विस्तरण है, जो सब क्षेत्रों को इकट्ठे करने पर विश्व बन जाता है। सब क्षेत्रों का अध्ययन अर्थात् विश्व-विमर्श। क्षेत्र-अध्ययन की

कमजोरी यह थी कि इसमें क्षेत्र को बहुत कुछ राष्ट्र की तरह आत्म निर्भर इकाई मान लिया गया था, पर बाद में पाया गया कि अप्रवासन या यातायात या संचार माध्यमों के कारण इन क्षेत्रों के बीच लोगों, विचारों और संस्कृतियों के बीच आना-जाना था। इसकी स्वीकृति और क्षेत्रों की अंतस्संबद्धता क्षेत्र-साहित्यों के समुच्चय को विश्व साहित्य की ओर ले गई, जो कि गोएते के 'विश्व साहित्य' की अवधारणा की तुलना में राजनीति-प्रेरित है। कारण यह है कि बीसवीं सदी के अंतिम दशक तक सोवियत यूनियन के विघटन के बाद यूरोप अमेरिका का शानदार पिछलग्गू रह गया। आर्थिक व सामरिक शक्ति के चलते विश्व साहित्य के ग्रंथ-रत्नों (मास्टर पीसेज) में अमेरिकी साहित्य-ग्रंथों को शामिल करने के लिए विश्व साहित्य की परिभाषा बदलना जरूरी था। ग्रंथ-रत्न वे माने जाते थे, जिनमें हृदयों को छूने तथा तुरंत सबको प्रभावित करने की क्षमता हो, साथ ही यह क्षमता समय या स्थल की सीमाओं की मोहताज न हो। चूँकि समय या इतिहास का उत्पादन करना संभव नहीं है, अतः अमेरिकी साहित्य-ग्रंथों को शामिल करने के लिए विश्व साहित्य की परिभाषा में बदलाव जरूरी था। डेमरोश ने इसे लुभावना बनाने के लिए, विश्व साहित्य को आभिजात्यवादी होने की आलोचना से बचाते हुए उसके क्षेत्र में विस्तार किया और उसमें कीलाक्षरों से खुदी मिस्री चित्रलिपि, मध्ययुगीन जर्मन, सूफी महिलाओं की रचनाएँ, इंका इतिवृत्त, काफ्का के अनुवाद, समकालीन देशी प्रतिरोधी साहित्य को शामिल किया। उसके साहित्यिक तथा समस्या अध्ययनों (केस स्टडीज) में सुमेरिया से एजेटेक्स तक और मध्ययुगीन सूफीवाद से लेकर उत्तर आधुनिक मेटाफिक्शन (मीमांसा उपन्यास) तक को शामिल किया गया। इनका अध्ययन करते हुए उन्होंने बताया कि रचनाएँ जब एक स्थान से दूसरे स्थान तक जाती हैं और उनके राष्ट्रीय या अंतर्राष्ट्रीय संदर्भ भी बदलते हैं, तो वे रचनाएँ किस प्रकार बदलती हैं। यह बात सही है कि शिष्ट रचनाओं की शास्त्रविहित विश्व साहित्य की अवधारणा में डेमरोश ने रचनाओं के एक क्षेत्र से दूसरे क्षेत्र में जाने की प्रक्रिया के प्रचलन (सरक्युलेशन) का तरीका बताया। रचनाओं के प्रचलन के साथ उनमें कुछ-न-कुछ नया जुड़ता है। चूँकि अधिकांशतः नए क्षेत्र में रचना के प्रचलन के लिए अनुवाद का सहारा लेना पड़ता है, अतः विश्व साहित्य में साहित्यिक रचनाओं के विमर्श का एक ऐसा समुच्चय बना, जिसमें वह अनुवाद के माध्यम से नई संस्कृति से जुड़ता है और अनुवाद से उसे नया रूप और जीवन मिलता है। दूसरे शब्दों में कहें तो विश्व साहित्य अपने स्रोत तथा जिस लक्ष्य संस्कृति में उसका उपभोग या स्वीकार होता है, उनके बीच अस्तित्व में आता है। दोनों स्रोत तथा गंतव्य इसे प्रभावित करते हैं, पर उनमें से किसी में यह बँधता नहीं। साहित्यिक रचनाओं के प्रचलन की प्रक्रिया में स्थापित ग्रंथ-रत्न तथा नई रचनाएँ अथवा खोजी गई रचनाएँ एक समान ढंग से भाग लेती हैं, पर इस प्रक्रिया में कभी-कभी उनसे गंभीर ढंग से दुर्व्यवहार भी किया जाता है। नया विश्व साहित्य, जिसकी प्रतिनियुक्त सरोगेट माँ अमेरिका है तथा डेविड डेमरोश मुख्य दाई है, वह क्षेत्र-अध्ययन का तो नया

रूप है ही, साथ-ही-साथ वह अमेरिका की अफर्मेटिव प्रोजेक्ट का भी समायोजन है, जिसमें अस्मिता की राजनीति को भी स्थान दिया गया था, जिसमें आखिरकार विभिन्न पहचान समूहों के साहित्यों के उद्धारक के रूप में अमेरिकी साहित्य और समाज उभरकर सामने आए। इसकी सबसे बड़ी विडंबना यह है कि सारे विश्व साहित्य का प्रचलन व्यवहार के स्तर पर या तो अंग्रेजी में या उसकी मध्यस्थता द्वारा हो रहा है और होगा भी। पर ऐसा विश्व साहित्य भी क्या, जो सभी अन्य भाषाओं को नकार कर अथवा उनकी प्रस्तावित कब्र पर बने? गोएते का विश्व साहित्य संघटक (यूनीफाइंग) दिमाग की उपज था, जिसमें पहचान या अस्मिता का स्वीकरण था और उन्हें एक साथ रखकर पढ़ने का तरीका ही उसके प्रति बड़ा सम्मान था। डेमरोश का नया विश्व साहित्य अस्मिता की राजनीति और विश्व साहित्य की रोटी का बन्दरबाँट है, जिसके तहत डेविड डेमरोश जैसे अमेरिकी विद्वान जो अपने साथ थीओ दाहरेन तथा जैकलल कादीर को लेकर 'द रूटलेज कंपेनियन टू वर्ल्ड' (2011) बना देते हैं।[10]

III

यूरोपीय, विशेषतः गोएते तथा डेमरोश की विश्व साहित्य की अवधारणाओं से बाहर अपने आसपास गुरुदेव रवींद्रनाथ टैगोर की विश्व साहित्य की अवधारणा को देखने का लालच होता है। गुरुदेव विरले चिंतक, कवि तथा बहुप्रतिभा-संपन्न सर्जक थे। उन्होंने विश्व साहित्य पर सीधे-सीधे कम लिखा, पर जो कहा या लिखा उसके पीछे उनका लंबा चिंतन था। कोई अर्थशास्त्र या राजनीति न थी। सबसे बड़ी बात तो यह कि उन्होंने विश्व साहित्य तथा तुलनात्मक साहित्य जैसी दो कोटियों को एक ही भाषण में इकट्ठा कर दिया। इस एकीकरण के पीछे कोई भ्रांति न थी, बल्कि यह कवि का एक सजग प्रयास था, जिसमें उनकी कवि-प्रतिभा आलोचक-प्रतिभा से ज्यादा मुखर और सक्रिय थी।

1907 में जादवपुर विश्वविद्यालय में राष्ट्रीय शिक्षण समिति की सभा में गुरुदेव ने विश्व साहित्य पर भाषण दिया था[11] और अपनी अवधारणा रूपकों में व्यक्त की थी। उसे समझने से पहले जानना जरूरी है कि गुरुदेव राष्ट्रवाद के खिलाफ थे। उन्होंने राष्ट्रवाद के कारण हुए युद्धों की विभीषिका को देखा समझा था। उनके विचार राष्ट्रवाद पर दिए गए उनके भाषणों में साफ दिखाई देते हैं। हालाँकि गुरुदेव का राष्ट्र का विचार पश्चिमी विचारधारा से प्रेरित था और वे उसकी संकीर्णता तथा उसके परिणामस्वरूप आई भयावहता से क्षुब्ध थे।[12] वे खुद विश्व-मानव थे और विश्व-मानव उनका आदर्श था। राष्ट्रवाद के साथ राष्ट्रीय साहित्य भी उन्हें स्वीकार्य न था, क्योंकि दोनों हिंसक बर्बरता, अमानवीयता और मूल्यहीनता पर आधारित थे। वे दोनों उनके उदार भारतीय सांस्कृतिक मूल्यों के विपरीत थे, जिनमें जीव, वनस्पति, जड़ तथा मनुष्य सभी की शांति तथा सबके प्रति साहचर्य तथा सहअस्तित्व का भाव निहित है। गुरुदेव ने अपने ढंग से राष्ट्रवाद तथा उसमें अनुस्यूत राष्ट्रीय साहित्य के विरुद्ध विश्व साहित्य

को प्रस्तावित किया।

गुरुदेव के विश्व साहित्य के पीछे विश्व-मानव की अवधारणा है, जो संकीर्णता, आधे-अधूरे राष्ट्र, जाति, धर्म व समाज की दीवारों से परे है। विश्व साहित्य विश्व-मानव की अभिव्यक्ति है और इस अभिव्यक्ति के पठन-पाठन तथा प्रचलन से मानव विश्व-मानव बनने की दिशा में और प्रयास करता है। डेमरोश की विश्व साहित्य की अवधारणा के पीछे ऐसे उदात्त चिंतन का निरंतर अभाव है। डेमरोश की चिंता साहित्य कृतियों के प्रचलन, उनके स्वीकरण, उनमें आए बदलावों के अध्ययन तक सीमित है। विश्व साहित्य की मनुष्य को आवश्यकता क्यों होती है? इसके पीछे मानव अस्तित्व की कोई व्यवस्था, मानव प्रकृति की कोई तृष्णा काम करती है आदि सवालों से उनका कोई लेना-देना नहीं है। डेमरोश का विश्व साहित्य कैंचियों के बलबूते काट-छाँट कर तैयार किया बगीचा हो सकता है, जिसमें माली की इच्छा, जिद व वहम ज्यादा बड़ी भूमिका अदा करते हैं, जबकि गुरुदेव का विश्व साहित्य प्रकृति के निस्सीम जगत में बन रहा मंदिर है, जिसमें विश्व-मानव की स्थापना हुई और सभी लेखक, सर्जक इस मंदिर के निर्माण में यथाशक्ति योगदान कर रहे हैं।

गुरुदेव सभी मानवों, उनकी क्षमताओं तथा उनके और ब्रह्मांड के सभी तत्त्वों के बीच अंतस्संबद्धता को स्वीकारते हैं। उनका मानना है कि ब्रह्मांड में मौजूद सभी तत्त्वों से हम संबंध स्थापित करने की कोशिश करते हैं। इस अंतस्संबद्धता को स्वीकारे बगैर सब कुछ बेकार है। ये संबंध तीन प्रकार के हो सकते हैं—बौद्धिकता के, आवश्यकता के तथा आनंद के। आनंद का संबंध सौंदर्य के साथ है। यह संबंध अहंकारहीनता की स्थिति में होता है, जिसमें किसी भी शक्तिहीन या तुच्छ व्यक्ति या सत्ता के सामने बिना शर्त समर्पण में कोई हिचकिचाहट नहीं होती। इसमें अहम या आत्म का भाव नहीं होता, क्योंकि इसमें अन्य को आत्म रूप में तथा आत्म को अन्य रूप में जानना होता है। ऐसी स्थिति में सजग संबंध होता है, जैसे—पिता का पुत्र के प्रति प्रेम, पर प्रेम का कारण बदल जाता है। 'पुत्र प्रिय इसलिए नहीं है, क्योंकि वह मेरा पुत्र है। मैं अपनी आत्मा अर्थात् मेरे पुत्र को इसलिए चाहता हूँ, क्योंकि उसमें मैं अपना पूर्ण रूप पाता हूँ। उसमें खुद को देखकर मैं महान हो जाता हूँ।'

गुरुदेव निरे आलोचक या विद्वान नहीं थे, सर्जक-चिंतक थे, अतः उन्हें अपनी बात कहने के लिए इनसाक्लोपीडिया या ग्रंथों की आवश्यकता नहीं थी। वे अपनी बात रूपकों के माध्यम से कहते हैं। अंतस्संबद्धता की स्वीकृति तथा उसके लिए आवश्यक समर्पण के भाव से उत्पन्न आनंद की अनुभूति के लिए वे मथुरापति नटवर कृष्ण तथा वृंदावन की गोपियों के रास का रूपक प्रस्तुत करते हैं। वे कहते हैं कि मनुष्य विश्व में अपनी अभिव्यक्ति दो प्रकार से करता है—एक, अपने कार्य द्वारा और दूसरे, साहित्य द्वारा। ये दोनों गतिविधियाँ एक-दूसरे की पूरक हैं। काम तो एक बहाना है और मनुष्य के लिए अभिव्यक्ति का माध्यम। अभिव्यक्ति तो खुद में एक आनंद है जैसा कि विवाह

के अवसर पर होता है, जिसमें शादी की तैयारी होती है। पर सिर्फ शादी का काम पूरा करना ही जरूरी नहीं है, बल्कि हृदय को खोलकर दिखाने की स्वाभाविक मानव-इच्छा होती है, जो दीपमालाओं तथा फूल-पत्तों से घर की सजावट में दिखाई देती है। गुरुदेव के अनुसार यह हृदय का धर्म है, जो अपनी भावनाओं को बाह्य जगत के साथ मिला देता है। इसमें हृदय सत्य के साथ संबंध स्थापित करता है और इसके बीच भावनाओं का विनिमय होता है। हमारी हृदय-लक्ष्मी महसूस करती है कि उसे जितना अन्यों या संबंधियों से मिला है, उससे ज्यादा उन्हें लौटा दे। साहित्य में हम स्वयं को किस चीज से जोड़ते हैं? वह चीज है, जो मनुष्य के पास उसकी सभी जरूरतों से ज्यादा, चाहे वह धन हो या रस या आनंद, जो कुछ बच जाता है या मनुष्य में जो कुछ महान है, जो कुछ अति सामान्य है, जो कुछ अंततः काम में खत्म नहीं होता, इन सबको साहित्य पकड़ने की कोशिश करता है। साहित्य में जो अभिव्यक्त होता है, उस पर सम्पूर्ण प्रकाश डाला जाता है और जो कुछ इस तीव्र प्रकाश को सहन नहीं कर पाता है, उसे इस प्रदेश में शामिल नहीं किया जाता।

ब्रह्मांड में सभी तत्त्वों की अंतस्संबंधता, उसमें मनुष्य की अद्भुत स्थिति तथा साहित्य-सृजन के संदर्भ में गुरुदेव विश्व साहित्य की बात करते हैं। इसके लिए वे नटवर कृष्ण के बाद नटराज के रूपक को लाते हैं। जो नृत्य और मृत्यु के सातत्य तथा समसामयिकता के देव हैं। इस देव का नाम महाकाल है। महाकाल अपनी छलनी लेकर बैठे हैं, जो कुछ छोटा तथा घटिया है, वह सब छनकर नीचे गिर जाता है। साहित्य में किसकी तलाश कैसे करनी है? इस प्रश्न का उत्तर गुरुदेव इस प्रकार देते हैं कि विश्व-मानव विश्व साहित्य के माध्यम से खुद को अभिव्यक्त करता है, जिसमें लेखक केवल माध्यम ही नहीं, बल्कि लेखन का विनाशक भी होता है। जहाँ लेखक अपनी भावनाओं में दूसरे की भावनाओं की अभिव्यक्ति करता है और दूसरों के दर्द को अभिव्यक्ति देता है, तो उसकी रचना को साहित्य में जगह मिल जाती है।

गुरुदेव एक और रूपक 'मंदिर' का प्रयोग करते हैं। विश्व-मानव एक श्रेष्ठ निर्माता है, जो विश्वकर्मा की भाँति मंदिर निर्माण करता है। विविध जगहों तथा समय-कालों के लेखक श्रमिकों की भाँति उसके निर्माण में योगदान करते हैं। विचित्र बात यह है कि विश्व साहित्य के इस मंदिर की इमारत का कोई नक्शा किसी के पास नहीं है। इसमें जो कुछ गलत है, वह गिरकर टूट जाता है। हर श्रमिक अपनी स्वाभाविक क्षमता व शक्ति के हिसाब से अदृश्य सम्पूर्ण योजना के अनुसार अपने हिस्से का भाग बनाकर अपना योगदान देता है, जिससे उसकी क्षमता प्रकट होती है। पर उसे साधारण श्रमिक की भाँति कोई भौतिक पारितोषिक नहीं मिलता, उसे एक उस्ताद की शोहरत जरूर मिलती है।

गुरुदेव के विश्व साहित्य की अवधारणा से हम सबको तथा डेमरोश को, यदि वे समझना चाहें तो, बहुत कुछ सीखने को मिल सकता है। गुरुदेव ब्रह्मांड के सभी तत्त्वों

की अंतस्संबंधता की बात कर आत्म और अन्य के विपरीत ध्रुवीय कोटियों के विरोध को समर्पण भाव द्वारा समाप्त कर देते हैं, जिससे विश्व साहित्य अस्मिता की राजनीति की लड़ाई न होकर, सामंजस्य का संगम बन जाता है। गुरुदेव विश्व साहित्य का सकारात्मक, समावेशी तथा तुलनात्मक प्रतिमान प्रस्तुत करते हैं। इसमें लेखक या रचना के स्थान या समय का कोई बंधन नहीं है। हर किसी भाषा साहित्य को, रचना को, इसमें शामिल होने का अवकाश तथा संभावना है। हाँ, उसकी पूर्व शर्त एक ही है, पारितोषिक के बिना श्रम की स्वीकृति। यह परिभाषा विश्व साहित्य का मानदंड निर्धारित नहीं करती, क्योंकि उसे काल नहीं, महाकाल निर्धारित करता है। इसका कोई संकलन नहीं होगा। विश्व-मानव की स्वाभाविक अभिव्यक्ति होने के कारण सौंदर्य का आनंद और परपीड़ा की अनुभूति व अभिव्यक्ति इसके मापदंड हैं। गांधी की वैष्णव जन की परिभाषा में 'वैष्णव जन तो तेने कहिए, जे पीर पराई जाने रे', में वैष्णव जन की जगह विश्व-मानव या विश्व साहित्य रख दीजिए, तो विश्व-मानव साहित्य की परिभाषा बन जाती है। अपने वक्तव्य के अंत में गुरुदेव कहते हैं कि 'जिसे आप अंग्रेजी में तुलनात्मक साहित्य कहते हैं, मुझे उस विषय पर बोलने के लिए कहा गया था। बँगला में मैं उसे विश्व साहित्य कहना चाहूँगा।' इस वक्तव्य में हम चाहें तो कह सकते हैं कि अध्ययन पद्धति का अभाव है तथा गुरुदेव की अवधारणा रोमांटिक लग सकती है। पर सच यह है कि गुरुदेव का विश्व साहित्य सच्चे अर्थ में साहित्य है, क्योंकि यह मानव-मूल्य (परपीड़ा की अभिव्यक्ति) पर आधारित है तथा वह विश्व-मानव का पोषक तथा निर्माता भी है, जो अंततः सभी विश्व-मानवों के लिए विश्व-शांति का न केवल सपना सँजोए हुए है, बल्कि उसकी अग्र और पृष्ठभूमि भी तैयार करता है।

IV

मनुष्य अन्य जीवों से भिन्न है, क्योंकि वह खुद से उठकर सम्पूर्ण विश्व में उसके तत्त्वों के साथ दुःख-सुख को अपना मानकर जुड़ने का सन्निष्ठ प्रयास करता है। मनुष्य पूर्ण का अंश होने के बाद भी पूर्ण नहीं है, पर अन्य के साथ जुड़कर या उसे अपना बनाकर कुछ कम अपूर्ण अवश्य बनता है। विश्व साहित्य अन्य के साथ उसकी पीड़ा के समय खड़े रहने तथा उस अनुभव की अभिव्यक्ति का परिणाम है। विश्व के श्रेष्ठ साहित्यकारों की तरह भारतीय साहित्य में भी विश्व की महिमा, उसकी चिंता तथा सरोकारों के साथ अभिव्यक्ति हुई है। आदिकवि वाल्मीकि की प्रथम काव्याभिव्यक्ति "मा निषाद प्रतिष्ठाम् त्वमगमः शाश्वती समाः" ऋषि की अपने प्रति नहीं, बल्कि क्रौंच पक्षी की वेदना के प्रति सहानुभूति की अभिव्यक्ति है। वह उनका व्यक्तिगत न होकर पक्षी की पीड़ा का शोक था, जो श्लोक बना, जो पूरी रामायण में सीता की कथा में प्रकट हुआ।

पर सुख-दुःख रचनाकार के लघु विश्व को महत्तर विश्व में परिवर्तित करता है और उसकी चेतना विश्व साहित्य की ओर ले जाती है, जिसकी अभिव्यक्ति समय-समय

पर साहित्यकारों ने अपनी रचनाओं में की है। विश्व साहित्य की सैद्धांतिक चर्चा के बाद कुछ आधुनिक कवियों द्वारा अपनी रचनाओं में व्यक्त विश्व साहित्य की अवधारणा की चर्चा अप्रासंगिक न होगी।

कन्नड़ कवि कुवेंपु ने 'रामायण दर्शनम्' के अयोध्या कांड में 'कवि-कृतु-दर्शन' में इस विश्व साहित्यिक चेतना को अभिव्यक्त किया है। उनकी अवधारणा में यूरोपीय महाकाव्यों में होमर, वर्जिल, दाँते और मिल्टन एवं फारसी कवि फिरदौसी शामिल हैं। रामायण की संस्कृत परंपरा में भास, भवभूति, कालिदास तथा देशी भाषाओं में कन्नड़ के कवि नरहरि, हिंदी/अवधी के तुलसीदास, बँगला के कृत्तिवास तथा तमिल से कंबन हैं। महाभारत के रचनाकारों, जैसे व्यास तथा तेलुगु के नन्नय तथा कुवेंपु के आध्यात्मिक गुरु श्री अरविंद का नाम भी इसमें शामिल है। सार्वभौमिक आयाम पाने के लिए वे लोक-गुरुओं तथा विश्वकवियों के काव्य तथा लोकहृदय की भावनाओं के अनुभवी रचनाकारों का आशीर्वाद चाहते हैं। इससे एक-दूसरे में, उपक्षेत्रीयता एवं राष्ट्रीयता तथा अंतर्राष्ट्रीयता, दोनों के बीच संवाद की स्थिति बनती है।[13]

यहाँ पर कुवेंपु के गुरु श्री अरविंद की विश्वसभा का रूपक ध्यान खींचता है।[14] श्री अरविंद की विश्व कवि सभा में केवल ग्यारह कवि आते हैं। यह कवि सभा तीन पंक्तियों में बँटी है। पहली पंक्ति में वाल्मीकि, व्यास, होमर और शेक्सपियर को स्थान मिला है। दूसरी पंक्ति में दाँते, कालिदास, एस्कुलिस, सोफोक्लीज, वर्जिल और मिल्टन हैं और तीसरी पंक्ति में केवल एक कवि, जर्मन कवि गोएते हैं, बाकी सभी कवि सभा के पिछले हिस्से में अनाम भीड़ में बैठे हैं। श्री अरविंद के निष्कर्ष उनके द्वारा रचित चार मानदंडों पर आधारित हैं : कल्पना की मौलिकता, अभिव्यक्ति शक्ति, सर्जनात्मक प्रतिभा और विषय-वस्तु की व्यापकता। इन पर जो खरे उतरते हैं, वे ही कवि इसमें शामिल हैं। इन प्रतिमानों को देखने से लगता है कि अरविंद का प्रतिमान अनुक्रमवादी तथा केवल कविता के प्रतिमानों पर आधारित है। अन्य विधाएँ, जैसे–उपन्यास, जो कि महाकाव्य का पुनरवतार है, उसके लिए स्थान नहीं है। साथ-ही-साथ ये मानदंड आभिजात्यवादी, स्थैतिक तथा समय-सीमित हैं, जो कि विश्व ग्रंथ-रत्न की संकल्पना को ही पोषित करते हैं, जबकि श्री गुरुदेव के विश्व साहित्य का मॉडल समावेशक, मुक्त तथा गत्यात्मक है।

भारतीय उपमहाद्वीप के उर्दू कवि फैज अहमद फैज विश्व साहित्य को व्यवहार के स्तर पर अपनी कविता के सरोकारों में दिखाते हैं।[15] उन्होंने अविभाजित भारत के विभाजन का दर्द तथा उससे भी आगे पाकिस्तान, फिलीस्तीन, बँगलादेश, अफ्रीका, चीन और तुर्की आदि देशों में, जहाँ भी शोषित और पीड़ित वर्ग था, उसे अपनी कविता में अभिव्यक्ति दी। उनका कविता संग्रह 'सर-ए-वादी-ए-सीना' का 'इंतिसाब' अर्थात् 'समर्पण' उनकी विश्वचेतना का प्रमाण है। वे अपनी कविता आज को, आज के दुःख को और दुःखों के समूह को समर्पित करते हैं, जिनमें क्लर्कों, पोस्टमैनों, ताँगेवालों, ट्रेन

चालकों, फैक्ट्री के मजदूरों, सम्राटों और शोषित किसानों को शामिल करते हैं। इनके अलावा दुःखी माँओं, अबला स्त्रियों, विधवाओं तथा घरों, गलियों और मोहल्लों के झुंड को समर्पित करते हैं, जिनके गंदे कूड़े-करकट से, चंद्रमा नमाज पढ़ने से पहले हाथ-पैर धोता है। साथ-ही -साथ इसमें भ्रमित तथा छले गए विद्यार्थी, कैदी और आने वाले समय के पैगंबर भी शामिल हैं, जो फूलों की खुशबू की तरह खुद के ही पैगामों के प्रेम में पड़ गए हैं (पृ. 53-56)। यहाँ फैज के दर्द का सरोकार किसी देश या मजहब से न होकर विश्व के सभी वर्गों के साथ है, जहाँ वे साहित्य के मुख्य धर्म अर्थात् पीड़ित और शोषित, हाशिए पर पड़े हर उस शख्स या समाज के साथ खड़े हैं, जिसके साथ कोई खड़ा नहीं होता। साथ ही फैज एक अदृश्य क्रांति भी लाते हैं, जब अमीर खुसरो को संबोधित कर लिखी अपनी कविता 'मोरी अरज सुनो' में वे (खुसरो) गरीबों के मददगार पीर को अलग-अलग शब्दों और पदों में अपने 'जिया की पीर' कहते थे और रास्ता ताकते थे। पर उनके इंतजार में सदियाँ गुजर गईं। फैज के अनुसार भेद जाकर अब खुला है, क्योंकि जिससे खुसरो गुहार लगाते थे, जो उनका हाथ पकड़कर नैया का खेवनहार होने वाला था, जो मंदिर में कभी नहीं आया, वह और कोई नहीं, बल्कि स्वयं कवि खुसरो थे (पृ. 74-75)। इस प्रकार फैज विश्वकविता के मंदिर में ईश्वर की जगह कवि-मनुष्य की स्थापना कर देते हैं, जो न केवल एक नए विश्व की रचना करता है, बल्कि अपनी वैश्विक अभिव्यक्ति द्वारा विश्व को जोड़ता भी है।

गुरुदेव टैगोर से आगे बढ़ते हुए जोड़ना चाहूँगा कि टैगोर की पश्चिम प्रेरित राष्ट्र की संकल्पना के बरक्स गांधी ने राष्ट्र की हिमायत की, क्योंकि राष्ट्र उनके लिए उपनिवेशी शोषण करने वाली शक्तियों के विरुद्ध एकत्र हो प्रतिरोध करने का माध्यम था। गांधी जी का मानना था कि यदि सभी राष्ट्र सुख और शांति से रहेंगे, तो अंततः सुखी और शांतिपूर्ण अंतर्राष्ट्रवाद स्थापित होगा। गांधी जी से प्रेरणा लेकर गुजराती कवि उमाशंकर जोशी विश्व-मानव की अपनी संकल्पना प्रस्तुत करते हैं, जो कि गुरुदेव के समर्पण के भाव पर आधारित है। वे कहते हैं–"मानवीं मटीने हूँ, बनूँ हूँ, विश्व-मानवी' अर्थात् व्यक्ति मिटकर मैं विश्व-मानव बनता हूँ।[16] वे कहते हैं कि तुम पूरब से हो और दूसरा कोई पश्चिम से, ऐसे विचारों के विरुद्ध जब वसुधा एक कुटुंब और नीड़ बन जाएगी, तब सभी लोग कंधे से कंधा मिलाकर एक-दूसरे का हाथ पकड़े मानव-मूल्यों का योगदान करेंगे। वे साफ कहते हैं कि गांधी के मूल्य, अर्थात् अहिंसा, सत्य और प्रेम किसी एक व्यक्ति या समाज के मूल्य नहीं हैं, बल्कि ये विश्व साहित्य, विश्व-मानव तथा विश्व-शांति के मूल्य हैं।

वैसे तो विश्व साहित्य की चेतना विविध रूपों में विभिन्न कवियों की रचनाओं में प्रकट हुई है किंतु वर्तमान के लिए मैं इसे हिंदी कवि शमशेर बहादुर सिंह की कविता 'अमन राग' के संदर्भ से समाप्त करना चाहूँगा, 'अमन राग' विश्व-मानव के समूह के कलाकारों से बने विश्व साहित्य रूपी ऑर्केस्ट्रा का शांति का राग है।[17] इस कविता

में कवि या कलाकार के लिए पूरब और पश्चिम उसकी आत्मा के ताने-बाने हैं और वह एशिया की सतरंगी किरणों के गिर्द लपेट यूरोप और अमेरिका की नर्म आँख की धूप-छाँह पर बहुत हौले-हौले नाच रहा है। कवि उस समय की हकीकत को दिखाना चाहता है, जिसमें ग्रीक कवि होमर, हिंदी कवि सरदार जाफरी को इशारे से अपने करीब बुला रहा है, जिसमें फैयाज खाँ बीथोवन के कान में कुछ कहते हैं, तो लगता है कि संगीत की कोई अमर-लता हिल उठी है। शेक्सपियर उज्जैन की घाटियों में तो कालिदास वैमूर के कुंजों में विहार करते हैं, और तो और टैगोर, हाफिज, तुलसी, गालिब कवि के दिल के जगमग पावर हाउस के कुशल ऑपरेटर हैं। इस कवि को अमेरिका की लिबर्टी की मूर्ति उतनी ही प्यारी है, जितना मास्को का लाल तारा और पीकिंग के स्वर्गीय महल मक्का-मदीना से कम प्यारे नहीं हैं। अन्य सरोकारों के साथ विश्वकवि गोर्की को होरी के आँगन में देखता है और नेरूदा दुनिया की शांति के पोस्ट ऑफिस का प्यारा और सच्चा कासिद है। इसमें एक ओर सुमित्रानंदन पंत के छायावादी सावन-भादो, निराला के राम का एक आँसू शामिल है, तो दूसरी ओर उदय शंकर दक्षिण अफ्रीका में नई अजंता को स्टेज पर उतारते हैं।

इस प्रकार शमशेर विभिन्न महाद्वीपों, कलाओं, रचनाओं और कलाकृतियों का समय और स्थल विस्थापित कर विश्व कला संगम का महाकुंभ रचते हैं। 'अमन राग' में सुख का भविष्य शांति की आँखों में वर्तमान है और कवि के अनुसार हमारे माता-पिता की आत्मा और बच्चों का दिल है। वे ही हमारे इतिहास की वाणी और कला का सच्चा सपना हैं, वे ही सपनों की हकीकत और हकीकत का सपना हैं और उन्हें देख पाना खुद को देख और समझ पाना है। शमशेर जी की कविता के अंशों से जोड़कर बनाया गया उपर्युक्त पैराग्राफ कविता के साथ अन्याय तो लग सकता है, पर एक बात साफ हो जाती है कि मनुष्य का सुख और शांति सबसे बड़ा मूल्य है जिसे विश्व साहित्य द्वारा पोषित किया जा सकता है। पर विश्व साहित्य का मुख्य उद्देश्य है क्या? इसका उद्देश्य है, अस्मिताओं की विशिष्टताओं को स्वीकारते हुए उनकी समानताओं को समझना तथा विश्व-शांति के आदर्श को मूर्त रूप प्रदान करने में योगदान करना। अगर यह स्वीकार्य है, तो डेविड डेमरोश का विश्व साहित्य यह नहीं करता है, बल्कि वह अस्मिताओं के महाभारत की रणभूमि बनता है, और सम्पूर्ण विश्व साहित्य को एक ही भाषा, अर्थात् अंग्रेजी के माध्यम से रचित साहित्य मानता है। यह विश्व साहित्य कैसा है, जो विश्व की सभी भाषाओं को नकार दे और भाषाओं के इंद्रधनुष को तोड़ एकहरा, एकवर्णी हो! गुरुदेव का विश्व साहित्य सच्चे भाव में विश्व साहित्य है। साथ ही मानना पड़ेगा कि गुरुदेव टैगोर ने विश्व साहित्य को अंग्रेजी के तुलनात्मक साहित्य का समानार्थी माना था। यह उनकी वैचारिक उदारता थी। वे समानार्थी हैं नहीं। हकीकत यह है कि तुलनात्मक साहित्य राष्ट्रीय साहित्य की संकीर्णताओं से तो ऊपर उठ गया है, पर अभी भी वह विपरीत ध्रुवों अर्थात् 'बाइनरी अपोजीशन' में

फँसा है, जिससे ऊपर उठने के लिए डेविड डेमरोश की अस्मिता की राजनीति तथा क्षेत्र-अध्ययन की सीमाओं से ग्रसित अमेरिकी विश्व साहित्य की अवधारणा के बजाय गुरुदेव की समावेशक, गत्यात्मक, विश्व-शांति के पोषक मूल्यों वाली विश्व साहित्य की अवधारणा की ओर जाना पड़ेगा।

संदर्भ

1. चर्चा के लिए देखें, अवधेश कुमार सिंह, 'द फ्यूचर ऑफ कंपेरेटिव लिटरेरी स्टडीज : न्यू डायरेक्शन इन कंपेरेटिव लिटरेचर', सं. आर. बड़ोदे, दिल्ली : मैकमिलन प्रकाशन, 2007, पृ. 73-83
2. एच.एच. रेमाक, 'कंपेरेटिव लिटरेचर : इट्स डेफिनिशिन एंड फंक्शन', 'कंपेरेटिव : मेथड एंड पर्सपेक्टिव्स', कर्बंडेल : सदर्न इलिएन प्रेस, 1961।
3. चार्ल्स बर्नहाइमर, सं. 'कंपेरेटिव लिटरेचर इन द एज ऑफ मल्टीकल्चरलिज्म', बाल्टीमोर : जॉन्स हाकिंस यूनि. प्रेस।
4. हॉन सॉसी, 'कंपेरेटिव लिटरेचर इन ऐन एज ऑफ ग्लोबलाइजेशन', दि जॉन्स/हॉकिंस यूनिवर्सिटी प्रेस, 2006।
5. डे. डेमरोश, 'ह्वाट इज वर्ल्ड लिटरेचर?' प्रिंसटन यूनिवर्सिटी प्रेस, 2003
6. चार्ल्स वाग्ले, 'एरिया रिसर्च एंड ट्रेनिंग : ए कांफ्रेंस रिपोर्ट ऑन द स्टडी ऑफ वर्ल्ड एरियाज', न्यूयॉर्क, वर्ष नहीं।
7. टोवी एलिस वॉकमन, 'क्रासिंग बोर्डर्स : रिवाइटलाइजिंग एरिया स्टडीज', न्यूयॉर्क : फोर्ड फाउंडेशन, 1999, X-IX
8. शैल्डन पोलॅक, 'लिटरेरी कल्चर्स इन हिस्ट्री : रिकंसट्रक्शन फ्रॉम साउथ एशिया', ऑक्सफोर्ड यूनि. प्रेस, 2003।
9. अवधेश कुमार सिंह, 'ओरिएंटलिज्म एंड न्यूओरिएंटलिज्म', 'इंटरवेंशंस : लिटरेरी एंड क्रिटिकल इंटरवेंशंस', नई दिल्ली : क्रिएटिव बुक्स, 2007
10. द 'हेरेन, थियो, डेविड डेमरोश एंड जेकलाल कादिर', 'द रूटलेज कंपेनियन टू वर्ल्ड लिटरेचर', रूटलेज, 2011
11. टैगोर, विश्व साहित्य 'वर्ल्ड लिटरेचर', रवींद्रनाथ टैगोर : सेलेक्टेड राइटिंग ऑन लिटरेचर एंड लैंग्वेज, ऑक्सफोर्ड यूनिवर्सिटी प्रेस, पृ. 138-150
12. टैगोर, नेशनलिज्म, ऑक्सफोर्ड यूनिवर्सिटी प्रेस, 1917
13. कुवेंपु के उद्धृत अंश के अनुवाद के लिए मैं कन्नड़ के प्रोफेसर मित्र श्री सत्यनाथ का आभारी हूँ।
14. श्री अरविंद, लेटर्स ऑफ श्री अरविन्दो, थर्ड सीरीज, बंबई, 1949
15. फैज अहमद फैज, फैज अहमद फैज : प्रतिनिधि कविताएँ, नई दिल्ली : राजकमल प्रकाशन, 1984
16. उमाशंकर जोशी, समग्र कविता, अहमदाबाद : गंगोत्री ट्रस्ट, 1981
17. शमशेर बहादुर सिंह 'अमन राग', शमशेर बहादुर सिंह : प्रतिनिधि कविताएँ, नई दिल्ली : राजकमल प्रकाशन, 1990

तुलनात्मक साहित्य : पूर्व और पश्चिम*

गणेश नारायण देवी

पिछली दो शताब्दियों के दौरान तुलनात्मक साहित्य के इतिहास की यूरोप में सबसे दिलचस्प विशेषता शास्त्र की वास्तविक प्रकृति के संबंध में अस्पष्टता रही है। तुलनावादियों द्वारा कई बार यह प्रश्न उठाया गया कि यह विषय है अथवा प्रयोजन। तुलनात्मक साहित्य का नाना रूप अवधारणा, पद्धति और विचारधारा अथवा साहित्यिक अध्ययन की एक प्रक्रिया अथवा ऐसे अध्ययन के अंतिम उत्पाद के रूप में रहा है, जो इसके उभरने के ऐतिहासिक परिप्रेक्ष्य में उद्‌भूत हुआ। सामान्य रूप से इस दृष्टिकोण से सभी सहमत हैं कि गोएते तुलनात्मक साहित्य के पहले प्रस्तावक रहे हैं। उन्होंने मानव की साहित्यिक सृजनशीलता के अंतर्राष्ट्रीय अंतःकरण के उभरने की कल्पना करते हुए 'विश्व साहित्य' का विचार दिया। ऐसा उन्होंने उस समय किया जब ऐतिहासिक भाषाविज्ञान और तुलनात्मक भाषाशास्त्र साहित्यिक समालोचना के अनुशासन से एक स्वतंत्र अनुशासन के रूप में स्पष्ट रूप से पृथक भी नहीं हुए थे। इन अनुशासनों का उद्‌देश्य मानव-भाषाओं को समझने के लिए सामान्य पद्धति-शास्त्रीय प्रक्रिया तैयार करना था, ताकि भाषा परिवार की सुस्पष्ट विशेषता को पहचाना और उसका वर्णन किया जा सके। गोएते वृहद् मानवतावादी दृष्टिकोण रखते थे—एक ऐसा आदर्श और लक्ष्य जो सुंदरता चाहने वालों की कल्पनात्मक गहराई को दर्शाता था। दूसरी ओर सांस्कृतिक वर्गीकरण की विश्लेषणात्मक खोज ने भाषा शास्त्र के पदार्पण को पहचाना। गोएते ने साहित्यिक सुंदरता के आदर्श प्रेमी के रूप में अभीष्ट हेतु एक दृष्टिकोण और प्रयोजन के रूप में तुलनात्मक साहित्य की सर्जना की। तुलनात्मक भाषाशास्त्र ने पांडित्य प्रक्रिया के रूप में तुलनात्मक साहित्य का सृजन किया था कि विषय (कर्ता) अनिवार्य रूप से अपने ऐतिहासिक प्रकटीकरण में सुंदरता के संबंध में संज्ञानात्मक अनुभूतियों के तार्किक अनुक्रम का निर्माण करे। उन्नीसवीं सदी के दौरान दोनों के मार्गों में इतने विचलन प्रकट नहीं हुए क्योंकि मुख्यतः दोनों ने एक ही आभास को अनिवार्य रूप से व्यवहार में लिया। फिर भी बीसवीं शताब्दी के समालोचकों ने विचलन

---

* मूल अंग्रेजी से हिंदी अनुवाद : सैयद मासूम रजा

का विवरण देने और स्वीकार करने में कठिनाई महसूस की। गोएते महान लेखक होने के अलावा विशिष्ट अनुवादक भी थे। उनके लिए अनुवाद दूसरी भाषाओं और संस्कृतियों में साहित्यिक जागरूकता में वृद्धि करने का साधन था।

दूसरी ओर उन्नीसवीं शताब्दी में जर्मनी और फ्रांस में तुलनात्मक भाषा विज्ञान का अध्ययन ऐतिहासिक विवरणों के प्रकटीकरण में अभिरुचि रखता था। वास्तव में उन्होंने यूरोप में एक नए शास्त्र के जन्म को प्रोत्साहित किया—इसे 'साहित्यिक इतिहास' कहा गया जिसमें साहित्य के इतिहास-लेखन के साथ ही साथ राष्ट्रीय साहित्य का इतिहास सम्मिलित रहा है। इस प्रकार यूरोप में इसके विकास के प्रारंभिक चरणों में तुलनात्मक साहित्य ने साहित्यिक अनुवादों के अध्ययन और विभिन्न संस्कृतियों के ऐसे अनुवादों का स्वागत करना सीखा। यहाँ तक कि साहित्यिक इतिहास के निर्माण और शाखा के घटक के रूप में एक राष्ट्र अथवा भाषा की सीमाओं से परे इतिहास के लिए डाटा का एकत्रीकरण भी किया।

अपने अनुवर्ती विकास में जब साहित्य को रूपाकार प्रदान करने वाली अंतर-भाषायी और अंतर-सांस्कृतिक विनियम से जुड़ी आधार-सामग्री का अंबार लग गया, तो तुलनात्मक साहित्य ने अपने समृद्ध साधनों को विनियम की सैद्धांतिकी, प्रभावों, काल-खंडों के उद्गम और ह्रास, साहित्यिक उत्पादकता की सर्जना करने वाले सांस्कृतिक संदर्भों के बीच समानताओं-असमानताओं और सबसे अधिक इतिहास-बोध पैदा करने वाली परस्पराश्रित शैलियों की दिशा में मोड़ दिया। बीसवीं सदी के दौरान तुलनात्मक साहित्य का सामान्य झुकाव अनुवाद के अत्यंत ठोस विवरणों और प्रभावित करने/प्रभाव स्वीकारने तथा राष्ट्रीय साहित्यिक इतिहासों को एक दिशा में परिशोधित करने और सैद्धांतिक संकल्पना को विपरीत दिशा में ठीक करने की ओर रहा है। इस प्रकार वर्तमान तुलनात्मक तरीके में किए गए कार्य की छाया अनुवाद के माध्यम से पूरे राष्ट्र/इतिहास तक है तथा अंतःसांस्कृतिक और काल्पनिक सिद्धांतीय अथवा 'विश्व साहित्य' के क्षेत्र में स्वीकारी जाती है। हमें यह ज्ञात होना चाहिए कि गोएते ने विश्व साहित्य को साहित्य के सिद्धांत के रूप में नहीं, बल्कि व्यवहार के रूप में देखा था। गोएते की धारणा में अस्पष्ट विश्व साहित्य का विचार था—प्रत्येक व्यक्ति और प्रत्येक राष्ट्र का विशिष्ट और पहचान के लक्षणों वाला साहित्य होगा। इसमें यह भी अंतर्निहित है कि संकल्पनामूलक पाठक विशिष्टता से ऊपर उठ अपने साहित्य का भेददर्शी हो सकता है और दूसरे लोगों और दूसरे राष्ट्र के साहित्य का 'आनंद' प्राप्त कर सकता है। अतः विश्व साहित्य राष्ट्रीय साहित्य की तुलना में अवश्य विद्यमान होना चाहिए। तुलनात्मक साहित्य का साहित्यिक इतिहास को योगदान राष्ट्रीय साहित्य के 'आत्म तत्त्व' की पहचान अन्यत्र मौजूद साहित्यिक परंपराओं में से 'लैकानियन' तुलना के द्वारा कराना है। तुलनात्मक साहित्य का साहित्यिक सिद्धांत को योगदान ऐसे 'वैश्विक' को समर्थन देने के लिए असंख्य विशेष उदाहरणों को एक साथ लाते

हुए वैश्विक 'अमूर्त चित्रण' को मजबूत करने में निहित है। उपर्युक्त दिशा में से किसी एक में किसी चेष्टा को संभव बनाने के लिए, तुलनात्मक साहित्य एक श्रेणी के रूप में 'राष्ट्र' को अनिवार्य मानता है जो 'साहित्य' की श्रेणी के लिए संपूरक है। निःसंदेह पूर्व में तुलनात्मकता के लिए यह दावा करना सही नहीं है कि पश्चिम ने 'राष्ट्र' को स्वयं सिद्ध सिद्धांत के रूप में प्रतिपादित किया था। किसी राष्ट्र के विशिष्ट इतिहास और एक जबान अथवा भाषा की संकल्पना के साथ अन्य राष्ट्रों से इसकी पहचान की जाती है। तुलना के लिए जो कुछ भी मौलिक इकाई हो, राष्ट्र/भाषा/संस्कृति जैसी इकाइयों की अविभाज्य पहचान को पहले बिना पहचाने तुलनात्मकता असंभव हो जाती है। गोएते का वास्तविक सपना था–विश्व के समस्त महान साहित्य की वैचारिकता को समान विरासत मानना और इसे तुरंत विशेष इकाई के रूप में राष्ट्रीय साहित्य की मान्यता देना। यूरोप में पिछली दो शताब्दियों से अधिक तुलनात्मक साहित्य की केंद्रीय चिंता इस द्वैधता के साथ जीने और इसके अनुसार रहने की रही है।

हमारे समय में कोई यह बहस कर सकता है कि 'राष्ट्र' एक थकी हुई श्रेणी प्रतीत होता है और यह समाप्त होने के कगार पर है, इसलिए तुलनात्मक साहित्य साहित्यिक अध्ययन का पुराना मार्ग है। यद्यपि ऐसी बहसें संभव हैं, संभवतः समय गुजरने के साथ-साथ इस श्रेष्ठ विवाद से कुछ प्राप्त भी हो, यह तुलनात्मक साहित्य के अनुशासन में हो रहे परिवर्तन की प्रकृति में कोई वास्तविक अंतर्दृष्टि उपलब्ध नहीं कराता। वे परिवर्तन दो स्रोतों से आए हैं : पहला–परिवर्तन की प्रकृति जो ऐतिहासिक घटना के रूप में साहित्यिक व्यवहार में जगह बना रही है, और दूसरा–कल्पनात्मक प्रक्रिया की 'सार्वभौमिक' शाखा के रूप में साहित्यिक अध्ययन का संस्थानीकरण। इसे विस्तार से देखना लाभदायक होगा कि हमारे समय में तुलनात्मक साहित्य की स्थिति पर इन दो कारकों ने क्या प्रभाव डाला है।

पिछले दो सौ वर्षों में तुलनात्मक साहित्य की काफी ऊर्जा साहित्य के लोकाचार और युग की खोज करने में व्यय कर दी गई। इस प्रकार तुलनाकारों ने गोएते और बारोक के कालजयी और कल्पना प्रधान विचारों पर अधिक ध्यान दिया। यूरोप और यूरोप के बाहर कई राष्ट्रीय साहित्यों में आधुनिकवाद के उभार से ऐसा लगता है कि तुलनावाद ने प्राथमिक रूप से आध्यात्मिक साधना का मार्ग पकड़ लिया क्योंकि आधुनिकवाद बृहत स्तर पर अनैतिहासिक साहित्यिक घटना में परिवर्तित हो गया। इसकी परिभाषा स्वच्छंदतावाद और आधुनिकतावाद के बीच क्रमिक सांसारिक काल के साथ स्पष्टतः नहीं फैली। उधर तुलनात्मक साहित्य का अध्ययन, जिसने साहित्यिक युग के वैभव और पराभव की कहानी बताने में उच्च कौशल का प्रदर्शन किया था, ऐसा प्रतीत होता है कि आधुनिकवाद के संदर्भ में कथावस्तु के वर्णन के सूत्र से भटक गया। इसके अलावा आधुनिकवाद के वैश्विक विस्तार ने तुलनाकारों के कार्य

को इतना अधिक जटिल बना दिया है कि अब इसे पूर्व में मिली सफलता के स्तर तक प्राप्त नहीं किया जा सकता।

दूसरा घटनाचक्र, अर्थात् साहित्य विषय बनता जा रहा है जो कि तुलनावाद के लिए और भी बड़ी चुनौती है। सामाजिक व्यवहार के रूप में साहित्यिक कक्षा, ज्ञान के क्षेत्र से संबंधित मानव इतिहास में हाल की घटना है। इसका स्रोत और विस्तार औपनिवेशिकवाद के इतिहास से जुड़ा हुआ है। अट्ठारहवीं शताब्दी से पहले ऐसी घटनाएँ हैं, जहाँ विशेष श्रेणी के लोगों को ईश्वरपरक, विधिक अथवा भाषाविज्ञानी विशेषज्ञों का छोटा समुदाय बनाने की दृष्टि से साहित्यिक कृति का अनुदेश मिलता था। फिर पिछले दो सौ वर्षों के दौरान पश्चिमी संस्कृति के औपनिवेशिक विस्तार के परिणामस्वरूप पूरे विश्व में बड़े पैमाने पर सामान्य शैक्षणिक मानक में साहित्यिक पाठ जन शिक्षा में आ गए। बड़े पैमाने की संस्थागत साहित्यिक शिक्षा से विश्व साहित्य के धर्मसूत्र का उद्‌भव हुआ जो वास्तव में पश्चिमी साहित्य, अर्थात् अंग्रेजी, फ्रेंच, जर्मन, इतालवी और रूसी भाषाओं का धर्मसूत्र है।

इस धर्मसूत्र से संबद्ध कुछ धारणाएँ साहित्य के सिद्धांत और साहित्यिक इतिहास की हैं। जब कोई धर्मसूत्र स्वीकार किया जाता है, तो सिद्धांत और इतिहास से संबद्ध धारणाएँ साहित्य का निर्धारण करने के लिए मानक बन जाती हैं अथवा इसके ऐतिहासिक विकास को एकल वृत्तांत में रूपांतरित करती हैं। स्थानीय उत्पत्ति और सीमित उपयोगिता का दूसरा मानक धुँधला पड़कर पृष्ठभूमि में समाप्त हो जाता है और मानक पर खरे नहीं उतरने वाले साहित्य-पाठ परा साहित्य के रूप में किनारे कर दिए जाते हैं। जब साहित्यिक धर्मसूत्र, साहित्यिक आलोचना और सौंदर्यपरकता वैश्वीकरण में स्थान बनाती है तो विचलन के कारण अपनी समस्त खूबियों और समृद्धियों के साथ आनेवाली विश्व साहित्य की संकल्पना कुछ हद तक अनावश्यक अर्थात् सपना और दृष्टिकोण जैसी हो जाती है।

तुलनात्मक साहित्य को आज ऊपर संक्षेप में बताए गए बड़े परिवर्तनों के अनुरूप आना होगा। इसे मानना होगा कि अधिकतर राष्ट्रों और भाषाओं में साहित्य उस बिंदु तक आ गए हैं जिन्हें एक युग कहा जा सकता है, जहाँ इतिहास रुकता है। यह भी स्वीकार करना चाहिए कि सार्वभौमिक कही जाने वाली साहित्य की नई श्रेणी औपनिवेशिक काल के दौरान साहित्यिक कथन में ऐसे ही जोड़ी जा चुकी है जैसे 'राष्ट्रीय' साहित्य की श्रेणी अधिकतम अपकीर्तिकर होती हुई दिखाई देती है। सिद्धांत के तीव्रता से विस्तार की नई घटना को भी ध्यान में रखना होगा जो राष्ट्रीय साहित्य के बीच प्रारंभ हुई किसी तुलना से पहले ही कक्षाओं में पहुँच चुकी है। इसलिए आज तुलनात्मक साहित्य, साहित्य का इतिहास, साहित्य का सिद्धांत, अनुवाद अध्ययन और प्रभाव अध्ययन के क्षेत्र में अपने निष्पादन को दोहराने की इच्छा नहीं कर सकता है। इसे अपने लक्ष्य और पहचान को पुनर्परिभाषित करना चाहिए।

II

मैं आधुनिक भारतीय साहित्य और संस्कृति के संदर्भ से कुछ उदाहरण लेते हुए पूर्ववर्ती टिप्पणियों पर पुनः जोर दूँगा। यूरोप में तुलनात्मक साहित्य ने 'रीतिकाल' के विकास और उसके एक भाषा से दूसरी भाषा में प्रसार का पता लगाने में काफी ऊर्जा व्यय की। वास्तव में यूरोपीय समालोचकों द्वारा स्पेन और इटली से लेकर फ्रांस और इंग्लैंड में इसे खोज पाना संभव हुआ। इसलिए ऐसे आलोचकों द्वारा यह कहना संभव हो पाया कि अंग्रेजी उपन्यास पर स्पैनिश और फ्रेंच का प्रभाव परिशुद्ध रूप में कितना महत्त्वपूर्ण रहा। यदि आज भारतीय समालोचक उत्तरआधुनिक उपन्यासों के मूल और विस्तार को खोजने का प्रयास करें तो हो सकता है कि वह प्रवासी भारतीयों की घटनाओं से अपने कार्य में हताश हो जाएँ। हो सकता है कि वह इस बात से चिड़चिड़ा उठें कि कितनी शीघ्रता से कैल्विनों, मार्क्वेज और कुंदेरा जैसे लेखक अंग्रेजी में और भारतीय भाषाओं में अनूदित हो रहे हैं। भारतीय समालोचक के लिए वास्तविक लौकिक पैमाने को स्थापित करना अत्यंत कठिन होगा जिसके साथ पारंपरिक कथा-वाचन ने भारत के बाहर विस्तार पाया और कथा साहित्य में समकालीन वर्णनात्मक नीति ने भारतीय वर्णनशास्त्र में भारत की कई आधुनिक भाषाओं में प्रवेश किया। समालोचक पुनः यह देखकर परेशान होंगे कि कुछ भारतीय उपन्यासकार कनाडा, संयुक्त राज्य अमेरिका और इंग्लैंड में रह रहे हैं और वे अपने संबंधित राष्ट्रों में उत्तरआधुनिक आंदोलन के अगुआ हैं। संक्षेप में तुलनात्मक साहित्य की परंपरागत पद्धति से कोई लाभकर परिणाम नहीं निकलने वाला है।

परंपरागत रूप में तुलनात्मक साहित्य को अन्य साहित्य, दूसरी भाषा अथवा दूसरे राष्ट्र में लिखी गई कृति के अध्ययन का क्षेत्र समझा गया है। इसलिए उदाहरणार्थ जब उन्नीसवीं शताब्दी के फ्रेंच समालोचकों ने जर्मन साहित्य के बारे में लिखा तो उस लेखन को तुलनात्मक अध्ययन के रूप में देखा गया। औपनिवेशिक काल के उत्तरार्द्ध में भारतीय महाविद्यालयों और विश्वविद्यालयों में हजारों शिक्षक और विद्यार्थी अंग्रेजी साहित्य और अंग्रेजी के माध्यम से उन्हें मिलने वाले पूरे विश्व के साहित्य के अध्ययन में संलग्न थे। क्या साहित्य के विद्वानों की इतनी बड़ी संख्या को तुलनाकारों का समाज कहा जा सकेगा क्योंकि वे विदेशी साहित्य के अध्ययन में लगे हुए हैं! यद्यपि परंपरागत रूप में किसी विदेशी साहित्य का ऐसा अध्ययन स्वयं अपने साहित्य के ज्ञान को अर्जित करने का प्रयास मात्र है, तथापि इस उदाहरण में एक भारतीय विद्यार्थी के अंग्रेजी साहित्य के अध्ययन का परिणाम उसकी देशी साहित्यिक परंपराओं और देशी भाषा को नकारना है। इसलिए इस उदाहरण में विदेशी साहित्य का अध्ययन काफी हद तक नौसिखिए के साहित्यिक ज्ञान को अशक्त करता दिखाई देता है। यद्यपि यह कथन तर्कविरुद्ध और आश्चर्यजनक लग सकता है फिर भी यही सत्य कथन है। अतः यदि तुलनात्मक साहित्य में उत्तरऔपनिवेशिक समाज में अन्य साहित्य

का अध्ययन अंतनिर्हित होता है तो परिशुद्ध रूप से यह तुलनात्मकतावाद की भावना के विरुद्ध जा सकता है जबकि भाषा और अध्ययन किया हुआ साहित्य औपनिवेशिक मालिकों की भाषा और साहित्य हो।

साहित्यिक अनुवाद का अध्ययन पारंपरिक तुलनात्मक साहित्य की शाखा रहा है। यूरोपीय भाषाओं में शेक्सपियर के अनुवाद के अध्ययन से आधुनिक यूरोपीय नाटक की प्रकृति के संबंध में कोई भी निष्कर्ष निकाला जा सकता है और सर्वेंटीज के अनुवादों के अध्ययन से विभिन्न यूरोपीय भाषाओं में उपन्यासों के विकास की वास्तविक प्रक्रिया का निर्धारण किया जा सकता है। भारत में आज साहित्यिक अनुवाद बहुत बड़ी गतिविधि बन चुका है। पाठकों के लाभार्थ भारतीय भाषाओं से भारी संख्या में अनुवाद अंग्रेजी भाषा में प्रकाशित किए जा रहे हैं। यद्यपि इसमें संदेह नहीं कि ऐसे पाठकगण मौजूद हैं और बहुत से पाठक कुछ अनूदित कृतियों को मूल्यवान पाएँगे, तथापि यह बताना आवश्यक है कि अंग्रेजी अनुवाद में भारतीय साहित्य ने भारत के बाहर साहित्य में किसी नए आंदोलन को शायद ही उदित किया है। कहना यह है कि यद्यपि अनुवाद की गतिविधि स्वतः में अध्ययन का विषय हो सकती है, अनुवाद के अन्वेषण के द्वारा प्रभाव का पता लगाने की पारंपरिक तुलनात्मक पद्धति में नियोजन की काफी कम आवश्यकता दिखाई पड़ती है।

III

अब तक मेरी बहस से निष्कर्ष निकलता है कि मैं तुलनात्मकतावाद के समापन की घोषणा कर रहा हूँ। परंतु यह भावना नहीं है, बल्कि मेरा विश्वास है कि मेरी चर्चा गोएते के विचार 'विश्व साहित्य' की अनिवार्य भावना के सम्पूर्ण पुनर्कथन हेतु आवश्यक सुझाव देती है। वह भावना की व्याप्ति अन्य संस्कृतियों और दूसरे साहित्य के संबंध तक संभव है। मेरे विचार से गोएते के विचार किसी अन्य युग में इतने प्रासंगिक नहीं थे जितना उत्तरऔपनिवेशिक समाज में हमारे लिए आज हैं। गोएते ने संसार की प्रत्येक संस्कृति और प्रत्येक भाषा के लिए गरिमा भाव की आवश्यकता को मान्यता दी थी। अपने समय में हम आर्थिक रूप से शक्तिशाली राष्ट्रों को छोड़कर साहित्य और भाषा में क्रमिक ह्रास देख रहे हैं।

हाशिए पर पहुँची भाषाओं में वृद्धि हुई है और मानव की साहित्यिक विरासत में भारी पैमाने पर इस प्रकार गिरावट आई है कि 'सार्वभौमिक साहित्य' की प्राधान्य संकल्पना द्वारा सरलता से 'विश्व साहित्य' की मानवतावादी संकल्पना की जगह हथियाई जा सकती है। ऐसी परिस्थिति में तुलनात्मक साहित्य के लिए यह अनिवार्य है कि वह अपनी उस पारंपरिक पद्धति को छोड़ दे जिसका कि हर स्थिति में उत्साह ठंडा पड़ चुका जान पड़ता है और दूरदर्शिता में अपने विश्वास की अभिपुष्टि का नवीकरण करे जिसने पद्धति को विकसित किया है।

'सार्वभौमिक साहित्य' के विचार के आधिपत्य के प्रसार और पश्चिम में पैदा हुई साहित्यिक सिद्धांत की बृहत प्राचीर ने राजनीतिक रूप से कम शक्तिशाली संस्कृतियों के साहित्यिक मूल्यों के अस्तित्व को खतरा पहुँचाया है। सम्पूर्ण विश्व में हाशिए पर पहुँची असंख्य साहित्यिक संस्कृतियाँ सांस्कृतिक स्मृतिलोप के प्रसार का शिकार हो गईं। तुलनात्मक साहित्य की वास्तविक भावना सुझाव देती है कि ऐसी साहित्यिक संस्कृति की पहचान और गरिमा की चेतना को उभारने और संरक्षित करने के लिए सक्रियता का कतिपय अंश अनिवार्य हो जाता है। इसलिए आज का वास्तविक तुलनावाद विभिन्न साहित्यों की राष्ट्रीय पहचान के पुनःअभिकथन की माँग करता है। पूर्णतः व्यंग्यात्मक रूप से गोएते के दृष्टिकोण पर नए सिरे से विचार जरूरी है। तुलनात्मक साहित्य में पथप्रदर्शक के रूप में उनकी जगह को जानना और विभिन्न साहित्यिक संस्कृतियों में तुलनावाद की विभिन्न परिभाषाएँ करना एक नई शुरुआत है। इस संदर्भ में भारत में तुलनात्मक साहित्य की भावना के राष्ट्रीय स्रोत की ओर देखना हमारे लिए लाभदायक हो सकता है।

वर्तमान में भारत में तुलनात्मक साहित्य का बढ़ता हुआ प्रयोग पश्चिम में इसके पराभव के ठीक विपरीत है। पश्चिम और भारत के बीच प्रौद्योगिकीय पिछड़ेपन को दोषी ठहराते हुए अंतर का विवरण नहीं दिया जा सकता। वास्तव में, साहित्य में समकालीन भारतीय अध्येतावृत्ति प्रौद्योगिकी अथवा सूचना के पिछड़ेपन जैसी बातों से सापेक्षतामुक्त है। भारत में तुलनावाद के उभरने के लिए अत्यंत व्यवहार्य स्पष्टीकरण अनिवार्य भारतीय साहित्यिक अध्येतावृत्ति की वर्तमान आवश्यकता है। पाश्चात्य तुलनात्मक साहित्य अपने सर्वोत्तम दिनों में भी सैद्धांतिक और आलोचनात्मक तकनीकी का धुँधला घेरा रहा है और यदि इसने भारतीय साहित्यिक अध्ययन को प्रभावित नहीं किया तो प्रेरणा प्रकृति में उत्प्रेरक मात्र रही हो सकती है जिसने स्वदेशी तुलनावाद को सक्रिय किया होगा।

समकालीन तुलनात्मक भारतीय साहित्य में तीन बड़ी प्रवृत्तियों को कोई भी समझ सकता है : (1) बिना समालोचना आत्म-जागृति की पारंपरिक द्विभाषिकता और द्वय संस्कृतिवाद (2) पश्चिम से आयातित समालोचनात्मक प्रौद्योगिकी और भारतीय साहित्यिक अध्ययन को आधुनिकीकरण के साधन के रूप में समझना और (3) आधुनिक भारतीय भाषाओं के संदर्भ में बहु-भाषिक साहित्यिक अध्ययन। आइए, इन प्रवृत्तियों का संक्षेप में वर्णन करें :

1. पारंपरिक तुलनात्मक चेतना

भारत के साहित्यिक भूत की ऐतिहासिक खोज से असंख्य भाषायी और साहित्यिक आदान-प्रदान की परंपराओं का खुलासा होगा। यदि तुलनात्मक साहित्य के साहित्यिक अंतस्संबंधों के अध्ययन के रूप को सामान्य शब्दों में परिभाषित किया जा सकता

है तो भारतीय साहित्य ऐसे अध्ययन के लिए अनंत सामग्री उपलब्ध करा सकता है। इसके अतिरिक्त प्रचुर साक्ष्य हैं कि पूर्व में साहित्यिक विद्वान भारतीय साहित्यिक व्यवहार की सर्व-भारतीय प्रकृति के प्रति विस्मृतिशील नहीं थे। भाषा विद्वानों ने सदैव बहुभाषीय डाटा को विचार में रखा, साहित्य के सिद्धांतवादियों ने हमेशा कई साहित्यिक परंपराओं को विचार में रखा। अर्थात् दोनों, मुख्य धारा और सीमांत, लेखक अपने लेखन में बहुभाषीय स्थितियों का प्रयोग करते रहे और आपस में कई भाषाओं में बोलते रहे। पाठक साहित्य को एक से अधिक भाषाओं में समझते थे। साहित्यिक सर्जना भूभागीय रूप में और अस्थाई रूप से दूर की जगहों में नए आविर्भाव में रूपांतरित हुई। पाठ सर्जना से परे, अनूदित, अपनाए, नकल किए गए, संशोधित और कभी-कभी तो नए साहित्यिक निर्माण में अपने मूल रूप में प्रयोग किए गए। बहुभाषावाद और बहुसंस्कृतिवाद की परंपराएँ पूर्व में भारतीय संस्कृति द्वारा पोषित की गईं तथा अब संघीय राजनीतिक संरचना के सेटअप में अपने आधुनिकीकृत रूप में मूल उत्तर-औपनिवेशिक अर्थव्यवस्था और मूल्य संबंधी कार्यप्रणाली तथा उच्च शिक्षा के कार्य में दिखाई देती है। आधुनिक भारतीय जीवन की इन परिस्थितियों ने किसी व्यक्ति के एकभाषी और एक संस्कृति में बने रहने के लिए कोई अवसर नहीं छोड़ा है।

भारतीय समालोचना में समकालीन परिस्थितियाँ उस स्थिति से अनिवार्यतः अलग नहीं है जो कि पिछली सहस्राब्दी की आरंभिक सदियों में सृजनात्मक अभिव्यक्ति की केंद्रीय भाषा के रूप में संस्कृति के पराभव के बाद मौजूद थीं। उस अवधि में संस्कृत सतत रूप से साहित्यिक समालोचना की भाषा बनी रही जबकि वह साहित्यिक अभिव्यक्ति की केंद्रीय भाषा नहीं रह गई थी। संस्कृत का पराभव उपमहाद्वीप में साहित्यिक पृथकतावाद द्वारा भारत में आया था। विपंथिता और अभिकथनात्मक बहुसंस्कृतिवाद के बढ़ने की प्रक्रिया से उत्तर-संस्कृत अवधि के भारतीय लेखकों के लिए भाषा और संस्कृति की स्वायत्तता बहुत कम बची थी। लेखक और यहाँ तक कि समालोचकों को उनकी साहित्यिक गतिविधि में बहुभाषी परिप्रेक्ष्य को अपनाना पड़ा था। फिर भी किसी समूह ने इस भाषायी अलगाव को संकट के रूप में महसूस नहीं किया, (संभवतः) क्योंकि बहुभाषावाद और बहुसंस्कृतिवाद भारतीय जीवन की पारंपरिक विशेषता रही थी। भारत में द्विभाषी साहित्यिक संस्कृति की सरलता से स्वीकार्यता का दूसरा कारण लोगों को जोड़ते हुए संप्रभु राज्य की संकल्पना के आधार पर 'राष्ट्रीयता' की अनुपस्थिति रहा हो सकता है जो लोगों को एक स्वायत्त इकाई के रूप में और राज्य को अविभाज्य रूप में मानता है। सांस्कृतिक संघ होने की भारतीय भावना ट्रस्ट के रूप में राज्य और व्यक्ति के रूप में लोगों की संकल्पना पर आधारित है, प्रत्यक्ष रूप से अविभाज्य ब्रह्म की पृथक-पृथक अभिव्यक्ति। इसलिए पारंपरिक भारतीय विद्वान साहित्य और समालोचना के बीच भाषायी और सांस्कृतिक विभाजन को किसी संकट के रूप में नहीं देखते थे,

न ही वे बहुभाषी साहित्य के अध्ययन को असाधारण परिस्थिति के रूप में देखते थे। इसलिए अंतर-भाषायी साहित्यिक परिप्रेक्ष्य होने पर भी भारतीय साहित्य, परंपरा में देशज रहा है, उसने चैतन्य रूप से सैद्धांतिक आलोचनावाद के आविर्भाव को अनियमित नहीं माना।

2. आधुनिकीकरण के माध्यम के रूप में तुलनात्मक साहित्य

भारत में आधुनिक राष्ट्रवाद का उभरना और चैतन्य रूप से अपनाई गई आलोचनात्मक प्रवृत्ति के रूप में तुलनात्मक साहित्य का प्रकट होना एक संयोग है। पश्चिम में, तुलनात्मक साहित्य को अक्सर राष्ट्रीय साहित्य के अध्ययन के एक विकल्प के रूप में प्रस्तुत किया जाता है। तथापि, भारत में राष्ट्रवाद और तुलनावाद काफी निकट रहे हैं। आधुनिक भारतीय राष्ट्रवाद की प्रारंभिक प्रावस्था में तुलनात्मक साहित्य, जिसके माध्यम से लेखक सर्वभारतीय की पहचान का दावा करते हैं, राष्ट्रीय सांस्कृतिक पहचान के अभिकथन की ओर प्रयोग होते थे। राजनीतिक दर्शन के इतिहास के क्षेत्र में यह बहस की जाती है कि भारत में राष्ट्रभाषा मूल रूप से पश्चिमी विचारधारा का प्रयोग करते हुए औपनिवेशिक प्रभुत्व का सामना करने की रणनीति थी। इसी तरह भारत में तुलनात्मक साहित्य का अध्ययन साहित्य और आलोचनात्मक मूल्यों के पश्चिमी ढाँचे के भीतर चलता है, यद्यपि चाहे लक्ष्य प्रत्यक्ष रूप से स्व-अभिकथन हो। भारतीय राष्ट्रवाद में तीन महान व्यक्तियों टैगोर, श्री अरविंद और आनंद कुमारस्वामी ने राष्ट्रीय साहित्य परियोजनाओं की जिम्मेदारी ली, तीनों महान विद्वानों में से प्रत्येक ने पाश्चात्य साहित्य के महत्त्व को घटाने और विश्व के मानचित्र पर भारतीय साहित्य को रखने की दृष्टि के साथ 'विश्व साहित्य' की अपनी स्वयं की कल्पना को विकसित किया। टैगोर ने साहित्यिक व्यक्तित्व के रूप में 'विश्व-मानव' के विचार का प्रस्ताव किया जिसका मस्तिष्क राष्ट्रीय सीमाओं में अवरुद्ध नहीं होता। श्री अरविंद ने भविष्य की कविता की संकल्पना का प्रस्ताव किया जो पूर्व अथवा पश्चिम की सभी साहित्यिक परंपराओं में सर्वोच्च रूप से संश्लेषित हो सकेगी। आनंद कुमारस्वामी ने सर्वदा दर्शन का विचार प्रस्तावित किया जो कि राष्ट्रीय और यहाँ तक कि ऐतिहासिक सीमाओं के आगे होगा। तीनों राष्ट्रवादी थे और राजनीति में उपनिवेशवाद के विरोधी थे, साहित्य में अंतर्राष्ट्रीयतावादी और आधुनिकतावादी थे। किसी औपनिवेशिक राष्ट्रवादी कथन में प्रारंभिक प्रतिक्रिया औपनिवेशीकरण की संस्कृति के विरुद्ध होती है जो सहयोग की अभिवृत्ति हेतु रास्ता बनाते हुए धीरे-धीरे कमजोर पड़ जाती है। यह मानते हुए कि औपनिवेशीकरण, औपनिवेशिकों के बीच सांस्कृतिक हतोत्साह पैदा करता है, ऐसा ऐतिहासिक विकास कमोबेश अवश्यंभावी है। राष्ट्रवाद से उभर रहा भारतीय तुलनावाद अपने अभिमुखीकरण में सादृश्य परिवर्तन दर्शाता है। भारत के विश्वविद्यालयों में तुलनात्मक साहित्य के अधिकतर पाठ्यक्रम पाश्चात्य आलोचनात्मक पाठों और

संकल्पनाओं के सहलेखन के खुलेपन की अभिवृत्ति वाले हैं। इसकी एक दूसरी दिशा भी है जिसमें यह अभिवृत्ति खुलती है और अंतर्राष्ट्रीय कैनन में भारतीय साहित्य के लिए स्थान बनाने का प्रयास करती है। भारत में राष्ट्रमंडल अध्ययन के लेबल के अधीन वर्गीकृत साहित्यिक अध्ययन अनिवार्य रूप से तुलनात्मक उद्यम है जिसमें भारतीय साहित्य के अपेक्षाकृत अपर्याप्त हिस्से, मूलतः अंग्रेजी में लिखित अथवा भारतीय भाषाओं से अंग्रेजी में अनूदित, को तुलनात्मक आधार पर अंग्रेजी बोलने वालों के लिए पेश किया जाता है। यद्यपि इस क्षेत्र में तुलना के लिए आधार पर्याप्त नहीं हैं लेकिन ऐसे प्रयास कुछ भारतीय लेखकों और पाठकों को अंतर्राष्ट्रीय दृष्टिगोचरता का मौका देते हैं और उस सीमा तक भारत की राष्ट्रीय छवि विश्व में आधुनिकीकृत है। तुलनात्मक साहित्य में उच्च शिक्षा अपर्याप्त रूप से राष्ट्रमंडल तुलनावाद से समर्थित है। भारत में, भारतीय और गैर-भारतीय साहित्य के अध्ययन में पाश्चात्य तुलनात्मक साहित्य के सिद्धांतों को लागू करते हुए काफी कार्य हुआ है। 'इंडियन रिस्पांस टू पोइट्री इन इंग्लिश' और 'दि इमेज आफ इंडिया इन वेस्टर्न क्रिएटिव राइटिंग' (एम के नाइक द्वारा संपादित आलोचनात्मक संकलन) अथवा अमिय देव, शिशिर कुमार दास और चंद्र मोहन द्वारा संपादित तुलनात्मक साहित्य पर हाल के सैद्धांतिक ग्रंथ इस विशेष प्रवृत्ति के उदाहरण हैं। भारत को शेष विश्व से जोड़ने के ये प्रयास तकनीकी रूप से मजबूत, सैद्धांतिक रूप से सम्पूर्ण, किंतु सांस्कृतिक रूप से विचारणीय है। पाश्चात्य और भारतीय साहित्यिक रीतियों को बांधने के प्रयास के लिए और अंतर्राष्ट्रीय समुदाय के भीतर साहित्यिक संस्कृति के सामाजिक प्रभुत्व के लिए निम्न-मूल्यों की उत्तर-औपनिवेशिक संस्कृति की इच्छा आलोचनात्मक सिद्धांतों के साथ दिखाई देती है।

3. आधुनिक भारत में बहुभाषीय अध्ययन

यह विशेष प्रवृत्ति क्षेत्रीय भाषाओं की प्रवृत्ति से उभरी है। यह एक भाषा की साहित्य की सीमाओं को लाँघने की दृष्टि है, ताकि अन्य भारतीय भाषाओं के साहित्य के साथ ऐतिहासिक, शैलीगत और कथ्यपरक अनुकूलता स्थापित हो। अपने अपरिष्कृत रूप में यह एकत्रित सत्य से संबंध के बिना एक भाषा से अधिक के बारे में साहित्यिक आँकड़े प्रस्तुत करती है किंतु जब यह अपने लक्ष्य से अधिक स्व-चेतन होती है तब यह साहित्य का सर्वभारतीय इतिहास लेखन (अथवा कम से बृहत् क्षेत्रीय इतिहास लेखन) को तैयार करने के लिए सामग्री उपलब्ध कराती है। के.एम.जार्ज कृत 'तुलनात्मक भारतीय साहित्य' (1984-86) और साहित्यिक अनुवाद को समर्पित बहुत सी पत्रिकाएँ इस रुझान को स्पष्ट करती हैं। अधिक परिष्कृत स्तर पर समय-समय पर यह बहुभाषी साहित्यिक तथ्य, रूप और तकनीक के अध्ययन के लिए आलोचनात्मक रणनीति की प्रकृति अर्जित कर लेती है जैसा कि मीनाक्षी मुखर्जी का भारतीय उपन्यास 'रियलिज्म

एंड रियलिटी' का अध्ययन और ई.वी.रामकृष्ण का आधुनिक कविता 'मेकिंग इट न्यू' का अध्ययन। किसी भी रूप में इतिहास-लेखन या साहित्यिक आलोचना के द्वारा इसकी प्रवृत्ति भारतीय संस्कृति और परंपरा के निकट सदृश आधुनिक आलोचनात्मक संबंध स्थापित करती दिखती है। यह दृष्टि स्वीकरण अभिग्रहण के काल्पनिक सार्वभौमिक धरातल पर भारतीय संस्कृति और साहित्य को दिखाने की राष्ट्रीय प्रवृत्ति को नष्ट करती है। इसकी मान्यता है कि तथाकथित साहित्य में सार्वभौमिक धरातल अनिवार्यतः यूरोप केंद्रित है और गैर-पश्चिमी साहित्यिक संस्कृति से उदासीन है। यह सर्जनात्मक साहित्य को एक प्रक्रिया के रूप में देखती है जो जैविक रूप से देशी संस्कृति से जुड़ा है और भारतीय कार्य के मूल्यांकन के लिए दूसरी साहित्यिक संस्कृति में उत्पन्न हुए तैयार मानकों को लागू करने में कठिनाई महसूस करती है। इस प्रकार यह प्रवृत्ति भारतीय साहित्य और इसकी आधुनिकता के स्वदेशी चरित्र को सम्मान देती है। यह न तो सत्य है और न संभव कि भारतीय भाषाओं और साहित्य का आधुनिक बहुभाषिक अध्ययन पश्चिम की आलोचना-अवधारणाओं से अछूता या अपरिचित है। ऐसी कोई आदर्शवादी संभावना उत्तर उपनिवेशवादी संस्कृति में मौजूद नहीं होती। फिर भी इस प्रवृत्ति से विदेशी को विदेशी के रूप में पहचानने का बोध बना रहता है। इस तरह भारतीय तुलनावाद वह नहीं है जो यूरोपीय तुलनावाद है।

इस देशी जागरूकता के साथ साहित्य का अध्ययन आत्मविश्वास की भावना और आत्मतत्त्व को पुनः प्राप्त करने में, भारत में साहित्यिक सौंदर्य और साहित्यिक इतिहास की पहचान स्थापित करने में मदद करेगा। जब सभी स्पंदनों के साथ आत्मतत्त्व की भावना उपजेगी तभी भारतीय विद्वान अत्युत्तम विश्व साहित्य के गोएते के सपने को पुनर्जीवित करने की आवश्यक बौद्धिक ऊर्जा अर्जित कर सकेंगे।

तुलनात्मक साहित्य : भारतीय और भारतेतर संदर्भ*

इंद्रनाथ चौधुरी

पिछली शताब्दी के सातवें दशक से प्रारंभ उत्तर आधुनिकता के दौर में भारत ने अपने को पुनर्परिभाषित करना और अपनी परंपराओं, विश्व-दृष्टि, जातीय संस्कारों और गंगा-जमुनी तहजीब (नेहरू के अनुसार हिंदुस्तानियत) को समझना शुरू किया। इस नए संदर्भ में भारत की अवधारणा को लेकर भारत की संस्कृति, साहित्य और सामाजिक सचाइयों पर चर्चा करना हमारे लिए कठिन और संकटपूर्ण हो गया। इसके लिए तुलनात्मक साहित्य का अध्ययन अनिवार्य है।

इस बात पर बल देना आवश्यक नहीं है कि भारत के संविधान में स्वीकृत बाईस भाषाओं से संबंध रखने वाला भारतीय साहित्य स्वभावतः तुलनात्मक है। वैसे भी अगर मेरी मातृ-भाषा हिंदी है और मैं गहराई से हिंदी साहित्य के इतिहास को जानना-समझना चाहता हूँ, तो भारत के संदर्भ में मेरे सामने बड़ी विस्मयकारी स्थिति उपस्थित हो जाएगी। हिंदी साहित्य के किसी भी पक्ष का अनुसंधान मुझे भारतीय साहित्य के अन्य पक्ष के अनुसंधान की दिशा में खींच ले जाएगा। उदाहरण के लिए, मध्यकालीन हिंदी भक्ति साहित्य का अनुसंधान मुझे उन तमिल आलवारों के निकट ले जाएगा, जो साहित्यिक तथा आध्यात्मिक संदर्भ में भक्ति के प्रवर्तक थे। ठीक इसी प्रकार बँगला साहित्य के संदर्भ में टैगोर की रहस्यवादी कविता पर केंद्रित कोई भी विचार-विमर्श हमें कबीर और दादू के निकट ले जाएगा और इस प्रकार हम भारत के समग्र सांस्कृतिक परिदृश्य को अनुभव कर लेंगे।

तुलनात्मक भारतीय साहित्य, भारतीय साहित्य की अवधारणा को विकसित करने वाला माध्यम है, लेकिन मात्र बाईस भारतीय भाषाओं में रचे गए साहित्य को एकत्र कर लेने से इस अवधारणा के अभिप्राय को समझ पाना संभव नहीं है। तुलनात्मक साहित्य की अध्ययन प्रविधि इस अवधारणापरक विचार को समझने में सहायक हो सकती है। हमें यह समझना होगा कि भारत की दृष्टि कभी भी संकुचित तथा एकपक्षीय नहीं रही है। अपनी सार्वभौम-दृष्टि तथा बहुपक्षीय समझ के आधार पर भारत ने शेष विश्व के साथ अपने संबंधों का निर्वाह किया है।

---

* मूल अंग्रेजी से हिंदी अनुवाद : देवराज

जब टैगोर 1907 में 'विश्व साहित्य' पदावली प्रस्तावित करके साहित्य की तुलनात्मक समझ के महत्त्व पर बल दे रहे थे, तो उनका अभिप्राय अत्यंत स्पष्ट था कि अंतर्राष्ट्रीय संदर्भधर्मिता की सहायता से साहित्य के अध्ययन की शुरुआत की जानी चाहिए। व्यक्ति का विश्व के साथ संबद्ध होना भारत के लिए कोई नई बात नहीं थी। 'सर्वे भवंतु सुखिनः' अथवा 'वसुधैव कुटुंबकम्' जैसे सारगर्भित कथनों ने सिद्ध कर दिया था कि हम 'स्व' और 'पर' अथवा अपने और पराए में भेद नहीं बरतते।

किसी व्यक्ति की चीन्हे-अनचीन्हे क्षेत्रों की यात्रा संवाद के माध्यम से दूसरों को जानने और उन्हें स्वीकार करने के लिए होती है। हमें यह नहीं भूलना चाहिए कि एक-दूसरे को अच्छे ढंग से जानने के लक्ष्य के अंतर्गत तुलनात्मक साहित्य का प्राथमिक ध्यान मूल्यांकन के बदले पहचान और निर्णय सुनाने के बदले बातचीत आधारित संवाद पर होता है।

'प्राच्य विद्या' की केंद्रीय अवधारणा पूर्व के विषय में पश्चिम का यह ज्ञान है, जो तथ्यों और वास्तविकताओं से उद्भूत नहीं हुआ है, बल्कि इन पूर्वग्रहों पर आधारित है कि पूर्व के सभी समाज मूलतः समान हैं और पश्चिम के समाजों से आधारभूत रूप से भिन्न हैं। यह विमर्श स्थापित करता है कि 'पूर्व' 'पश्चिम' के धुर विपरीत है। पूर्व के विषय में यह ज्ञान प्रायः पूर्व के जीवन और तथ्यों की सीमित समझ वाले साहित्य-पाठों तथा ऐतिहासिक समझदारी के लिए पूर्व को पूर्व की और पश्चिम की भी सही प्रत्यक्ष जानकारी पहली आवश्यकता है। यहाँ एक और तथ्य की ओर ध्यान जाना जरूरी है, वह यह कि स्थिति की समालोचना करते समय राष्ट्रीय धरोहर के महत्त्वपूर्ण पक्षों को प्रकाश में लाने के संदर्भ में प्राच्यविद्या से नितांत भिन्न प्राच्यविदों के योगदान को स्वीकार किया जाना चाहिए। हम अभी तक उनका उल्लेख करते चले आ रहे हैं—जैसे कनिंघम का पुरातत्त्व के क्षेत्र में और प्रिंसेस का पुरालेख विज्ञान के क्षेत्र में। ग्रिफ्थ और विल्सन की तो बात ही क्या करना!

संवाद 'स्व' और 'पर' के सार्वभौम स्वरूप पर अंतरसभ्यतागत प्रभावों की पारिभाषिक व्याख्यापरक खोज की एक पद्धति है। एक दूसरे को, एक दूसरे की संस्कृति और रचनात्मकता को, एक दूसरे के ध्यान संबंधी विचारों को जानना संवाद का एक महत्त्वपूर्ण पहलू है। पूर्वी और पश्चिमी सभ्यता की गहरी समझ के उद्देश्य से शुरू किए जाने वाले संवाद के लिए प्रत्येक व्यक्ति को कुछ बातों के व्यवहार के लिए स्वयं को तैयार करना चाहिए, जैसे (i) व्यक्तिगत के साथ-साथ अपने दैनिक जीवन-मूल्यों और अनुभवों के आधार पर व्यतीत करने वाले लोगों के प्रति सहिष्णुता का व्यवहार। हम आइंस्टीन के प्रसिद्ध कथन का स्मरण करें कि "स्व के परे रह सकने पर ही किसी व्यक्ति के जीवन का प्रारंभ होता है" और इसीलिए अकेली सहिष्णुता ही पर्याप्त नहीं है, बल्कि समझ का भी बराबर का महत्त्व है। (ii) अपनी स्वयं की और दूसरों की संस्कृति के प्रति जिम्मेदारी की समझ। सहिष्णुता का अर्थ है, दूसरों की जीवन-शैली अथवा सोच

में हस्तक्षेप न करना, वहीं जिम्मेदारी अन्यों की 'अन्यपरता' को स्वीकारने को प्रेरित करती है। सहिष्णुता और जिम्मेदारी के साथ-साथ एक पारिभाषिक पद है, (iii) आचारशास्त्र, जिसका प्रयोग इमेनुअल लेविनास और जेक्वेस (जेक) देरिदा ने 'स्व' और 'पर' के संबंध को समझाने के लिए किया है। लेविनास के अनुसार आचारशास्त्र की नींव, दूसरों के प्रति जवाबदेही की जिम्मेदारी से निर्मित होती है। दूसरों के हित के लिए जिम्मेदारी का बोध (अच्छाई, दम और परोपकार का भाव) आवश्यक है। देरिदा के लिए आचारशास्त्र की नींव में आवभगत की प्रवृत्ति, तत्परता तथा अपने घर में दूसरों के स्वागत के प्रति झुकाव का स्वभाव आते हैं।

लेविनास और देरिदा के आवभगत तथा आचारशास्त्र संबंधी सिद्धांतों में दूसरों की अपने से भिन्न, किंतु समान धरातल पर खड़े होने की स्वीकृति की संभावना छिपी हुई है। यह वैशिष्ट्यवाद का विशद-विचार है, जिसका प्रमाण 412 ई.पू. के चीनी उदासीन विचारक दियागनेस के चिंतन में प्राप्त होता है। उसने कहा था, ''यह पूछने पर कि वह कहाँ से आया है, उसने उत्तर दिया, 'मैं विश्व नागरिक हूँ'', लेकिन इससे किसी भी एक परिवार (वसुधैव कुटुंबकम्) का सदस्य होने की पहचान किसी भी तरह सिद्ध नहीं होती। भारत उपनिषद् में इससे एक कदम आगे बढ़ा है, जिसमें कहा गया है कि जो समस्त प्राणियों को अपने 'स्व' में आत्मसात् कर लेता है और अपने 'स्व' को सभी प्राणियों में समाहित कर देता है, वह किसी को किसी भी रूप में घृणा नहीं करता। 'नोबेल पुरस्कार' की घोषणा के आठ वर्ष बाद सन् 1913 में स्टाकहोम में धन्यवाद भाषण देते हुए टैगोर ने इस औपनिषदिक मंत्र का प्रयोग किया था। समग्र पहचान की यह समझ पश्चिम में उपलब्ध नहीं है। यह स्वीकृति एक परम-सत्ता की गहरी समझ पर टिकी है और 'स्व' की पहचान उस सत्ता के साथ होती है। यह वेदांतिक ऐक्य है। लेकिन वेदांतिक एकात्मकता, जहाँ 'स्व' और 'पर' एक तथा समान हैं, में उस प्रकार की अतींद्रियता की दशा में किसी संवाद की संभावना नहीं है।

कहा जाता है कि बौद्धिक भिड़ंत में भारत की भूमिका प्रतिरोधहीन रही है। यह ऊपर से भले ही सच लगता हो, किंतु सच है नहीं। भारत का विश्वास रहा है कि गहन-अध्ययन जैसा एक तत्त्व विद्यमान है और कोई भी अपना स्वयं का अध्ययन करके ही दूसरे का सर्वोत्कृष्ट अध्ययन कर सकता है। इस प्रकार का अध्ययन दूसरों का विश्लेषण, उनकी तुलना अथवा उनके बारे में कोई निर्णय नहीं सुनाता, बल्कि वह उनके होने को स्वीकार करता है। इस पद्धति से एक प्रकार की उदारता और दूसरों के बारे में संवेदनशील ज्ञान प्राप्त होता है। सचाई यह है कि इस प्रकार के ज्ञान में कोई 'पर' नहीं होता। भारत ने कभी भी यूरोप को पाने की कोशिश नहीं की, बल्कि जब उसे स्वयं खोजा जा रहा था, तो उसने यूरोप को खोजा, खोजे जाने के क्रम में प्रत्युत्तर देना शुरू किया, जिज्ञासा को वस्तुनिष्ठ दृष्टि से शांत किया। इसके अलावा भी हिंदुओं (हिंद वालों) ने कभी दूसरों के प्रति कोई जिज्ञासा अथवा रुचि प्रदर्शित नहीं की। हिंदुओं में

दूसरी संस्कृतियों के प्रति रुचि का पूरी तरह अभाव है, या फिर चुप्पी का भाव अथवा उनसे कतरा कर निकल जाने की प्रवृत्ति है। हिंदू यवनों (ग्रीक) और म्लेच्छों (मुसलमानों व ईसाइयों) से लगातार घिरे रहे, फिर भी विदेशियों के हिंसक आक्रमणों से अपने को निरंतर बचाए रहे और उनके भौतिक तथा राजनीतिक प्रभुत्व का प्रतिरोध करने में असफल रहने के बावजूद उनके प्रति निरापद बने रहे।

हम एशिया के बड़े हिस्से में सुपरिचित सिकंदर की किंवदंतीपूर्ण जीवनी को जानते हैं, जो हिंदू भारत द्वारा पूरी तरह निरादृत हुई। यूनानी तथा चीनी यात्रियों और बाद में मुस्लिम इतिहासकारों के कालक्रमिक दस्तावेजों के माध्यम से हिंदुओं और उनकी प्राचीन परंपराओं के बारे में आवश्यक जानकारी प्राप्त कर सकते हैं, लेकिन हमारे पास शायद ही कोई विवरण उपलब्ध हो, जिससे हम पता लगा सकें कि हिंदू बाहर से आए अपने 'अतिथियों' के विषय में क्या धारणा रखते थे। और न ही परंपरागत हिंदू साहित्य में उलेमाओं के साथ दार्शनिक अथवा धार्मिक शास्त्रार्थ का कोई लेखाजोखा मौजूद है। जैसे भी हो, बौद्धवाद ने हिंदुत्व के सामने अवश्य ही चुनौती प्रस्तुत की। यह अपने स्रोतों तथा दार्शनिक विषय-वस्तु की दृष्टि से अन्य परंपराओं से एकदम भिन्न थी। यह दोनों थी, 'भिन्न' भी और एक ही समय में 'भिन्न नहीं' भी। अगर हिंदू विद्वान और ऋषि अपने प्रतिपक्षी बौद्धों के साथ उत्तेजनापूर्ण बौद्धिक बहसों में शामिल होने को मजबूरी या दबाव अनुभव करते थे, तो यह सही ही था, क्योंकि बौद्धवाद भिन्न होने पर भी सामान्य संदर्भ की कुछ आधारभूत अवधारणाओं में हिंदुत्व के समान था, जैसे 'मोक्ष' का प्रश्न, अर्थात् स्व (या स्वयं या आत्म) की मुक्ति और 'निर्वाण' तथा शून्यवाद।

किसी एक या सबको विजित बनाने के विचार से संवाद भारतीयों के चिंतन-ढाँचे में किसी भी तरह नहीं समाता। बहस उनके लिए आत्मघाती अहं को जन्म देने वाली होती है। अकेली जन-सेवा ही किसी के हृदय को प्रेम से परिपूर्ण बना सकती है। इससे भी आगे, हिंदू एक अर्थपूर्ण, तात्त्विक और स्वयं विश्लेषणपरक संवाद में आस्था रखते हैं। आत्मानं विद्धि। इतना जरूर है कि बाहरी संवाद प्रचलन में रहे हैं, किंतु वे दूसरों के साथ न होकर उनके अपने बीच होते थे। दूसरों के बारे में जिज्ञासा के अभाव के पीछे कारण यह है कि अपनी पहचान को पारिभाषित करने के लिए दूसरे कभी भी उनके लिए अनिवार्य संदर्भ-स्रोत नहीं रहे, जबकि यूरोप वालों के लिए यह जरूरी था। उन्होंने स्वयं को हमेशा स्व-संदर्भ के रूप में ग्रहण किया, दूसरा उनकी पहचान के लिए कभी खतरा नहीं था, न ही उनकी अद्वितीयता की पुष्टि का स्रोत था। यह दूसरों के बारे में यूरोपीय-अवधारणा से नितांत भिन्न था, किसी के लिए एक बाह्य अदेय-सत्ता, भय का स्रोत थी और वांछा की वस्तु भी। सार्त्र के वक्तव्य, 'नर्क भिन्न हैं' में हीगल की शक्तिशाली अनुगूँज है, जिसने व्यक्तिगत पहचान को हमेशा 'दूसरे की पहचान के विरुद्ध' पारिभाषित किया, फिर चाहे वह सही के लिए हो अथवा विनष्ट होने के लिए। यहाँ तक कि हीगल ने कभी-कभी भारत के लिए निंदापरक भाषा का प्रयोग भी किया

था। जागरण और रोमांटिक काल में 'पूर्व' बौद्धिक बहसों के केंद्र में स्थापित हुआ और दो संस्कृतियों के बीच संवाद एक वास्तविकता बन गया। यह तब हुआ जबकि कभी-कभी हीगल के समान अवमाननासूचक भाषा में कहा जाता था कि "अनजाने ही स्वामी के व्यवहार का बहुत कुछ दास के व्यवहार से ग्रहण किया हुआ होता है।" (देखें, हीगल, द फेनामेनोलॉजी ऑफ स्पिरिट, 1807, 111-19) जो भी हो, इस ढंग से 'स्व' की पहचान को पारिभाषित करते हुए एक यूरोपियन अपने आप को अपने ही अंतर्विरोधों के जाल में फँसा हुआ पाता है। यदि वह 'पर' अथवा दूसरे का दमन करने में पूरी तरह सफल होता है, तो उसकी अपनी या उसके 'स्व' की पहचान अनिश्चित व दुहरे अर्थ वाली हो जाएगी। वह दूसरे को नष्ट करके सम्पूर्ण होना चाहता है, किंतु दूसरे के अभाव में वह शून्य के अतिरिक्त कुछ नहीं रहेगा।

संस्कृति के वैश्वीकरण (भूमंडलीकरण) द्वारा निरूपित आज के दौर में भी पूर्व के संबंध में पश्चिम की समझ में एक झोल है। समुचितता, समजातीयता और सम-ग्रहणशीलता के माध्यम से एक समांगी-संस्कृति के प्रति झुकाव रखने वाले भूमंडलीकरण के विरुद्ध, विशेषीकरणवाद और अपवादवाद के पक्ष में माहौल बनाने के लिए, पिछले तीस साल से एक विकराल बहस जारी है। अमर्त्य सेन टैगोर को उद्धृत करके कहते हैं कि टैगोर की स्थाई कीर्ति इसलिए है कि उनके महान वैश्विक दृष्टिकोण में कहीं भी परंपरा के समृद्धतम संभव-विवेक की बलि नहीं चढ़ाई गई है। उनके शब्द हैं–

"विश्व नागरिकता के दावे की ओर अग्रसर होने वाला वैश्विकतावाद का मुख्य बिंदु यह है कि किसी को अपनी परंपरा के मूल्य निर्धारणरत तत्त्वों के विरुद्ध संघर्ष करने की आवश्यकता नहीं है। ये विशिष्ट सांस्कृतिक परंपराएँ ही हैं, जो समझ का आधार उपलब्ध करा सकती है तथा नैतिक आधार पर दूसरों को जोड़ सकती है। अंततः इससे सार्वभौमिकता का दृष्टिबोध विकसित होता है।"

ऊपर उद्धृत विचार का समर्थन करते हुए मुझे टैगोर के बारे में काफी मजबूती से स्थापित इस मत का खंडन करना है कि टैगोर की मुख्य उलझन भारत के वास्तविक जागरण तथा पश्चिम को आध्यात्मिकता का सार्थक संदेश देने के लिए पूर्व और पश्चिम के बीच समायोजन स्थापित करना था। इसके उलट उनकी अवधारणा थी (जे.एल. मेहता से उधार लेते हुए) कि पूर्व में हमारे सामने इसके अलावा कोई रास्ता खुला हुआ नहीं है कि हम यूरोपीकरण के साथ और उसी के सहारे आगे बढ़ें। केवल विदेश की इस लंबी समुद्री यात्रा और असामान्य राह के बल पर ही हम आत्म-स्वत्व को फिर से जीत सकते हैं। माध्यम से जाने का तात्पर्य स्वीकृति न होकर, उसकी समझ, उसकी पहचान है। टैगोर देश-दुनिया में पुनः इस विचार का औचित्य सिद्ध करते हैं–

'मैं नहीं समझता कि भारत की मूल प्रकृति किसी वस्तु, जाति और संस्कृति को अस्वीकार करने वाली है। भारत की मूल प्रकृति ने सदैव एकता के आदर्श की उद्घोषणा की है...अब, जब राजनीतिक असंतोष के इस युग में उसी महान भारत की संतानें

पश्चिम के अस्वीकार के लिए चीख-पुकार मचा रही हैं, तो मैं दुखी होता हूँ...हमें विभिन्न नस्लों के मध्य सर्वाधिक गहन एकता, आध्यात्मिक एकता की खोज करनी चाहिए।'

गांधी जी की उपलब्धि एक समावेशवादी दृष्टिकोण और 'हम' तथा 'वे' के ध्रुवीकरण से पूरी तरह रहित दर्शन को आत्मसात् करना है। उनकी धार्मिक बहुलता तथा सांस्कृतिक वैविध्य की समझ सांस्कृतिक अनुरूपता की प्रक्रिया तक पहुँची। उन्होंने एक बार कहा, "मैं नहीं चाहता कि मेरे घर के खिड़की-दरवाजे पूरी तरह से बन्द हो जाएँ। मेरी इच्छा है कि सब देशों की संस्कृतियाँ हर संभव आजादी के साथ मेरे घर के पास से बहें, लेकिन मैं नहीं चाहता कि उनमें से किसी के द्वारा मेरे पाँव उखड़ जाएँ।"

लेकिन पश्चिम में कोई भी स्वीकृति की इस हठपूर्ण अनिच्छुकता को महसूस कर सकता है कि पश्चिम ने कुछ भी महत्त्वपूर्ण पूर्व से ग्रहण किया है या फिर पश्चिम की परंपरा में पूर्व के चिंतन के लिए कोई जगह है। यूरोपीय साहित्येतिहास लेखन में एक आधिपत्य वाली साहित्यिक परंपरा के प्रतिमान का प्रयोग इस प्रवृत्ति का जीता-जागता उदाहरण है। शैली और कालखंडों की विशिष्ट प्राथमिकताओं, जैसे रोमांटिकों पर टी.एस. इलियट की तत्त्ववादी, प्राथमिकता से संबंधित बहसें समय-समय पर होती हैं। परंतु किसी भी स्तर पर ब्रिटिश मानमूल्यों के अंतर्गत गैर-ब्रिटिश लेखकों को शामिल नहीं किया जाता, तब भी नहीं, जबकि ब्रिटिश टापुओं की भाषाओं में कुछ बहुत समर्थ रचनाएँ प्रस्तुत कर दी गई हैं। दूसरी ओर भारत बहुगुणक समांतर साहित्यिक परंपराओं, बहुत-सी भाषाओं के एक साथ प्रयोग और विदेशी मूल के लेखकों को अपना स्वीकार करने में विश्वास रखता है।

1. यहाँ लोक और शास्त्र अथवा लोक-जीवन संबंधी/लोकप्रिय और शास्त्रीय/अभिजात दो अलग-अलग परंपराएँ न होकर एक ही साहित्यिक और सांस्कृतिक परंपरा के दो स्तंभ, एक ही अविच्छिन्नता और नैरंतर्य के दो स्तंभ हैं।
2. यहाँ शकुंतला के एक ही कथानक की दो अलग-अलग परंपराओं के दो पाठ महाकाव्यात्मक यथार्थ और नाट्य-कल्पनाशीलता एक साथ मौजूद हैं। पाणिनि एक ही साथ दो विमर्शों की चर्चा करते हैं, एक साधारण मनुष्यों द्वारा और दूसरा व्याकरण सम्मत। इसी प्रकार भरत एक साथ दो प्रकार के रंगकर्म के बारे में बताते हैं, एक सामान्य-जन के उपयोग में आता है और दूसरा नाट्य-परंपराओं पर आधारित है।
3. प्रसिद्ध संस्कृत-कवि अश्वघोष का संबंध यूनानी वंश-परंपरा से है। आइरिश राष्ट्रीयता की सिस्टर निवेदिता तथा अरबी परंपरा के इब्न बतूता भारतीय लेखक के रूप में स्वीकार कर लिये गए हैं।

4. राजशेखर अपने नाटक महाराष्ट्री और संस्कृत में लिखते हैं। बारहवीं शताब्दी के जयदेव लिखने के लिए बँगला और संस्कृत का प्रयोग करते हैं, जबकि उनका प्रसिद्ध गीतिकाव्य, गीत गोविंद संस्कृत में है। हेमचंद्र गुजराती, संस्कृत और प्राकृत में लिखते हैं, नानक हिंदी और पंजाबी में, त्यागराज गुजराती कविता के मीटर में तेलुगु में, अमीर खुसरो रेख्ता–देशी और फारसी में, टैगोर अंग्रेजी, अवहट्ट और बँगला में तथा प्रेमचंद उर्दू और हिंदी में रचना करते हैं।

इन सबसे भारत की भिन्न संस्कृतियों को आत्मसात् करने, भाषाओं के कोड-मिश्रण और अलग-अलग साहित्यिक परंपराओं को आपस में गूँथने की विस्मयकारी क्षमता का संकेत मिलता है। वेदांतिक एकात्मता की स्वीकृति ने हमेशा 'स्व' और 'पर', अपने और पराए के बीच के भेद को पूर्णतः नष्ट करने का रास्ता बनाया है। अंतर में एक और परवर्ती अनेक (विवेकानंद) का दृष्टिकोण मानवमात्र की एकता या 'स्व' और 'पर' के चिंतन वाली भारतीय संस्कृति की नींव का रहस्य है।

उत्तर आधुनिकता और भूमंडलीकरण के इस दौर में 'आत्म' की गहरी समझ के लिए अपनी जड़ों की खोज, विदेशी संस्कृति के भीषण हमलों अथवा व्यतिक्रमों के कारण भारतीय संस्कृति के समक्ष उत्पन्न खतरों को हटाने और भारतीय सांस्कृतिक संदर्भों में पश्चिम का समावेशन संस्कृति पर हमारी बहसों का सबसे महत्त्वपूर्ण अंग बन गया है। इसी क्रम में यह भी अनुभव होने लगा है कि तुलनात्मक साहित्य (i) भाषायी आग्रह (ii) ऐतिहासिक समझ अथवा कुशलता और (iii) वैश्विक एकात्मकता उपलब्ध कर ले, तो विश्व के किसी भी साहित्य का अध्ययन संभव है। भाषायी-आग्रह का यह अभिप्राय नहीं है कि तुलनात्मक अध्ययन के लिए कोई आवश्यक रूप से अनेक भाषाओं पर अधिकार प्राप्त करे। वस्तुतः तुलनात्मक-साहित्य भाषिक-अध्ययन न होकर साहित्य-अध्ययन है, इसीलिए अनुवाद तुलनात्मक-अध्ययन का अनिवार्य घटक है।

अपने मूल रूप में तुलनात्मक अध्ययन वैश्विक-वर्ग में स्वीकार किया गया था, लेकिन वैश्विक, एकात्मता का पूरा का पूरा संदर्भ समस्यापरक है। उन्नीसवीं शताब्दी के मध्य में पश्चिम में विकसित इस अनुशासन का लक्ष्य साहित्य का वैश्विक-दृष्टि से अध्ययन करना था, लेकिन इसका समग्र परिणाम पश्चिमी साहित्य और संस्कृति के वैश्वीकरण तथा इंग्लैंड व यूरोप और बाद में अमेरिकी साहित्य की सर्वोच्चता की स्थापना की कोशिश के रूप में सामने आया। इसके तीन कारण दिखाई देते हैं–

1. यूरोकेंद्रिकता–पश्चिम ने अभी ही पश्चिमी विज्ञान, तकनीकी और दर्शन के बेनजीर भूमंडलीकरण का साक्षात्कार किया है और इस यूरोकेंद्रिकता पर गर्व किया जा सकता है, लेकिन इसे दूर की कौड़ी भी माना जा सकता है।
2. विश्व के अन्य साहित्यों की सीमित क्षमता।
3. एशियन और अफ्रीकी साहित्य के प्रति उपनिवेशवादी दृष्टिकोण (दुराग्रह)।

बौद्धिकों ने पश्चिम के तुलनात्मक साहित्य की इस समजातीय एकरसतावादी समझ और धारणा का विरोध किया तथा दो कारणों से औपनिवेशिक दुराग्रह के विरुद्ध आपत्तियाँ दर्ज कीं।

1. ज्यों ही आप एक से अधिक साहित्यों से जुड़ते हैं; आपको इतिहास का हिस्सा बन जाना पड़ता है, क्योंकि आप शायद किसी साहित्य विशेष की विशिष्टताओं की उपेक्षा नहीं कर सकते। एडवर्ड सईद के अनुसार एक पाठ हमेशा ही लौकिक होता है और संश्लिष्ट जटिलताओं के साथ समाज, इतिहास और राजनीति से जुड़ा होता है, इसलिए एक पाठ की विशिष्टता को दरकिनार नहीं किया जा सकता।
2. साहित्य के समूचे संदर्भ को इतिहास से अलग करके देखने के मूल में पश्चिमी हठ और नस्ली दुराग्रह हैं। अफ्रीकी लेखक शिनुआ अशेबे ने 'उपनिवेशवादी आलोचना' पर अपने आलेख में वस्तुओं के स्वभाव में मौजूद समजातीय वैश्विकता के पश्चिमी ढाँचे का विरोध करते हुए कहा है कि पश्चिम के लेखक की रचना स्वतः ही वैश्विकता से एकरस होती है। वे दूसरे होते हैं; जिन्हें उसे उपलब्ध करने के लिए घोर परिश्रम करना पड़ता है। फ्रैडरिक जेमसन का वक्तव्य (जो असंदिग्ध रूप से असंगत ओर बेपेंदी का है) तीसरी दुनिया के साहित्य को ऐसी राष्ट्रीय-अन्योक्तियों के रूप में चित्रित करता है, जिनका सर्वदेशीयतावादी वैश्विकता से कोई लेना-देना नहीं है। इस प्रसंग में यू. आर. अनंतमूर्ति कहते हैं कि हम लोग पश्चिम के साहित्य को साहित्य की दृष्टि से पढ़ते हैं; जबकि पश्चिम हमारे साहित्य को समाजशास्त्रीय और मानवशास्त्रीय (नृ-विज्ञानी) सामग्री के रूप में पढ़ता है और भारत के समाज के बारे में सवाल खड़े करने की कोशिश करता है, जैसे–
   (i) भारत के लोग अस्पताल जाने से क्यों डरते हैं?
   (ii) भारत की स्त्रियाँ भोजन करने के लिए पुरुषों के साथ बैठने से क्यों पीछे हटती हैं?
   (iii) आज भी घर-गृहस्थी में सास ही क्यों सर्वोच्च-शासिका होती है?

और इसी तरह के तमाम अन्य मुद्दे। इसी कारण शिनुआ अशेबे कहते हैं कि जब तक लोग 'वैश्विक' शब्द को यूरोप वालों के सीमित, स्वार्थी संकीर्णतावाद के पर्यायवाची के रूप में प्रयोग करना बन्द न कर दें और जब तक यूरोप वालों के क्षितिज का विस्तार पूरी दुनिया तक न हो जाए, अफ्रीका और भारतीय साहित्य पर केंद्रित बहसों के लिए इस शब्द (वैश्विक) को प्रतिबंधित कर दिया जाना चाहिए।

उन्नीसवीं शताब्दी के मध्य से भारत में विश्वविद्यालयों की स्थापना के साथ विभिन्न भारतीय भाषाओं में रचित साहित्य पर शोध के लिए तुलनात्मक साहित्य की अध्ययन प्रविधि प्रयोग में लाई जानी शुरू हुई, लेकिन इससे अपरिचित होने के कारण भारतीय साहित्य पर एक सघन-सम्पूर्ण इकाई के रूप में ध्यान नहीं दिया जा सका और अधिकांश

शोधकार्य भिन्न-भिन्न भारतीय भाषाओं में रचित साहित्यों का योगफल बनकर रह गए।

बहुभाषी राष्ट्र होने के कारण हम एक दुर्बोध संवेदनशीलता के साथ जीते हैं। हमारे लिए विभिन्न भाषाओं में रचे गए अपने साहित्य की क्षेत्रीय (आंचलिक), सामाजिक और ऐतिहासिक विशेषताएँ उतनी ही महत्त्वपूर्ण हैं; जितनी अखिल भारतीय स्तर पर भारतीयता। क्षेत्रीय और अखिल भारतीय ऐतिहासिक प्रकार्यों में एक ओर क्षेत्रीय पहचान है, तो दूसरी ओर भाषिक और भाषेतर विभिन्नताओं के बावजूद पिछले एक हजार साल में साहित्य द्वारा भिन्न-भिन्न भाषाओं में विकसित रूपकों, प्रतीकों, मिथों, महाआख्यानों, परंपराओं और मानकों का सार-तत्त्व है। भारतीय संदर्भ में अखिल भारतीय और क्षेत्रीय के मध्य द्वि-विभक्तीकरण अंतर स्थापित करने और पहचान के लिए एक समालोचनात्मक-वर्ग के रूप में उपयोगी माना जा सकता है। उदाहरण के लिए, अभिजात वर्ग और लोक। वे भिन्न हैं, लेकिन एक दूसरे में समाहित हैं। लोक में अभिजात समाविष्ट है या फिर इसके उलट भी है। लोक विरोध, कटाक्ष और पीड़ा का प्रतिनिधित्व करता है तथा अभिजात व्यवस्था, अनुशासन और आनंद का।

भारतीय तुलनात्मक साहित्य का सबसे महत्त्वपूर्ण मुद्दा है, तुलनात्मक प्रविधि, जो एकल साहित्य स्कूल के अध्ययन को तुलनात्मक साहित्य के अध्ययन से अलगाती है। उदाहरण के लिए बंगाली कवि, माइकेल मधुसूदन दत्त ने अंग्रेजी में लिखना शुरू किया, उसके बाद वे बँगला की ओर मुड़े। उसी प्रकार हिंदी उपन्यासकार प्रेमचंद ने पहले उर्दू में लिखा, उसके बाद वे हिंदी में आए। एकल साहित्य की अध्ययन प्रविधि से हमें केवल इतनी सूचना प्राप्त होती है, जबकि तुलनात्मक साहित्य अध्ययन प्रविधि हमें उन कारणों की जानकारी देती है, जिनके चलते उस काल में लेखक अंग्रेजी और उर्दू में लिख रहे थे। भारत जैसे बहुभाषी देश में एक से अधिक भाषाओं में लिखना बहुत पुरानी परंपरा है। प्रेमचंद के संदर्भ में एकल साहित्य की अध्ययन-प्रविधि से पता चलेगा कि वे उर्दू से हिंदी में आए, जबकि तुलनात्मक साहित्य की अध्ययन प्रविधि द्वारा मूलतः व्यापक पठनीयता की उपलब्धि के रूप में पत्रों व अन्य सामग्री की सहायता से उसके कारणों की जानकारी भी मिलेगी। एकल साहित्य की अध्ययन प्रविधि से हिंदी कवि निराला की कुछ कविताओं पर टैगोर के प्रभाव का पता चलेगा, जैसे–

नवजीवन की प्रबल उमंग
जा रही मैं मिलने के लिए पार कर सीमा
प्रियतम असीम के संग

तुलनात्मक साहित्य की अध्ययन प्रविधि में इसका विश्लेषण किया जाएगा और हमें बताया जाएगा कि निराला ने किस प्रकार अपनी साहित्यिक-संवेदना को माँजने के लिए टैगौर के प्रभाव का कसौटी के रूप में उपयोग किया तथा भाव को अपना बना लिया।

इस प्रकार के अध्ययन के लिए आँकड़े और आधार-सामग्री महत्त्वपूर्ण हैं। तुलनात्मक

अध्ययन की प्रारंभिक अवस्था में फ्रेंच और यूरोपीय साहित्य द्वारा आँकड़े उपलब्ध कराए जाते थे। इन आँकड़ों और आधार सामग्री की सहायता से अध्ययन प्रविधि निर्मित की गई थी, लेकिन यह अध्ययन प्रविधि अफ्रीका और एशिया के संदर्भ में प्रयोग में नहीं लाई जा सकती। कारण स्पष्ट हैं–

1. यूरोप की तुलना में भारत में धर्म और कला के बीच नाममात्र का अंतर है।
2. भारतीय साहित्य जीवनोत्सव को महत्त्व देता है, जबकि यूरोपीय साहित्य का प्राथमिक सरोकार जीवन की खोज से है।
3. यूरोप में एक साहित्यिक परंपरा का प्रभुत्व है, भारत में विविध साहित्यिक परंपराएँ हैं। इसके चलते टैगोर आधुनिक काल में गीतांजलि की रचना करते हैं, एक आधुनिक पाठ की, जो मध्यकालीन भारत की आध्यात्मिक और रहस्यवादी परंपरा पर आधारित है। जयशंकर प्रसाद ने मिथक और धर्म पर आधारित संस्कृत साहित्य की परंपरा के सहारे कामायनी की रचना की। आधुनिक युग में ही उर्दू कवि फैज अहमद फैज मध्यकालीन हाफिज या रूमी की सूफी साहित्यिक परंपरा में ईश्वर की उपस्थिति और अनुपस्थिति की चर्चा करते हैं। वे सर्वोच्च प्रियतम के विषय में कहते हैं–

   जो गायब भी है, हाजिर भी
   जो नाजिर भी है मंजर भी
   उठेगा अल हक का नारा
   जो मैं भी हूँ और तुम भी हो
   और राज करेगी हल्के खुदा
   जो मैं भी हूँ और तुम भी हो

4. यहाँ विविधता में एकता है, दूसरे शब्दों में यदि विविधता में आपकी आस्था है, तो आपको बाहर भीतर चतुर्दिक एकता की व्याप्ति दिखेगी और अगर आप केवल एकता की बात करते हैं; तो जो आपको दिखेगा, वह बस विविधता होगी।
5. पश्चिम चिह्नाभिमुखी और अन्य (एकात्मवादी) है, भारत प्रतीकवादी और समावेशी है, इसी कारण यहाँ विचार वैविध्य इतना महत्त्वपूर्ण है।
6. पश्चिम विकल्पन से बड़ा हुआ है, जबकि भारत एकीकरण से विकसित हुआ है।
7. पश्चिम में आधुनिकता भूतकाल को अस्वीकार करके आई है, भारत में भूतकाल विनष्ट नहीं होता। हम अपने पुराकाल (प्राचीन) और वर्तमान के साथ नैरंतर्य में रहते हैं।
8. भारत के संदर्भ में क्षेत्र (अंचल) और राष्ट्र परिपूरक हैं और भारतीयता अखिल भारत के साथ-साथ क्षेत्रीय पहचानों का एक अनुभव है।

इसके फलस्वरूप अगर भारत के संदर्भ में पश्चिम से प्राप्त आधार सामग्री की सहायता से तुलनात्मक साहित्य की अध्ययन-प्रविधि तैयार की जाएगी, तो वह पूर्णतः यूरोकेंद्रित (यूरोपाभिमुखी) सत्ता को स्वीकारना होगा। यह तुलनात्मक साहित्य की अध्ययन-प्रविधि के साथ जुड़ी राजनीति है तथा इससे बचना बहुत महत्त्वपूर्ण है। एक वैश्विकता के तर्क के आधार पर रेने वेलेक, इटियांबले और अन्य अनेक अध्ययन प्रविधि की इस राजनीति का विस्तार कर चुके हैं और उन्होंने इस तथाकथित वैश्विक अध्ययन प्रविधि की सहायता से आँकड़ों पर टिकी सामग्री की व्याख्या कर डाली है। विद्वानों के समक्ष यह स्पष्ट हो चुका है कि कोई काल्पनिक वैश्विकता गढ़ने के लिए समाज-सांस्कृतिक संदर्भों की उपेक्षा नहीं कर सकता।

यह सच है कि तुलनात्मक साहित्य के कुछ वैश्विक नियम हैं :

1. धर्म, पुराण और साहित्य के तुलनात्मक अध्ययन के विकास के लिए मानव-जाति की एकता की स्वीकृति उत्तरदाई है।
2. तुलनात्मक साहित्य भी एक प्रबोधन-परियोजना का परिणाम है, क्योंकि इसकी पृष्ठभूमि में वैश्विकता के निहित विचार का प्रभाव रहा है।

लेकिन यह ध्यान रखना होगा कि जहाँ परिवर्तन के तत्त्वों का आधिपत्य है, वहाँ वैश्विक नियम लागू नहीं होते। स्त्री-विमर्श और दलित सहित्य के आगमन के साथ ही रचनात्मकता के नए आयाम उभर आए हैं। वैश्विक-प्रविधि के सहारे इनसे संबंधित साहित्य का अध्ययन नहीं किया जा सकता। आधार सामग्री और आँकड़ों के आधार पर नवीन प्रविधि विकसित हो रही है। दलित स्त्री की आत्म-जागृति भारत की इयत्ता की हमारी समझ का आधार बन सकती है। और यह स्वीकार करना होगा कि मानव-अस्तित्व के विभिन्न क्षेत्रों में भारत की इयत्ता एक समान नहीं है।

सार तत्त्व यह है कि हाशिए पर धकेल दिया गया दलित साहित्य या स्त्रीवादी विमर्श या लोक और शास्त्रीय परंपराएँ अपनी स्थितियाँ बदलते हैं। जैसे ही एक दलित लेखक 'मुख्यधारा' द्वारा पुरस्कृत होता है अथवा मंत्री बनता है, उसकी इयत्ता में बदलाव अवश्यंभावी हो जाता है। इसी प्रकार जब लोक और शास्त्र की परंपराएँ एक दूसरे की परिपूरक बनती हैं; वे अपनी स्थितियाँ बदल लेती हैं। तुलनात्मक साहित्य इतिहास और साहित्य के बीच के आपसी संबधों की विस्तृत व्याख्या करता है और समाज की जीवंत वास्तविकता को इतिहास से जोड़ता है, लेकिन इसके मूल में भी एक रहस्य है। शीतयुद्ध की राजनीति ने क्षेत्रीय अध्ययन को प्रोत्साहित किया। यह शीत-युद्धकालीन दोनों ही राजनीतिक-शिविरों (ध्रुवों) के लिए–विशेषकर अविकसित देशों को अपने पक्ष में फुसलाने की दृष्टि से–एक मजबूत राजनीतिक हथियार (औजार) बन गया। इन बाध्यताओं के कारण धीरे-धीरे तुलनात्मक साहित्य 'सांस्कृतिक अध्ययन' के रूप में जाना जाने लगा।

शिशिर कुमार दास ने भारतीय साहित्य के इतिहास के दो खंड तैयार करके इसकी रूपरेखा का पुनर्निर्माण किया। उनके अनुसार अगर कोई भारतीय साहित्य के इतिहास

की एक अलग श्रेणी मानता है, तो उसे इसको पूर्ण बनाने के लिए इसमें मौखिक, लोक, जनजातीय और दलित पाठ शामिल करने होंगे। भारत के संदर्भ में मौखिक, जनजातीय अथवा लोक-साहित्य न तो भूतकाल का अवशिष्ट अंश है और न असभ्यों के व्यवहार में आने वाली सामग्री। ये समृद्ध संस्कृति के नैरंतर्य के अंग हैं और वर्तमान को अधिक जीवन-क्षम बनाने की प्रक्रिया का हिस्सा है।

भारत के साहित्य-परिदृश्य में लोक और शास्त्र के बीच समाज-सांस्कृतिक संवाद की प्रक्रिया एक निर्णायक तत्त्व है। इसने समस्त क्षेत्रों को ढक लिया है तथा समय के साथ भक्ति-आंदोलन समेत अनेक महत्त्वपूर्ण आंदोलनों को जन्म दिया है, जिससे भाषाओं, सांस्कृतिक विशेषीकरण तथा समाज के प्रसंग में इतिहास संबंधी प्रकार्यता के क्षेत्र में पहचान-बोध का संवर्धन हुआ है। इस प्रकार शिशिर बाबू ने भारतीय साहित्य को पारिभाषित करने के क्रम में वैश्विकता के स्थान पर सामूहिकता को महत्त्व प्रदान किया है। यह साहित्येतिहास के संस्थानीकरण की पश्चिमी अवधारणा से भी अलग है और मुख्य आख्यान के विचार से भी। मुख्य भव्य आख्यान पदावली (उत्तर आधुनिक स्थिति : ज्ञान पर एक प्रतिवेदन) के बरक्स जीनफ्रांकोइस ल्योतार्द ने सन् 1979 में एक अन्य पद, 'मेटा' (META) प्रस्तुत किया और कहा कि उत्तर आधुनिक वास्तव में मानविकी की समालोचनात्मक धार के रूप में गढ़ा गया था, जो एक ओर भूमंडलीकरण के विरुद्ध अपना पक्ष (दृष्टिकोण) स्थापित करने तथा दूसरी ओर साहित्य की सामूहिकता के उद्घाटन के लिए था।

अपनी साहित्यिक-संस्कृति के आधार पर लिखित संस्कृति के भूमंडलीकृत सांस्कृतिक-विन्यास से हट जाने और भारतीय तुलनात्मक साहित्य के विकास का समय आ पहुँचा है। भारत में इस दिशा में पहल की जा चुकी है। निम्नांकित से इसका पता चलता है–

1. अनुवाद की अपनी सैद्धांतिकी निर्मित की गई है। पाठ के अंतरालवर्ती अर्थों के कारण दलित साहित्य का अनुवाद करते समय–जोड़-घटाव की कोटियों पर आधारित पश्चिमी अवधारणा के अपरिणामदर्शी होने की दशा में–ऐसा किया जाना तत्काल आवश्यक था। इसके मूल में और भी अनेक कारण हैं।
2. एक नया साहित्यालोचन अथवा काव्यशास्त्र विकसित किया गया है, जो हमारे प्राचीन और आधुनिक पश्चिमी काव्यशास्त्र के बीच की खाई को पाट कर ही संभव था। इसमें क्षेत्रीय काव्यशास्त्र भी शामिल है, जिसका विकास मध्य-काल में 'भाषा', जैन व बौद्ध काव्यशास्त्रीय पाठों में हुआ था। इसी के साथ वह भी, जिसे शरणकुमार लिंबाले समस्त को दलित साहित्य के नवीन काव्यशास्त्र के साथ गूँथना कहते हैं।

इस प्रकार तुलनात्मक भारतीय साहित्य ने स्व (स्वयं) की एक नवीन संरचना प्रस्तुत की है। इसमें साहित्य और सामूहिकता इस तथ्य की स्थापना के लिए हाथ में हाथ डाले हुए हैं कि भारतीय साहित्य अनेक लौकिक और शास्त्रीय नायकों तथा आख्यानों का साहित्य है और मानव की, 'स्व' की 'पर' के माध्यम से विकसित समझ पर आधारित है।

दूसरा भाग

तुलनात्मक साहित्य की अध्ययन-पद्धतियाँ

इंद्रनाथ चौधुरी

तुलनात्मक साहित्य एक से अधिक भाषाओं में रचित साहित्य का अध्ययन है और तुलना इस अध्ययन का मुख्य अंग है। तुलनात्मक आलोचक के लिए तुलनात्मक पद्धति उसकी आधारभूत पद्धति है।

रेमाक का कहना है कि तुलनात्मकता संश्लिष्ट मानसिक दृष्टि है जिसके द्वारा भौगोलिक एवं जातीय स्तर पर साहित्य का अनुसंधानात्मक विश्लेषण संभव हो पाता है। एक उदाहरण द्वारा इस वक्तव्य को स्पष्ट किया जा सकता है। यदि एक ही भाषा में लिखित साहित्य के अंतर्गत दो समान या असमान रूपों या प्रवृत्तियों का तुलनात्मक अध्ययन किया जाए, जैसे मीराबाई के भक्तिमूलक गीतों के साथ महादेवी के रहस्यात्मक गीतों की तुलना, तो उसको तुलनात्मक साहित्य कहना संभव नहीं है क्योंकि इसमें सांश्लेषिक मानसिक दृष्टि के विस्तार की संभावना नहीं होगी।

फिर दो या उससे अधिक भाषाओं में रचित साहित्य के समान या असमान रूपों या प्रवृत्तियों का तुलनात्मक अध्ययन किया जाए, जैसे रवींद्रनाथ ठाकुर की मृत्युविषयक बँगला कविताओं के साथ मिर्जा ग़ालिब की जीवन की निस्सारता से संबंधित उर्दू गजलों की तुलना, तो उसे तुलनात्मक साहित्य कहा जा सकेगा। लेकिन उसे एक ही राष्ट्र की परिधि में प्रसारित बहुभाषिक साहित्य के आश्रय से निर्मित तुलनात्मक साहित्य कहा जाएगा। जब यह तुलना किसी एक राष्ट्र की परिधि को पार कर दूसरे राष्ट्रों की भाषाओं में लिखित साहित्य को अपने में समेट लेती है, जैसे मीरा, रवींद्र, शंकर कुरुप की रहस्यात्मक कविताओं की अर्थछवियों की ईरान में उद्‌भावित सूफी रहस्यात्मक गीतों अथवा अंग्रेजी के रहस्यवादी कवि ब्लेक या डन की कविताओं के साथ तुलना, तो उसको निश्चित रूप से तुलनात्मक साहित्य कहा जाएगा।

कहा गया है कि तुलनात्मक आलोचक के लिए तुलनात्मक पद्धति उसकी आधारभूत पद्धति है। हालाँकि तुलनात्मक साहित्य की सबसे बड़ी समस्या पद्धति विज्ञान (Methodology) ही है। खाली प्रयोगशाला से पद्धति/पद्धतियाँ तैयार होकर नहीं निकलती हैं, बल्कि वे उपलब्ध आधार सामग्री की सहायता से तैयार होती हैं। पहले-पहल

यह आधार-सामग्री फ्रेंच तथा दूसरे यूरोपीय साहित्य से एकत्र की गई थी और उसके आधार पर तुलनात्मक साहित्य की पद्धति तैयार हुई थी। लेकिन एशिया और अफ्रीका के साहित्य के संदर्भ में इस पद्धति का प्रयोग संभव नहीं। अगर उसका प्रयोग करते हैं, तो यूरोप-केंद्रित निरंकुश प्रभुत्व को स्वीकार करना पड़ता है। यही पद्धति-विज्ञान की राजनीति है, जिससे मुक्त रहना हमारे लिए नितांत आवश्यक है।

साहित्य अध्ययन का एक पक्ष कलात्मक (Aesthetic function) होता है और दूसरा समाज तथा संस्कृति से संदर्भित (Socio-cultural context)। भारत के एक प्रांत से लेकर दूसरे प्रांत तक सामाजिक-सांस्कृतिक संदर्भ एक जैसा नहीं है। विभिन्न देशों के बीच भी सामाजिक और सांस्कृतिक संदर्भ में अंतर दिखाई पड़ता है। उदाहरण के रूप में, यूरोप की तुलना में भारत में कला और धर्म के बीच का अंतर कम है। यह सही है कि तुलनात्मक साहित्य के कुछ वैश्विक नियम हैं और उन्हीं के आधार पर पद्धति विज्ञान का निर्माण किया गया है।

वस्तुतः तुलनात्मक साहित्य के दो मूलभूत नियम हैं जिनकी सहायता से तुलनात्मक साहित्य की सामग्रिक योजना या अध्ययन-पद्धति/पद्धतियाँ निर्धारित होती हैं। ये दो मूलभूत नियम हैं–

1. साहित्येतिहास का अंतर्राष्ट्रीय संदर्भवाद
2. तुलनात्मक आलोचना

साहित्येतिहास का अंतर्राष्ट्रीय संदर्भवाद दो साहित्यिक कृतियों अथवा घटनाओं के बीच विद्यमान 'द्वि-आधारी तथा अन्योन्य' संबंध स्थापित करता है। भारतीय संदर्भ में साहित्य के इस द्वि-आधारी अध्ययन का अर्थ भारत की किन्हीं दो आधुनिक भाषाओं के साहित्य का अध्ययन लिया जा सकता है, जहाँ राष्ट्रीय परिधि को पार करने की आवश्यकता नहीं। लेकिन तुलनात्मक भारतीय साहित्य के संदर्भ में भी राष्ट्रीय परिधि को पार करना अथवा अंतर्राष्ट्रीय संदर्भवाद को स्वीकार करना लाजिमी है क्योंकि इसके बिना आधुनिक भारतीय साहित्य में पश्चिमी प्रभाव को सही रूप से आँकना संभव नहीं। साहित्येतिहास का अंतर्राष्ट्रीय संदर्भवाद दो कृतियों या साहित्यिक घटनाओं के द्वि-आधारी तथा अन्योन्य संबंध को स्थापित करता है। दूसरे शब्दों में ऐतिहासिक कालक्रम या काव्यशास्त्रीय कला, सौंदर्यपरक, समाजशास्त्रीय, संस्कृतिपरक या यथार्थवादी दृष्टि या दृष्टियों की सहायता से एक से अधिक साहित्यों के प्रभाव-सूत्रों, परंपरा तथा सादृश्य संबंधों (द्वि-आधारी तथा अन्योन्य संबंध के अध्ययन के ये तीन आधार हैं) का अंतर्राष्ट्रीय संदर्भवाद के आश्रय से तुलनात्मक अध्ययन होता है। एकक साहित्य अध्ययन में भी दूसरे साहित्य के साथ तुलना का सहारा लिया जाता है परंतु वहाँ एकक साहित्य की किसी विशेषता को उजागर करने के लिए अचेतन या यांत्रिक रूप से इसका प्रयोग किया जाता है। लेकिन तुलनात्मकवादी आलोचक के लिए तुलना एक सचेतन एवं मूलभूत पद्धति है। साहित्यिक उदाहरणों की अव्यवस्थित विस्तृत सूची

को समेटने के लिए जब तुलनात्मक पद्धति के अंतर्गत तुलना का प्रयोग किया जाता है तब अध्ययन से निकलने वाले निष्कर्षों के इस हद तक अनुकृत होने की संभावना रहती है, जहाँ यह अवधारणा अपनी शक्ति काफी खो देती है। अवधारणा को अनुकृत करने की यह प्रवृत्ति अगर एक निश्चित सीमा को पार कर जाए, जहाँ प्रत्येक संभाव्य तुलना को 'तुलनात्मक शोध' का अंग मान लिया जाता है, वहाँ इस पद्धति की अपनी विवेचक शक्ति भी खत्म हो जाती है। उदाहरण के लिए, आधुनिक-बोध को प्रकट करने वाले प्रत्येक हिंदी, बँगला या मराठी नाटक में विसंगति-बोध को ढूँढ़ निकालना मानो आधुनिक-बोध एवं विसंगति-बोध को एक-दूसरे का पर्याय मान लेना है। इसी प्रकार हर नई कविता को अस्तित्ववादी विचारधारा के साथ जोड़ना तुलनात्मक पद्धति के साथ अन्याय करना है। आधुनिक साहित्य के प्रत्येक पक्ष, विद्या, कथ्य या प्रवृत्ति में कुछ तुलनीय अंश अवश्य विद्यमान रहते हैं लेकिन तुलनात्मक पद्धति के लिए यह आवश्यक है कि तुलनात्मक विश्लेषण एवं तुलनात्मक विवरण में अंतर स्पष्ट करते हुए, अध्ययन का प्रसार करें। प्रत्येक विवरण कहीं-न-कहीं अप्रत्यक्ष रूप से तुलनात्मक होता है मगर किसी एक पद्धति, ढाँचे या प्रतिमान के आश्रय से किया गया प्रत्येक विश्लेषण ऐसा नहीं होता। इसलिए तुलनात्मक साहित्य की समस्याओं को समझते हुए पद्धति के रूप में तुलना के प्रयोग में बहुत ही सावधानी बरतनी पड़ती है। उपर्युक्त दो नियमों (मॉडल या सिद्धांत) के आश्रय से एक से अधिक साहित्यों की तुलना करना तुलनात्मक अध्ययन है जिससे कि तुलनात्मक विश्लेषण के द्वारा इन साहित्यों के सादृश्य संबंध, परंपरा तथा प्रभाव-सूत्रों का पता लग सके। अंतर्राष्ट्रीय संदर्भवाद एवं तुलनात्मक आलोचना के मॉडल के आश्रय से तुलनात्मक अध्ययन का प्रसार करते हुए इनमें रूपांतरण करना ही अध्ययन की सिद्धि होती है अर्थात् कोई भी मॉडल अपने आप में आत्यंतिक नहीं होता। तुलना 'साम्यमूलक' अथवा 'वैषम्यमूलक' हो सकती है मगर दोनों ही स्थितियों में अध्ययन का 'गहरा' तथा 'सुव्यस्थित' होना आवश्यक है।

अध्ययन की सादृश्य संबंधात्मक पद्धति

अंतर्राष्ट्रीय संदर्भवाद के आश्रय से दो कृतियों की साहित्यगत शैली, संरचना, मूड या विचार का सादृश्य संबंधात्मक अध्ययन होता है। इसके अतिरिक्त किसी भी एक पक्ष को लेकर सादृश्यमूलक अध्ययन किया जा सकता है। यह अध्ययन साम्यमूलक या वैषम्यमूलक हो सकता है। लेकिन इस प्रकार का तुलनात्मक विश्लेषण नियमानुसार प्रासंगिक विवृति पर विचार करता है। इसका अर्थ यह है कि तुलनीय कृतियाँ एक-दूसरे के प्रभाव से मुक्त होती हैं और उनमें कोई कार्य-कारण संबंध नहीं होता। इसलिए सादृश्य संबंधात्मक अध्ययन में तुलनात्मकवादी आलोचक 'पॉलीजेनेटिक' पद्धति का सहारा लेता है जहाँ उसकी सांश्लेषिक दृष्टि के पीछे कोई तथ्यात्मक औचित्य विधान

नहीं होता। किसी भी दो बेमेल विषय-वस्तु की सादृश्यमूलक अध्ययन-प्रविधि को पॉलीजेनेटिक पद्धति कहते हैं। हरभजन सिंह के द्वारा 'ओडेसी', 'रामायण', 'सेवासदन' तथा 'त्यागपत्र' में 'सीता सिंड्रोम' का विवेचन अथवा इंद्रनाथ चौधुरी के द्वारा होरी (गोदान), इंद्रनाथ (श्रीकांत), शशि (पुतुल नाचेर इति कथा) तथा रिउ (प्लेग) जैसे चरित्रों के आधार पर 'ड्रापआउट्स' का विवेचन इसी प्रकार का अध्ययन कहा जा सकता है। जेम्स जे.वाई. लिउ ने 'एलिजाबेथ एंड यॉन' (1955) पुस्तक में एलिजाबेथीय युग के नाटकों के साथ सुदूर-पूर्व के नाटकों का सादृश्यमूलक विवेचन करते हुए यह स्पष्ट किया है कि दोनों में ही 'मायावाद' का विरोध है तथा जीवन का वह यथार्थ भी नहीं जो रंगमंच में 'चौथी दीवार' को हटाकर दिखाया जाता है। यतम्बल्ल के लिए इस प्रकार के अध्ययन का विशेष महत्त्व है क्योंकि यहाँ प्रभाव-सूत्रों के विवेचन के स्थान पर समानांतरता के आश्रय से नाटकों में अंतर्निहित उनकी संभाव्य शक्ति तथा उस प्रक्रिया को उद्घाटित किया गया है जिसके द्वारा जीवन एक कला-रूप में परिवर्तित हो जाता है। सादृश्यमूलक अध्ययन का एक और रूप है जहाँ एक जैसी ऐतिहासिक तथा सामाजिक पृष्ठभूमि के आश्रय से दो लेखकों या कृतियों का विवेचन किया जाता है। झुरमुन्स्की ने फ्रेंच Chansons de geste (हँसी के गीत) तथा रूसी लोकगाथाओं के नायकों का सादृश्यमूलक अध्ययन किया है। यहाँ किसी प्रकार के कार्य-कारण संबंध के बिना ही सामाजिक संरचना की सादृश्यता के आधार पर 'ऐतिहासिक प्रारूपिक सादृश्यता' प्रकट हुई है। आर. डब्ल्यू. लेविस ने अपनी पुस्तक 'द पिकारेस्ट सेंट' में चार संस्कृतियों से संबद्ध, किंतु एक विशिष्ट पीढ़ी के कई उपन्यासकारों (मोराविया, कामू, सिलोन, फॉकनार, ग्राहम ग्रीन, मालरो) की समांतरता तथा विरूपता का विश्लेषण किया है। साहित्यिक कृतियों की इन समरूप प्रवृत्तियों के तुलनात्मक अध्ययन से ही साहित्यिक विकास तथा सामाजिक पूर्वावस्था के साधारण नियमों का अनुधावन तथा प्रत्येक साहित्य के ऐतिहासिक एवं जातीय चरित्र को समझ पाना संभव होता है (देखिए, झुरमुन्स्की, Oxford Slavonic Papers 13 : 1970 : 2)। सादृश्यमूलक तुलनात्मक अध्ययन में कृतियों को एक-दूसरे के विरोध में खड़ा नहीं किया जाता। यहाँ तुलनात्मकतावादी आलोचक की मनःस्थिति विश्रांतिमूलक होती है, उससे ही चिंतन का सार संभव होता है और अध्ययन की सारी दृष्टि सृजनात्मक विधिगत (deutero-creative) बन जाती है। ऑस्कर वाइल्ड की भाषा में आलोचक स्वयं ही कलाकार बन जाता है क्योंकि यहाँ आलोचक हमें इस बात को अच्छी तरह समझा देता है कि सबसे अधिक महत्त्वपूर्ण आलोचनात्मक क्रिया मूल्यांकन नहीं, अभिज्ञान है। इस अध्ययन के विरोध में यह कहा जाता है कि इसमें व्यक्तिवादिता एवं प्रभाववादिता को बहुत अधिक महत्त्व दिया जाता है और इस तरह यह कोई पद्धति ही नहीं बन पाती। यह कुछ हद तक सही भी है लेकिन ऐसा नहीं कि यह पद्धति ही नहीं है। इससे साहित्य अध्ययन का स्वरूप संकुचित नहीं होता है, बल्कि

इस तरह के अध्ययन से साहित्य के बारे में एक विस्तृत दृष्टिकोण बन पाता है और साहित्य अध्ययन से संबंधित नए-नए प्रश्न उभरते हैं जिनके अध्ययन से तुलनात्मक साहित्य को स्वतंत्र पहचान मिलती है। सादृश्यमूलक पद्धति की सहायता से विभिन्न समाज तथा परिस्थितियों में अभिव्यक्त होने वाले साहित्य का विवेचन होता है और इस विवेचन से उभरने वाले प्रश्नों, जैसे इन अभिव्यक्तियों में समानता का क्या कारण है अथवा कैसे ये एक-दूसरे से भिन्न हैं, का उत्तर दिया जाता है। इस प्रकार के अध्ययन से और भी बहुत सारे प्रश्न उठते हैं, जैसे साहित्य में क्या आवर्ती प्रतिकृतियाँ होती हैं और इस प्रकार के आवर्तन की प्रकृति क्या है? लेखकों का परिवेश (milieu) क्या अंतर्राष्ट्रीय समाज का एहसास कराता है तथा क्या वह उस समाज से जहाँ वह रहता या काम करता है, से अधिक सत्य होता है (जॉन फ्लेचर : 1970)? इस प्रकार की धारणा से क्या कुछ फायदा है? वस्तुतः लेखकों के अंतर्राष्ट्रीय समाज की कल्पना निश्चय ही एक ऐसा आधार प्रदान करती है जिसकी सहायता से व्यक्तिवादिता एवं प्रभाववादिता से मुक्त होकर सादृश्य-संबंधात्मक अध्ययन किया जा सकता है।

असादृश्यमूलक अध्ययन पद्धति (Polygenetic method)

इस पद्धति का ऊपर संक्षेप में उल्लेख किया गया है। इस पद्धति के अंतर्गत इस संसार की किसी भी दो असादृश्यमूलक वस्तुओं की तुलना हो सकती है। उदाहरणस्वरूप 'रामायण' की सीता के साथ प्रेमचंद के 'सेवासदन' की सुमन की तुलना अथवा शेक्सपियर के मैकबेथ के साथ रवींद्रनाथ के 'विसर्जन' नाटक के जयसिंह की तुलना। यह पद्धति तुलनात्मक साहित्य को विस्तार देती है और उसमें नए रंग भरती है। परंतु, साथ में यह आलोचना भी होती है कि तुलनात्मक साहित्य की परिधि का कोई अंत नहीं; दुनिया की किसी भी साहित्यिक कृति, विचार या दृष्टि को इसमें समेटा जा सकता है और परिणामतः यह दुष्परिचालनीय (unwieldy) बन जाता है।

अध्ययन की परंपरा पद्धति

अंतर्राष्ट्रीय संदर्भवाद के आश्रय से 'परंपरा' अध्ययन में भी दो कृतियों का सादृश्यमूलक अध्ययन होता है, जहाँ कृतियाँ इस प्रकार की समानधर्मी कृतियों के एक बड़े वर्ग का अंश होती हैं और जो समान ऐतिहासिक, कालानुक्रमिक तथा रूपात्मक बंधनों से बँधी होती हैं। इसके अंतर्गत भाषाओं तथा साहित्यों में प्रतिफलित राष्ट्रीय 'चेतना' का समांतरीय अध्ययन किया जाता है। प्रा'र का कहना है कि इस प्रकार का अध्ययन तभी लाभदायक हो सकता है जब अध्ययन के क्षेत्र को सीमित करके किसी एक ऐतिहासिक काल अथवा ऐतिहासिक दृष्टि से उभरते हुए, किसी एक काव्य-रूप का दो साहित्यों के संदर्भ में अध्ययन किया जाता है (1973 : 18)। उदाहरण के रूप में,

भारतीय साहित्य की भारतीयता तथा अमेरिकी ब्लैक पोयट्री की मूल चेतना के अध्ययन के स्थान पर दूसरे महायुद्ध के समय रचित भारतीय एवं ब्लैक पोयट्री का अध्ययन निश्चय ही अधिक तात्पर्यपूर्ण हो सकता है। विश्व साहित्य के संदर्भ में रवींद्रनाथ ठाकुर या सॉल बेलो जैसे बहुज्ञतायुक्त लेखकों का अध्ययन करते हुए, विभिन्न सामाजिक तथा सांस्कृतिक परंपराओं का प्रभाव विवेचन भी महत्त्वपूर्ण हो सकता है। रेने वेलेक ने इस प्रकार के अध्ययन का विरोध करते हुए कहा है कि इसकी कीमत साहित्यिक पांडित्य को सामाजिक मनोविज्ञान और साहित्यिक इतिहास में विलीन करके अदा करना पड़ती है। (1963 : 285)। वस्तुतः तुलनात्मक साहित्य की दृष्टि से इस प्रकार के अध्ययन से साहित्य में वर्णित नाना राष्ट्रीय परंपराओं के बारे में सही अथवा गलत धारणाओं का पता लग पाता है। मैथिलीशरण गुप्त ने 'मेघनाद वध' का अनुवाद करते हुए यह गलत धारणा फैलाई थी कि माइकेल ने राम और लक्ष्मण की तुलना में रावण को, पाश्चात्य परंपरा के व्यक्तिवादी प्रभाव के कारण, अधिक महत्त्व दिया है। आर्तुरो बारिया ने अपने निबंध 'नाट स्पेन बट हेमिंग्वे' में उनके उपन्यास 'फॉर हूम हू बेल टॉल्स' में वर्णित स्पेनीय चरित्रों की सामाजिक स्थिति, उनके मनोविज्ञान और प्रेरणा तथा भाषा की नाना त्रुटियों का विस्तार से वर्णन किया है (1965 : 198-210)। परंपरा अध्ययन में राष्ट्रीयता तथा अंतर्राष्ट्रीयता जटिल ढंग से एक-दूसरे के निकट आ जाती हैं। उन्नीसवीं शती के प्राच्य विद्वानों द्वारा किए गए संस्कृत साहित्य (उपनिषदादि) के अनुवादों के फलस्वरूप यीट्स, इलियट आदि अंग्रेजी कवियों की कविता में भारतीय परंपरा के अनुप्रवेश का अध्ययन इसी के अंतर्गत किया गया है। इसी परंपरा के नए रूप, जहाँ दर्शन के स्थान पर भक्ति पक्ष का महत्त्व ज्यादा है, का प्रभाव सांप्रतिक यूरोपीय तथा अमेरिकी धार्मिक परंपराओं पर दिखाई पड़ रहा है और वैष्णव भक्ति के परंपरा अध्ययन की गुंजाइश बढ़ती जा रही है। परंपरा अध्ययन के अंतर्गत काव्य-रूपों, संस्थितियों (topoi) आदि का भी अध्ययन होता है। करटियस ने अपनी पुस्तक 'यूरोपीय लिटरेचर एंड द लैटिन मिडल एजेज' में एक संस्थिति (topos) बच्चे के भीतर वृद्ध व्यक्ति के सारे गुणों के मौजूद रहने की धारणा का उल्लेख किया है जिसके संदर्भ वर्जिल, सिसिरो, बाइबिल, रेनेसाँ साहित्य, यहाँ तक कि चीनी साहित्य में भी उपलब्ध हैं और जैसा कि विदित है, चीनी साहित्य का रोमन या हिब्रू स्रोतों से कोई संबंध ही नहीं है।

प्रभाव अध्ययन पद्धति

अंतर्राष्ट्रीय संदर्भ में प्रभावसूत्रों के तुलनात्मक विवेचन के बारे में सामान्यतः दो धारणाएँ प्रचलित हैं : एक, जहाँ एक शक्तिशाली व्यक्तित्व का प्रभाव बाढ़ की तरह होता है और जिसके फलस्वरूप उत्सर्जक के प्रभाव में डूबने वाले प्रापक लेखक की असहायता

प्रकट होती है और दूसरा, जहाँ प्रभाव सान की तरह प्रभाव ग्रहण करने वाले व्यक्ति की प्रतिभा को और चमका देता है (रूथवेन : 1979)। कई आलोचकों के लिए प्रभाव का पहला अर्थ ही ज्यादा ठीक बैठता है और इसीलिए इस तरह का प्रभाव अध्ययन नकारने योग्य ही होता है क्योंकि इस तरह के अध्ययन में प्रापक हमेशा कोई अप्रधान लेखक होता है और तुलनात्मक साहित्य के अध्ययन में उसे भी स्थान मिल जाता है। अध्ययन की इस पद्धति को अनम्य पद्धति कहा गया है और इसको प्रत्यक्षवादिता के साथ जोड़कर इसी आधार पर इसका विरोध किया गया है (मैलोन : 1954 : 13-20)। कुछ आलोचकों के लिए किसी लेखक की ऋणग्रस्तता की बात करने का अर्थ उसकी मौलिकता को कम करना है। दरअसल प्रत्यक्षवादियों के कार्य-कारणवाद के आश्रय से किए गए प्रभाव-सूत्रों के अध्ययन में 'कारण' मुख्य हो जाता है। यह निश्चित है कि कोई भी कृति दूसरी कृति के 'कारण' निर्मित नहीं होती। प्रभाव को 'अनुकरण' न मानकर 'प्रेरणा' मानने से प्रभाव-अध्ययन के विरोध में की गई आलोचना का उत्तर दिया जा सकता है। अंततः तुलनात्मक साहित्याध्ययन में 'प्रभाव-सूत्रों' का अध्ययन उसकी केंद्रीय पद्धति है (साइमन जियूनः 1968:39)। प्रभाव सूत्रों के अध्ययन में तुलनात्मक पद्धति मात्र स्रोतों या मॉडलों की खोज नहीं करती है। इसका मुख्य कार्य यह विश्लेषित करना है कि प्रापक लेखक ने अपने मॉडल का प्रयोग कैसे किया है; अपने कलात्मक अभिप्रायों को अप्रधान बनाते हुए, कैसे उसने अपने मॉडल को नया रूप दिया है तथा कौन-सी नई काव्यात्मक क्रिया को उसमें जोड़ा है। आखिरकार साहित्यिक पांडित्य का व्यवस्थित ढंग से प्रसारित होना तभी संभव होता है जब साहित्यिक कृति की 'साहित्यिकता' की खोज को आलोचना का केंद्र बिंदु स्वीकार कर लिया जाता है। कभी-कभी प्रापक प्रभाव सूत्रों को इस प्रकार से आत्मसात् कर लेता है कि उत्सर्जक का लेश मात्र भी पता नहीं चलता। इसीलिए क्लादियो गिलेन ने प्रभाव सूत्रों के अध्ययन को मनोवैज्ञानिक प्रतिभास (phenomenon) कहा है। इसको स्पष्ट करने के लिए गिलेन प्रत्यक्ष और अप्रत्यक्ष की बात उठाते हुए कहते हैं कि 'पेत्रार्कीय सॉनेट' लिखने के लिए रेनेसाँ के कवि को पेत्रार्क पढ़ने की जरूरत नहीं थी मगर इससे पेत्रार्क के अप्रत्यक्ष प्रभाव को अमान्य नहीं ठहराया जा सकता। एक साहित्यिक परंपरा में जीने वाले 'कवियों द्वारा ग्रहण किया गया यह प्रभाव' 'सामूहिक साझेदारी प्रभाव' है (1971 : 61)। फ्लेचर का कहना है कि यदि हम प्रापक को ऋणी प्रमाणित कर सकें तो उससे उत्सर्जक का थोड़ा ही परिचय मिलता है लेकिन प्रापक की मनोशरीरी दृष्टि के बारे में हमें विस्तार से पता लग पाता है और उसकी सृजन-प्रक्रिया से भी हम परिचित हो पाते हैं (1970 : 115)। यदि हम एक दफा यह पता लगा सकें कि निराला की कविता में ऐसे बहुत से तत्त्व हैं जो रवींद्र की कविता से मेल खाते हैं तो हम यह प्रमाणित कर सकेंगे कि निराला बँगला रचनाकारों की काव्य स्थितियों एवं चरित्रों को स्वीकारते थे तथा उन्हें उद्धृत करते थे तथा निराला पर रवींद्र के माध्यम से उपनिषद्

का प्रभाव पड़ा था। इस तरह रवींद्र को उत्सर्जक तथा निराला को प्रापक प्रमाणित करने पर भी इस प्रकार का अध्ययन रवींद्र की अपेक्षा निराला की काव्य-प्रतिभा को ज्यादा उजागर करेगा क्योंकि यह पद्धति यांत्रिक ढंग से मात्र तथ्यों का हवाला नहीं देगी, बल्कि गहराई से रवींद्र की पृष्ठभूमि पर निराला की सृजन प्रक्रिया की आलोचना करेगी। वस्तुतः प्रत्येक साहित्यिक आलोचना के अनुरूप प्रभावसूत्रों की आलोचना भी सूक्ष्मता की माँग करती है। लिओन एडेल का कहना है कि इस अध्ययन में प्रापक की कल्पना शक्ति का महत्त्व उस खाद्य पदार्थ की अपेक्षा कहीं अधिक है जिस पर वह शक्ति निर्भर है (1973 : 134-135)। प्रभावसूत्रों का अध्ययन तुलनात्मक आलोचना के क्षेत्र में तब तक चलता रहेगा, जब तक हमारी यह धारणा बनी रहेगी कि आलोचनात्मक क्षण के लिए ऐतिहासिक चेतना आवश्यक है क्योंकि 'वर्तमान' को 'अतीत' के साथ जुड़ी हुई प्रक्रियाओं के उत्पाद के रूप में आँकने पर ही वह बोधगम्य बन पाता है। यह काल-क्रमिक दृष्टि उत्सर्जक तथा प्रापक की सृजनात्मक प्रक्रिया के प्रति हमें असंवेदनशील नहीं करती क्योंकि तुलनात्मक साहित्य में प्रभाव अध्ययन जहाँ विस्तार की दृष्टि से ऐतिहासिक है, वहाँ गुरुत्व की दृष्टि से सामूहिक है। यहाँ लेखकों का काव्य क्रिया के विश्लेषण के साथ-साथ युग (सांस्कृतिक वर्गों का सामाजिक परिवेश) की विशिष्ट शैली, जिसे बार्थ ने 'एकरित्युर' (ecriture) कहा है (1953) का भी ध्यान रखा जाता है।

अध्ययन की स्वीकृति तथा संचारण पद्धति

प्रभाव सूत्रों के अध्ययन के साथ-साथ तुलनात्मक पद्धति के अंतर्गत 'स्वीकृति' अध्ययन का भी प्रसार हुआ है। उलरिक वाइस्तीन के अनुसार प्रभाव सूत्रों का अध्ययन मूलतः दो परिपूर्ण साहित्यिक कृतियों को लेकर किया जाता है परंतु स्वीकृति अध्ययन का क्षेत्र काफी विस्तृत होता है जहाँ कृतियों के पारस्परिक संबंधों से लेकर उनके आस-पास की परिस्थितियों, लेखक, पाठक, समीक्षक, प्रकाशक तथा प्रतिवेशी परिवेश सब कुछ अध्ययन का विषय बन जाता है। इस तरह स्वीकृति अध्ययन साहित्यिक समाजशास्त्र अथवा मनोविज्ञान की दिशा में ही अग्रसर होता है (1973 : 48)। वाइस्तीन इस संदर्भ में काफ्का का उदाहरण देते हुए कहते हैं कि उनकी चिट्ठियाँ अथवा डायरियाँ पढ़ने से यह पता चलता है कि काफ्का की गुस्तव फ्लोवर के साथ व्यक्तिगत संबंधों के कारण एक मनोवैज्ञानिक निकटता थी। स्वीकृति अध्ययन में प्रभाव सूत्रों की खोज के स्थान पर इस दिशा में अध्ययन का प्रसार होता है। फिर किसी एक विदेशी लेखक का दूसरे देश में विख्यात हो जाने से उस देश की साहित्यिक प्रवृत्ति को मोड़ देने में लेखक के योगदान से लेकर अनुवादक के योगदान की सीमाओं और शक्तियों के विश्लेषण के साथ-साथ समीक्षकों के द्वारा की गई आलोचनाओं का विवेचन और फिर बिक्री के आधार पर जन रुचि की दिशा का परिचय आदि साहित्यिक समाजशास्त्र

के साथ जोड़कर इस अध्ययन का प्रसार होता है। जापानी हाइकू ने किस प्रकार हिंदी कविता-जगत के मनोविज्ञान को उभारा, उसका विश्लेषण स्वीकृति अध्ययन के अंतर्गत ही किया जा सकता है। उसके अतिरिक्त इस प्रकार का अध्ययन द्विवेदी युग की एक खास मनोदृष्टि को लेकर भी किया जा सकता है। द्विवेदीकालीन नैतिकता केवल रीतिकाल के प्रति प्रतिक्रिया नहीं थी, वरन् सम्पूर्ण विक्टोरियन युग के साहित्य की स्वीकृति भी थी जिसके फलस्वरूप जीवन के प्रति हमारी पारंपरिक स्वस्थ धारणा पलट गई और अनैतिकता के नाम पर हिंदी के लेखकों ने संकुचित दृष्टि का परिचय देना शुरू किया। द्विवेदीयुगीन साहित्य के श्लील और अश्लील के प्रश्न को लेकर इस अध्ययन को आगे बढ़ाया जा सकता है। फ्रेडरिक गुडोल्फ ने जर्मनी के द्वारा शेक्सपियर की स्वीकृति को लेकर विस्तार से विवेचन किया हैः किस तरह जर्मनी के लेखक-लेसिंग, गोएते, शिलर आदि की विचारधाराओं को शेक्सपियर ने प्रभावित किया तथा शेक्सपियर के विभिन्न अनुवादों के दोषों के विवेचन के साथ ही शेक्सपियर के द्वारा प्रयुक्त छंद ने कैसे जर्मनी के ब्लैंक वर्स को रूप प्रदान किया–आदि सब कुछ अपने अध्ययन में समेटकर तुलनात्मक आलोचना को एक विशिष्टता प्रदान की है। गुडोल्फ ने अपने अध्ययन में जर्मनी में शेक्सपियर के विस्तार का ही नहीं, वरन् जर्मन साहित्य के विकास में शेक्सपियर की विभिन्न विशिष्टताओं को कब, कैसे ग्रहण किया गया, उसका भी विवेचन किया है। इसके साथ ही जर्मनी में शेक्सपियर की स्वीकृति के लिए उत्तरदाई अनुवादकों और मध्यस्थों (अंग्रेज हास्य अभिनेतागण जिन्होंने 17वीं शती में शेक्सपियर के कॉमेडियों के जर्मन रूपांतरणों का अभिनय करके शेक्सपियर की स्वीकृति में विशेष योगदान दिया) का भी आलोचनात्मक विवेचन किया। वस्तुतः स्वीकृति अध्ययन के साथ संबद्ध अंतर्राष्ट्रीय मध्यस्थों (international mediators) का अध्ययन भी आजकल काफी महत्त्वपूर्ण होता जा रहा है। प्रा'र ने इसे 'संचारण अध्ययन' कहा है (38) और रेमंड विलियम्स का हवाला देते हुए इसकी परिभाषा दी है, ''संचारण संस्थाओं एवं रूपों से सदृश है जिसके माध्यम से विचार, सूचना तथा अभिवृत्तियाँ स्थानांतरित अथवा स्वीकृत होती हैं।'' (1962 : 9) पंचतंत्र, हितोपदेश अथवा शुकसप्तशती की विदेश में यात्रा के विभिन्न मार्गों की खोज एवं 'एसेप्स फेबल' या तूतीनामा के रूप में भारत में वापसी का संचारण अध्ययन तुलनात्मक साहित्य की दृष्टि से काफी महत्त्वपूर्ण है। टी. आर. हेन ने अपनी पुस्तक 'द एपल एंड द स्पेकट्रास्कोप' में यूरोप में विचार और साहित्य के संचारण के यात्रा-मार्ग का एक विस्तृत मानचित्र तैयार किया है (1951 : 99-100)। आधुनिक काल में विश्वविद्यालय के विद्वान या अनुवादक बड़ी ही सफलता के साथ मध्यस्थ का काम कर रहे हैं। हिंदी के आलोचकों ने पाश्चात्य-काव्यशास्त्र, साहित्यिक या मार्क्सवादी सौंदर्यशास्त्र की ओर सृजनात्मक लेखकों का ध्यान आकर्षित करते हुए हिंदी साहित्य में पाश्चात्य प्रभाव के संचारण अध्ययन का मार्ग सुगम किया

है। विदेश में आर्थर वेले (Arthur Waley) ने यूरोपीय तथा सुदूर पूर्व साहित्य का अध्ययन करते हुए एक ऐसे मध्यस्थ का रूप धारण किया है जिससे ब्रेख्त या एजरा पाउंड की अपनी सृजनात्मक रचनाओं में भी इसका लाभ पहुँचा है (1973 : 44)। संचारण अध्ययन से समाजशास्त्री एवं सांस्कृतिक ऐतिहासिकों को भी लाभ पहुँचता है।

अध्ययन की सौभाग्य पद्धति

स्वीकृति अध्ययन के अंतर्गत संचारण विश्लेषण के अतिरिक्त किसी एक लेखक या कृति का 'सौभाग्य' विश्लेषण भी किया जाता है। किसी एक विदेशी लेखक या कृति की दूसरे देश में किन्हीं कारणों से, नोबेल पुरस्कार मिलने से या आकस्मिक मृत्यु होने से या किसी सत्ता का विरोध करने (सोल्जेनित्सिन) से ख्याति के बढ़ जाने पर, वह कैसे दूसरे लेखकों या साहित्यिक परिवेश को प्रभावित करती है, इसका अध्ययन ही सौभाग्य अध्ययन है। वाल्टर मुश्ग (Walter Musehg) ने अपने निबंध 'स्टडीज इन द ट्रैजिक हिस्ट्री ऑफ लिटरेचर' में जर्मन साहित्य को प्रभावित करते हुए अपने सौभाग्य का प्रसार करने वाले 'हेमलेट' का सौभाग्य अध्ययन किया है। सारांश में पाश्चात्य साहित्य के विद्वान वॉन टिघेम (1946), आंद्र मोरिजे (1922) तथा गुस्तव रूडलर (1923) आदि ने स्वीकृति अध्ययन का विवेचन किया है लेकिन इसके लिए अलग-अलग पदावलियाँ 'सौभाग्य', 'संचार', 'स्वीकृति' का भी प्रयोग किया है। साथ ही प्रभाव सूत्रों का विवेचन करते हुए, अधिकतर स्थितियों में प्रभाव एवं स्वीकृति के अर्थ को गड़बड़ा दिया है। वस्तुतः प्रभाव एवं स्वीकृति अध्ययनों को अलग नहीं मानना चाहिए। ये एक-दूसरे पर आश्रित तथा एक-दूसरे के पूरक भी होते हैं। कुल मिलाकर इसको प्रभाव सूत्रों का अध्ययन कहना ही ठीक है यद्यपि इस प्रकार के अध्ययन में दोनों लेखकों को पहले उनकी जमीन पर तथा उनको राष्ट्रीय परंपराओं में परखना चाहिए, बाद में प्रभाव सूत्रों की खोज करते हुए प्रापक को दूसरी जमीन तथा परंपरा की सहायता से विश्लेषित करना चाहिए। इस प्रकार के तुलनात्मक अध्ययन में कल्पनाहीनता या यांत्रिकता की संभावना को देखते हुए, इस पद्धति की काफी आलोचना (जोस्ट : 1974 : भूमिका) हुई है परंतु सही दिशा में प्रसारित इस प्रकार के अध्ययन की संभाव्य शक्ति को नकारना संभव नहीं है। डिमत्री शाइजवेस्की (Dmitry Cizevsky) ने इसे 'जननिक पद्धति ' कहकर इसके प्रति आलोचकों के उदासीन होने की बात की है और हेनरी पेयर (Hanri Peyre) ने प्रभाव सूत्रों की अपेक्षा सादृश्य संबंधों के अध्ययन को ज्यादा प्रभावशाली ठहराया है (शाइजेवस्की : 1942 : 134 तथा पेयर : 1942 : 7)। वस्तुतः प्रभाव को यदि प्रापक सान की तरह ग्रहण न कर सके तो वहाँ उसकी साहित्यिक प्रतिभा बेकार हो जाती है और जहाँ प्रतिभा प्रभाव से और तेज हो उठती है, वहाँ प्रभाव सूत्रों को

स्वीकारते हुए भी तुलनात्मक अध्ययन क्रमशः सादृश्य संबंधों के अध्ययन में बदल जाता है क्योंकि अंततः इस बदलाव से हम यह जान पाते हैं कि कब प्रापक प्रभाव मुक्त होकर अपनी मौलिकता को प्रमाणित कर सका है। तुलनात्मकतावादी आलोचक के लिए इस पद्धति का प्रयोग करते हुए प्रभाव और मौलिकता के इस सूक्ष्म संतुलन से परिचित रहना बहुत जरूरी है।

संबंधात्मक द्वंद्वात्मक अध्ययन पद्धति

अंतर्राष्ट्रीय संदर्भवाद साहित्य को मानवीय ज्ञान के दूसरे क्षेत्रों के साथ भी जोड़ता है; जैसे—दर्शन, इतिहास, मनोविज्ञान, राजनीतिशास्त्र, धर्म, समाजशास्त्र तथा ललित कलाएँ। वस्तुतः तुलनात्मक साहित्य जब हमें साहित्य के बारे में नाना प्रकार के प्रश्न पूछने के लिए उत्तेजित करता है तो ये प्रश्न हमें संस्कृति, संरचना, भाषिक क्रम, समाज के साथ साहित्य का संबंध तथा मानवीय कल्पना और बौद्धिक इतिहास से संबद्ध दूसरे प्रश्नों तक पहुँचा देते हैं और इस तरह साहित्य और ज्ञान के दूसरे क्षेत्रों के आपसी संबंध, पारस्परिक प्रभाव तथा समांतरीय अध्ययन का प्रसार हो पाता है। हिंदू पौराणिक साहित्य तथा संस्कृत साहित्य का प्रभाव रवि वर्मा की चित्रकला में स्पष्ट दिखाई पड़ता है और इस आधार पर इसका अध्ययन किया जा सकता है। अध्ययन की इस कार्य-पद्धति को 'संबंधात्मक द्वंद्वात्मक पद्धति' का एक क्षेत्र माना जाता है जो अंतर्राष्ट्रीय संदर्भवाद पर आधारित रहता है। रेमाक के अनुसार यह पद्धति समस्तरीय सक्षमता की जगह आंशिक रूप से अनुलंबीय राक्षगता को स्वीकारती है। इस प्रकार के अध्ययन के प्रसार के लिए निश्चय ही कार्यपद्धति में परिमार्जन आवश्यक हो जाता है।

तुलनात्मक आलोचना की अध्ययन पद्धति

अंतर्राष्ट्रीय संदर्भवाद के साथ तुलनात्मक आलोचना के आश्रय से तुलनात्मक अध्ययन पद्धति का निर्माण होता है। तुलनात्मकतावादी आलोचक सुव्यवस्थित ढंग से तुलनात्मक आलोचना के अंग रूप में तुलना की तकनीकों का प्रसार करता है और व्यक्तिगत लेखकों के द्वारा किए गए प्रयासों (उनके कार्य तथा प्रभाव) का अध्ययन करता है। तुलनात्मक तथा व्यतिरेकी पद्धति तुलनात्मक आलोचना के मूल अंग हैं। यह साधारणतः कालक्रमिक के स्थान पर समकालिक अध्ययन होता है क्योंकि यह पद्धति देश-काल की सीमा को पार कर जाती है। यद्यपि कालक्रम को नकारना संभव नहीं तथापि उसका अंधानुकरण करने पर देशकाल के परे के महत्त्वपूर्ण समानांतरीय तथा विभेदीय स्थितियों से हम अपरिचित रह जाते हैं। इस संबंध में एक महत्त्वपूर्ण उदाहरण बुद्धदेव बसु की कृति 'महाभारतेर कथा' (1974) है, जहाँ वे एक महाकाव्य के अनुरूप महाभारत का अध्ययन नहीं करते; वरन् इस महान इतिहास का कथ्यपरक अध्ययन करते हुए होमर, यूनानी

ड्रामा, वर्जिल, दाँते यहाँ तक कि तालस्तॉय के कथ्यों के साथ दूसरे महत्त्वपूर्ण विषयों की तुलना करते हैं (1974)। यहाँ काव्यशास्त्रीय सौंदर्यपरक तुलनात्मक पद्धति का प्रयोग है जो एक परिपक्व अंतर्दृष्टि तथा सम्पूर्ण विश्लेषण पर आधारित है। चूँकि रूपात्मक, शैलीवैज्ञानिक या ऐतिहासिक अथवा समाजशास्त्रीय दृष्टि से तुलना की जाती है, इसलिए यह आलोचना पद्धति अप्रत्यक्ष ढंग से दूसरी पद्धतियों में प्रवेश कर जाती है और कदाचित् दूसरी पद्धतियों का एक उपभाग प्रतीत होती है, फिर भी इसका एक अपना क्षेत्र है 'आलोचना' के साथ जुड़ा हुआ 'तुलनात्मक' पद एक ऐसी आलोचना की ओर निर्देश करता है जो राष्ट्रीय अथवा प्रांतीय सीमाओं को पार कर जाती है। जैसा कि पहले कहा गया है कि एकक राष्ट्रीय साहित्य के अध्ययन में तुलना आनुषंगिक होती है, परंतु यहाँ तुलना व्यवस्थित और समग्र है। इसके अतिरिक्त एक तुलनात्मक आलोचना एक विस्तृत साहित्यिक अध्ययन से जुड़ी होती है और मानवीय ज्ञान के दूसरे क्षेत्रों को अपने में समेटकर एक बृहत् परिप्रेक्ष्य उद्घाटित करती है। इस प्रकार की आलोचना स्वाभाविक रूप से ऐतिहासिक सामान्यीकरण की ओर अग्रसर होती है जो 'जाइटगाइस्ट' काल चेतना को उसके क्रियारूप में पकड़ने का प्रयत्न है। उदाहरण के रूप में 'जाइटगाइस्ट' इस बात के लिए उत्तरदाई है कि जिन लोगों ने कभी फ्रायड की पुस्तक 'द इंटरप्रेटेशन ऑफ ड्रीम्स' (1900) नहीं पढ़ी वे भी युगचेतना के कारण फ्रायडीय प्रतीकों से परिचित हो सकें। यह आलोचना काव्यशास्त्रीय सौंदर्यपरक सिद्धांत की ओर भी ले जाती है। सैद्धांतिक धरातल पर 18वीं शती की तुलनात्मक आलोचना से ही आधुनिक सौंदर्यशास्त्र का जन्म हुआ है। दरअसल सिद्धांत-अभिमुखी काव्यशास्त्र और कृति-अभिमुखी साहित्यालोचन को तुलनात्मक तथा व्यतिरेकी औजारों की जरूरत होती है जिससे कि काव्यशास्त्र के द्वारा आगमनात्मक सामान्यीकरण तथा साहित्यालोचन के द्वारा कृति में अंतर्निहित विशेषताओं का गंभीर अभिज्ञान हो सके।

इसके अतिरिक्त साहित्यिक सिद्धांत (काव्यशास्त्र) के ऐसे कतिपय प्रश्न हैं जिनका उत्तर तुलनात्मक आलोचना की इस पद्धति से ही प्राप्त होता है। बहुत-सी स्थितियों में अनुवादों का अध्ययन स्रोत भाषा के ज्ञान के अभाव में भी तुलनात्मक आलोचना की दृष्टि से महत्त्वपूर्ण हो सकता है। साहित्य के बुद्धिमान आलोचक जयदेव के 'गीत गोविंद' के सात महत्त्वपूर्ण अनुवादों की व्यवस्थित तुलना से बहुत ही लाभान्वित हो सकते हैं। ये सात अनुवाद करने वाले विद्वानों के नाम हैं–विलियम जोन्स, 1792, एडविन आर्नल्ड, 1894, जार्ज कीट्स, 1940, लक्ष्मीनारायण शास्त्री, 1956, डंकन ग्रीनलिज, 1962, मोनिका वर्मा, 1968 तथा बारबरा स्टोलर, 1977। इसके अतिरिक्त तुलनात्मक आलोचना की सहायता से साहित्यिक मूल्यांकन तथा साहित्य के समाजशास्त्रीय अध्ययन की नाना समस्याओं का उत्तर दिया जा सकता है। विभिन्न संस्कृतियों और परंपराओं के आपसी संघर्ष या संश्लेषण के अध्ययन के लिए यह पद्धति तुलनात्मकतावादी आलोचक से भाषिक तथा सांस्कृतिक तैयारी और ज्ञान की

विविधता की माँग करती है जो 'साधारण' साहित्यालोचक से अपेक्षा नहीं की जाती और साधारणतया जो उसमें होती भी नहीं।

तुलनात्मक भारतीय साहित्य के सुव्यवस्थित काव्यशास्त्रीय, कला या सौंदर्यपरक आलोचनात्मक विश्लेषण के लिए भारतीय तुलनात्मकतावादी आलोचक इस कोशिश में हैं कि वे अपनी ही तुलनात्मकतावादी आलोचना का प्रसार तथा 'अधिभाषा' का निर्धारण करें। संस्कृत तथा पाश्चात्य काव्यशास्त्र के तुलनात्मकतावादी पर्यवेक्षण के द्वारा ही एक लाभदायक सर्वभारतीय आलोचनात्मक सिद्धांत भाषा का निर्माण किया जा सकता है जिससे ऐतिहासिक, समाजशास्त्रीय तथा काव्यशास्त्रीय सौंदर्यपरक दृष्टि की सहायता से तुलनात्मक भारतीय साहित्य के नाना आयामों का मूल्यांकन संभव है। परंतु मूल्यांकन के लिए तुलनात्मक पद्धति का अंतर्विद्यावर्ती होना जरूरी है । इस पद्धति विज्ञान का यह विश्वास है कि औचित्य ही सर्वमान्य सिद्धांत है। संस्कृत काव्यशास्त्र के साथ पाश्चात्य काव्यशास्त्र को जोड़कर निर्मित 'अधिभाषा' की अंतर्विद्यावर्ती दृष्टि की सहायता से मूल्यांकन ही तुलनात्मक भारतीय साहित्य के अध्ययन का वास्तविक प्रसार हो सकता है। यह कोई बद्ध पद्धति नहीं और साथ ही कोई सुस्पष्ट नई आलोचनात्मक पद्धति विज्ञान भी नहीं। इसके बारे में केवल इतना कहा जा सकता है कि यह पद्धति कतिपय महत्त्वपूर्ण आलोचनात्मक प्रश्नों को उभारती है तथा बहुत ही चित्ताकर्षक ढंग से उसका उत्तर देने का प्रयत्न करती है जो एकक साहित्याध्ययन की पद्धति द्वारा संभव नहीं। यदि तुलनात्मक साहित्य का यह पद्धति विज्ञान अंतर्राष्ट्रीय संदर्भवाद तथा तुलनात्मक आलोचना के नियमों के आधार पर निर्मित तुलनात्मक और व्यतिरेकी तकनीकों के द्वारा साहित्य को एक सार्विक संवृत्ति के रूप में (जैसे महाकाव्य की परंपरा में काम करने वाले दूसरे देश-विदेश के कवियों की तुलना में तुलसीदास का अध्ययन) प्रकाशित कर सके तो निश्चय ही इस कार्य-पद्धति को उचित ठहराया जा सकता है या फिर जैसा कि हैरी लेविन ने 'रिफ्राक्शन' में कहा है कि यदि यह पद्धति मनुष्य की सहजात प्रादेशिकता को प्रभावहीन करके प्रासंगिक तुलनात्मक अध्ययन के द्वारा मनुष्य जो कुछ जानता है अथवा जो वह जान सकता है, उसको एक भावात्मक रूप प्रदान कर सके तो इसके अस्तित्व को न्याय संगत प्रमाणित करना बहुत ही सरल है। साहित्यों की तुलना एक संभाव्य स्वतंत्रतादायक व्यापार है। यह मात्र विशिष्ट सुपुर्दगियों का ही अध्ययन नहीं, सामान्य सुपुर्दगियों का भी अध्ययन करती है। तुलनात्मक साहित्य की इस पद्धति ने सांस्कृतिक वरिष्ठता/श्रेष्ठता को चुनौती दी है और साहित्य को एक सार्विक धरातल पर ला खड़ा किया है। इस पद्धति विज्ञान की सार्थकता स्पष्ट है; भले ही विभिन्न कार्य पद्धतियों के अपखंडनों की सहायता से इसका निर्माण हुआ हो।

आज के संदर्भ में पद्धति विज्ञान

आज दलित और स्त्री विमर्श के चलते तुलनात्मक साहित्य की विश्ववादी दलील

(universal argument) काम नहीं कर पा रही है। इस दलील के आश्रय से खेली गई रेने वेलेक और एत्याम्बलअ की पद्धति विज्ञान की राजनीति प्रारंभ से ही तुलनात्मक साहित्य के लिए नुकसानदेह सिद्ध हुई है। तुलनात्मक साहित्य के इन विद्वानों के लिए वैश्विक पद्धति (universal method) विधि-सम्मत है और वे चाहते रहे हैं कि आधार-सामग्री (data) को पद्धति के पास लाया जाए न कि पद्धति को आधार-सामग्री (data) के पास लाकर नई परिस्थितियों में नई पद्धति का निर्माण किया जाए।

इस तरह की विश्ववादी विचारधारा के विरोध में पाश्चात्य देशों में सांस्कृतिक अध्ययन (cultural studies) का प्रसार शुरू हुआ और वैश्विकता की जगह संस्कृति तथा साहित्य की विशिष्टताओं का महत्त्व बढ़ने लगा और अंतर-सांस्कृतिक अध्ययनों के आश्रय से यह स्पष्ट किया जाने लगा कि इस तरह के अध्ययनों से प्राप्त जानकारी आपको सांस्कृतिक कैद से मुक्ति दिलाती है और दूसरी संस्कृतियों से परिचय आपके ज्ञान के क्षितिज का विस्तार करता है। वस्तुतः यह ऐतिहासिक अध्ययन पद्धति के रूप में स्वीकृत हुआ है। इस पद्धति के अनुसार वैश्विकता को स्वीकृति देने का अर्थ है इतिहास को नकारना और इतिहास विशिष्टता को उजागर करता है। फ्रेडरिक जेमसन का नारा रहा है कि 'हमेशा ऐतिहासिकीकरण करो' (always historicize)। साहित्यिक कृति और इतिहास के पारस्परिक संबंधों को स्पष्ट करते हुए यह पद्धति कृति के माध्यम से प्रस्तुत समाज की जीवंत यथार्थता को इतिहास और राजनीति के साथ जोड़ता है। यह बात एडवर्ड सईद ने स्पष्ट की है। इतिहास के साथ राजनीति के संबद्ध होने के पीछे एक रहस्य है। शीत युद्ध के समय तुलनात्मक साहित्य के व्याज से अमेरिका और सोवियत रूस ने क्षेत्रीय अध्ययन (Area studies) को जोर-शोर से स्वीकृति दी थी जिससे कि संसार के नाना क्षेत्रों में वे अपना आधिपत्य स्थापित कर सकें। यह 'अस्मिता की राजनीति' (Politics of identity) की स्वीकृति थी और इसके फलस्वरूप इस पद्धति विज्ञान के अंतर्गत टैबलॉयड प्रेस, सोप ऑपेरा, फुटबॉल के दर्शक, घर में संगीत पार्टी, डिसकोर्स एनालिसिस आदि को तुलनात्मक साहित्य के अंतर्गत स्थान दिया जाने लगा जिससे कि जनता में प्रचारित अर्थ एवं व्यक्तिगत अनुभूति के पारस्परिक संबंधों का अध्ययन किया जा सके।

तुलनात्मक साहित्य में स्त्री और दलित विमर्श के विस्तार से केंद्र(centre) तथा हाशिए (Margin) का द्वंद्व उभरकर सामने आया है। भूमंडलीकरण के फलस्वरूप एक-प्रस्तरीय विचार दृष्टि (monolithic vision) के प्रसार को अवसर मिल गया क्योंकि भूमंडलीकरण विभिन्न भाषाओं और संस्कृति के विनियोजन (appropriation), समांगीकरण (homogenisation) और सहयोजन (co-option) को स्वीकार करते हुए एक-प्रस्तरीय दृष्टि का प्रसार करता है। नए तुलनात्मक साहित्य की रचना में इस एक-प्रस्तरीय दृष्टि के वर्चस्व को तोड़कर पहले-पहल शिशिर कुमार दास ने सन् 1995 में दो खंडों में आधुनिक भारतीय साहित्य के इतिहास की रचना कर यह स्पष्ट कर

दिया कि भारतीय संदर्भ में साहित्य के इतिहास की परिरेखा (contour) को नए ढंग से पुनः अंकित करना पड़ेगा क्योंकि एक कोटि (category) के रूप में भारतीय साहित्य में मौखिक, लोक, आदिवासी, दलित रचनाओं को जोड़ना उसको एक सम्पूर्ण इकाई देने के लिए आवश्यक हो गया है। भारतीय संदर्भ में मौखिक, लोक, आदिवासी आदि अतीत के अवशेष नहीं हैं, असभ्यों का व्यवहार नहीं हैं, एक उन्नत संस्कृति की निरंतरता के अंग हैं। इस तरह के अध्ययन में काव्यशास्त्रीय अध्ययन पद्धति का प्रयोग किया जाता है। इस पद्धति के अंतर्गत वैकल्पिक काव्यशास्त्र के सूत्रों के अनुसार अध्ययन किया जाता है क्योंकि दलित साहित्य का उपलब्ध काव्यशास्त्रीय नियमों के टोन तथा वस्तु के सहारे विश्लेषण अब और संभव नहीं है। इसीलिए दलित आलोचक शरण कुमार लिंबाले एक नए काव्यशास्त्र का उल्लेख करते हैं जिससे कि हाशिए के साहित्य का सही अध्ययन हो सके।

वैश्विकता के स्थान पर बहुलवादी संदर्भ के आधार पर तुलनात्मक साहित्य की अध्ययन पद्धतियों का विस्तार हो रहा है जिससे कि सांस्कृतिक विशिष्टताओं और मानविकीय आलोचनात्मक गहराई (critical edge of the humanities) की सहायता से भूमंडलीकरण की विनियोजन योजना का विरोध किया जा सके तथा तुलनात्मक साहित्य के क्षेत्र में वैश्विकता के स्थान पर समूहवाद (collectiveness) को महत्त्व देकर नए तुलनात्मक साहित्य का प्रसार हो सके।

तुलनात्मक साहित्य में विधा के अध्ययन की भूमिका*

शुभा चक्रवर्ती दासगुप्ता

आधुनिक युग में विधाएँ बहुत तेजी से बदल जाती हैं। तोदोरोफ ने 'जेनर्स इन डिस्कोर्स' (Genres in Discourse)[1] में बताया है कि अगर कोई लेखक विधाओं के अन्यत्व की मान्यता पर बंधन लगाता है तो यह एक प्रकार से एक लेखक की विशुद्ध आधुनिकता की पहचान माना जाता है। तोदोरोफ ने उन तत्त्ववेत्ताओं की ओर संकेत किया है जिन्होंने साहित्य को सम्पूर्णता में अंतिम विधा मानकर विधाओं की अवधारणा पर ही प्रश्नचिह्न लगा दिया है। उदाहरणस्वरूप 'आलस्टेयर फाउलर' ने अपने 'काइंड्स ऑफ लिटरेचर'[2] में यह प्रश्न उठाया है कि क्या साहित्य एक सूत्र है अथवा एक श्रेणी या फिर दोनों का एक सामग्रिक रूप? क्या यह काल्पनिक कथाओं द्वारा परिभाषित एक प्रकार का विमर्श है या फिर एक तरह का वार्तालाप से जुड़ा अभिनय? क्या हम परिवर्तित शिक्षण पद्धतियों में उसकी जड़ों को ढूँढ़ने की कोशिश करते हैं, जो साहित्य और दार्शनिक अथवा ऐतिहासिक कृतियों के बीच के अंतर को तलाशती हैं या फिर क्या साहित्य को उसके लाक्षणिक/आलंकारिक अथवा सौंदर्यपरक तत्त्वों से परिभाषित करना चाहिए, जो कि विज्ञान विरोधी है, क्योंकि इसका लाक्षणिक उद्देश्य आनंद है, सत्य ढूँढ़ना नहीं? संप्रेषण की पद्धतियों को भी विधा की परिभाषा के अनुसार कूटबद्ध किया जा सकता है, परंतु फिलहाल साहित्यिक विधाओं पर विमर्श आवश्यक है।

साहित्यिक विधाओं का अध्ययन केवल साहित्य के गुणों को ही नहीं, अंतर को भी स्पष्ट करता है, जो कि इस साहित्यिक धारा की विशिष्टता है। यहाँ उल्लेखनीय है कि विधा को 'मॉडल्स' के टर्म में नहीं लेना चाहिए, न ही पाठ पर विधा की वरीयता के अनुसार। कहा गया है कि प्रत्येक पाठ एक विधा की पुनर्रचना करता है। यह दिए गए तत्त्वों का पुनर्गठन करता है, यह संरचना के विपरीत भी जा सकता है एवं नए तत्त्वों को अंतर्भुक्त कर सकता है। और केवल कुछ मामलों में, जासूसी उपन्यास, रहस्य-रोमांच या फिर शीघ्रता से बिकने वाले सस्ते रोमांस में, यह उस मॉडल को सुनिश्चित करता है। इसी बिंदु पर हम प्रश्न उठा सकते हैं कि क्या यह विधा है? रेनेवेलेक एवं

* मूल अंग्रेजी से हिंदी अनुवाद : सोमा बंद्योपाध्याय

ऑस्टिन वारेन[3] ने इसे 'प्रिंसिपल ऑफ ऑर्डर' कहा है, किसी काल या स्थान की दृष्टि से नहीं, साहित्यिक संस्था के रूप में। साहित्य के इतिहास और साहित्य के सिद्धांत के सम्मिलन स्थल पर इसका अस्तित्व निर्भर करता है। तो फिर उसके तत्त्व क्या हैं? एक अनुभूति, एक 'नॉर्म', अस्तित्व का एक पहलू, पृथ्वी का एक दृश्य, एक गहरा ढाँचा, एक पसंदीदा छंद या फिर एक शैली? हमारे इन प्रश्नों के कई पहलू हैं। सर्जक की दृष्टि में यह यंत्रों का कुलक हो सकता है, एक वस्तु, जो एक पाठक के लिए बौद्धिक महत्ता रखती हो और प्रेषिती के दृष्टिकोण से यह वह है, जो उसकी धारणा को स्पष्ट दिशा देती है, उसकी अपेक्षाओं के क्षितिज को निश्चित करती है। उदाहरणार्थ, भारतीय साहित्य के परिप्रेक्ष्य में देखा जा सकता है कि पाठक की अपेक्षाओं के साथ जुड़ी संरचनात्मक शक्तियाँ, किस प्रकार एक विधा के रूप में उपन्यास के उद्भव में सहायक बनीं एवं तत्कालीन साहित्यिक विधाओं से ही उनका उद्भव भी हुआ। जैसे, तिलस्मी-ऐय्यारी पाठ, काव्य-परंपरा, ऐतिहासिक उपन्यास और वे सभी सामाजिक विमर्श, जो समाज में हुए परिवर्तनों अथवा भविष्य में होने वाले परिवर्तनों पर आधारित हैं। कुछ मामलों में तो ये स्वातंत्र्य के उन्नायक भी बने थे।

अगला प्रश्न यह उठ सकता है कि क्या विधा केवल एक अधिग्रंथ (Metatext) है? परंतु हम जानते हैं कि मौखिक संस्कृति भी विधाओं पर आश्रित है, जहाँ विधा के तत्त्व अंतर्निहित हैं और वे क्रियात्मक संरचना के माध्यम से अभिव्यक्त होते हैं। विधा एवं अधिग्रंथ के इस 'सिमबायोटिक' संबंध को स्पष्ट करने के लिए 'डॉन क्विकजोट' का क्लासिक उदाहरण दिया जाता है। सरवेंतीज 'ओरलांदो फ़ुरियोसो' से संबंधित वाद-विवाद से जुड़े थे। उसे लेकर यह बहस थी कि वह एक रोमांटिक आख्यान है या महाकाव्य या फिर कुछ और? मजेदार बात यह है कि उनका अपना उपन्यास 'डॉन क्विकजोट' भी उस विवाद के समय उठने वाले प्रश्नों की ही उपज था। सबसे महत्त्वपूर्ण बात यह है कि किसी लेखक को वर्गीकृत आदर्शों (classificatory principles) से आरंभ कर साधारण 'पारिवारिक समन्वय-भावना' तक कई मुद्दों पर विचार करना पड़ेगा।

तुलनात्मक साहित्य के क्षेत्र में विभिन्न संस्कृतियों के काव्य-तत्त्वों की सामान्य संरचना के साथ सिद्धांतों (Principles) को लेकर एक सामान्य तुलनात्मक अध्ययन किया जा सकता है। प्लेटो ने काव्य को वर्गीकृत करने की कोशिश की थी, अनुकृति की रीति का प्रसंग उठाकर, जो कि वास्तव में आख्यान (narration), अनुकरण (imitation) एवं दोनों का सम्मिश्रण था। आख्यान या कवि की स्व-उक्ति, 'डिथिरैंब' के आधार पर त्रासदी एवं कामदी में पूर्ण अनुकरण एवं महाकाव्य व काव्य की अन्य विधाओं में इन दोनों का समन्वित रूप देखने को मिलता है। प्लेटो ने सत्य एवं मिथ्या के लॉजिक पर कविता को पृथक करने की कोशिश की थी। अरस्तू ने अपने अनुसार श्रेणियाँ बनाईं, कविता को अनुकृति के रूप में परिभाषित किया एवं रीति, वस्तु तथा

अनुकरण के साधनों को चरित्र-चित्रण का आधार बताया। उनका काव्य-सिद्धांत वर्णनात्मक था।

'जेनर' (Genre) शब्द 'Genus' (जीनस) से आया है। इस शब्द का पहली बार चतुर्थ शताब्दी में दायोमेदस ने प्रयोग किया था। पाश्चात्य चिंतन ने आधुनिक काल तक 'जेनर' के 'ट्रायनिक कॉन्सेप्ट' को ही मान्यता दी है। भारतीय परिप्रेक्ष्य में, काव्य अथवा पाठ के 'शब्दार्थौ सहितम्' की ही मान्यता थी। अरस्तू की अनुकरण कला के विपरीत, संस्कृत, प्राकृत अथवा अपभ्रंश भाषा के माध्यम से इसे दृश्य अथवा श्रव्य, इन दो वर्गों में विभाजित किया जाता था। वहाँ जीवन एवं जगत के प्रति मनोभाव, आदर्शवादी अथवा यथार्थवादी दृष्टिकोण एवं साधारण शैली के उपकरणों से विषय-वस्तु को अधिक महत्त्वपूर्ण माना गया। उदाहरणस्वरूप देवताओं पर आधारित यथार्थ वर्णन, काल्पनिक कथाएँ, शास्त्र या कला संबंधी विमर्श आदि। कविता से संबंधित विमर्श का सम्पूर्ण क्षेत्र बिल्कुल भिन्न है एवं तुलनात्मक अध्ययन की आवश्यकता इसीलिए है कि यह एक संस्कृति में कार्यरत सामान्य सूत्रों को समझने में, विभिन्न कलात्मक शैलियों को बनाने में एवं संभवतः परवर्ती युगों की साहित्यिक अभिव्यक्तियों के बीजों को तलाशने में हमारी सहायता करता है।

वर्गीकरण अपने साथ वरीयतापरक क्रम तथा हेजेमोनिक संबंधों को भी ले आता है, जो कि उस क्षेत्र के परवर्ती अध्ययन के विषय बन जाते हैं। एक पाठ जन-साधारण या साधारण पाठक की पहुँच के भीतर आ जाता है, एक विधा का हिस्सा बनकर आता है और इस प्रकार एक वरीयतापरक स्थान पर विधात्मक व्यवस्था के नियमों के अनुरूप मिल जाता है। यहाँ इस बिंदु पर यह उल्लेखनीय हो जाता है कि विधा के नियम सामान्यतः संप्रेषण या अभिव्यक्ति शैली पर लागू हो जाते हैं। व्यवस्थित सूत्र, संप्रेषणमूलक घटनाओं को जोड़ते हैं जिनमें संयोजन की विभिन्न व्यवस्थाएँ दर्शकों एवं श्रोताओं के स्तर, प्रतिभागिता की प्रकृति, संदर्भ/परिप्रेक्ष्य, दर्शक एवं प्रस्तुतकर्ता के बीच का संबंध, विभिन्न क्रियाएँ आदि भी विधात्मक व्यवस्था को जन्म देती हैं। विधापरक अध्ययन का यह विशेष पहलू मौखिक संस्कृति के संदर्भ में भी सफल हो जाता है, जहाँ स्थानीय एवं निश्चित सामाजिक संस्थाओं के बीच बनी संप्रेषण-व्यवस्था पर फोकस रहता है। तुलनात्मक साहित्य के विधात्मक अध्ययन में भिन्न-भिन्न संस्कृतियों में एक ही तरह की विधाओं का अध्ययन भी एक महत्त्वपूर्ण क्षेत्र है–उदाहरणस्वरूप 'एपिक' एवं 'महाकाव्य'। यहाँ समानता या सादृश्य के लिए असंख्य जगहें हैं एवं वैसे ही कुछ अंतर भी हैं।

विद्वानों में इस बात को लेकर मतभेद है कि उन्हें विभिन्न नामकरण तंत्रों को लेकर चलना चाहिए अथवा एक व्यापक विधापरक नाम ही देना चाहिए। एक प्रश्न, जो भारत में प्रायः विधाओं के अध्ययन के पाठ्यक्रम में उठाया जाता है, यह है कि क्या 'रामायण' एवं 'महाभारत' उसी दृष्टि से एपिक (Epic) कहे जा सकते हैं, जिस दृष्टि से 'इलियड'

और 'ओडेसी'? एक ऐसा ही प्रश्न और आता है कि 'इलियड' और 'ओडेसी' भी क्या 'महाकाव्य' की परिभाषा पर खरे उतरते हैं? यहाँ दूसरा प्रश्न भी प्रथम प्रश्न का ही हिस्सा है। वस्तुतः सम्पूर्ण प्रक्रिया विभिन्न संस्कृतियों की निश्चित विधाओं के सूत्रों में और परतें जोड़ती है, इसलिए विधाओं एवं संस्कृतियों की गहरी समझ को मस्तिष्क में रखते हुए ही इसका अध्ययन करना होगा।

आर्किलेस का क्रोधी एवं राम का उदात्त सौहार्द्र भाव इन दोनों को विपरीत दिशा में रखता है, यद्यपि मुख्य चरित्र या नायक के रूप में 'Epic' विधा की घटनाओं को गति देने वाले के रूप में इन दोनों की तुलना बार-बार की जाती है। उसी प्रकार 'इडिपस रेक्स' एवं 'अभिज्ञान शाकुन्तलम्' के संदर्भ में भी यही बात कही जा सकती है। द्वितीय नाटक एक संस्कृत नाटक है, जबकि 'इडिपस रेक्स' एक ग्रीक त्रासदी है। दोनों को ही नाटकीय शैली में अभिव्यक्त किया गया है। दोनों में एक प्रकार के अभिशाप की बात आती है। 'अभिज्ञान शाकुन्तलम' में विस्मृति की घटना है और स्मृति के वापस आने की घटना भी है। 'इडियस रेक्स' में भविष्यवाणी है। प्रथम में शकुंतला अभिशाप से ग्रस्त है, परंतु स्मृति लौट आने से उस पर से अभिशाप वापस ले लिया जाता है। इडिपस भविष्यवाणी से संत्रस्त रहता है और उसे बदला नहीं जा सकता था। अभिशाप एवं भविष्यवाणी दोनों नाटकों को अलग करती है, साथ ही विधाओं को भी, जबकि दोनों नाटकों का 'मूड' या मिजाज उनकी मूल्यवत्ता के गुणों से बनता है।

साहित्यिक विधाओं का अध्ययन इन विधाओं के अंतःसंबंधों पर भी प्रकाश डालता है। कुछ क्षेत्रों में एक विधा दूरारी बिधा से उत्पन्न हुई है अथवा साधारण- सरल विधाएँ धीरे-धीरे बनी हैं (जैसा कि आंद्रे जोल्स[4] ने कहा था)। उन्होंने इस प्रकार की नौ विधाओं की बात की है। ये स्थापित साहित्यिक सांस्कृतिक विधाओं के केंद्र से उत्पन्न हुई हैं। उनमें से कुछ सांस्कृतिक शाखाओं के कारण वैध हैं। जैसे—पहेलियाँ, मुकरियाँ जो कि कुछ आधुनिक काव्य-शैलियों की जड़ें हैं। इसी प्रकार हमारी संस्कृति की कुछ अन्य साधारण विधाओं के उदाहरण भी देखे जा सकते हैं—उदाहरणार्थ 'बारहमासा', 'विरह-गाथा' या फिर 'ऋतु-वर्णन' या फिर बिल्कुल हाल ही में रचित कविताओं में कुछ सामान्य कौशल या फिर 'बारहमासा' में देखी जाने वाली व्यक्तिवाद की कमी। कुछ अन्य साहित्यिक धाराओं में वृत्तात्मक (Peripherd) तथा सूत्रात्मक (Canonical) विधाओं के बीच के अंतःसंबंधों पर भी कार्य किए गए हैं। उदाहरण के तौर पर रूपवादियों ने अपराधों पर लिखे गए उपन्यासों (Crime-novels) को दोस्तोयवस्की के 'फिक्शन' में तथा कुछ लोकप्रिय परंपराओं के गोगोल की कहानियों में रूपांतरण को प्रतिपादित किया है। जो विधा के रूप में बहुत परिचित नहीं हैं, उन्हें कई नए लोकप्रिय रूप देकर विलुप्त होती हुई विधाओं को एक नया जीवन भी दिया गया है। उन्होंने यह भी दिखाया है कि जो एक युग में 'पेरिफेरल' है, वही परवर्ती युग में ऐतिहासिक परिवर्तन एवं तत्कालीन सांस्कृतिक व्यवस्थाओं से प्रभावित होकर अधिक 'शक्तिशाली' या प्रभावी भी बन सकता है।

इसके पश्चात् हम विधापरक अध्ययन के सर्वाधिक बड़े क्षेत्र में प्रवेश करेंगे। वह क्षेत्र है, इतिहास एवं तत्संबंधी परिवर्तनों के साथ विधाओं का संबंध। एक विधा संस्कृति पर आधृत हो सकती है, पर संस्कृति उसे किसी बंधन में बाँध नहीं सकती। वैसे यह हर विधा के लिए सच नहीं है। उदाहरणस्वरूप, 'हाइकू' काफी हद तक संस्कृति पर निर्भर करता है और जैसा कि वेस्टन ने दिखाया है कि यद्यपि 'इमेजिस्ट' (Imagist) कवि प्रायः सोचते हैं कि उन्होंने बड़ी सफलतापूर्वक 'हाइकू' के 'फॉर्म' को अपना बना लिया है, परंतु सच तो यह है कि जापानी कवि 'हाइकू' (जापानी कविता) एवं 'इमेजिस्ट' (बिंबवादी) कविता में कोई सादृश्य नहीं देखते। दूसरी ओर ऐसी विधाएँ भी हैं, जैसे 'नॉवेल' या 'उपन्यास', जो कि विभिन्न संस्कृतियों में विभिन्न काल में रचित हुए, जब समाज में कुछ ऐसी परिस्थितियाँ उत्पन्न हुईं कि समाज को ऐसी विधा की आवश्यकता महसूस हुई। तथापि उपन्यास को प्रत्येक संस्कृति की ऐतिहासिक आवश्यकताओं एवं युगीन माँगों तथा साहित्यिक विधाओं के इतिहास के साथ समन्वय करते हुए ही प्रत्येक क्षेत्र में एक निश्चित ढाँचा मिला। चूँकि इतिहास विधाओं को जन्म देता है, अतः एक स्फुरित होती हुई विधा किसी विशेष विचारधारा या वैचारिकी की वाहक भी हो सकती है। नए संदर्भ या संस्कृति में जब एक विधा का पुनराविर्भाव हो रहा हो, वह उसी में एक अंतर्निहित अर्थ की छिपी हुई परत हो सकती है। उदाहरणस्वरूप बंगाल के संदर्भ में ही लीजिए, नॉवेल या उपन्यास का जन्म परिवर्तित सामाजिक परिस्थितियों में अंग्रेजी शिक्षा से दीक्षित एक शक्तिशाली मध्यवर्ग के जागरण के साथ-साथ हुआ। यद्यपि इस विधा का जन्म साहित्यिक एवं सामाजिक जरूरतों के तहत ही हुआ, परंतु इसने तत्कालीन लोकप्रिय विधा 'नक्शा' (जो कि एक तरह से हिंदी के प्रहसन जैसा ही था एवं हल्का-फुल्का Satirical आख्यान था) को धीरे-धीरे मिटा दिया। प्यारी चांद मित्र ने अपने 'नक्शे' (जो कुछ-कुछ उपन्यास की ही तरह था) 'आलालेर घरेर दुलाल' की भूमिका में लिखा था कि उन्होंने यह पहला उपन्यास/नक्शा स्त्रियों और बच्चों को शिक्षित करने के उद्देश्य से ही लिखा था। परवर्ती काल में बंकिमचंद्र चट्टोपाध्याय ने अपने उपन्यासों में प्रेम एवं कर्तव्य-भावना के बीच के द्वंद्व की कुशलतापूर्वक व्याख्या की। साथ-साथ परिवार तंत्र में मूल्यबोध की स्थापना भी की। इसके अतिरिक्त उनके उपन्यासों में देश की परतंत्रता को लेकर कई प्रश्न भी परोक्ष रूप में उठाए गए।

आज इस बात पर अधिक गौर करने की जरूरत है कि विधाओं का अध्ययन विधाओं से जुड़े अस्तित्ववादी तत्त्वों से दूर जा रहा है। आज विधाओं के अध्ययन को 'पारस्परिक संबंधों के जाल' में पाठ एवं पाठ के बाहर के स्तर पर ही समझा जा रहा है। यह अंतर्पाठात्मकता ही है, जो आज विधाओं को बना रही है। कभी-कभी यह अंतर्पाठात्मकता, ट्रावेस्टी, पैरोडी, अनुकरण, बर्लेस्क, पैराफ्रेज आदि में, तो कभी सूक्ष्म स्तर पर विद्यमान होती है। हर पाठ (Text) का अपना एक प्रि-टेक्स्ट या पूर्व-पाठ होता है और इस प्रकार

के कई पूर्व-पाठ जोड़कर एक विधा बनती है, जो परिवर्तित होती है एवं एक अन्य पाठ के कुलक (Set) के रूप में पुनः पारिभाषित होती है। यहाँ स्थाई परिचय, मॉडल या पारस्परिक संबंधों का कोई प्रश्न नहीं उठता।

यहाँ भारत में तुलनात्मक साहित्य के अध्ययन के संदर्भ में, विधागत व्यवस्था पर बल दिया गया है और द्विमार्गीय एवं देसी सृजनशीलता के बीच एक निविड़ पाठ की संभावना उससे जुड़ी हुई है। इस प्रकार विधा का अध्ययन समाज के विभिन्न संप्रदायों के बीच संप्रेषण की व्यवस्थाओं को उद्‌घाटित करता है और साथ ही पुनर्सृजन पर भी प्रकाश डालता है।

संदर्भ

1. Todorov, Tzvetan, Genres in Discourse, Cambridge, Cambridge University Press, 1990
2. Fowler, Alistair, Kinds of Literature, Harvard, Harvard University Press, 1982
3. Wellek, Rene and Warren, Austin, (Literary Genres), Theory of Literature, New York, Harcourt Brace and Co. 1944, pp 235-247
4. Jolles, Andre, Formes Simples, Paris Seuil, 1972

थीम (कथ्य) अध्ययन*

शिबाजी बंद्योपाध्याय

''कवि की चेतन-सक्रियता मूलतः 'रूप' पर केंद्रित होती है। बाह्य विश्व उदारतापूर्वक विषय-वस्तु सुलभ बनाता है, जबकि अर्थ उसकी आत्मा की परिपूर्णता के भीतर से स्वतःस्फूर्त होता है। रूप, कथ्य और अर्थ के संघटन तथा समन्वय के लिए विशद परिनिरीक्षण अनिवार्य होता है।'' [जोहान वोल्फगैंग वोन गोएते, Noten und Abhandlungen zun WestOstlicher Divan (पूर्वी-पश्चिमी काव्य पर प्रपत्र एवं टिप्पणी)]

हमें गोएते की (अचेतन) रोमानी मान्यताओं को दरकिनार न करके, 'उदारतापूर्वक सुलभ बनाता है', 'स्वतःस्फूर्त होता है', 'कवि-आत्मा की परिपूर्णता' जैसी मुहावरेदार प्रयुक्तियों पर शांत गरिमा के साथ विचार करना चाहिए और हमारे पथ का आह्वान करने वाली 'रचनात्मक ऊर्जा' के तूफान के स्वरूप पर अनावश्यक रूप से बल नहीं देना चाहिए।

हमें इस तथ्य पर दृष्टिपात करना चाहिए कि गोएते कथ्य, अर्थ और रूप में भेद करता है और उनके पुनर्संघटन का आह्वान करता है। हमारे मस्तिष्क में यह भी होना चाहिए कि 'जर्मन शब्दार्थों के युवराज' ने एक ही साँस में विभेदीकरण की चर्चा भी की है और ऐक्य की भी। व्यावहारिक रूप में कथ्य, अर्थ और रूप को पाठ के ढाँचे के स्तर पर अविभाज्य स्वीकार करते हुए भी गोएते उन्हें सिद्धांत के स्तर पर विभाज्य वैचारिक श्रेणी में रखते हैं। West -East Divan (पश्चिमी-पूर्वी काव्य) के लेखक के अनुसार कला का व्यवहार विज्ञान के विपरीत कला के सिद्धांत की संभावना को खारिज नहीं करता। गोएते सिद्धांत और व्यवहार के बारे में उनकी सहकालिकता के आधार पर सोचने पर बल देता है।

यह सुज्ञात है कि कथ्य-मीमांसा सामग्री के विमर्श पर आधारित है और तुलनात्मक साहित्य की एक शाखा है। तुलनाकर्ता पूर्वभागीय प्रभाव की विशेष पद्धति को प्रस्तुत करने के प्रयास को सामान्यतः कथ्यमीमांसापरक विश्लेषण के आधार पर समझता है;

* मूल अंग्रेजी से हिंदी अनुवाद : देवराज

जो कुछ पाठ कहता है, उसे अधिक स्पष्ट रूप से सुनने की इच्छा से प्रेरित होकर वह जान-बूझकर औपचारिक और वैचारिक मुद्दों को पृष्ठभूमि में धकेल देता है। तुलनाकर्ता अपने कथ्यमीमांसापरक अवतार में एक विलक्षण प्रकार का स्वभाव धारण कर लेता है। वह पाठ के 'कैसे' और 'क्यों' से जुड़े सवालों को स्थगन की स्थिति में डाल देता है और स्थगन अपनी प्रकृति में ही दुधारी होता है। यह एक कार्य-व्यापार है, जो दो विरोधी प्रवृत्तियों को परस्पर जोड़े रखता है। यह चीजों को तब भी बनाए रखता है, जब वे समाप्त हो रही होती हैं। ऐसा होता है, क्योंकि स्थगन की कार्यवाही हमेशा अस्थाई होती है। स्थगन वंचित सत्ताओं की वापसी का वादा करता है। यह एक पुनरुत्थान है, जिसे उसकी गुणवत्ता की समझ के सामने लाना होता है। कथ्य मीमांसक की भी यही आकांक्षा होती है। सामग्री को विशेष रूप से सामने लाना उसका एक रणनीतिक कदम होता है। यह कदम सामग्री के बहाने रूप और अर्थ से जुड़े प्रश्नों की दिशा परिवर्तित करने के लिए होता है। इसका उद्देश्य क्या के उच्चारण में कैसे और क्यों को अलग ढंग से व्यक्त करना होता है। कथ्य मीमांसक पाठ को सामग्री अभिमुखी मोड़ प्रदान करने के लिए असंदिग्ध रूप से अनेक जोखिम उठाता है। रूप, सामग्री और अर्थ के सामान्य से संश्लिष्ट संयोजन के साथ उसका अवसान हो सकता है। अथवा उनके अपने क्षेत्र में 'उच्च संश्लेषण' के समान कार्य करते देखने की भाँति उन्हें एक ऐसे आकर्षक 'एकीकृत समग्र' जैसे फैशन के अंतर्गत मिश्रित कर सकता है, जो केवल एकल मानसिकता वाले खंडन-मंडन वादियों की सौंदर्याभिरुचि को संतुष्ट करने वाला हो। निश्चित रूप से इन्हीं जोखिमों के चलते कथ्य-मीमांसा उन पर विशेष अधिकार का दावा करती है, जो पाठ को 'प्रविधीय क्षेत्र' मानते हैं, एक प्रकार का क्रीड़ा-क्षेत्र, जिसमें पाठक अपनी परीक्षा के लिए अपने को मुक्त रूप से वहाँ पहले से ही संकेतित जाँच-परख और फेरबदल करने वाले खतरनाक अभ्यास में झोंक देते हैं।

I

तुलनाकर्ता (यह बात बहुत अच्छी तरह से जानी-परखी है) एक दृढ़ निश्चयी पंथान्वेषी होता है, वह संबंध जोड़ने की मजबूरी से ग्रस्त होता है। हमेशा पारगमन में, सदैव इस अवरोध से उस अवरोध के बीच आवागमन करते हुए तुलनाकर्ता लगातार नव्यतर संबंध-कड़ियों की तलाश में जुटा रहता है। उसे संचालित करने वाली यायावर उत्तेजना निस्संदेह रुग्ण और थकी-हारी हो सकती है। भले ही तुलनाकर्ता सीमांतवाद की सम्मोहक शक्तियों से बचने का प्रबंध करे, औपनिवेशिक-नवऔपनिवेशिक, प्राच्यविद्-नव प्राच्यविद् विचारधाराओं का प्रतिरोध करने में सफल हो जाए, किंतु काल और स्थान के आर-पार उसका संचरण उसे एक ऐसे मुहाने पर ले जा सकता है, जहाँ से कोई बचाव नहीं। सीमाओं को खोलने के

प्रयास और इसके परिणामस्वरूप अनुशासनात्मक सीमाओं का साधारण-सा उल्लंघन भर अनुशासनहीन सारसंग्रहवाद के समान समाप्त हो सकता है। और स्पष्ट रूप से सारसंग्रहवाद की यह (रोमानी) रुग्णता अब कथ्य मीमांसा के क्षेत्र में प्रविष्ट हो चुकी है। अभी तक अग्रगामी साधारण समानताओं द्वारा शमित पात्रों के मनोवैज्ञानिक रूप-गठन के संदर्भ में तुलनाकर्ता समानताओं, असंबद्ध आदतों, स्थितिजन्य व्यवस्थाओं के क्षेत्र में 'नहीं से कुछ ही अधिक' उन निष्कर्षों तक पहुँचता है, जो व्यग्रता और जल्दबाजी के कारण रिक्ततापूर्ण और व्यर्थ होते हैं। इसी के चलते, यह आश्चर्य की बात नहीं है कि तुलनात्मक साहित्य के बड़े 'विद्वान' विचारक कथ्य-मीमांसा को परंपरागत रूप से नीचे ले गए हैं। और शायद इसीलिए, अन्य लोगों के अलावा फर्नांड बाल्देंस्पर्जर और पाल हेगार्द, बेनेदेत्तो क्रोचे और रेनेवेलेक/आस्टिन वारेन, वॉन टिघेम और आर्थर ओ लवजॉय जैसे अनेक विचारक साहित्यिक उत्पादन के क्षेत्र में तुलनाकर्ताओं के अभिमानी रवैए की निर्मम आलोचना करते रहे हैं। इस बात पर अच्छी-खासी बहस खड़ी की जा सकती है कि उनकी आलोचना का केंद्रीय तत्त्व यह है कि कथ्य मीमांसा सामान्यतः संदर्भ की जटिलताओं के प्रति असंवेदनशील है अथवा कथ्य मीमांसकों द्वारा गढ़ा गया अंतर शाब्दिक संजाल पूरी तरह संदिग्ध है, क्योंकि यह संदर्भगत जटिलताओं की अनदेखी करने अथवा उनकी उपेक्षा करने में लगा रहता है। विरोधी सामान्यतः यह सिद्ध करने पर तुले होते हैं कि जो सामग्री को विमर्श के प्रस्थान बिंदु के रूप में लेता है और उसकी धुरी के चतुर्दिक् एक शृंखला का निर्माण करता है, वह सबसे पहले नैरंतर्य की प्रक्रिया की अनदेखी के लिए जिम्मेदार होता है, क्योंकि वह ऐतिहासिक संपर्क को एक पाठ से दूसरे पाठ के मध्य संचरण के योग्य बनाता है। दूसरे, इसी भाव-मुद्रा के द्वारा वह उपलब्ध परंपराओं को परिमार्जित करने और समृद्ध बनाने वाले व्यक्तिगत प्रतिभाओं के विशिष्ट योगदान को कमतर भूमिका निभाने को विवश कर देता है। इस संदर्भ में कथ्य मीमांसक का उत्तर हो सकता है कि 'निरंतरता' अपने आप में एक विचारधारापरक संरचना है। दूसरे शब्दों में यह 19वीं शताब्दी का एक मिथ है, जिसे इतिहासवाद कहा जाता है। निरंतरता के संरक्षकों द्वारा बहुत ऊँचा आँका जाने वाला 'व्यक्तिवाद' इसी इतिहासवाद के सिक्के का दूसरा पहलू भर है। संदर्भ उससे बाहर की वस्तु नहीं है, न ही वह पहले से उपलब्ध कराए गए जड़ तथ्यों का समूह है, बल्कि वह अपने बूते पर पाठगत उत्पादन है। वह विस्मयबोधक है, जिसका परंपरावादियों ने निश्चित रूप से भाषांतरण कर डाला है। वे इसे अपना मतलब निकालने के लिए हथियाना चाहते हैं, क्योंकि वह मसृण और उदार है तथा कथ्य मीमांसा के कलाकारों में इतनी शालीनता नहीं है कि वे अतिरिक्त पाठ प्राधिकारियों द्वारा समर्थित उसके निष्कर्षों को सँभाल सकें। सामग्री के व्यवहार से जुड़ी गलतफहमी से बचने का मतलब है, आत्म-नियंत्रण के समस्त साधनों को त्याग

देना, अतः तुलनाकर्ता को आवश्यक रूप से सावधान रहने की आवश्यकता है। दूसरों को प्रभावित करने के लिए कहा जा सकता है कि कथ्य-विज्ञान आत्म परावर्तन संबंधी एक क्रीड़ा है, किंतु तब कथ्य मीमांसक को कथ्य और उसके नियम, दोनों को पारिभाषित करने का दायित्व वहन करना होगा। संशोधन तथा परिवर्धन के परिप्रेक्ष्य में नियम अस्थायी और अनंतिम हो सकते हैं, लेकिन इतना होने पर भी वे नियम हैं। वास्तव में तमाम आरोपण को अपने अधिकार में रखने वाली अराजक क्षमता के जरिए एकीकृत आत्मारोपित कठोरता के प्रयोग के लिए कथ्य मीमांसक को महान विवेक की आवश्यकता है।

II

हम प्राथमिक प्रमेयों से प्रारंभ करें। यद्यपि उनके विषय में कुछ भी निश्चयात्मक नहीं है, फिर भी यहाँ कुछ पारिभाषिक प्रयुक्तियाँ और उनकी परिभाषाएँ हैं, जो कथ्य मीमांसा संबंधी शिक्षण-अनुशिक्षण में निरंतर प्रयोग में आती हैं। कार्य-व्यवहार में स्थलाकृतिक ये परिभाषाएँ एक अध्ययन-क्षेत्र का प्रारूप बनाने में हमारी सहायता करती हैं, एक दिशा-निर्देश प्रदान करती हैं, एक स्तर-क्रम उपलब्ध कराती हैं और कथ्य मीमांसक से अपेक्षा की जाती है कि वह अध्ययन के दौरान उन्हें महत्त्व देगा। उलरिक वाइस्तीन ने अपनी महत्त्वपूर्ण कृति, Enfutrung in di Vergleichende Literature Wissenschaft (1958) में पर्याप्त विस्तार से सामग्री-श्रेणियों पर विचार किया है। इस ग्रंथ का अंग्रेजी अनुवाद, Comperative Literature and Literary theory शीर्षक से किया गया है। वाइस्तीन की मुख्य चिंता, 'Stoff Geschichte' के स्थान पर 'Thematology' पारिभाषिक प्रयुक्ति को ग्रहण करने से संबंधित है। इसका प्रयोग हैरी लेविन द्वारा सबसे पहले प्रारंभ किया गया था। वाइस्तीन का तर्क यह है कि जर्मन लोकविज्ञानियों द्वारा निर्धारित प्रयुक्ति, 'Stoff Geschichte' संश्लिष्ट और जटिल साहित्य के कथ्य मीमांसापरक विश्लेषण के संदर्भ में या तो बहुत संकीर्ण है अथवा बहुत व्यापक। इसके प्रकाश में जर्मन रूमानियत को बहुत गहरे स्तर पर प्रभावित करने वाला किंवदंतियों और परी-कथाओं का अध्ययन तुलनात्मक अनुशासन के लिए दीर्घ काल से सहयोगी के बदले बाधक बना हुआ है और उसकी घातक छाया साहित्यिक-सिद्धांतों के क्षेत्र में अभी तक वर्तमान है। वाइस्तीन ने मूलतः पारिभाषिक अनिश्चितता को दूर करने की सलाह दी है, जिससे 'Stoff Geshichle' के समर्थकों अथवा विरोधियों द्वारा उत्पन्न किया गया 'बेबीलोनियन भ्रम' समाप्त किया जा सके। वाइस्तीन के अनुसार सबसे अच्छा यह है कि जहाँ तक हो सके, 'Stoff' और 'Theme' प्रयुक्तियों को एक-दूसरे से दूर रखा जाए, लेकिन यह देखना शेष है कि ऐसी व्यावहारिकता फलदायी होती है अथवा नहीं!

आलेख के अगले भाग में कुछ सामग्री-श्रेणियों पर विचार किया जाएगा। कहना अनावश्यक है कि यह सूची परिपूर्ण नहीं है। नवीन अवधारणाएँ और नवीन प्रयुक्तियाँ

गढ़ने में रुचि रखने वाले इसमें नवीन बातें जोड़ने को स्वतंत्र हैं। ग्यारह पारिभाषिक-प्रयुक्तियों के साथ छः प्रयुक्ति-समूह–Stoff-Rohstoff, Plot-Tale, Situation, Motif, Theme, Trait-Type-Topos-Image–वाइस्तीन के ग्रंथ से लिए गए हैं। इनके स्पष्टीकरण के उद्देश्य से यहाँ इनके साथ टिप्पणियाँ भी प्रस्तुत की जा रही हैं।

III

1. (i) **Stoff** विषय है।

   टिप्पणी : यह साधारण रूप से पुनरुक्तिपरक अभिकथन है। सामग्री श्रेणी की दृष्टि से 'स्टॉफ' किसी प्रकार की सैद्धांतिक क्षमता से युक्त नहीं है। जैसे ही हम आगे बढ़ते हैं, अन्य तत्त्वों के साथ एक तत्त्व के रूप में सामग्री को बचाए रखने का सैद्धांतिक लाभ और इसका विश्लेषणपरक मूल्य से रहित होना स्पष्ट हो जाता है।

   (ii) **Rohstoff** कृति का बाह्य तत्त्व है। यह कच्चा माल है, जो काव्य-प्रक्रिया के सहारे कार्य के भाग में परिवर्तित हो जाता है। निवेशित अथवा Rohstoff छोटी-से-छोटी दैनंदिन घटना से लेकर प्रकृति अथवा महान ऐतिहासिक वृत्तांत तक विस्तृत हो सकता है।

टिप्पणी :

(अ) जब Stoff विषय-वस्तु संबंधी जानकारी प्रस्तुत करता है, तब Rohstoff आकार ले रहा होता है।

(ब) Rohstoff कच्चे माल की स्थिति में भी काम कर रहा होता है। Stoff किसी समाचार खाते, प्रत्यक्षदर्शी, रिपोर्ट, साहित्यिक-प्रयोग अथवा किसी प्राकृतिक आपदा से प्रभावित या प्रेरित हो सकता है। यह कल्पना कर लेना अनुभवहीनता होगी कि Stoff जिस स्वयं-सक्षम संदर्भित का प्रतिनिधित्व करता है और जिस समग्र को नियंत्रित करता है, 'स्रोत' उस पूर्व स्थिति के संस्पर्श अथवा रंग से अछूता रहता है। Rohstoff के बारे में इस प्रकार की कल्पना चमत्कारिक ढंग से Stoff के निर्माण संबंधी उसकी मध्यस्थ वाली भूमिका को नकारने के समान होगी।

(स) Rohstoff और Stoff के मध्य व्यावहारिक अंतर इतना भर है कि पहला पाठ के लिए गौण है और दूसरा मूलभूत।

2. (i) **Plot** प्रक्रिया का वह घटक है, जिसका संक्षिप्तीकरण किया जा सकता है। प्लाट अथवा कल्पित कथा द्वारा Stoff को झीना रूप प्राप्त होता है। प्लाट पाठ में क्रमागत रूप में आकार लेने वाली घटनाओं का प्रारूप उपलब्ध कराता है।

(ii) **Tale** पाठ में वर्णित घटनाओं का कालानुक्रमिकता के अनुरूप पुनर्संयोजन है।

टिप्पणी :

(अ) यह, वह वर्णनकर्ता है, जो प्लाट संबंधी सामयिक बहस पर विचार करता है। यह बताता है कि आकल्पक को रैखिकता के प्रतिबंधों को महत्त्व देने की आवश्यकता नहीं होती। Plotting की भूमिका Chronotope के ऐसे विशिष्ट पाठ निर्मित करना है, जो वास्तविक देश-काल के लिए कथात्मक विकल्प उपलब्ध कराते हैं।

(आ) दूसरी ओर, घटनाओं के संदर्भ में Tale कालक्रम पर टिका होता है।

(इ) एक ही Tale अनंत क्रम-परिवर्तन के अधीन हो सकता है। वह अगणित कथा-भूमियों को सामने ला सकता है। इसी से जुड़ा लाभ यह है कि Tale आधारित Chronotope एक साधन के रूप में कार्य कर सकता है, यह प्लाट आधारित Chronotope के लिए तुलना की एक इकाई है।

(ई) जहाँ प्लाट Tale का अनुवर्ती होता है, वहाँ हमेशा एक पाठ विद्यमान हो सकता है। प्राकृत संयोजनों में अभिसरण की प्रवृत्ति बहुत प्रचंड हो सकती है।

3. **Situation** मानवी दृष्टिकोणों, अनुभवों, व्यवहार की स्थितियों आदि का समूहीकरण है, जो अनेक व्यक्ति-इकाइयों की सहभागिता वाले कार्यों के आधार पर विकास अथवा परिणाम प्रदान करता है।

टिप्पणी :

Situation को ईर्ष्या, घृणा, कुढ़न, प्रेम और अन्य संदर्भगत भाव के रूप में स्थिरीकृत किया जा सकता है।

4. **Motif** कथ्य संबंधी एक ऐसी इकाई है, जो समग्र प्लाट अथवा कथाक्रम पर अधिकार नहीं जमाती, बल्कि परिस्थिति के संदर्भ में स्वयं एक घटक का निर्माण करती है।

Motif विचार का संरक्षक, संरचना का प्रारूप और एक ऐसा घटक है, जिसकी बारंबार आवृत्ति होती है।

टिप्पणी :

(अ) व्युत्पत्तिपरक रूप में Motif शब्द Movere से आया है, जिसका अर्थ है, गति करना। इस रूप में यह Movens के अर्थ को ध्वनित करता है, जिसका अर्थ होता है, वह, जो आंदोलन को जन्म दे।

(आ) Motif स्थितियों से उत्पन्न होता है। ऐसा एक अमूर्त प्रविधि के माध्यम से होता है। जब हम बाह्य अवरोधों से बचते हुए विशिष्ट

अभिव्यक्तियों के बाहरी आवरण के सहारे देखते हैं और सतह तक पहुँच जाते हैं, तब Motif का साक्षात्कार होता है।

(इ) साहित्यिक कर्म में Motif की वही स्थिति, वही संयोगात्मक भूमिका होती है, जो सांगीतिक व्यवस्था में क्रमागत नोट्स की अथवा पेंटिंग्स या कसीदाकारी में समाए रूपांकन-अभिकल्पना समूह की।

(ई) Motif एक व्यापक अवधारणा अथवा एक विशाल समायोजन का उद्देश्य लिए होता है। यह निरूपित कर सकता है–

- एक निश्चित भंगिमा–विद्रोह, श्रद्धा, प्रतीक्षा, भ्रमण-लिप्सा आदि।
- एक आधारभूत अवैयक्तिक परिस्थिति, जिसमें अभी तक अभिनेता व्यक्तिगत नहीं हुए हैं; एक पुरुष, दो स्त्रियों का त्रिकोण, दो मित्रों के मध्य संघर्ष, पिता-पुत्र का द्वंद्व, पति द्वारा पत्नी का परित्याग अथवा और भी बहुत कुछ।

(उ) किसी विशिष्ट Stoff की चारित्रिक रूपरेखा के लिए Motif अनिवार्य होता है। यह Stoff का स्वाभाविक अभिसंकेतक होता है। Motif में चारित्रिक रूपरेखा का केन्द्रीय तत्त्व है, Kernmotiv।

5. Theme (कथ्य) Motif की एकल अभिव्यक्ति अथवा इकाईकरण है। यह सामान्य से विशेष तक की यात्रा का परिणाम है। कथ्य ठोस रूप में ढाला हुआ Motif है।

टिप्पणी :

(अ) मोटिफ के स्तर पर चरित्र नामहीन होते हैं, जबकि थीम के स्तर पर वे नाम देने योग्य हो जाते हैं।

(आ) अर्थात्, मोटिफ स्थिति और कथ्य को चरित्रों से जोड़ता है। उदाहरणार्थ–

- परिस्थिति–ईर्ष्या; मोटिफ-दो पुरुषों और एक स्त्री का त्रिकोण; कथ्य-ओथेलो।
- परिस्थिति–ईर्ष्या; मोटिफ-माँ-बेटी की प्रतिद्वंद्विता; कथ्य-इलेक्ट्रा।

(इ) रेमंड ड्राउसन ने सुझाव दिया है कि यदि कथ्य को दो उप-विशिष्टताओं में विभक्त कर दिया जाए, तो यह उनके केंद्रीभूत मूल्यांकन में सहायक हो सकता है।

(ई) दोनों उप-विशिष्टताओं में पहली है, वीरता-कथ्य (Heroic-Theme)।

वीरता-कथ्य वे हैं, जिनके नायक Stoff को गरिमा प्रदान करते हैं। उदाहरण के लिए, प्रमथ्यु; ओर्फेयास, नर्सिशस, फाउस्ट अथवा राम से संबंधित कथ्य। वीरता-कथ्यों

के नायक अपने संदर्भ के मूल ढाँचे में विकसित होते हैं; उनकी स्मृति पाठों के संस्थागत रूप में विद्यमान रहती है, ऐसा विविध देश-काल में विभिन्न रचनाकारों द्वारा प्रस्तुत कृतियों के माध्यम से होता है।

सामग्री के लिहाज से पुनस्सर्जनाएँ प्रथम पुस्तक से बिल्कुल भिन्न हो सकती हैं, तब भी नायक 'मूल' और नई प्रस्तुतियों के बीच एक (कमजोर) संबंध की अनुमति देता है, साथ ही बाद के समूह के सदस्यों के बीच एक कड़ी के रूप में भी कार्य करता है। वीरता संबंधी विषयवस्तुओं का नायक अनुकंपन (अनुनाद) और संबद्धता के बीच एक प्रणाली/व्यवस्था को स्थापित करता है और 'अनुकंपन (अनुनाद)' क्लोन जैसे दोहराव के साथ विरूपण की चरम सीमा तक विस्थापन को शामिल करता है। यहाँ साधारणतः दो संभावनाएँ हैं :

- अंतर पहचान में–अपनी समीक्षा में एक ही व्यक्ति भिन्न, यहाँ तक कि विपरीत विशेषताओं को प्रदर्शित कर सकता है। इस संदर्भ में राम की वीरता संबंधी विषय-वस्तु को उठाते हैं। वाल्मीकि की 'रामायण' में राम (अपने सर्वोत्तम रूप में) एक वीर योद्धा और पारिवारिक मूल्यों के आदर्श (रक्षक) हैं। मध्यकाल में, 'भक्ति'- भावना की गहराई से प्रभावित, रामायणकारों ने सभी शक्तियों से संपन्न ईश्वर की मानवीय अभिव्यक्ति के रूप में राम को चित्रित किया। बंगाल की आधुनिकता के चरम समय के दौरान रचित माइकेल मधुसूदन दत्त के 'मेघनाद वध' काव्य (1861), में राम बंगाली भद्रलोक के निदर्शनात्मक निर्माण के रूप में प्रस्तुत हुए हैं। वहाँ वे कायर के बराबर 'उत्कृष्ट' बन जाते हैं।
- पहचान अंतर में–विभिन्न नामों का प्रभाव, नायक के निर्गम (emanation) की तरह हो सकता है। प्रत्येक, अपने तरीके से, समान विश्वदृष्टि को ध्वनित कर सकता है। दूसरे शब्दों में, अंतर में पहचान द्वारा निर्धारित वीरता संबंधी विषय-वस्तुएँ पारिवारिक समानता के कुछ प्रकारों की भविष्यवाणी करती हैं। एक, उदाहरण हो सकता है, गोएते के Fause Part I के बेचैन Faust, सोच का, बायरोनिक मैन का, जिसे मैनफ्रेंड कहा गया है अथवा मिल्टन के 'पैराडाइज लॉस्ट' के विद्रोही शैतान का। सभी या तो रोमांटिक नायक हैं अथवा रोमांटिक नायक होने की दिशा में गतिमान हैं। घरेलू, टूटे दिल वाला, शराब का लती नायक शरतचंद्र चट्टोपाध्याय के उपन्यास 'देवदास (1917)' का भी है, जो इस प्रकार के विषयों की स्थाई गुणवत्ता (और हठ) का एक उत्कृष्ठ उदाहरण पेश करता है। देवदास के पास एक लंबा जीवन पड़ा है, बेशुमार (औपन्यासिक और सिनेमाई) अवतरणों के माध्यम से ही वह इतने प्यार से याद किया जाता रहा है कि अपनी कमजोर भावना और रीढ़हीनता के बावजूद, वह

कहने के लिए दयाहीन नहीं है। यह देवदास है, जिसने आधुनिक भारत में एक प्रामाणिक वीरता संबंधी विषय-वस्तु की स्थापना की है।

(उ) दो उपविशिष्टताओं में द्वितीय, 'परिस्थितिगत' विषय-वस्तु है।

परिस्थितिगत विषय-वस्तुएँ एक 'विशिष्ट' ढाँचे के भीतर 'विशिष्ट' परिवेशों और टकरावों की माँग करती हैं। चरित्र (पात्र) उनके साथ अधिक दृढ़ता से अपने असत कारनामों के बावजूद परिस्थितियों के एक गुच्छे की स्मृति का आह्वान करने के लिए सहबद्ध होते हैं। हमें इलेक्ट्रा, फेड्रा या ईडिपस के नाम का उल्लेख मात्र परोक्ष ही सही, किंतु अनाचार के निषेध के अपराध की याद दिलाता है। वे स्वयं में सभ्यता के एक या अन्य प्राथमिक कोड के उल्लंघन के माध्यम से पारिवारिक गड़बड़ी पैदा करने के दुःखद व्यापार में कुल देवता की तरह हैं। इसी तरह, एंटीगोने, मेडा, हेलेन ऑफ ट्रॉय या सीता निश्चित आवर्ती परिस्थितियों से शाश्वत रूप से जुड़े हुए हैं। जब एक अड़ियल विषय को राज्य के फरमानों द्वारा कुचल दिया जाता है, शब्दांश, जो भाषायी हस्ताक्षर 'Antigone' का आशय बतलाते हैं, 'नैतिक संकट' के क्षण तक ले जाते हैं, मेडा के भाग्य को उसके बच्चों के भाग्य से पृथक नहीं किया जा सकता है। वह भक्षक माता के संकेत और प्रतीक की तरह अटल है। हेलेन और सीता का नाम सदा के लिए पलायन, अपहरण, परित्याग जैसे शब्दों से घिरा है।

परिस्थितिगत विषय-वस्तु के नायक शब्दों के माध्यम से हमारी आपूर्ति करते हैं। वे अपने अर्थ को पूरा करने के क्रम में किसी अन्य एजेंट की सक्रिय भागीदारी की माँग करते हैं। ट्राउसन विश्वास करता है, पौराणिक आँकड़ों के साथ एक चरित्र एक ऐतिहासिक विषय-वस्तु को जन्म देता है। जैसे–डेंटन या रोबेस्पीयरे, हिटलर या स्टालिन–वीरता संबंधी श्रेणी की तुलना में परिस्थितिगत विषय-वस्तु के अंतर्गत आते हैं। वीरता संबंधी चरित्र के निर्माण में, परिस्थितिगत विषय-वस्तुएँ तीव्र संतृप्ति से ग्रस्त होती हैं।

(ऊ) सभी चरित्र या परिस्थितियाँ स्वतः विषय-वस्तु नहीं हो जाते।

एक वीर पात्र या परिस्थितिगत विषय-वस्तु को तैयार करने के पीछे हमेशा एक लंबी प्रक्रिया रहती है। दूसरे शब्दों में, तैयार करने का कार्य एक सांस्कृतिक हलचल है। एक विषय-वस्तु का नामकरण करने का मतलब चयन और अंतर्लयन द्वारा लिखित प्रतियोगिता के एक क्षेत्र में प्रवेश करना है। तथ्य यह है कि मात्र कुछ चरित्रों की भीड़ के चलते जिसे विषय-वस्तु का दर्जा दिया जाता है, वह विशिष्ट ऐतिहासिक परिस्थितियों में समुदाय की ओर से प्राथमिकता की बात करती है। इसका मतलब है–

- मुख्यतः साहित्यिक पाठों में प्रसारित वीरता संबंधी या परिस्थितिगत

विषय-वस्तु चूँकि 'प्राथमिक' सांस्कृतिक हस्ताक्षरों को वहन करती है, अतः वह सांप्रदायिक आत्म-प्रोफाइल के घटकों की तरह हो जाती है। वह पाठ (पंक्तिबद्ध) मनोदृश्य (mindscape) की समझ हेतु कुंजी प्रदान करता है। वे पाठ समाज की (परेशान) मानसिकता की सत्ता में उत्पादित होते और खपते हैं। दूसरे शब्दों में तुलनात्मक सांस्कृतिक अध्ययन आवश्यक रूप से दो आयामी होता है। प्रमुख विषय-वस्तुओं के संग्रह की गणना के साथ ही आकस्मिक या भूमिगत विषयों की छानबीन हेतु तुलनाकर्ता को प्रतीक्षित विषय-वस्तुओं को भी संज्ञान में लेना होता है।

- कोई भी विषय-वस्तुगत इकाई स्थाई नहीं होती। आज का याद किया हुआ कल भुलाया जा सकता है। एक विषय-वस्तु, जो आज लगातार दोहराई जा रही है, कल वह सांस्कृतिक महत्त्व खो देने की स्थिति तक धुँधली हो सकती है। साथ ही, इसके विपरीत भी हो सकता है—जो अभी उपेक्षित है, बाद में निर्णायक महत्त्व प्राप्त कर सकता है। 'स्मरण' और 'विस्मरण' दोनों को ध्यान में रखते हुए, कथ्य-मीमांसापरक विश्लेषण अपने आप एक प्रकार के प्रासंगिक वातावरण का निर्माण करता और इसे बढ़ावा देता है। यह एक असंबद्ध फैलाव (विस्तार) को तराशता है, जिसमें विषय-वस्तुओं का उत्थान और पतन होता है। राजनीतिक मंशाएँ, जो उनकी क्रियाशीलता या सक्रियता के पीछे मौजूद रहती हैं; सूचीबद्ध और दर्ज होती हैं।
- ट्राउसन के वर्गीकरण से लगता है, संभावनाएँ बहुत अधिक हैं कि एक स्त्री चरित्र एक वीरता संबंधी विषय-वस्तु की तुलना में एक परिस्थितिगत विषय-वस्तु का उद्घाटन करेगी। यदि ऐसा है, तो स्त्रैण मूल्यवर्ग पर्याप्त वजनदार नहीं है; क्योंकि जो Stoff में कमी कर रहे हैं वे पुरुषों के नाम हैं। और इस 'कमी' का अनुसरण करते हुए, एक स्त्री के बाद एक 'स्वतंत्र' विषय-वस्तु को खड़ा करना कवियों के लिए मुश्किल हो गया है। यदि ऐसा है, तो एक (अलिखित) कानून है कि व्यक्ति को किस तरह सेलीब्रेट किया गया, यह महत्त्वपूर्ण नहीं है, बल्कि महत्त्वपूर्ण यह है कि, कितनी प्रसिद्ध या कुख्यात, एक स्त्री को दूसरों के संबंध में उनके स्थान पर रखा जा सकता है। इस कथ्य-मीमांसक स्थिरता को, एक प्रासंगिक सूचकांक के रूप में व्यवहार के द्वारा सदुपयोग करने के लिए रखा जा सकता है। 'वीरता संबंधी' और 'परिस्थितिगत' के बीच अधिक विभाजन तो विभाजन प्रतीक के रूप में प्रकट हो सकता है। यह लगभग सभी दिए गए पाठों

के लिए प्रासंगिक तत्त्व के रूप में कार्य करता है।

6 (i) **'Trait'** एक आकस्मिक विशेषता है, जो अपने आप में बेहद नगण्य है। इसके बावजूद, एक character trait कुछ अवसरों पर अत्यावश्यक रूप से महत्त्वपूर्ण हो सकता है। 'The O'ergrowth of some complexion' हैमलेट, डेन्मार्क के राजकुमार के शब्दों का प्रयोग करने के लिए, जिसे बहुत अधिक प्रतिबिंब और आत्म-आलोचित किया गया था, चरित्र के गहरे इरादों के लिए एक संकेत हो सकता है। एक trait आदत के कारण बार-बार आता है। यह कई बार अपने आप से आदत के कारण ही बात करता है। कई बार ऐसा होता है कि motif के स्तर तक trait का उत्थान हो जाता है। तब यह उसी महत्त्व का अधिकारी हो जाता है, जिसका 'motif'।

(ii) **'Type'** एक 'motif' का ज्यादा सही रूप में, एक चरित्र की विशेषता का अवतार है, जो व्यक्ति-विशेष को कभी उपलब्ध नहीं हो सकता। 'Type' motif और Theme के बीच में पड़ता है। एक type वह motif है, जो कभी उस बिंदु पर विकसित नहीं होता जहाँ वह एक theme के अंदर खिल सकता है। इस प्रकार Type गिरफ्त में आए विकास को अभिप्रमाणित करता है। Type characters की प्रतीकात्मकता तथ्य में निहित होती है, जिसे वे नामित व्यक्तियों के प्रतीक बनकर साहित्यिक परंपराओं को स्थापित नहीं करते। उदाहरणस्वरूप कंजूस के एक प्रकार का उदाहरण लेते हैं। वह अति प्राचीन काल से ही लोगों के मूल भाव के संपर्क में है। हालाँकि गुमनाम है, किंतु 'कंजूस' को बड़े पैमाने पर साहित्य में प्रतिनिधित्व दिया गया है। वह प्लाउट्स के 'न्यू कॉमेडी' में, मोलियर के 'निओ-क्लासिकल कॉमेडी' में, बाल्जाक और डिकेंस के यथार्थवादी उपन्यासों में, फ्रायड के मनोविश्लेषक खातों में, अथवा कहीं भी पाया जा सकता है।

(iii) **'Topos'** साहित्यिक सामान्योक्ति है। यह शब्दशास्त्रीय बयानबाजी से लिया गया है। शास्त्रीय 'Topoi' का मतलब वे सामान्योक्तियाँ हैं, जो श्रोताओं को एक दिए गए भाषण के भीतर कुछ रोचकता लाने के लिए किए गए कार्य मानी जाती हैं। 20वीं सदी की कथ्य-मीमांसा ने इस शब्द का अर्थ एक हद तक परिधि का विस्तार दिया है। कोई 'Topos' को इससे भिन्न दृष्टिकोण से भी ले सकता है।

विशुद्ध रूप से सुविधा की खातिर कोई 'परंपराओं' तथा 'रिवाजों' पर समकालिकता की दृष्टि से विचार कर सकता है। एक 'साहित्यिक परंपरा' नियमों, संहिताओं, मानकों का एक सामूहिक प्रभाव है।

यह एक सांस्कृतिक विरासत की तरह है, जो कम से कम तकनीकी रूप में पूरे समुदाय से संबंध रखती है। दूसरी ओर, 'साहित्यिक परंपराएँ' एक पीढ़ी विशेष की मानक शब्दावली हेतु खड़ी हैं। यह संभावनाओं के प्रदर्शन की सूची है, जो एक दिए हुए स्थान पर, दिए हुए समय में, लेखकों की किसी संख्या द्वारा उपयोग में लाई जा सकती है। इस दृष्टि से देखने पर 'Topos' को पारंपरिक रूप से अभिसामयिक सामान्य संग्रह की रचना में 'परंपरा' और 'रिवाज' के बीच प्रतिच्छेदन बिंदु के रूप में परिभाषित किया जा सकता है। उदाहरण के लिए 'कालापन (Blackness)' एक बहुत शक्तिशाली Topos है। यह जातिवादी, औपनिवेशिक विचारधाराओं द्वारा समर्थित, एक जीवंत परंपरा की स्वीकृति और समर्थन है। इसे नव जातिवादी, नव औपनिवेशिक विचारधाराओं द्वारा उत्साहित एक क्षेत्र प्रसार तक का नियंत्रण हासिल है जो कि 'topoi' को बहुत थोड़ा हासिल है। 'समय शृंखला' और 'स्थानिक ठिकाना', दोनों शब्द 'काला' होने की 'गुणवत्ता' के संदर्भ में बेहद लोकप्रिय हैं।

'Topos' सामान्य रूप में, सार्वजनिक संपत्ति है। इसकी वर्तमान उपलब्धता अर्थ की एक पारदर्शिता सुनिश्चित करती है। इसलिए, एक 'Topos' का अस्पष्ट प्रतिपादन, निजी रूपक के अंदर एक सार्वजनिक रूपक का अनुवाद करते हुए, एक प्रमुख साहित्यिक चुनौती का गठन करता है। भारी विडंबना यह है कि यह Topos है, जो 'मौलिकता' की गणना का रास्ता दिखाता है।

(iv) **'Image'** अनगिनत होने के नाते अब तक, 'stoff' के विश्लेषण में बहुत मददगार नहीं है। किंतु तब पुनरावृत्ति पर अधिक बल 'motif' के पद के लिए या तो एक अकेली image अथवा एक समूह तक बढ़ सकता है। अंग्रेजी साहित्य में 'Rose' (गुलाब) को एक ऐसी ही image माना जाता है। याद करें कि किस प्रकार 'Rose' की बन्द छवि को तोड़ने की कोशिश में, जरट्रयूड स्टीन को क्रोध करने के लिए प्रेरित किया गया था! निश्चित रूप से, यह और कुछ नहीं, बल्कि बार-बार एक ही ध्वनि को आवृत्त कर उसे मुँहतोड़ जवाब देता है और समझाने लगता है कि 'एक गुलाब एक गुलाब है, एक गुलाब है।'

टिप्पणी

(क) Trait, Type, Topos और Tale विशेष रूप से तुलनात्मक अध्ययन के लिए उपयुक्त हैं, जो कि motifs के फार्मूलाबद्ध संयोजनों से तंग आ

चुके हैं। पाठ अपने आप में लोकप्रिय योगदान के रूप में चिह्नित और विपणित कथ्य-मीमांसक विश्लेषण में एक विशेष प्रकार का योगदान देते हैं, जिनमें ये सामग्री-श्रेणियाँ शेष के ऊपर प्राथमिकता लेती हैं।

(ख) 'पहचान में अंतर' के सिद्धांत के संदर्भ में ढली एक वीरता संबंधी विषय-वस्तु ने Type के साथ समानताएँ साझा की हैं। भूतपूर्व का अति प्रयोग इसे इतना खास बना सकता है कि शायद वह इसके 'सामान्य नाम' को एक साहित्यिक सामान्य स्थान में बदल दे, एक Topos ऐसा होता है।

(ग) Trait, Type, Topos, Tale शुरुआती अध्ययन के लिए बेहद अनुकूल हैं। कहते हैं, ये पाठों की 'सही' सामग्री को निर्धारित करने में सहायता कर सकते हैं, जो स्थितियों (उदाहरण के लिए, 'औरत', 'काला', 'दलित' आदि) को अपनाने और इस तरह 'राजनीतिक रूप से सही' होने का प्रमाण-पत्र ग्रहण करते हैं। कुछ विचित्र ऐतिहासिक परिस्थितियों में उत्पादित, 'राजनीतिक रूप से सही' पाठ असंबद्ध क्षेत्र में 'संरचनात्मक समायोजन' की बीमारी से ग्रस्त हो जाता है। जब जमीनी स्तर पर वास्तविक संघर्ष के माध्यम से निर्मित प्रतिशोध की बयानबाजी का एक हिस्सा अवशोषित किया जाता है, तो कहते हैं कि इसे भी स्वतः असंतोष को निष्प्रभावी कर पैकेजिंग के माध्यम से एक संग्रह की तरह फेंक दिया जाता है।

एंटोनियो ग्राम्शी के जेल नोटबुक के एक पन्ने को लेते हुए और 'हैवानियत' और 'उद्योगवाद' शीर्षक से छपे उसके दो वाक्यांशों को उठाते हुए, हम आशंका करते हैं, जो 'राजनीतिक रूप से सही' के (वर्तमान उच्च फैशनेबल) मूलमंत्र के अनुकूल है। वे हालाँकि विविध 'खामियों' के प्रत्यालोचना प्रदर्शन की 'मौखिक विचारधारा' के लिए दिए जाते हैं, फिर भी वे पिटे रास्ते से चिपके हुए 'पशु-व्यवहार' के साथ जारी हैं। 'मौखिक विचारधारा' नई आवश्यकताओं को पहचानती है, किंतु 'पशु-व्यवहार' प्रभावी ढंग से भौतिक शरीर को नए नजरिए को प्राप्त करने से रोकता है। दो तरह की स्थिति में यह अंतर्निहित विरोधाभास और (पलट जाने वाले की तरह, सहज) पाखंडी अकड़ है, जिसके द्वारा (अवश्यंभावी) विरोधाभास स्वयं को ढकने की माँग करता है। इसका अपरिपक्व सामग्री-श्रेणियों के एक कठोर विश्लेषण में जाने से पता लगाया जा सकता है। यह तो स्पष्ट रूप से कहा जा सकता है कि 'भिन्नता' की महिमा का गायन करते हुए भी, उसके 'राजनीतिक रूप से सही' पाठ में गर्व होता है। इसमें उपभोक्ता और उत्पादक दोनों बौद्धिक श्रेष्ठता के एक बिल्ले के रूप में उसी पुरानी traits की तरह topos और कथाओं में तल्लीन रहते हैं। 'कॉस्मेटिक बदलाव' में व्यापारी होने के नाते, वे (रक्त की तरह लाल) पुरानी शराब को बोतल

में भरने के उद्देश्य से नए कंटेनरों के निर्माण में अपना हाथ उधार में देने के लिए होते हैं। Trait-Type-Topos-Tale सामग्री-श्रेणियों का एक समूह है, जो (पूर्व आधुनिक) पुरानी लोकप्रिय 'राजनीतिक रूप से गलत' को निकाल बाहर कर देने के लिए नियोजित किए जा सकते हैं, साथ ही 'राजनीतिक रूप से सही' (उत्तर आधुनिक) नई लोकप्रिय स्थितियों को भी। इस प्रकार वे औपचारिक और वास्तविक विचलन के संविधानों (नियमों) के बीच इनके विपरीत अध्ययन में सक्षम हैं।

(घ) यह किंवदंतियों और परियों की कथाओं में रूपात्मक बदलाव 'Stoffgeschichte' के मौलिक चिंतन की ओर हमें वापस लाता है। कथ्य-मीमांसा रजिस्टर को स्थानीय से वैश्विक में, ग्रामीण लोक से शहरी में बदलने के लिए काफी लचीली है। लोककथाओं के रहस्यों में तल्लीन करने की 19वीं सदी की जरूरत में विस्तार के लिए 21वीं सदी की कथ्यमीमांसा मूल प्रेरणा को बनाए रखने में बिना उलझे काफी सक्षम है

(IV)

सरल (अथवा सरलीकृत भी), परिभाषा, आम भावना हेतु अपील से उत्पन्न आदत है। और एक बात, उपर्युक्त रूपरेखा से स्पष्ट है कि 'Stoff वस्तु वर्गीकरणों का मध्यमान नहीं है। Stoff की आंतरिकता को ढँकने में स्कूली गणित अथवा कॉलेज का कैलकुलस कोई सहायता नहीं करते। वास्तव में कथ्य-मीमांसा जो सिखाती है, वह यह कि Stoff को उसकी समग्रता में खोलने की इच्छा एक फैंटेसी है, कारण यह कि Stoff मौलिक रूप से मायावी है। हम जो सबसे अच्छा कर सकते हैं, वह इस सामग्री शृंखला में अथवा इसके माध्यम से ऐसे सभी अनुभवों की विवादास्पद शृंखला का संचालन कर सकते हैं, जो हमें उपलब्धियों के बीच छोड़ देते हैं। वे एक दूसरे से नहीं मिलते। एक आत्म-संपुष्टित गठजोड़ को विकसित करने के बदले वे अक्सर एक दूसरे का विरोध करते हैं। वे सामग्री-शृंखलाओं के लक्ष्य सचमुच सम्पूर्ण Stoff की एक अनुमानित तसवीर उपलब्ध नहीं कराते। प्रत्येक परिणाम जो वे उत्पन्न करते हैं; उसकी अपनी एक स्वायत्तता होती है। उनमें से प्रत्येक एक कथा बुनता (रचता) है, बिल्कुल भिन्न प्रकार की कथा, और अपने शब्दों में पारिभाषिक stoff का एक विवरण प्रस्तुत करता है।

इतिहास-लेखन की तुलनात्मक पद्धति

ईप्सिता चंदा

तुलनात्मक साहित्य के सिद्धांतों में इतिहास शास्त्र और इतिहास लेखन की भूमिका अत्यंत महत्त्वपूर्ण है।

इतिहास : लेखन, दर्शन और शास्त्र

इतिहास-लेखन तथा इतिहास-शास्त्र की पद्धति और लक्ष्य का निर्धारण करना हमारा पहला कर्तव्य है। हमने अब तक यही समझा है कि काल अपनी प्रवहमानता से ही परिचित होता है और काल की यही शक्ति शब्द और जीवन के 'स्पंदन' को जोड़ती है। इसी काल प्रवाह के धारावाहिक विवरण को हम 'इतिहास' कहते हैं। यह प्रवाह जीवन और जगत की क्रियाशीलता का हेतु तथा इस जगत का संचालक भी है। जीव जगत के भिन्न-भिन्न अंशों का एक दूसरे से संपर्क बनाने की कहानी इतिहास में लिपिबद्ध है। इतिहास की इन्हीं धारणाओं का विश्लेषण हम आगे चलकर करेंगे। पहले इतिहास-लेखन और इतिहास-शास्त्र के आपसी संबंध पर विचार करना जरूरी है। जीव जगत के विभिन्न अंशों के आपसी संबंधों की स्थापना-प्रणाली का वर्णन ही इतिहास लेखन है। इतिहास शास्त्र का उद्देश्य है इन संबंधों को समझना। जीव जगत के विभिन्न अंगों में संबंध स्थापन करने की क्रिया को शब्दों में व्यक्त करने से ही इतिहास वर्णित होता है। हम इस बयान को किस तरह से व्यक्त करेंगे, यह हमारी इतिहास-विषयक धारणा पर निर्भर है। इसी इतिहास-विषयक धारणा को हम इतिहास-दर्शन कहते हैं। इतिहास-लेखन पद्धति इसी दर्शन पर आधारित है तथा लिखने का ढंग और उसके तरीके का आधार, दोनों को मिलाकर ही इतिहास शास्त्र बनता है। अंग्रेजी में जिसे हम 'Historiography' कहते हैं। इतिहास-लेखन इस शास्त्र के एक पहलू तक सीमित है, उसी तरह इतिहास-दर्शन (Philosophy of History) भी इतिहास शास्त्र का अंश मात्र है। 'शास्त्र' शब्द में बौद्धिक, दार्शनिक और जागतिक क्रियाओं का समन्वय है। अतः इस शब्द के व्यवहार से ही स्पष्ट होता है कि हम इतिहास का सारगर्भित अध्ययन करना चाहते हैं। अतः भारतीय तुलनात्मक साहित्य-पाठ

में भी (Historiography) यानी इतिहास-लेखन के बजाय यदि 'इतिहास शास्त्र' को सिद्धांतों में गिना जाए, तो बेहतर होगा।

इतिहास की इस साधारण समझ से यह स्पष्ट होता है कि न तो चेतना इतिहास से परे है और न ही इतिहास की परिभाषा। इतिहास की परिभाषा और व्यंजना समय से जुड़े हैं, अतः इतिहास की परिभाषा भी समय-चिह्नित है। परिभाषा जिन प्रविधियों द्वारा व्यक्त होती है और प्रयुक्त होती है, वे भी समय से परे नहीं हैं। अतः इतिहास की अवधारणा भले ही एक-सी हो, लेकिन उसकी व्यंजना स्थान, काल और पात्र से जुड़ी हुई है। इतिहास-लेखन के तत्त्व इसी अवधारणा पर आधारित हैं, उदाहरणस्वरूप 'इतिहास' और (History) ये दोनों शब्द समानार्थक माने जाते हैं। लेकिन दोनों में निहित अवधारणा बिल्कुल भिन्न है। इतिहास में अतीत की जो वास्तविक अवधारणा है, वह (History) में नहीं है। History को Fiction से अलग करने के लिए पाश्चात्य इतिहास शास्त्र ने 'कथनरीति' को ही चुना है। इस अवधारणा के अनुसार तथ्यों का यदि निर्वैयक्तिक रूप से वर्णन किया जाए, तो 'History' का उद्‌भव होता है। भारतीय चिंतन धारा में वर्णन के ढंग को कभी 'अतीत-कथन' या 'पुराण' या 'कहानी' तथा कभी 'तथ्य-आश्रित इतिहास' या 'History' नहीं कहा जाता है। अतः स्पष्ट है कि शब्द एक होने पर भी उसमें निहित अवधारणा में अंतर हो सकता है। यही अंतर इतिहास-लेखन पद्धति और इतिहास-शास्त्र की अवधारणाओं को प्रभावित करता है। तुलनात्मक साहित्य के अंतर्गत हम जिस इतिहास-शास्त्र का अध्ययन करना चाहते हैं, उसकी परिभाषा और अवधारणा निर्धारित करते हुए, इस सत्य से मुँह नहीं मोड़ा जा सकता है। यह सच है कि अवधारणा और परिभाषा एक दूसरे से जुड़े हुए हैं, तथापि दोनों के विषय में सोचने की विधि अलग है। इस अंतर को समझने से हमारी सोचने की प्रक्रिया स्वच्छ होगी। अतः इन्हें एक-दूसरे से जुड़े हुए, किंतु स्वतंत्र विधियों के रूप में ही देखेंगे।

इतिहास की अवधारणा व्यक्त करने के लिए माध्यम की जरूरत है तथा माध्यम पर ही यह निर्भर है कि हम किस तरह से इस अवधारणा को व्यक्त कर पा रहे हैं। अतः इतिहास की अवधारणा को भाषा या अन्य किसी माध्यम के द्वारा व्यक्त करने की प्रक्रिया से ही इतिहास की परिभाषा बनती है। मनुष्य चाहे एकालाप करे या दुनिया से वार्तालाप; लेकिन भाषा व्यवहार तो अंततः स्थान, काल और पात्र द्वारा नियंत्रित है। अतः किसी अमूर्त धारणा को मूर्त रूप भाषा में निहित व्यंजना से ही मिलता है। भाषा का व्यवहार व्यष्टि और समष्टि, दोनों के बीच संपर्क पर निर्भर है। इतिहास की परिभाषा और व्यंजना तथा इन दोनों के बीच का संबंध 'इतिहास-कथन' या इतिहास-लेखन पद्धति के विश्लेषण से ही समझा जा सकता है।

समय के साथ मनुष्य एवं समाज के जुड़ जाने से ही इतिहास निर्माण संभव है। मनुष्य एवं समाज के बिना इतिहास की कोई परिभाषा नहीं बनती। अतः यह कहना अनुचित नहीं होगा कि इतिहास की परिभाषा से संबंधित दो पहलू हैं—समय और चेतना।

चेतना वही माध्यम है जिस पर समय के पदक्षेप अनुभूत होते हैं। इन पदक्षेपों का धारावाहिक विवरण ही इतिहास कहलाता है। लेकिन समय भी चैतन्य-रूपी उस माध्यम पर अपना निशान छोड़ता है, उसे अपने ढंग से आकृति देता है। अतः हम कह सकते हैं कि समय किसी भी चीज को बदलने की क्षमता रखता है, चाहे वह मनुष्य हो, चाहे वस्तु जगत या जीव जगत। इस बदलाव के धारावाहिक विवरण को हम इतिहास-लेखन कहते हैं तथा इस विवरण को समझने की जिम्मेदारी इतिहास शास्त्र पर है। अब यह विचार करना है कि इन तत्त्वों को साहित्य-पाठ और विशेषतः तुलनात्मक साहित्य पठन-प्रणाली में किस तरह व्यवहार किया जा सकता है।

साहित्य और इतिहास

साहित्य और इतिहास के संबंधों को अलग से स्पष्ट करने की आवश्यकता नहीं है, तथापि आगे बढ़ने से पहले इस विषय पर कुछ बातों की पुनरावृत्ति करने से सुविधा होगी। साहित्य में इतिहास का प्रवेश कथावस्तु और चरित्र-चित्रण में स्पष्ट होता ही है, इसके अलावा साहित्य की भाषा, शैली और वर्ग में भी इसका प्रभाव स्पष्ट है। उदाहरण के तौर पर हम राही मासूम रजा द्वारा लिखित 'आधा गाँव' उपन्यास का एक अनुच्छेद उद्धृत कर सकते हैं–"यह शहर इतिहास से बेखबर है। इसे इतनी फुरसत ही नहीं मिलती कि कभी बरगद की छाँव में लेटकर अपने इतिहास के विषय में सोचे जो रामायण के आगे फैला हुआ है।...कौन जाने इसकी यह घोर तपस्या कब खत्म हो। गाजीपुर जिंदगी के काफिलों के रास्ते पर नहीं है, कभी हवा इधर से होकर गुजरती है तो काफिलों की धूल आ जाती है और यह बस्ती उस धूल को इत्र की तरह अपने कपड़ों में और बदन पर मलकर खुश हो लेती है।" (पृ. 3)

इससे स्पष्ट है कि ठोस अर्थ में इतिहास का प्रवाह गाजीपुर को छूता नहीं है, बल्कि छोटा सा भूला हुआ शहर इतिहास की उल्लेखनीय घटनाओं से परे है। लेकिन इसका मतलब क्या यही है कि इतिहास से गाजीपुर की कहानी का कोई ताल्लुक नहीं है? शहर के नामकरण के बारे में लेखक बताता है–"कहते हैं कि आषाढ़ की एक काली रात में तुगलक के एक सरदार सय्यद मसऊद गाजी ने बाढ़ पर आई गंगा को पार करके गाधिपुर पर हमला किया। चुनांचे यह शहर गाधिपुर से गाजीपुर हो गया।" (पृ. 4) अब तक लेखक ने हमें घटनाएँ ही बताई हैं। लेकिन अब वे कहते हैं– "... नाम का व्यक्तित्व से कोई अटूट रिश्ता नहीं होता शायद, क्योंकि यदि ऐसा होता तो गाजीपुर बनकर गाधिपुर को भी बदल जाना चाहिए था या फिर कम-से-क़म इतना होता कि हारने वाले ठाकुर, ब्राह्मण, कायस्थ, अहीर, भर और चमार अपने को गाधिपुरी कहते और जीतने वाले सैयद, शेख और पठान अपने को गाजीपुरी।" (पृ. 4)

इतिहास से परे रहने वाला शहर गाजीपुर क्या वस्तुतः इतिहास को अपने आप में धारण करने में नाकामयाब रहा? और इस कामयाबी को व्यक्त करने के लिए ही

लेखक को भी एक ऐसी शैली अपनानी पड़ी, जो इतिहास के अदृश्य पद-चिह्नों को व्यक्त कर सके–"यह कहानी न कुछ लोगों की है और न कुछ परिवारों की। यह उस गाँव की भी कहानी नहीं है जिसमें इस कहानी के भले-बुरे पात्र अपने आप को पूर्ण बनाने का प्रयत्न कर रहे हैं। यह कहानी न धार्मिक है, न राजनीतिक, क्योंकि समय न धार्मिक होता है न राजनीतिक और यह कहानी है समय ही की। यह गंगौली में गुजरने वाले समय की कहानी है।" (पृ. 3)

'समय की कहानी' अर्थात् इतिहास। और इस कहानी की कथन-शैली इस प्रकार है–"इस कहानी में जगह-जगह 'मैं' इसलिए इस्तेमाल कर रहा हूँ कि यह कहानी मुझसे दूर न जा सके। मैं जब चाहूँ इसे छू लूँ। अपने आप को ढाढ़स देने के लिए कि जो कहानी मैं सुना रहा हूँ, वह आपको और अपने-आपको यह विश्वास दिलाने के लिए कि इसी कहानी की तरह मैं खुद भी हूँ। इसलिए यह आपबीती भी है। और जगबीती भी।"

रही स्थान, काल और पात्रों की बात, साहित्य-सृष्टि की बात–"यह गंगौली कोई काल्पनिक गाँव नहीं है और इस गाँव में जो घर नजर आएँगे, वे भी काल्पनिक घर नहीं हैं। मैंने तो केवल इतना किया है कि इन मकानों को मकान वालों से खाली करवाकर इस उपन्यास के पात्रों को बसा दिया है। ये पात्र ऐसे हैं कि इस वातावरण में अजनबी नहीं मालूम होंगे... लेकिन मैंने इन काल्पनिक पात्रों में कुछ असल पात्रों को भी फेंट दिया है। ये असली पात्र मेरे घर वाले हैं, जिनसे मैंने यथार्थ की पृष्ठभूमि बनाई है और इनके कारण इस कहानी के काल्पनिक पात्र भी मुझसे बेतकल्लुफ हो गए हैं। (पृ. 7)

साहित्य में इतिहास का प्रवेश इस तरह से ही स्पष्ट होता है। शैली, भाषा और वर्ग विभाजन सभी पर इसका प्रभाव स्पष्ट है। और इसी प्रभाव को समझना तुलनात्मक साहित्य का काम है, जिसमें इतिहास शास्त्र की महत्त्वपूर्ण भूमिका होती है।

इन्हीं संबंधों की नींव पर इतिहास-लेखन के सिद्धांत गठित हैं। इन सिद्धांतों का इस्तेमाल करके हम किसी भी साहित्य कर्म को समझ सकते हैं, इसकी उपयोगिता यहीं तक सीमित नहीं है। यदि हम इतिहास शास्त्र का विस्तृत अर्थ व्यवहार में लाएँ तो यह स्पष्ट होता है कि एकक साहित्य कर्म को समग्र साहित्यधारा से जोड़ने का काम भी इतिहास शास्त्र के सिद्धांतों के इस्तेमाल से संभव है।

इस प्रबंध के शेष अंश में इतिहास शास्त्र की प्रविधियों और उसके इस्तेमाल की पद्धतियों पर नजर डालना आवश्यक है। इन सिद्धांतों के सहारे हम साहित्य-करण प्रक्रिया को समझ सकते हैं। अर्थात् इन सिद्धांतों का व्यवहार करके साहित्य कर्म का विश्लेषण करने पर यह स्पष्ट हो जाएगा कि साहित्य किस तरह से और क्यों रचा गया है, साहित्य-प्रणाली और धारा से उसका संबंध क्या है और इस संबंध के होते हुए भी वह स्वयं सम्पूर्ण साहित्य कर्म क्यों कहलाता है? इससे मेरा अभिप्राय यह है कि बाहरी

दुनिया के उपादानों से साहित्य रचा जाता है। बाहरी दुनिया के ये ही उपादान रूपांतरित होकर साहित्य में प्रवेश करते हैं। इस रूपांतरण को ही मैं 'साहित्यकरण' कह रही हूँ। यह रूपांतरण भाव और भाषा के स्तर पर होता है। साहित्य की भाषा और रोजमर्रे की भाषा में कुछ अंतर हमेशा ही दृष्टिगोचर होता है; लेकिन साहित्यकरण प्रक्रिया सिर्फ भाषा तक ही सीमित नहीं है, वह लेखक की सारी अनुभूतियों और वास्तविक जीवन से जुड़ी हुई है। उसकी कल्पना भी इसी वास्तविकता पर आधारित है। मलयालम भाषा के लेखक वैकम मुहम्मद बशीर ने अपनी कहानी 'अम्मा' में लिखा है–"मैं अपनी अम्मा की बात कर रहा हूँ। इसके बाद मैं जो भी लिखूँ, अम्मा ही मेरा विषय रहेंगी। जिस हिंदुस्तान में हम रहते हैं, वहाँ हर संतान अपनी अम्मा के बारे में यही कहेगी–मैं हिंदुस्तान की आजादी की लड़ाई के बारे में लिखूँगा, जिसके साथ मेरी अम्मा का कोई सीधा ताल्लुक नहीं है। बस इतना ही कि मैं अपनी अम्मा की संतान हूँ। देश के हरेक कोने में मेरी अम्मा के समान कितनी अम्माएँ होंगी, जिन्होंने मुझ जैसों को जन्म दिया है। जब ये बच्चे वतन की आजादी के लिए बन्दी हुए तो उनकी अम्माएँ क्या कर रही थीं?"

इस कहानी में देश, मातृभूमि, आजादी और संतान का कर्तव्य आदि प्रसंगों को आत्मजीवनीपरक आख्यान शैली में प्रस्तुत किया गया है। ये बातें साहित्य के बाहर की हैं, लेकिन साहित्य इन्हीं से रचा जाता है। उस हिसाब से ये साहित्य के उपादान हैं। इनका साहित्यकरण बशीर ने एक विशेष आख्यान-रीति के जरिए किया है। इस प्रकार ये उपादान बाहरी दुनिया से साहित्य की दुनिया में प्रविष्ट हुए।

साहित्यकरण के साधनों को हम गौर से देखें तो यह एहसास होगा कि एक तरफ से इतिहास के प्रवाह से जुड़े हुए हैं और दूसरी तरफ इतिहास के संदर्भ में अध्ययन करने पर साहित्य तंत्र और साहित्यधारा को भी समझ सकते हैं। यही तुलनात्मक साहित्य पठन-प्रणाली का लक्ष्य है। अब इस पठन-प्रणाली की कुछ प्रविधियों और सिद्धांतों की आलोचना करना आवश्यक है। साथ ही साहित्य पाठ में इनका प्रयोग किस तरह से किया जा सकता है, यह भी स्पष्ट करने की कोशिश की जाएगी। ताकि यह स्पष्ट हो जाए कि तुलनात्मक साहित्य पठन-प्रणाली का तात्पर्य और अर्थ क्या है और इतिहास-लेखन और इतिहास-चेतना किस तरह इस प्रणाली से जुड़े हुए हैं।

लेकिन सिद्धांत और उन पर आधारित प्रविधियों की आलोचना करने से पहले प्रेक्षित की धारणा को स्पष्ट रूप से समझना जरूरी है। अतः इस विषय में बताना आवश्यक है कि–

(क) साहित्य कर्म, चाहे किसी भी वर्ग या शैली में लिखा गया हो, वह अपने आप में पूर्ण होता है। लेकिन यह सम्पूर्णता तभी उपलब्ध होती है, जब किसी साहित्य कर्म का भाषा रूपी माध्यम के निजी सांस्कृतिक परिमंडल और उस भाषा में रचित साहित्य की क्रमिक परंपरा के अंतर्गत विचार हो। दूसरे शब्दों में कथावस्तु या विषय जिसे 'थीम'

कहा जाता है, वह भी वर्ग अथवा 'जेनर' की तरह ही भाषा और भाषा-परिमंडल संस्कृति से प्रभावित है। मसलन 'पृथ्वीराज रासो' जिस भाषा में लिखा गया है उसी भाषा की परंपरा से, उसकी कथावस्तु भी जुड़ी हुई है। यह कहानी उत्तर भारत के कई राजपूत वंशों में प्रचलित थी, वहीं कहानी के पात्रों की उत्पत्ति हुई। चंदबरदाई इसी अंचल की भाषा में लिखते हैं। उनकी विषय-वस्तु (थीम) और भाषा एक ही सांस्कृतिक परिमंडल के अंतर्गत है। रही बात साहित्य वर्ग की, तो हिंदी साहित्य में 'मध्ययुग' का एक हिस्सा 'वीरगाथा काल' के नाम से जाना जाता है। 'पृथ्वीराज रासो' उसी काल की फसल है। फिर हम यह भी कह सकते हैं कि 'रासो' साहित्य वर्ग भी उन वीर गाथाओं में शामिल है जिनकी वजह से ही इस अवधि को 'वीरगाथा काल' माना जाता है। इस 'वीरगाथा' नामक वर्ग में भी कई उपवर्गीय विशेषताएँ देखी जा सकती हैं। दिल्ली या कन्नौज में बोली जाने वाली भाषा में जो 'रासो' या 'कहा' साहित्य रचा गया है, उनमें भी वीरगाथा की विशेषताएँ हैं। लेकिन ये विशेषताएँ स्थानीय भाषा और कथावस्तु में ढलकर ही सामने आती हैं। अगर सूक्ष्मता से विचार करें तो स्पष्ट होगा कि यद्यपि 'कहा' और 'रासो' दोनों ही विशेष व्यक्ति की वीरता की कहानी कहती हैं, तथापि इन उपवर्गों के नाम अलग हैं, क्योंकि जिस तरह से 'रासो' में कहानी वर्णित होती है 'कहा' में वह तरीका बदल जाता है। अतः कहानी विवरण की एक पद्धति को 'रासो' और दूसरे को 'कहा' के नाम से जाना जाता है। इन उपवर्गों का विश्लेषण भारतीय साहित्य पठन का महत्त्वपूर्ण अंश हो सकता है। लेकिन हमें यह भी समझने की आवश्यकता है कि साहित्य पाठ की प्रविधियों को साहित्य कर्म की भाषा और सांस्कृतिक परिमंडल से अलग करके व्यवहृत नहीं कर सकते। अतः पाठ-सिद्धांतों का गठन और अध्ययन इसी बात को ध्यान में रखकर होना आवश्यक है।

(ख) साहित्य कर्म अपने आप में सम्पूर्ण है। उस सम्पूर्णता के उपादान उसी भाषा में रचित साहित्य परंपरा और प्रणाली से आते हैं। इन उपादानों के साहित्य कर्म में प्रवेश करने की क्रिया को हमने साहित्यकरण कहा है। इसी क्रिया के फलस्वरूप साहित्य के बाहर की दुनिया की घटनाएँ, व्यक्ति या वस्तु शाब्दिक अभिव्यक्ति के रूप में परिवर्तित होकर साहित्य बनता है। साहित्यकार साहित्य से बाहर की दुनिया को वाचिक या/तथा द्योतक रूप में व्यक्त करता है। यही साहित्य सृष्टि की प्रक्रिया है। साहित्य में बाहरी दुनिया अवश्य प्रतिबिंबित होती है, लेकिन साहित्य के दर्पण पर ही हम इस प्रतिबिंब को देख पाते हैं।

यह प्रतिबिंब वास्तविक नहीं, लेकिन इसे काव्य या साहित्य का 'वास्तव' अवश्य कह सकते हैं। साहित्य और जगत दोनों का वास्तविक चित्र भिन्नधर्मी होता है। जगत की वास्तविकता के आधार पर साहित्य का 'वास्तव जगत' रचा जाता है। अतः इसे समझने के लिए साहित्य पठन-पद्धति के विशेष नियम और प्रविधियों को समझना आवश्यक है।

इन दो बातों को ध्यान में रखकर हम प्रविधियों की आलोचना पर आ सकते हैं। यहाँ इतिहास-शास्त्र की जिन प्रविधियों की आलोचना की जाएगी, वे पाश्चात्य साहित्य और संस्कृति अध्ययन के तत्त्वों से उधार लिए गए हैं। इसका मतलब यह नहीं कि सिर्फ इन्हें ही व्यवहार करना आवश्यक है। लेकिन इनका उल्लेख इसलिए किया गया है, क्योंकि यही साधारणतः व्यवहृत हैं–

1. किसी साहित्य-प्रणाली में किसी दूसरी भाषा के लिखित या मौखिक साहित्य के उपादान प्रवेश कर सकते हैं। यह स्थिति दो साहित्यों और संस्कृतियों के परस्पर संपर्क से उत्पन्न होती है। मुलाकात की वजह से दो साहित्य-संस्कृतियों के आपसी संबंध और उनका परस्पर प्रभाव भी स्पष्ट होता है। सांस्कृतिक संपर्क स्थापना की अवस्था की कुछ विशेषताएँ भी नजर आती हैं। इसके लिए भारतीय भाषाओं का उदाहरण ले सकते हैं–'आधुनिक' भारतीय भाषाओं के इतिहास से यह स्पष्ट होता है कि एक विशेष कालखंड में 'अंग्रेजी' भाषा, साहित्य और संस्कृति का प्रभाव हर 'आधुनिक' भारतीय भाषा पर दिखता है। लेकिन ध्यातव्य है कि यह प्रभाव हर भाषा पर एक ही समय नहीं दिखता, और प्रभाव की गहराई और स्थायित्व भी समान नहीं हैं।

उदाहरणस्वरूप, बंगाल में यह प्रभाव सर्वप्रथम संगठित रूप में पाया जाता है, क्योंकि यहीं पर सबसे पहले 'अंग्रेजी शिक्षा नीति' लागू हुई। इसके साथ ही यहाँ पर स्थाई रूप से अंग्रेजी साहित्य, संस्कृति और सभ्यता का प्रचलन भी हुआ। अतः अंग्रेजी साहित्य का प्रभाव बँगला साहित्य पर सबसे पहले स्पष्ट होता है, उसके बाद यह प्रभाव देश भर में फैलता है। भारतीय भाषाओं के साहित्य का तुलनात्मक अध्ययन करें तो पाएँगे कि एक भाषा साहित्य पर अंग्रेजी साहित्य का प्रभाव पहले स्पष्ट होता है और दूसरे किसी पर यह प्रभाव बाद में दिखता है। इस संघटन को 'प्रोफेन' और 'मेटाफेन' कहा जाता है। इस प्रक्रिया में स्थानीय साहित्य को मेजबान और बाहर से आने वाले साहित्य को मेहमान के रूप में देखा जाता है।

प्रोफेन साहित्य अर्थात् जिस पर मेहमान साहित्य का प्रभाव पहले दिखता है और मेटाफेन साहित्य अर्थात् जिस पर वही प्रभाव बाद में स्पष्ट होता है। भारतीय साहित्य बहुभाषिक होने के कारण इसकी इतिहास-लेखन पद्धति में इन उपकरणों का व्यवहार आवश्यक है। एक राष्ट्र होने के नाते भारतीय भाषा के साहित्य पर विदेशी साहित्य और पड़ोसी साहित्यों का प्रभाव समझने का यह एक साधन है। इससे हर भाषा साहित्य की ग्रहण-प्रणाली गृहीत-प्रेषित तथा दो भारतीय भाषाओं के साहित्य के आपसी संबंध स्पष्ट होते हैं।

2. किसी साहित्य कर्म का रचनाकाल और रचनास्थल उसे समझने में महत्त्वपूर्ण है। साहित्य कर्म में काल और स्थान के संयोग को 'क्रोनोटोप' कहते हैं। यह ग्रीक भाषा का शब्द है जो 'क्रोनोस' और 'टोपोस' शब्दों के संयोग से बना है जिसमें 'क्रोनोस'

का अर्थ समय और 'टोपोस' का अर्थ स्थान है। विशेष 'क्रोनोटोप' में साहित्य कर्म अवस्थित होता है। इसके साथ ही साहित्य कर्म एक या एकाधिक 'क्रोनोटोप' अपने में धारण भी करता है। जिस 'क्रोनोटोप' में साहित्य कर्म अवस्थित है उसे समझने से, उस साहित्य कर्म को समझने में सुविधा होती है। यह भी ध्यान रखना चाहिए कि साहित्य रचना के 'क्रोनोटोप' और ग्रहण के 'क्रोनोटोप' में अंतर होना आश्चर्य की बात नहीं है। इस अंतर का विश्लेषण करने से साहित्य कर्म और उसकी ग्रहण-पद्धति को समझा जा सकता है।

3. किसी 'क्रोनोटोप' में जो भावनाएँ साधारण होती हैं, उन्हीं के प्रेक्षित में साहित्य लिखा या पढ़ा जाता है, जबकि विशेष भावनाएँ साहित्य कर्म की रचना और ग्रहण को प्रभावित करती हैं। 'क्रोनोटोप' की साधारण भावनाओं को लेखक या तो ग्रहण करता है या वर्जन करता है या अपनी बुद्धि या विचार के अनुसार कुछ ग्रहण और कुछ त्याग करता है और फिर इन्हीं गृहीत भावनाओं का साहित्यकरण करता है। किसी अन्य 'क्रोनोटोप' से भावनाओं की आमदनी भी हो सकती है। उस 'क्रोनोटोप' में भावनाओं का होना स्वाभाविक है, लेकिन लेखक के समसामयिक 'क्रोनोटोप' में वे मौजूद नहीं हैं। अतः लेखक साहित्य कर्म में एकाधिक स्थान, काल से भावनाएँ चुनता है। 'क्रोनोटोप' से युक्त विशेष भावना, इन भावनाओं के आपसी संबंध और इनका उस 'क्रोनोटोप' के जीवन व दर्शन से जुड़े रहने पर भावनाओं का एक स्थान-काल निर्भर ढाँचा बनता है। इस ढाँचे को ही रेमंड विलियम्स ने 'स्ट्रक्चर ऑफ फीलिंग' कहा। इस ढाँचे के आधार पर ही साहित्य रचित और गृहीत होता है।

4. समय को साहित्य से जोड़ने के दो तरीके हैं–विशेषतः उस स्थिति में जब साहित्य कर्म का विश्लेषण करना हो। या किसी पाठ को उसी समय खंड में लिखे गए अन्य साहित्य कर्मों के साथ रखकर तुलनात्मक अध्ययन करें या उसे उस साहित्य प्रणाली की धारावाहिकता में उसके क्रमिक स्थान पर रखकर पढ़ें। यदि हम पहला तरीका अपनाएँ तो इसे 'सिंक्रोनिक' पठन कहते हैं। एक ही समय-खंड में अलग-अलग स्थानों पर रचित भिन्न भाषाओं के साहित्य के साथ या एक ही भाषा के साहित्य कर्मों को एक ही साथ पढ़ने से यह सिंक्रोनिक पठन कहलाता है। यदि दूसरा तरीका अपनाएँ अर्थात् एक ही साहित्य तंत्र में भिन्न-भिन्न समय खंडों में रचित या गृहीत पाठों का विश्लेषण करें, तो यह 'डायक्रोनिक' पठन-पद्धति कहलाती है।

5. सिंक्रोनिक या डायक्रोनिक विश्लेषण किस तरह से संभव है? साहित्य वर्ग तथा कथावस्तु के ऐसे उपादान हैं, जो समय और स्थान निर्भर न होकर भी साहित्य कर्म में रह जाते हैं। एक कहानी, कविता या नाटक वर्तमान स्थान और काल द्वारा प्रभावित होने पर भी बीते हुए स्थान और काल से अर्जित उपादानों को भी धारण कर सकता है। अतीत से चुने इन उपादानों को 'रेसिडुअल' कहते हैं। 'रेसिडुअल' उपादान साहित्य कर्म के रचना-प्रेक्षित से प्रभावित होने पर भी अपना परिचय नहीं खोते, बल्कि इस रचना-प्रेक्षित

के विशेष उपादानों के रूप से जुड़कर 'इमर्जेंट' या उभरते हुए उपादान इन्हीं से जन्म लेते हैं। रेसिडुअल या अतीत से बचे हुए उपादान उभरते हुए या इमर्जेंट उपादानों में बदल सकते हैं। उस क्रोनोटोप में भावनाओं का जो ढाँचा सामान्य और शक्तिशाली अर्थात् डॉमिनेंट है, उसी के अनुसार या उसका विरोध करते हुए ही इमर्जेंट उपादान उभर आते हैं। मसलन यूरोप के साहित्य में सॉनेट नामक वर्ग पेत्रार्क के हाथों गठित हुआ। परवर्ती सॉनेट कवियों ने छंद का ढाँचा बदला, लेकिन हरेक सॉनेट में 14 पंक्तियाँ ही रहीं। 14 पंक्तियों की यह सीमा सॉनेट के इतिहास में 'रेसिडुअल' उपादान के तौर पर रह गया। इस पाबंदी को मानते हुए सॉनेट का विषय और पंक्तियों में छंद का ढाँचा लगातार बदलता रहा। पेत्रार्क के सॉनेट में उस प्रेम का व्याख्यान था जिसका लक्ष्य ही प्रेम है—प्रेमिका से मिलन इस प्रेम का मकसद नहीं। प्रेमिका को दूर से पूजा करना ही सॉनेट लेखक प्रेमी का उद्देश्य है। इससे पहले सामंती समाज व्यवस्था में फ्रांस के त्रुबादूर और जर्मनी के मिनेसॉग जैसे गीतकारों के गीतों में यही भाव व्यक्त हैं। इस क्रोनोटोप में भावना-जगत की तरफ देखें तो ऐसी छवि मिलती है—सामंत-प्रभु जब मुसलमानों के विरुद्ध धर्म युद्ध छेड़ने जाता था, उस समय सामंती संपत्ति पत्नी सँभालती थी। इस मालकिन की रक्षा करने वाले जो योद्धा या नाइट पीछे रह जाते थे, उनके दिल में मालिक के प्रति लिहाज और मालकिन के प्रति प्रेम की भावना पनपती थी। यह प्रेम कभी लक्ष्य तक नहीं पहुँच पाता, क्योंकि इससे प्रभु के प्रति विश्वासघात होता। इससे स्पष्ट है कि जिस 'क्रोनोटोप' में यह भाव पैदा हुआ, वह बदल जाने पर भी, परवर्ती कविता में एक विशेष रूप में रह गया। त्रुबादूर और मिनेसांग जैसे गीतकार सॉनेट नहीं लिखते थे, लेकिन व्यक्तिगत भावनाएँ सर्वप्रथम इन गीतकारों द्वारा रचित गीतों में ही प्राप्त होती हैं। पाश्चात्य साहित्य धारा में लिरिक कविता का जन्म इन गीतकारों की कृतियों से हुआ। इनके भाव रेसिडुअल रह गए, सॉनेट नामक लिरिक वर्ग में। ये भाव भी परवर्ती काल में बदल गए, प्रेम के भाव व्यक्तिगत हैं और लिरिक कविता व्यक्तिगत भावों का आधार मानी जाती है। लेकिन अंग्रेज कवि जॉन मिल्टन की दृष्टि में ईश्वर-विश्वास और ईश्वर के विधानों को निष्ठा से स्वीकार करना प्रेम से अधिक व्यक्तिगत है। उनसे पहले भी अंग्रेज कवि जॉन डन ने इसी प्रसंग को सॉनेट का विषय बनाया था। इसका कारण यह है कि इंग्लैंड में धर्म विषयक विभिन्न पंथों में संपर्क, जो रानी एजिलाबेथ के शासनकाल से जारी था, वही कवियों के मानस को प्रभावित करता रहा। जॉन मिल्टन के जीवन काल में धर्म और राजतंत्र के बीच द्वंद्व का जो माहौल था, और खुद मिल्टन जिस तरह से इस संघर्ष में लिप्त हो गए हैं, उसे ध्यान में रखते हुए हम यह समझ सकते हैं कि युग के सामान्य शक्तिशाली या डॉमिनेंट भाव के ढाँचे में ही मिल्टन ने अपनी एकांत व्यक्तिगत भावनाओं को ढाला। लेकिन जिस काव्य रीति को उन्होंने अपनाया, उसके जन्मकाल में व्यक्तिगत की परिभाषा कुछ अलग ही थी। इससे स्पष्ट होता है कि 14 पंक्तियों की पाबंदी 'रेसिडुअल' होकर रह गई। लेकिन उस 'रेसिडुअल' ढाँचे में ही 'डॉमिनेंट'

भावनाओं पर आधारित नया प्रसंग उभरकर आया। साहित्य की धारावाहिकता और परंपरा में परिवर्तन को हम इस तरह इन उपकरणों के सहारे समझ पाते हैं।

6. विभिन्न भाषाओं और युगों में रचित साहित्य किस तरह किसी एक नाटक या उपन्यास की रचना और ग्रहण को प्रभावित करता है? इस प्रश्न का उत्तर ढूँढ़ने से साहित्य रचना और ग्रहण पद्धति स्पष्ट होती है। इस संघटन को समझने के लिए ग्रहण प्रक्रिया को समझना आवश्यक है। ग्रहण-प्रक्रिया एक ही युग में रचित विभिन्न भाषा के साहित्य कर्मों का हो सकता है। इसे हम 'सिंक्रोनिक' ग्रहण कह सकते हैं। विभिन्न युगों में एक ही भाषा में रचित साहित्य कर्म द्वारा प्रभावित होने की प्रक्रिया को डायक्रोनिक ग्रहण मान सकते हैं। ग्रहण का कारण ढूँढ़ने से पहले हमें याद रखना होगा कि साहित्यकार भी साहित्य का पाठक है। उसके मन में भी साहित्य कर्म कुछ निशान छोड़ते हैं; चाहे वह उन साहित्य कर्मों को ग्रहण करें या वर्णन।

उदाहरणस्वरूप : माइकेल मधुसूदन दत्त ने 'मेघनाद वध काव्य' लिखा। उन्होंने मिल्टन द्वारा लिखित 'पैराडाइज लॉस्ट' को मॉडल माना। मिल्टन के काव्य में ईश्वर की आज्ञा पालन न करने पर मानव-मानवी स्वर्ग से निर्वासित होते हैं। मनुष्य को उकसाने वाला शैतान भी खुद ईश्वर की शक्ति से टक्कर लेकर स्वर्ग से निकाला गया था। मिल्टन यही कहानी सुनाते हैं। उनकी इस लंबी कविता को अंग्रेजी साहित्य के इतिहासकार 'एपिक' के नाम से चिह्नित करते हैं।

मधुसूदन इस एपिक वर्ग का इस्तेमाल तो करते हैं, लेकिन कथावस्तु भारतीय महाकाव्य से लिया गया है। वाल्मीकि रचित महाकाव्य 'रामायण' में मेघनाद की हत्या का प्रसंग मधुसूदन द्वारा रचित काव्य की विषय-वस्तु है। अंग्रेजी तथा पाश्चात्य साहित्य में 'एपिक' परिचित वर्ग है। मधुसूदन का भारतीय पाठक (या कहना चाहिए बंगाली पाठक) पाश्चात्य शिक्षा प्राप्त 'भद्र' समाज का सदस्य है। वह इस वर्ग का महत्त्व जानता है। साथ ही भारतीय महाकाव्य की कथावस्तु से भी वह पूर्व परिचित है। अतः पाश्चात्य शिक्षा प्राप्त बंगाली पाठक के पास मधुसूदन का काव्य ग्रहणीय था, क्योंकि 'एपिक' वर्ग से उनकी जो आशा थी, वह इस काव्य पाठ से पूर्ण होती है। यह काव्य पाठक की आशा की सीमाओं के अंदर ही स्थित है। साहित्य पाठ की जिस मिश्र परंपरा से मधुसूदन का साहित्य-बोध गठित है, उनका समसामयिक बंगाली पाठक भी उसी बोध का भागीदार है। अतः पाठक को साहित्य से जो उम्मीद होती है मधुसूदन उसे पूरा करते हैं। साहित्य पाठ से आशाओं का दिगंत रेखांकित होता है। यह 'दिगंत' वही सीमा-रेखा है जिसकी माँगों के आधार पर ही किसी विशेष स्थान-काल में स्थित पाठक किसी कहानी या कविता को ग्रहण करता है। यदि साहित्य कर्म उसके परिचित दिगंत से बाहर निकल जाता है, यदि पाठक उसमें परिचित उपादानों का सम्मिश्रण नहीं पाता, तो या तो वह उससे मुँह मोड़ लेता है या फिर अपनी आशाओं की सीमा को और विस्तृत करता है। इससे आशाओं का एक नया दिगंत अंकित हो सकता है।

रचना की नई शैली, नई भाषा, नए दृष्टिकोण इसी तरह से उभरकर आते हैं। 'दिगंत' शब्द से यह स्पष्ट है कि साहित्य ग्रहण-प्रणाली में एक विस्तार आवश्यक है। साहित्य वर्ग की निर्धारित सीमा पार करके नए दिगंत का निर्देश करने का अवकाश भी है। पाठक की आशाओं से साहित्य सीमित नहीं रह सकता। पाठक की आशाओं को साहित्य उकसाता है, फैलाता है, दिशा देता है। पाठक भले ही सिर्फ दिगंत तक देख पाता हो, लेकिन लेखक की साहित्यिक दृष्टि उससे भी दूर पहुँचती है। अतः जो साहित्य कर्म अपने समय में 'लोकप्रिय' नहीं होता, वह आगे चलकर लोकप्रिय हो सकता है। लेकिन किसी स्थान, काल में पाठक की उम्मीदों का दिगंत चिह्नित करने से उस भाषा में रचित साहित्य तंत्र की निजी सीमाएँ स्पष्ट होती हैं। किसी युग में किसी साहित्य कर्म के गृहीत होने या न होने के कारण भी स्पष्ट होते हैं। इन उपकरणों के सहारे हम स्थान, काल को ध्यान में रखते हुए, साहित्य कर्म की रचना और ग्रहण का विश्लेषण कर सकते हैं। इनका उपयोग करके किस तरह से साहित्य का इतिहास लिखा जा सकता है, अब इस पर विचार करना आवश्यक है।

उदाहरणस्वरूप हम 'रामकथा' के ग्रहण और पुनर्व्याख्यान को ले सकते हैं। वाल्मीकि रचित 'रामायण' से शुरू करें, तो पाएँगे कि इसी पर आधारित अनेक राम-कथाएँ विभिन्न भाषाओं के, विभिन्न साहित्य वर्गों में रची गई हैं। साहित्य-सर्जकों ने कथावस्तु के भिन्न-भिन्न अंशों पर जोर डाला है। इससे चरित्र, घटना और दोनों के संपर्क से, भिन्न-भिन्न भावों का ढाँचा तैयार होता है, जिससे हरेक रामकथा की कथन-रीति और उद्‌देश्य अलग जान पड़ते हैं। तुलसीदास ने भक्ति-भाव से उद्वेलित होकर 'रामचरितमानस' लिखा, जिसमें मर्यादा पुरुषोत्तम राम का चरित्र प्रधान है। वाल्मीकि रचित 'रामायण' में कवि स्वयं कहता है कि उसकी रचना का मूल उद्‌देश्य है सीता की महानता व्यक्त करना और पौलस्तेत्य वध का विवरण देना। इतिहास लेखन के उपकरणों के जरिए हम जान सकते हैं–

1. इस भिन्नता की वजह क्या है? और स्थान, काल तथा पात्र के विशेष उपादानों के साहित्यकरण से किस प्रकार भिन्नताएँ रची जाती हैं, और फिर गृहीत होती हैं।
2. जब दो साहित्य-कर्मों में कुछ सादृश्य स्पष्ट हों तो, उनके बीच सादृश्य और फर्क की वजह समय के संदर्भ में कैसे समझी जा सकती है।

इन सवालों के जवाबों को हम साहित्य का इतिहास लिखने का आधार बना सकते हैं। उदाहरण को आगे बढ़ाते हुए वाल्मीकि रचित 'रामायण' को 'पारंपरिक' कृति मान लें। इस महाकाव्य में करुण रस का प्राधान्य है। लेकिन जब राम का चरित्र हम संस्कृत में रचित अन्य युगों के साहित्य में पाते हैं, तो उन साहित्य कर्मों में भिन्न रसों की उपस्थिति दिखती है। ये रस सिर्फ उपस्थित ही नहीं हैं, ये अंगी या

प्रधान रस के रूप में भी उभरते हैं। मसलन भवभूति के हाथों राम-चरित्र में ओजस ही प्रधान भाव है। 'महावीर चरित' तथा 'उत्तररामचरित्र' दोनों में ही राम की वीरता सर्वोपरि है। एक ही कथावस्तु को विभिन्न रीतियों और भावों के ढाँचे में अवस्थित करना—यही भारतीय काव्य-रीति के इतिहास का केंद्र बिंदु हो सकता है। रामकथा विभिन्न रूप में समय की धारा में प्रवाहित हुई है। इस प्रवाह का इतिहास समझने और लिखने के लिए हम तुलनात्मक साहित्य के साधनों का प्रयोग कर सकते हैं।

भवभूति लिखित राम-कथा में राम का चरित्र काव्य की गौड़ीय रीति को मानते हुए ओजस भाव के आधार पर चित्रित है। वाल्मीकि और भवभूति की साहित्य कृतियों में जो अंगी रस का अंतर है, वही अंतर वर्ग निर्धारण में भी प्रतिफलित होता है। वाल्मीकि महाकाव्य लिखते हैं, और भवभूति नाटक। महाकाव्य की परिभाषा में यह उल्लेखनीय है कि इस वर्ग में रसों का समन्वय होता है। महाकाव्य दीर्घाकार है, इसलिए नाना रसों का आधार भी बन सकता है। लेकिन नाटक में एक प्रधान रस होना आवश्यक जान पड़ता है। भिन्न-भिन्न अभिनेता भिन्न-भिन्न अभिव्यक्तियों से इस अंगी रस को व्यंजित करेंगे, तो ऐसा प्रतीत होगा कि हम विश्व की विविधता को देख रहे हैं। वाल्मीकि और भवभूति के रामचरित में एक फर्क यह है कि वे भिन्न-भिन्न साहित्य-सिद्धांतों पर आधारित हैं, और इसी भिन्नता के कारण उनके काव्य के पात्रों के चरित्र और तज्जनित घटना-समूह भी अलग हैं। चरित्रांकन की रीति से वर्ग विभाजन संभव है। एक राम महाकाव्य का केंद्रीय चरित्र है और दूसरा नाटक का नायक।

हम इस सिद्धांत पर कैसे पहुँचते हैं? गौड़ीय रीति का इतिहास निश्चित रूप से न मिलने पर भी उसका युग निर्धारण संभव है। युग के संदर्भ में यदि रीति निर्माण को देखें, तो वाल्मीकि तथा भवभूति ने जिन भिन्न भावों के आधार पर 'राम' चरित्र को रचा है, उन्हें भी हम समझ पाएँगे।

उदाहरण के रूप में हम चौथी सदी में विमल सूरि द्वारा रचित राम-कहानी 'पउमचरिउ' को ले सकते हैं। जैन धर्म को मानने वाले सूरि ने अपने धार्मिक विश्वासों के आधार पर ही राम का चरित्र-निर्माण किया। यहाँ राम अहिंसा के उपासक हैं और रावण मांसाहारी। राम जीव-हत्या नहीं करते, अतः रावण की हत्या लक्ष्मण के हाथों होती है। इस तरह के कई परिवर्तनों के जरिए राम-कथा दूसरे धर्म में प्रवेश करती है। जैन धर्म के विश्वासों पर आधारित भावों का ढाँचा इस राम कथा को आकार देता है।

काव्य के नियमानुसार ही वर्ग, कथावस्तु की व्यंजना और युग का प्रभाव एक दूसरे के साथ भिन्न संपर्क स्थापित करते हैं, स्थान-काल के प्रेक्षित में आपस में जुड़ जाते हैं। इन संपर्कों का फल शब्दों में प्रकाशित हो, तो वह प्रकाश ही साहित्य कहलाता है। संपर्क और प्रकाश-माध्यम यानी भाषा दोनों का विश्लेषण और व्याख्यान ही साहित्य का 'इतिहास' है। इस इतिहास का लक्ष्य है इन संपर्कों को समझकर साहित्य धारा

के अध्ययन में सहायता करना। उदाहरणतः कह सकते हैं कि बौद्ध साहित्य में चरित काव्य लिखने की धारा जैन साहित्य से अलग है। अश्वघोष द्वारा लिखित 'बुद्धचरित' को लें, तो पाएँगे कि इस काव्य का उद्देश्य है बुद्ध का चरित्र उद्घाटित करना। बुद्ध के आचरण पर उनका भागवत आधारित है। इन आचरणों के माध्यम से ही वे निर्वाण प्राप्त हुए। संघ के सदस्य भी इन आचरणों का अध्ययन कर उस लक्ष्य तक पहुँचने के लिए तत्पर हैं। अतः बुद्ध के चारित्रिक गुणों का वर्णन चरित रचयिता इस प्रकार करें, ताकि साहित्य-गुण से परिपूर्ण इस वर्णन से पाठक बुद्ध-चरित्र के प्रति आकृष्ट हों, और फिर उन पर ध्यान देकर बुद्ध की शरण में आएँ। यह बात अश्वघोष 'सौंदर्यानंद' नामक काव्य की भूमिका में ही कह डालते हैं। वाल्मीकि रचित 'रामायण' के 'बालकांड' के आरंभ में ही राम की कहानी नारद द्वारा विवृत है। सारी घटनाएँ नारद वाल्मीकि को बताते हैं। उसके बाद वाल्मीकि अपनी अंतर्दृष्टि से कहानी के पात्रों और घटनाओं से सम्पूर्णता में साक्षात्कार करते हैं। तब महाकाव्य 'रामायण' की रचना होती है। हरेक राम-कथा में यह कथावस्तु 'रेसिडुअल' है। इसके साथ ही युग धर्म एवं स्थान-काल के आदान-प्रदान से एक साहित्य-कर्म उभर आता है। अतीत के उपादान वर्तमान के शक्तिशाली भाव-ढाँचे में अपने तरीके से घुल-मिलकर साहित्य गठित करते हैं।

एक ही भाषा के साहित्य तंत्र में भिन्न समय-बिंदुओं को क्रम में सजाकर उनका आपस में संबंध तय करना और इन संबंधों के आधार पर साहित्य का इतिहास लिखना ही हमारा लक्ष्य है। लेखक काव्यशास्त्र के प्रतिमानों को ध्यान में रखकर साहित्य रचना करता है। लेकिन स्थान-काल के उपादान, पाठक समाज की आशाएँ और रचनाकार की रुचि सभी रचना को प्रभावित करते हैं, चाहे उस प्रभाव को प्रत्यक्ष करें या वह अदृश्य रूप से पाठ में सन्निहित रहे। इन प्रभावों के साथ साहित्यशास्त्र का क्या आदान-प्रदान होता है, किस तरह एक विशेष साहित्य कर्म का जन्म होता है, यही समझना और समझाना साहित्य के इतिहास लेखन का लक्ष्य है।

हमने देखा है कि रामकथा संस्कृत या अन्य ध्रुपदी साहित्य से भाषा और लक्ष्य बदलकर जनमानस में प्रवेश करती है। उसकी भाषा या शैली संस्कृत आश्रित हो सकती है, लेकिन स्थानिक भाषा और शैली तथा जीवन-दर्शन का प्रभाव साहित्य को गठित करता है।

युग, स्थान, वर्ग सभी भिन्न होने पर भी कथावस्तु जीवित रहती है, क्योंकि जिस समय पर जिस वर्ग चरित्र और रस को भाषा में पिरोती है, वही वर्ग या चरित्र गठन या प्रधान रस उस समय और स्थान के पाठक-समाज के भावों के ढाँचे और उम्मीदों के दिगंत के संदर्भ में उचित प्रतीत होते हैं। लेखक भी उसी समाज, उसी स्थान-काल में स्थित है। अतः उसकी अपनी अभिव्यक्ति भी उन्हीं से प्रभावित होती है। जब कोई साहित्य कृति लेखन-काल के बाद भी लोकप्रिय रहती है, तो यह समझना मुश्किल नहीं

है कि रचना का स्थान-काल बदलने पर भी रचना में ऐसी कुछ बातें हैं, जो बदले हुए स्थान-काल में भी मायने रखती हैं और ग्रहणीय रह जाती हैं।

उसका इतिहास तुलनात्मक पद्धति से ही लिखना संभव है, इतिहास-लेखन के सिद्धांतों का भी साहित्य की तरह बहुमात्रिक होना आवश्यक है, इस प्रबंध में, भारतीय भाषाओं में लिखे साहित्यों का तुलनात्मक इतिहास नवलेखन और उसके दर्शन और सिद्धांतों की संक्षिप्त रूपरेखा को प्रस्तुत करने की कोशिश की गई है, ताकि तुलनात्मक साहित्य के अध्येता और साहित्य का सहृदय पाठक इनसे परिचित हो सकें और इनके व्यवहार पर विचार करें।

भारतीय भाषाओं में लिखित साहित्यों के आपसी संबंध और प्रभाव भाषा, संस्कृति और इतिहास के नजरिए से विश्लेषण, आलोचना और शोध के विषय बन सकते हैं, तुलनात्मक अध्ययन पद्धति और खासकर इस पद्धति पर आधारित इतिहासशास्त्र और लेखन रीतियों के प्रयोग से ही विश्लेषण, आलोचना और शोध कर सकते हैं।

प्रभाव या स्वीकरण
तुलनात्मक साहित्य का फ्रेंच स्कूल और उसके बाद

अवधेश कुमार सिंह

मानव सभ्यता के इतिहास में जब-जब आर्थिक, धार्मिक, प्राकृतिक या सांस्कृतिक कारणों से प्रवासन हुआ है, तब-तब नई संपर्कता या 'कॉन्टैक्चुएलिटी' भी स्थापित हुई है। यही संपर्कता तुलनात्मक साहित्यिक अध्ययन का आधार बनती है। जब दो मानवों, समूहों, समुदायों या समाजों का मिलन होता है, तो तुलना स्वाभाविक है। नए संबंधों के स्थापित होने के साथ साम्यों, विषमताओं तथा सादृश्यताओं की चर्चा स्वतः संभव हो जाती है। यही बात साहित्यिक संबंधों पर लागू होती है। साहित्यिक संबंधता और अंतर्संबंधता का अध्ययन तुलनात्मक साहित्य की नींव के पत्थरों में से एक है। इस प्रकार का अध्ययन एक प्रकार से विचारों के इतिहास का अध्ययन होता है जिसके केंद्र में मुख्य बिंदु यह होता है कि वे किस प्रकार साहित्य के माध्यम से एक से दूसरे स्थान पर पहुँचते हैं तथा साहित्यों को प्रभावित करते हैं? और एक साहित्य के तत्त्वों तथा परंपरा का दूसरे में किस प्रकार स्वीकरण होता है?

कहना न होगा कि तुलनात्मक साहित्य खुद में साहित्य नहीं है। यह साहित्यों के तुलनात्मक अध्ययन की पद्धति है। पर यह पद्धति आसमान से नहीं आई है, बल्कि तुलनात्मक अध्ययनकर्ताओं के अभ्यासों से विकसित हुई है। चूँकि तुलनात्मक साहित्य की उत्पत्ति राष्ट्रीय साहित्य की सीमित अवधारणा के विरुद्ध प्रतिक्रिया स्वरूप हुई, अतः फ्रांस, जर्मनी, इंग्लैंड और फिर बाद में अमेरिका में इसके अंतर्गत अध्ययन हुए। प्रभाव या स्वीकरण अध्ययन फ्रांस के तुलनात्मक साहित्य का प्रमुख भाग था, जिसने काफी समय तक तुलनात्मक साहित्य अध्ययन को प्रभावित किया, हालाँकि अमेरिकी तुलनात्मक साहित्य के आलोचकों ने दूसरे विश्वयुद्ध के बाद इस पर प्रश्नचिह्न लगाए।[1]

प्रभाव और स्वीकरण अध्ययन एक ही सिक्के के दो पहलू हैं।[2] कालांतर में प्रभाव के स्थान पर स्वीकरण को तरजीह दी गई, क्योंकि प्रभाव प्रभावक और प्रभावित दो विरोधी युग्मों पर आधारित होता है और उसमें प्रभावक की प्रमुखता होती है। स्वीकरण इस पदानुक्रम या हाइरार्की से मुक्त होता है। इस प्रकार प्रभावित या प्रभाव स्वीकर्ता

केंद्र में आ जाता है। प्रभाव अध्ययन के बारे में दो विरोधी धारणाएँ व्यक्त की जाती रही हैं। एक ओर साइमन जेयून जैसे आलोचक थे, जो प्रभाव को तुलनात्मक साहित्य का प्राण मानते थे। उनके अनुसार तुलनात्मक साहित्य मुख्यतः लेखकों तथा भिन्न राष्ट्रों के साहित्यों के एक दूसरे पर पड़े प्रभाव तथा उनके प्रसार का अध्ययन करता है। इसमें प्रस्थान के राष्ट्रीय बिंदु को कभी भी नकारा नहीं जाता और उनका बारीकी से अध्ययन किया जाता है। (जेयून 1969) इसके दूसरी ओर रेने वेलेक जैसे अमेरिकी विद्वान हैं, जो इसे बेहूदा प्रत्यक्षवाद (पोजीटिविज्म) का उद्योग बताते हुए इसकी आलोचना करते हैं। उनका मानना था कि फ्रांस में साहित्यिक संबंधों के बारे में इकठ्ठे किए गए ढेर सारे प्रभावों के अध्ययन का व्यवस्थित उद्योग चला था, जिसमें साहित्यिक प्रसिद्धि, राष्ट्रों के बीच यात्रियों, प्रचारकों तथा अनुवादक आदि मध्यस्थों का अध्ययन किया जाता है। इसमें मान लिया गया है कि शोध का मुख्य क्षेत्र एक तटस्थ तथ्य के धागे की भाँति है, जिसका दूसरा किनारा पूर्व तथ्यों के साथ जुड़ा है। किंतु हकीकत यह है कि साहित्यिक अध्ययन में 'कारण' की सम्पूर्ण अवधारणा ही गैर आलोचनात्मक है, क्योंकि कोई यह नहीं बता सकता या दावा कर सकता कि एक साहित्य रचना की उत्पत्ति में दूसरी रचना 'कारण' है। यह बात और है कि उनके बीच समानांतरताएँ या समानताएँ हो सकती हैं और उन्हें इकट्ठी कर अध्ययन भी किया जा सकता है। ऐसा कहा जा सकता है कि एक पूर्व कलाकृति के बिना नई कृति शायद संभव न होती, पर ऐसा नहीं कि एक ने दूसरे का कारण बन उसे जन्म दिया। (वेलेक 1970)

यहाँ वेलेक फ्रेंच स्कूल की आलोचना कर रहे थे, जिसकी प्रेरणा मुख्यतः पोजिटिविज्म के सिद्धांत से आई थी। इसमें कार्य-कारण संबंध पर जोर दिया गया था, अर्थात् यदि एक लेखक की रचना, उसकी स्वीकृति या साहित्यिक परंपरा अस्तित्व में आई, तो उसके कारण रहे होंगे, जिन्होंने इस परिणाम को प्रभावित किया होगा। फ्रेंच तुलनालोचक पॉल वान टाइघेम ने 1931 में लिखी अपनी किताब 'ल लितरेतुर कंपेरी' में इसकी विशद व्याख्या की है। यह कार्य-कारण या कारण-कार्य अध्ययन पद्धति औसत दर्जे के आलोचकों के हाथ में पड़ कल्पनाहीन और मशीनी हो जाती है। इस कारण इसकी आलोचना भी खूब हुई। यहाँ ध्यान रखने की बात यह है कि प्रभाव या स्वीकरण अध्ययन केवल फ्रेंच स्कूल की बपौती नहीं रही और फ्रांस के तुलनात्मक अध्ययनकर्ताओं ने इसे ही अपने अध्ययन का आदि और अंत नहीं माना। कुछ फ्रेंच विद्वान जैसे बूनेल, पिशोय तथा रूसो ने यहाँ तक कहा कि शब्द 'फ्रेंच' से किसी राष्ट्रीयता या भाषा का लेना-देना नहीं है, बल्कि इससे विषय के उन्मुखीकरण का अर्थ लिया जाना चाहिए। टाइघेम के चिंतन को बाद में फर्लेंड बाल्डेनस्पर्ज ने अपनी तीन किताबों में आगे बढ़ाया। 1904 में गोएते और फ्रांस का अध्ययन करते हुए उन्होंने प्रभावक की भूमिका को तलाश किया, 1927 में होनशे तथा बाल्जाक के अध्ययन के दौरान स्वीकर्ता की प्रमुखता पर जोर दिया तथा 1925 में लिखी किताब में फ्रांस में विचारों के प्रवासन के द्वारा बने

साहित्य आंदोलन का अध्ययन किया और शरणार्थियों के द्वारा साहित्यिक मध्यस्थता का अध्ययन किया था। य्वेस शेवरल ने 1979 तथा 1983 में लिखी किताबों में इस अध्ययन को नई दिशा दी। उन्होंने प्रभाव अध्ययन को कई रूपों में देखा। 1. तटस्थ रूप में, 'अमुक' 'अ' की उपस्थिति' तथा अमुक 'ब' का ज्ञान; 2. प्रभावक के स्तर पर प्रभावः भाग्य, ख्याति, प्रसार, विकिरण, स्वीकर्ता के स्तर पर प्रतिभाव, मीमांसा, मत, अध्ययन या उन्मुखीकरण का अध्ययन तथा 3. पुनरुत्पादन का विचार जिसमें चिंतन, बिंब, प्रतिबिंब, अनुगूँज, प्रतिध्वनि, उत्परिवर्तन (म्यूटेशन) का अध्ययन किया जाता है। बिंबशास्त्रीय अध्ययन फ्रेंच स्कूल का मुख्य क्षेत्र है, जिसमें साहित्यिक अभिव्यक्ति के विभिन्न सांस्कृतिक क्षेत्रों में प्रयुक्त बिंबों के प्रयोग का अध्ययन किया जाता है। यह और बात है कि ये सांस्कृतिक क्षेत्र ब्रिटेन, अमेरिका, जर्मनी, रूस और कुछ हद तक इटली तक सीमित हैं। फ्रांस वाले इन क्षेत्रों से प्रायः बाहर नहीं जाते। फ्रांस में इनके अनेक अध्ययन केंद्र हैं, इनमें वियके बूनेल, पेरिस मुख्य हैं, जिसमें तुलनालोचक, फ्रेंच साहित्यकार, दर्शनशास्त्री, इतिहासकार तथा प्राचीन तथा आधुनिक भाषाविदों द्वारा अंतरविश्वविद्यालयी, अंतरअनुशासनात्मक अध्ययन किए जाते हैं। प्रमुख रूप से निम्नलिखित विषयों के आसपास ये अध्ययन घूमते हैं–1. अंतर्राष्ट्रीय साहित्यिक अध्ययन, 2. अभिव्यक्ति की विधाएँ, 3. प्रारूप विधा (टाइपोलोजी) तथा अर्थगत तुलनात्मक अध्ययन, तथा 4. पद्धतियाँ (ब्रूनेल, पिशोय तथा रूसो 27)।

II

प्रभाव अध्ययन के क्षेत्र में सादृश्य (एनालजी), एफिनिटी तथा परंपरा की भूमिकाओं की पड़ताल की जाती है। ॲवेन एल्ड्रिज ने अपनी किताब 'कंपेरेटिव लिटरेचर : मेथड एंड मैटर' (1969) में लिखा कि 'प्रभाव' को साम्यता या सादृश्यता (एनालजी) से अलग नहीं किया जा सकता। एल्ड्रिज ने सादृश्यता को असंबंधित साहित्यों के बीच शैली, संरचना तथा मनोदशा या विचारों की सादृश्यता तथा समरूपता (रिसेंबलैंस) के रूप में परिभाषित किया। उनके मन में ऐसा कहते समय जेम्स जे.वाई.लियू की किताब 'एलिजाबेथन एंड युआन' (1952) थी, जिसमें लियू ने चीन तथा यूरोप के साहित्यों के बीच समानांतरताओं की तुलना की थी। इस प्रभाव अध्ययन में बिंब या बिंबों के पुंजों के एक साहित्य से दूसरे साहित्य में प्रभाव को देखा जाता है। उदाहरण के तौर पर ग्रीक नाटककार एश्किलुस ने 'द आरेस्टिया' नामक दुखांत नाटक में शापित घर के बिंब का प्रयोग किया। बीसवीं सदी में इसी बिंब का प्रयोग अमेरिकी नाटककार यूजीन ओ' नील ने अपनी त्रासदी 'मोर्निंग बिकम्स एलेक्ट्रा' में तथा टी.एस. इलियट ने 'द फेमिली रीयूनियन' में किया। लंबे समय तक चलते-चलते एक बिंब विषय-वस्तु भी बन सकता है। ऐसे ही एक बिंब रूपक या विषय-वस्तु का एक भाषा की साहित्यिक रचना से दूसरे पर पड़े प्रभाव का अध्ययन किया जाता है। इस प्रकार प्रभाव अध्ययन

को एक साहित्य रचना या परंपरा की विषय-वस्तु के दूसरी परंपरा पर पड़े प्रभाव को भी शामिल किया जाता है। खोज, प्रेम के त्रिकोण' तथा 'खोने तथा पाने' की विषय वस्तु का एक प्रदेश के साहित्य से अन्य साहित्य क्षेत्र में प्रवेश तथा प्रभाव खूब रोचक संभावना खड़ी करता है। उपनिवेश काल के दौरान अंग्रेजी शासन के साथ अंग्रेजी भाषा, साहित्य भी आए और उन्होंने भारतीय भाषा साहित्यों को गहरे तक प्रभावित किया। उपन्यास विधा आई तथा पश्चिमी आधुनिकतावादी आंदोलन भी। भारतीय साहित्यों, विशेषकर संस्कृत ने भी अंग्रेजी तथा यूरोपीय साहित्य को नई दिशा दी, जिसे रेमंड श्वाफ जैसे फ्रेंच आलोचक ने यूरोप का दूसरा पुनर्जागरण कहा। इस प्रकार नई संपर्कताओं के कारण राष्ट्रीय तथा अंतर्राष्ट्रीय एक स्थल पर आकर मिलते हैं तथा एक दूसरे से प्रत्यक्ष तथा अप्रत्यक्ष रूप से आदान-प्रदान करते हैं। भारत में उपन्यास के आगमन के उदाहरण से पता चलता है कि प्रभाव अध्ययन के क्षेत्र में विधाओं के तुलनात्मक अध्ययन के साथ रचनाओं तथा लेखकों को अन्य भाषा क्षेत्रों में मिली ख्याति या यश को शामिल किया जा सकता है। इस प्रकार प्रभाव अध्ययन तथा स्वीकरण के बीच अतिव्याप्ति (ओवरलैपिंग) चलती रहती है।

III

ऊपर के प्रभाव अध्ययन की चर्चा से एक बात साफ हो जाती है कि प्रभाव अध्ययन तथा स्वीकरण अध्ययन एक स्तर पर एक-दूसरे से मिल जाते हैं। प्रभाव अध्ययन कभी-कभी यांत्रिक तथा अविवेकपूर्ण ढंग से भी किए जाते हैं। इसी वजह से तुलनालोचकों ने तीन चेतावनियाँ दी हैं। प्लेटो तथा मिल्टन का अध्ययन करते हुए आइरीन सेम्युअल ने 1965 में लिखी किताब में कहा कि एक लेखक से दूसरे लेखक पर पड़े प्रभाव के अध्ययन में ज्ञात सबूतों से शुरुआत करनी ही पड़ती है किंतु एक मस्तिष्क से दूसरे मस्तिष्क तक विचार के विस्तरण में बहुत संकीर्ण दृष्टिकोण से काम लेना ठीक नहीं होता, क्योंकि केवल एक आडंबरी पंडित ही दूसरे लेखक के पन्नों से ज्यों का त्यों उठाएगा। या फिर किसी दूसरे के विचार को ज्यों-का-त्यों अपने दिमाग के किसी खाने में वैसा ही रख लेगा। होता यह है कि एक विचार किसी दूसरे लेखक के मन में अंतर्निष्ठ हो जाता है और समय आने पर अपने मूल स्रोत से दूर जाकर दूसरे चैनलों में प्रवाहित होने लगता है। प्लेटो के विचारों का मिल्टन के साहित्य में इसी प्रकार अवतरण होता है। अधिकतर एक लेखक के दूसरे पाठक पर प्रभाव को इक्के-दुक्के अवतरणों में खोजना उचित नहीं लगता, क्योंकि उद्धरणों की शृंखला की बजाय सम्पूर्ण रचना के भाव के पाठक तक पहुँचने की अधिक संभावना रहती है। इसी प्रकार हेनरी गिफर्ड ने ऐसे प्रभाव अध्ययन को श्रेयस्कर माना, जिसमें लेखकों ने अपने ऊपर पड़े प्रभाव को स्वीकार किया। या फिर ऐसी तुलनाएँ सामने आईं, जिनसे दो लेखकों के बीच प्रभाव के अध्ययन से अभिज्ञान के सदमे जैसे लगे, क्योंकि किसी ने ऐसी उम्मीद तक नहीं की थी। हेनरी

जेम्स ने तुर्गनेव के बारे में, पाउंड ने प्रोपर्टियस के बारे में तथा पुश्किन ने बायरन के बारे में इस प्रभाव को महसूस किया था। एना बल्कियान ने प्रभाव अध्ययन का वर्तन बिंदु प्रभाव का ज्यों-का-त्यों निगलना न मानकर तब माना जब एक लेखक स्वयं को प्रभाव से मुक्त कर अपनी खुद की मौलिकता पाने में सफल हो जाता है।

प्रभाव अध्ययन के बारे में दिए गए विद्वानों के चेतावनी भरे वक्तव्य स्वीकरण अध्ययन में भी उपयोगी हो सकते हैं जिनमें साहित्यिक संबंधों से उत्पन्न एक लेखक या परंपरा का दूसरे लेखक या परंपरा द्वारा स्वीकरण, विसरण तथा साहित्यिक यश के अध्ययन शामिल होते हैं। हालाँकि जहाँ प्रभाव अध्ययन में प्रभावक की भूमिका केंद्र में होती है, तो स्वीकरण में स्वीकर्ता या प्रभाव ग्रहणकर्ता की। यहाँ यह कहना गैरवाजिब न होगा कि स्वीकरण में स्वीकर्ता को चुनाव करने की आजादी हमेशा नहीं होती। उदाहरण के लिए भारत में बीसवीं सदी के पूर्वार्ध में अंग्रेजी आधुनिक कविता के साथ टी.एस. इलिएट आए और उनका प्रभाव भारतीय भाषाओं की तत्कालीन कविता पर किसी न किसी रूप में पड़ा। भारतीय कवियों के पास स्वीकरण का कोई दूसरा विकल्प न था। प्रभाव के प्रति उदासीनता का विकल्प जरूर उनके पास था। इस स्वीकरण में व्यक्ति, संस्थाएँ, परिस्थितियाँ और सामाजिक व राजनीतिक व्यवस्थाएँ भी योगदान देती हैं। उदाहरण के लिए दाराशिकोह के द्वारा 1656 में उपनिषदों के फारसी में अनुवाद से उनका फारसी जगत में यश फैला। फारसी से लैटिन में और लैटिन से आधुनिक यूरोपीय भाषाओं, जैसे जर्मन आदि में अनुवाद हुए, तो संस्कृत तक सीमित उपनिषदों की यश पताका पूरे यूरोप के बुद्धिजीवियों के विचार मंडल में फहरायी। यहाँ तक कि आर्थर शोपेनहावर जैसे दार्शनिक को मानना पड़ा कि उसे रात को उपनिषदों को पढ़े बगैर नींद नहीं आती। दाराशिकोह तथा अन्य अनुवादकों ने उपनिषदों के स्वीकरण को भारत से बाहर फारसी तथा यूरोपीय जगत में संभव बनाया और उनके साहित्यिक भाग्य का पुनर्निर्माण तथा विस्तरण किया। इसके ठीक दूसरी ओर 1980 के दशक में सलमान रुश्दी के उपन्यास 'द सेटेनिक वर्सेज' के स्वीकरण को देखा जा सकता है। 'द सेटेनिक वर्सेज' के आसपास लिखे गए उपन्यास, जैसे अमिताव घोष का 'शेडो लाइंस', आइ एलन सीली का 'ट्रोटरनामा', उपमन्यु चैटर्जी का 'इंग्लिश ऑगस्ट : एन इंडियन नोवेल' कहीं अधिक श्रेष्ठ थे। पर सर्वाधिक चर्चा में आया 'द सेटेनिक वर्सेज', क्योंकि उसके शीर्षक के कारण रुश्दी के खिलाफ फतवा जारी हुआ और भारत में भी इस पर प्रतिबंध लगा। परिणाम यह हुआ कि 'सेटेनिक वर्सेज' को पढ़ा कम और जलाया ज्यादा गया। रुश्दी का साहित्यिक सौभाग्य और निखरा, पर अन्य अच्छे उपन्यास 'सेटेनिक वर्सेज' के धुएँ से ढँक गए और उनके स्वीकरण पर प्रतिकूल प्रभाव पड़ा।

रोजर एसेलन्यो ने यूरोप में, विशेषकर फ्रांस में अमेरिकी उपन्यासकार हेमिंग्वे के ऐतिहासिक सौभाग्य का अध्ययन किया। प्रथम विश्वयुद्ध के दौरान फ्रांस ने हेमिंग्वे की रचनाओं में रुचि दिखाई। किंतु 1932 में एम.ई. पोएंड्रो ने उनके उपन्यास 'ए फेअरवेल

टू आर्म्स' का अनुवाद किया तो हेमिंग्वे के भाग्य ने एक नई करवट ली। जब गेलिमार्ड जैसे अति प्रतिष्ठित प्रकाशक ने इसे छापा, तो हेमिंग्वे का स्वीकरण अप्रत्याशित ढंग से बढ़ा। बाद में कोइन्ड्रो ने हेमिंग्वे के विरोध में लिखा। परिणामस्वरूप हेमिंग्वे का स्वीकरण मध्यम पड़ गया। किंतु द्वितीय विश्व युद्ध ने उनके स्वीकरण को नई दिशा दी। इसी प्रकार फ्रेडरिक गुंडोल्फ ने जर्मनी में शेक्सपियर के यश के विस्तरण का अध्ययन किया जिसमें उन्होंने सत्रहवीं सदी में अंग्रेजी हास्य कलाकारों द्वारा शेक्सपियर के नाटकों के रूपांतरण को भी ध्यान में रखा। स्वीकरण में प्रत्यक्ष और अप्रत्यक्ष अनगिनत संस्थाएँ और व्यक्ति मध्यस्थता का काम करते हैं। इसका परिणाम यह हुआ कि जर्मनी में लेसिंग, गोएते, शिलर आदि रचनाकारों को शेक्सपियर ने प्रभावित किया।

ठीक इसी प्रकार स्वीकरण की प्रक्रिया का टी.एस. इलियट ने अपने लेख 'फ्रॉम पो टू बेलेरि' (1948) में एडगर एलन पो के बोदलेयर तथा बेलेरि के द्वारा स्वीकरण की चर्चा की। बोदलेयर ने पो के 'अनाथ कवि' के आदि प्ररूप या प्रोटोटाइप से प्रेरणा ली, तो बेलेरि पो के निबंध 'द फिलोसॉफी ऑव कंपोजिशन' तथा 'द पोएटिक प्रिंसिपल' से प्रभावित हुए। इलिएट के मतानुसार मलार्मे के बाद सबका ध्यान पो के काव्यशिल्प के विचारों की तरफ मुड़ा। कहना न होगा कि बोदलेयर, मलार्मे, बेलेरि के साथ लफोग ने भी इलिएट को प्रभावित किया। प्रभावों तथा स्वीकरण से राष्ट्रीय साहित्य अंतर्राष्ट्रीयता पा लेता है। भारत के संदर्भ में भी यह बात उतनी ही लागू होती है। इसका विस्तृत अध्ययन 'भारत में अंतर्साहित्यिकता के प्रस्थान बिंदु' में किया गया है।[3] इस संदर्भ में ध्यान रखने की बात यह है कि स्वीकरण के अध्ययन में अंतर्राष्ट्रीय मध्यस्थों अर्थात् संप्रेषण के सभी माध्यमों, जैसे अनुवादक, प्रकाशक, समाचार-पत्र, पत्रिकाओं, शोध-पत्रिकाओं तथा रेडियो एवं टीवी आदि की भूमिका का अध्ययन शामिल होता है, क्योंकि ये स्वीकरण की प्रक्रिया को उत्प्रेरित करते हैं तथा साहित्यिक सौभाग्य के निर्माण या बिगाड़ में अपनी भूमिका अदा करते हैं। अंततः स्वीकरण अध्ययन में दो मुद्दे ध्यान रखने योग्य हैं। स्वीकरण अध्ययन तथा प्रभाव या असर का अध्ययन अलग-अलग न होकर एक साथ अस्तित्व में आते हैं तथा एक-दूसरे के पूरक बन साहित्यिक अंतर्राष्ट्रीयता की तरफ बढ़ते हैं। दूसरे, किसी भी रचना या लेखक या परंपरा का अध्ययन अंतर्राष्ट्रीय परंपरा के परिप्रेक्ष्य में करने की जिद न करके उसकी राष्ट्रीय परंपरा के परिप्रेक्ष्य में देखना चाहिए।

टिप्पणी

1. प्रस्तुत लेख में 'प्रभाव' (इन्फ्लुएंस), 'स्वीकरण' (रिसेप्शन), 'साहित्यिक भाग्य' (लिटरेरी फार्च्यून), रेप्यूटेशन (ख्याति या यश) शब्दों का प्रयोग तुलनात्मक साहित्य के तकनीकी शब्दों की तरह किया गया है, न कि सामान्य अर्थ में।
2. 'प्रभाव' तथा उसके अध्ययन की चर्चा फ्रेंच स्कूल से काफी समय पूर्व से हो रही है। भारत में 'बहुश्रुत' तथा अंग्रेजी के 'वैलरेड' अर्थात् 'बहुपठित' की महिमा इसलिए है,

क्योंकि दोनों प्रक्रियाएँ अपने विचारों का प्रभाव डालती हैं और नए विचारों के सृजन को संभव बनाती हैं।

3. भारत में अंतर्साहित्यिकता के अध्ययन की विस्तृत चर्चा के लिए देखें, अवधेश कुमार सिंह, 'इंटरलिटरेरी स्टिल एंड स्टिल मैथडाइज्ड एंड कॉन्टैक्चुएलिटी इन इंडिया', 'कंपेरेटिव स्टडी ऑफ साउथ एशिया, अफ्रीका एंड द मिडिल ईस्ट', डयूक यूनीवर्सिटी प्रेस, वॉल्यूम 32, 2012, पृ. 604-610। स्वीकरण के सौंदर्यशास्त्र की चर्चा के लिए देखें, स्वप्न मजूमदार 'कंपेरेटिव लिटरेचर : इंडियन डाइमेंसंस', कलकत्ता, पेपिरस, 1987, पृ. 85-105

संदर्भ

- गिफोर्ड, हेनरी, 'कंपेरेटिव लिटरेचर', लन्दन, 1969
- गिलेन, क्लादिओ, 'द चैलेंज ऑफ कंपेरेटिव लिटरेचर', अंग्रेजी में अनुवाद कोला फ्रेंजेन, कैंब्रिज, मेसाचुसेट्स, हार्वर्ड यूनिवर्सिटी प्रेस, 1993
- गुंडोल्फ, फ्रेडरिक, 'शेक्सपियर एंड द जर्मन माइंड', बर्लिन, 1911
- जाउस, रोबर्ट, 'लिटरेटुर गेशिस्ट एल्स प्रोवोकेशन' फ्रेन्कफर्ट : सूर्कंप, 1970 (जर्मन)
- ज्यून, लाइमन, 'लितरेतुर जनरेल एन लितरेतुर कंपेरी', पेरिस, 1968 (फ्रेंच)
- टाइघेम, पॉल वान, 'ल लितरेतुर कंपेरी', पेरिस : अरमंड कोलिन, 1951 (फ्रेंच)
- पीकॉक, रोनाल्ड, 'टी.एस. इलियट ऑन गोएते', 'द डिस्कंटीनुअस ट्रेडशंस : स्टडीज इन जर्मन लिटरेचर इन ऑनर ऑफ अर्नस्ट लुडविग स्टाल', ए.पी.एफ. गांज, ऑक्सफोर्ड, 1971
- प्रा'र, एस.एस. 'हाइन' शेक्सपियर : ए स्टडी इन कांटेक्स्ट', ऑक्सफोर्ड, 1970
- फेन्गर, डोनाल्ड 'दोस्तोयवस्की एंड रोमांटिक रियलिज्म : ए स्टडी ऑफ दोस्तोयवस्की इन रिलेशन टू बाल्जाक, डिकेंस एंड गोगोल', कैंब्रिज मेसाचुसेट्स, 1965
- बल्कियन, अन्ना, 'इन्फ्लुएंस एंड लिटरेरी फार्च्युन', 'ईयर बुक ऑफ कंपेरेटिव लिटरेचर', XI, 1962
- बालडेनर्स्पजर, फर्डेंड, 'गोएते एन फ्रांस', पेरिस, हेशेर, 1904 (फ्रेंच)
- बालडेनर्स्पजर, फर्डेंड, 'लस ओरियेन्टेशन्स एस्ट्रेन्जेस शेज होनरो द बाल्जाक', पेरिस, चैंपियन प्रेस, 1927 (फ्रेंच)
- बालडेनर्स्पजर, 'फर्डेंड, मूवमेंट डस आइडेस डन्स ला इमाइग्रेशन फ्रेंकोइस', पेरिस, प्लोन, 1925 (फ्रेंच)
- बूनेल, पी. विशोय तथा ए.एम. रूसो, 'क्वेस्ट-क्यूल लिटरेतुर कंपेरी', (तुलनात्मक साहित्य की खोज), पेरिस, अरनाल्ड कोलिन, 1983, (फ्रेंच)
- वेलेक रेने, 'डिस्क्रिमिनेशंस' एल यूनिवर्सिटी प्रेस, 1970
- श्वेस शेवरेल, 'द इन्फ्लुएंस अ ल रिसेप्शन क्रिटिक, 'ल रेथेश एन लिटरेतुर जनरेल एट कंपेरी एन फ्रांस : आस्पेक्ट्स एट पोवलम्स', पेरिस : एसएफएलजीसी, 1983 (फ्रेंच)
- सेम्युल, आइरीन, 'प्लेटो एंड मिल्टन', इथाका, 1965

साहित्य और अन्य कलाएँ : अंतर्संबंध*

रमेश कुंतल मेघ

सही शीर्षक किसी भी अच्छे लेख की प्रतिज्ञा होता है जो तदनुरूप अभिगम (एप्रोच) द्वारा प्रतिपादित किया जाता है। उपर्युक्त शीर्षक बेहद चुनौती भरा है क्योंकि यह नए क्षेत्र का खोजी है। तथापि हमें लक्ष्य-संधान तो करना ही पड़ेगा।

आधुनिक परिप्रेक्ष्य में दृश्य (साहित्य, नाटक, चित्र, शिल्प, वास्तु) और श्रव्य (संगीत, काव्य) के अलावा अब गंध और स्वाद और स्पर्शपरक कलाएँ भी परिगणित हैं। इसलिए हमें साहित्य के साथ कम से कम उन कलाओं के अंतर्संबंधों की छानबीन करनी होगी जो साहित्य-चक्र की धुरी-परिधि में सन्निहित हैं। सर्वप्रथम भरत के 'नाट्यशास्त्र' में कलापुंज का संज्ञान करें। बाद में भट्टनायक ने 'काव्य नाटक' के, श्रीशंकुक ने 'काव्यचित्त' में चित्रतुरगन्याय (तथा मयूरांड-रस-न्याय) के, तथा अभिनव गुप्त ने 'साहित्य और (उसके) रसास्वाद' के युगल लेकर, अपने-अपने समयों के सौंदर्यबोधानुभवों की नई मिश्रित दशाओं एवं कला साहित्य के नए-नए स्वरूपों के अंतर्संबंधों की चुनौतियों का साक्षात्कार करते हुए निर्वचन किए हैं। रचनात्मक क्षेत्र की भी कुछ मिसालें पेश की जाएँ तो 'चित्रलेखा' (देहभाषा), 'समयदेवता' (चलचित्र), 'असाध्यवीणा' (सुर-ताल), 'कामायनी' के दर्शन सर्ग में नर्तित नटेश (नृत्य) सुलभ हैं।

1

ऐसे परिप्रेक्ष्य की निरंतरता में साहित्य और अन्य कलाओं के बहुविध क्षेत्र में सर्वप्रथम सौंदर्यबोधशास्त्र (एस्थेटिक्स); फिर कला-साहित्य का मनोविज्ञान, उनके दर्शन का

* इस विषय पर 'दि अमेरिकन जर्नल ऑफ एस्थेटिक्स एंड आर्ट क्रिटिसिज्म' के संपादक टामस मुनरो की किताब 'दि आर्ट्स एंड देअर इंटररिलेंशस' (ट्रिलिबरल आर्ट्स प्रेस, न्यूयॉर्क, 1951) भी देखें।

अन्य पुस्तक नेशनल पब्लिशिंग हाउस, दिल्ली से छपी, इंद्रनाथ चौधुरी विरचित है।

इतिहास एवं सांस्कृतिक इतिहास, अर्थविज्ञान (सीमेंटिक्स : नाना प्रकार के शब्द एवं अनिर्वचनीय अर्थवत्ता); कला-साहित्य की शिक्षा, कला-संग्रहालयों का प्रशासन आदि आते हैं। तथापि हमारा प्राचल (पैराडाइम) वाला ग्राफ साहित्य-अक्ष (x) पर अन्य कलाओं के अक्ष (y) को ही प्रमुख रूप से संबंध-सीमित रखेगा। आमूल प्रतिज्ञा के यथोक्त निबंधनों (टर्म्स) को अभी और आगे बढ़ाना लाजिमी है।

कलाओं का ऐतिहासिक वर्गीकरण ललित और उपयोगी, प्रमुख और गौण, दृश्य और श्रव्य, हस्तकौशल और कारी आदि में 'ललितविस्तर', 'कामसूत्र आदि से लेकर हीगेल, कुमार विमल और वासुदेवशरण अग्रवाल तक होता आया है। आभिजात्य तथा अवकाश भोगी वर्गों की ललित कलाएँ तथा श्रमिकों और गुलामों के भौतिक-शारीरिक श्रम वाली उपयोगी कलाएँ इतिहास का दर्पण बनीं। इसी प्रकार कताई-बुनाई, शृंगार-वस्त्राभरण, गृहकाज आदि की सुकुमार कलाएँ और सूत्रधारों-शिल्पियों की पौरुषेय कलाएँ भी विभक्त हुईं। बहुल साहित्य को विद्या अर्थात् सैद्धांतिकी के खाते में डाल दिया गया और रूपंकर कलाओं को व्यावहारिक बता दिया गया। इसका अंतर्भुक्त कारण विभिन्न माध्यमों तथा विविध सामग्रियों के इस्तेमाल रहे हैं जो मात्र शब्द-धुरी का अतिक्रमण करते चलते हैं। अतः ये विभाजन इतिहास-क्रम में, सामाजिक आवश्यकताओं एवं टेकनॉलॉजी के विकास के साथ-साथ वर्गीय श्रम विभाजन तथा वस्तु (कलावस्तु) के निर्माण या उत्पादन की देन रहे हैं। अतएव इनमें सांस्कृतिक इतिहास और सांस्कृतिक स्वप्न के भूले-बिसरे सूत्रों की पहचान इनके अंतरर्संबंधों को 'दर्पण' धर्मी तथा 'दीपक' धर्मी बना देती है। शनैः-शनैः साहित्य एवं कला की प्रकृति के फर्क भी प्रकट होने लगते हैं।

अभी कुछ शेष है।

साहित्य और अन्य कलाओं के अंतर्संबंधों में आगे सबसे जटिल समस्या तब आएगी जब हर साहित्य तथा कला को विभिन्न कालों में <u>शैलियों की अनेकरूपता</u> से जूझना पड़ेगा। इसी के साथ जब एक कलापुंज का अन्य कलापुंज के साथ, एक माध्यमीय पुंज तथा अन्य माध्यमीय पुंज की विभेदक भाषा के संविधान के साथ तालमेल बैठाना पड़ता है तो हर एक साहित्य-विधा तथा कला-प्रकार के पारिभाषिक ही आरोहण द्वारा हमें आत्मोत्तीर्ण कर सकते हैं।

इन समस्याओं से रू-ब-रू होने पर भाषा की अभिव्यंजना तथा संप्रेषण और कार्मिक निष्पादन की नितांत नई चुनौतियाँ आती हैं क्योंकि निर्भाषिक कलाओं का एक अजब-अनूठा संसार है। उस संसार में केवल मात्र शब्दार्थ मनोरथिक नहीं रह पाते हैं। शब्द कर्मवाची अथवा अनिर्वचनीय वृत्ति वाले होने लगते हैं। निष्कर्ष यह है कि शब्द अर्थ-कर्म-वाक् को लाँघकर गूढ़तर अवधारणाओं तथा इतर प्रत्ययों के साथ विलक्षण अर्थांतर जुगलबंदी करते हैं। यह सही है कि स्रोत तो शब्द ही होता है। परंतु हमें शब्द+अर्थ, शब्द+रेखारंग, शब्द+गंध, शब्द+मुद्रा, शब्द+सुर

शब्द+गतिकी, शब्द+आयतन की सहितता वाली पृथक इकाइयों की व्यासरेखा पर क्रियमाण होना पड़ता है : संयुक्त-वियुक्त होते हुए।

अंततोगत्वा साहित्य और कलाएँ, अनुभूति एवं कल्पना धुरीण होने के कारण, आधुनिक हाशियों में वस्तुनिष्ठता (आब्जेक्टिविटी) और तथ्यात्मकता (फैक्चुअलिटी) के द्वंद्व उभारती हैं। इसी के सहवर्तन में 'सौंदर्य' एवं 'मूल्य' के अत्यंत विवादपूर्ण मुद्दे लगातार उठते जाते हैं। तथापि यहाँ हम इन मुद्दों से बगल काट करते हैं और दर्शन की परंपरागत सीमाओं का भी अतिक्रमण करते हुए बस-विशिष्ट कलाओं तथा साहित्य की छानबीन करेंगे।

एक अंतिम चेतावनी और सावधानी भी। संप्रति एक मिथकीय भ्रम का भंजन करना भी लाजिमी है कि सौंदर्यबोधशास्त्र (एस्थेटिक्स) तो अनुभूतियों-संवेदनाओं-इंद्रियबोधों का एक धुँधला, अष्टावक्र प्रकल्प है। यह नजरिया इतिहास-दुश्मनी वाला है। आरंभ से ही आर्यान वेदों से ग्रीक 'रिपब्लिक' तथा आधुनिक अकादेमिआ तक सौंदर्यबोधशास्त्र तो दर्शनशास्त्र की एक शाखा रहा है। अब वह विज्ञान से समंजित होता जा रहा है। अतएव हमें अनुप्रयोगों के लिए शब्द और अवधारणा (कांसेप्ट), सौंदर्यबोधशास्त्र और 'सौंदर्य-सांस्कृतिक बिंब (एस्थेटिको-कल्चरल इमेज) का चतुरंगी प्रकल्प लेना पड़ेगा।

2

तो, हमारा प्रतिपादन 'साहित्य के सौंदर्यबोधशास्त्र' तथा 'कलाशास्त्रपरक साहित्य' के युगल पर आधारित होना चाहिए।

प्रमुख शब्देतर कलाएँ अक्सर भौतिक सामग्री तथा ऐंद्रियिक बोधकतापरक अर्थात् अस्तित्वोन्मुखी (एकजिंस्टेंशियल) होती हैं जबकि साहित्य भाव चिंतनपरक अर्थात् सारत्वोन्मुखी (एशेंसियल) होता है। दोनों का एक ही महारूपक है : पुरुष-प्रकृति की कांत मैत्री! इसीलिए काव्य-पुरुष, काव्यरमणी, चित्रपुरुष, वास्तुपुरुष, विद्यावधू, युगलकिशोर, अर्द्धनारीश्वर, नटराज जैसे महारूपकों द्वारा कला-साहित्य का वितान-बंधान होता आया है, शताब्दियों से। अपने महारूपक में द्वंद्व तथा एकता, संबंध तथा तुलना, वाद तथा प्रतिवाद का सामंजस्य है। ये द्वंद्वात्मक युग्म हैं, न कि संरचनावादी द्विपर्ण विरोध (बाइनरी अपोजीशन)।

'काव्यमीमांसाकार' यायावरीय राजशेखर (ई. नवीं शताब्दी) का महा-सांगरूपक संबंधपरक है।

ब्रह्मा-सरस्वती के पुत्र काव्य-पुरुष का विवाह शंकर-पार्वती की पुत्री साहित्य-विद्या से होता है। अतः सरस्वती और पार्वती समधिनें हैं। दंपति की यात्रा के पहले उनकी देह-रचना तथा श्रृंगार का उल्लेख :

काव्य-पुरुष की काया		दंपति का शृंगार	
शरीर	शब्दार्थ	वेश-विन्यास	प्रवृत्ति
मुख	संस्कृतभाषा	विलास-विन्यास	वृत्ति
भुजाएँ	प्राकृतें	वचन-विन्यास	रीति
जंघा	अपभ्रंश		
चरण	पैशाची		
वक्षस्थल	मिश्रभाषाएँ		
आत्मा	रस		
रोम	छंद		
वाग्विनोद	अलंकार		

दंपति चारों दिशाओं में विभिन्न प्रवृत्ति-वृत्ति-रीति वाले देशों में यात्रा करते हुए विदर्भ देश में पाणिग्रहण-संस्कार करते हैं। इस महारूपक में नाट्यशास्त्र तथा रीति-अलंकारशास्त्र के अंतर्संबंधों का ऐतिहासिक-भाषिक एटलस तैयार किया गया है। यहाँ केवल साहित्य-धुरी का निरूपण हुआ है।

अब 'काव्यालंकारसूत्रवृत्ति' के अनुसार काव्य-रमणी :

रमणी (वधू)	काव्य (कृति)
(i) अंग	वाक्य (1)
(ii) संमूर्ति	गुंफ (2)
(iii) शिर	वस्तु (3)
(iv) परिष्कार	अलंकार (4)
(v) प्राण	रीति (5)
(vi) गुण	गुण (6)

यह रूपक भी रीतिधारा के अंतर्गत है।

अब इसके उपरांत काव्य-पुरुष तथा काव्य-रमणी के समेकित तुलनात्मक संबंध-निदर्शित किए जा सकते हैं :

काव्य-पुरुष	काव्य-रमणी	काव्य (पुरुष)	काव्य (रमणी)
शरीर	(i) अंग	शब्दार्थ	वाक्य (1) देह
रोमावली	(ii) मूर्ति	शब्द समूह	गुंफ (2)
मुख		संस्कृत	
बाहु		प्राकृत	
जघन	(iii) शिर	अपभ्रंश	वस्तु (3)
चरण		पैशाच	
हृदय		मिश्र	
वेश-विन्यास		प्रवृत्ति	
अलंकरण	(iv) परिष्कार	अलंकार	अलंकार (4)
गुण	(vi) गुण	गुण	गुण (6)
वाणी, वाक् क्रीड़ा		प्रश्नोत्तर पद्धति	
विलास-विन्यास	(v) प्राण	प्रवृत्ति	
वचन-विन्यास		रीति	रीति (5)
आत्मा		रस	

अथ च तुलना द्वारा :

काव्य **(पुरुष)**	**काव्य** **[रमणी (प्रकृति)]**
1. शरीर/अंग	शब्दार्थ/गात
2. रोमावली/मूर्ति	छंदसमूह/गुंफ
3. अलंकार/परिष्कार	अलंकार/सौंदर्य
4. गुण/गुण	गुण/गुण
5. वचन-विन्यास/प्राण	रीति/रंजन-मंडन

इस स्थिति तक पहुँचकर हम देखते हैं कि विश्वेतिहास में भी मानविकी (साहित्य) तथा कलाओं (सौंदर्य) के उदय-पराकाष्ठा-अवसान की दशाओं की संबंधता के लिए

सहकार : ये तालिकाएँ नीलम अरुण मित्तू कृत 'रामकथा : मध्यकालीन लघुचित्रकला और काव्य' में से राधाकृष्ण प्रकाशन, दिल्ली, 2004

दार्शनिक रूपक (प्रकृति-पुरुष, शिव-पार्वती), जैविक रूपक (जन्म-यौवन-मरण), ऋतुरूपक (वसंत-शरद-शिशिर) की बुनियाद रही है। इसमें अंतर्संबंधता है, तुलना है तथा अंतर-विषय-अनुशासन भी है।

क्लासिकी परंपराओं में काव्य ही साहित्य का पर्याय रहा है। अतः यहाँ भी यही अनुमिति की जाए, यद्यपि ऐसे में विधाओं की विविधता तथा माध्यमों की जटिलता नजरअंदाज हो जाती है।

3

अब हम भाषिक धुरी से अवाचिक या निर्भाषिक धुरी पर प्रस्थान करते हैं। इस वृत्त में मूलरूपेण चित्र, शिल्प, वास्तु तथा प्रकारांतर से नृत्य आदि का समावेश होता है। सुकुमार कलाओं में गृहकाज, गृहसज्जा, मंडन-लेखन, श्रृंगार देह-चित्रांकन आदि शामिल हो जाते हैं।

इस उपक्रम में दो आयाम खुलते हैं—तुलना का तथा बहुकलापरक-बहुमाध्यमीय सौंदर्यबोधशास्त्र का। सौंदर्यबोधशास्त्र की प्रकृति तथा संदर्श (विजन) ही तुलनात्मक होता है—एक ही दृश्यकुल की कलाओं, एक ही श्रव्य साहित्य-विधाओं का, अथवा दृश्य-श्रव्य से परे स्वाद, सुगंध और स्पर्शपरक लघु कलाचक्रों का। सभी लघु-बृहद्, कृत्यों की संरचना में (i) आधारभूत इकाई (शब्दार्थ, मुद्रा-भंगिमा, रेखा-रंग, मुद्रा-ताल, अभिप्राय, आयतन-अभिकल्प) (ii) माध्यम, (iii) कौशल (निर्मिति तकनीक सृजन) तथा (iv) शैली का चौखंभा अनिवार्य तथा अस्मि-अस्ति है। यही 'कला' या 'साहित्य' को क्रमशः 'कलाकृति' या 'साहित्यिक कृति' में रूपांतरित करता है।

यहाँ आन पहुँचने पर हम सिद्धांतों से व्यावहारिक की ओर प्रस्थान-कलश रखना शुरू करेंगे। परंतु...? हाँ, परंतु! ध्यान रहे कि दृश्य, और कतिपय दृश्य-श्रव्य कलाओं में भी, सिद्धांत तथा विधान ही व्यवहार के सूत्रधार और शिल्पी होते हैं। शिल्प और नृत्य को लें। एक में पदार्थ तथा दूसरे में जीवंत देह ही सामग्री और माध्यम होती है। वस्तुतः भारतीय 'शिल्पकृतियाँ' तथा नृत्य-प्रकार कठोर शास्त्रानुमोदित हैं। शास्त्र के नियमों तथा सिद्धांतों के बिना न तो उनकी निर्मिति या निष्पादन हो सकता है और न ही उनका अभिग्रहण (रिसेप्शन) तथा आशंसा (एप्रिशिएशन)। (पहले यह कार्य आचार्यों तथा मुनियों का होता था)। इसलिए शिल्पशास्त्र-कामशास्त्र-नाट्यशास्त्र-भक्तिसूत्र-रससूत्र आदि की एक पीयूषवर्षी—अभिजात-अवकाश भोगी भव्य परंपरा रही है जिसमें सबका संश्लेष एकैक व्यास रेखा पर ही पुरुष, प्रकृति-पुरुष अर्थात् पुरुष-स्त्री के महारूपकों में किया गया है। अनिवार्यतः इस संरचना में अंग-विन्यास, शोभा एवं मूल्यपरक तुलना तथा कांत संबंध ही आधार बनकर तुलनात्मक अंतर्संबंधों के विधान रचते हैं। तथापि इस कार्यव्यापार में कई अंतराल तथा रिक्तताएँ भी छटपटाती हैं।

सबसे पहले तो <u>अध्ययन की व्यावहारिक पद्धतियाँ</u> भिन्न-भिन्न होंगी :

- प्रभाव
- सादृश्य
- अन्योन्याश्रय
- पुनर्प्रस्तुति
- विजड़ितता (फेटिश)
- रूपांतरण
- तुलना
- अंतरावलंबन
- समानांतरता
- संकलन

आगे बेसमझी से छुट्टी लेकर हम पहले काव्य-साहित्य और चित्रकला के, फिर गहरी समझदारी के साथ, शिल्प और साहित्य के युग्म लेंगे।

काव्य-साहित्य	चित्रकला
शब्द-अर्थ	क्षय-वृद्धि
गुण-धर्म	प्रकाश-छाया
प्राण-आत्मा	संरूप-दिक् (स्पेस)
वाणी-उक्ति	लघु-बृहद्
वृत्ति-रीति	लंबा-ठिंगना/मोटा
परिवेश	ऊँचाई-निचाई ω [परिप्रेक्ष्य (पर्सपेक्टिव)]

शिल्प-कर्म	साहित्य-क्रियात्मकता
1. आयतन (वोल्यूम) में अदृश्य रेखाओं के तहत छवियों का इंद्रियों के समक्ष (चाक्षुष एवं स्पर्शात्मक) प्रत्यक्षण	1. मानवीय दशाओं, पात्रों का मनसा-प्रत्यक्षण
2. तकनीकी हस्तकौशल (पदार्थ की सीमा)	2. शब्दबंध एवं भाषिक शैलियाँ
3. दृश्य से मनस्तत्त्व की ओर	3. मनस्तत्त्व से ऐंद्रियिकता और फिर ऐंद्रियिकता से विचारणा
4. निर्वाचिक अभिव्यंजना	4. वाचिक अभिव्यंजना
5. कलाकार-शिल्पी की दृष्टि का दखल	5. दृष्टिबिंदु, क्रमशः वैश्विक दृष्टिकोण में उन्मिषित ψ

ω नीलम अरुण मित्तू के आधार पर, वही, पृ. 175

ψ सुमनिका सेठी के आधार पर, दे. 'यक्ष संस्कृति : शिल्प एवं साहित्य', पृ. 124, राधाकृष्ण प्रकाशन, दिल्ली, 2003

अब तक हम इस ज्ञानदशा में आ गए हैं कि साहित्य तथा अन्य (प्रमुख) कलाओं के अंतर संबंधों को निर्वाचित करने के लिए हरेक की उस्तादी चाबी (मास्टर की) को पेश करें जो उसकी संरचना (स्ट्रक्चर) तथा विधा (जेनर) निश्चित करती है। कुल मिलाकर इसे चाबियों (चाभियों) का गुच्छा माना जा सकता है। एकांशों का यही गुच्छ साहित्य एवं अन्य कलाओं के लिए एक ऐसी अधिभाषा (मेटा लैंग्वेज) के विधान का पूर्वानुमान बनता है जो सौंदर्यबोधशास्त्र के लिए अभी तक अनसुलझी चुनौती बना हुआ है।

परियोजित सौंदर्यबोधात्मक भाषा की इकाइयाँ

शब्दार्थक बिंब | संमूर्ति | संकेत | चिह्न | मुद्रा | गंध | भंगिमा | प्रतीक | अभिप्राय | संवेदन | स्वाद | (अस्पष्ट)

यह भी जाहिर है कि (लिखित स्वरूप में) सभी कलाओं की वाचिक-अभाषिक अभिव्यंजना भाषा द्वारा ही होगी। अतएव अगर चित्रकला से आरंभ करना है तो रेखा-रंग की संमूर्ति से, अगर शिल्प से आरंभ करना है तो मुद्रा-लक्षण लांछन से, अगर नृत्य से शुरू करना है तो देहभंगिमा अंग-प्रतीकों से श्रीगणेश करते हुए उनका समापवर्तक भाष्य करना होगा। इसी में एक अंतरकलापरक अधिभाषा का महासूत्र भी अंतर्निहित है। निश्चित ही यह केवल शब्दार्थों पर आश्रित नहीं होगी।

उपर्युक्त गुरु-कुंजियों के व्यवहार को सीखना ही हमारी प्रतिज्ञा का पूर्णसिद्ध होना है। इसको पूरा करने के लिए तुलनात्मक साहित्य-कला के अर्द्धनारीश्वर-संदर्श का अभिज्ञान होता है–

अर्द्धनारीश्वर का महारूपक एवं ललित कलाएँ*

देह (अर्द्धनारीश्वर)	काव्य	चित्र	नाट्य	वास्तु	शिल्प	नृत्य
1. शरीर	शब्दार्थ	रूप भेद	आंगिक	भूमि	संहिति	आंगिक-नर्तन
	वाक्य	प्रमाण	अभिनय			(अभिनय भाव)
	(प्रतीक)/(बिंब)					
2. गुण	गुण	लावण्य		गवाक्ष		
	गुणाष्टक		भित्ति			
3. मुद्रा	मुद्रा (अभिप्राय)	मुद्रासन	मुद्रा	मुद्रा	मुद्रा	
4. अलंकरण/	अलंकार	सादृश्य	आहार्य-	चित्रकर्म		लय/ताल
वेश-विन्यास	(रूपक सादृश्य)		अभिनय	अभिकल्प		
5. वाणी/वार्ता	उक्ति (चमत्कार)	वर्णिका-भंग	संवाद			वाद्य वृंद/गीत
वाक्/वचन						
6. प्राण	रीति (शैली)	भाव	हाव-भाव	आयतन	अभिप्राय	हाव-भाव
7. आत्मा	रस	चमत्कार	रस	भंगी		रस
	प्रकार्य					

* 'रामकथा : मध्यकालीन लघुचित्रकला और काव्य' में नीलम अरुण मित्तू, राधाकृष्ण, 2004, पृ. 165

गुरुकुंजी के बाद सबसे आखिरी तालिका में साहित्य-कला के तुलनात्मक प्राचल के आधार-तत्त्व खचित किए जा सकते हैं–

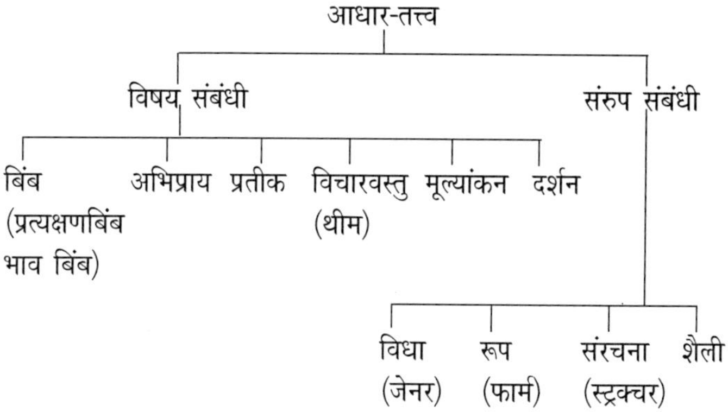

आलेख की प्रतिज्ञा की पूर्णाहुति हम साहित्य-कला के मिले-जुले संक्षेत्र से करेंगे–

साहित्य-कला का मिश्रित संक्षेत्र

लेखक-कलाकार प्रतिभा/अभ्यास	अभिव्यक्ति प्रेषणीयता	सहृदयता सामाजिक संस्कार	→ मानवीय तत्त्व
कला/कौशल	माध्यम/शैली	कृति/कलाकृति	→ कला तथा साहित्य
अनुभूति/संवेदना	सृजन-प्रक्रिया	सामाज-सांस्कृतिक अनुभव/संदर्श	→ सौंदर्य और मूल्य

सो, इन्हीं घटक तत्त्वों के अनुषंग में अध्ययन, विश्लेषण और मूल्यांकन किए जा सकते हैं–इसे रेखांकित कर लिया जाए, लाल स्याही से।

5

संप्रति आलेख की प्रतिज्ञा की सीमा में कृतकार्य (टास्क) के अंतर्गत अनुप्रयोग (एप्लाइड) तथा व्यवहार (प्रैक्टिकल) पक्ष हमारे अभिप्रेत नहीं रहे।

तदपि पृथक-पृथक कलाओं को, फिर उन्हें साहित्य के साथ समेकित करके, सोदाहरण निदर्शित एवं व्याख्यायित करना वांछनीय तथा संपूरक होता है। इसके हेतु कभी अन्य सुअवसर तथा व्यापक स्थान की अपेक्षा होगी।

फिर भी कुछ खास गुर तो जान ही लेना चाहिए–

1. 'सांस्कृतिक पैटर्न' की समझ और पैठ और परख अत्यंत लाजिमी है कि, क्या है, क्या हो रहा है, क्या हो सकता है, तथा क्या होना चाहिए।

2. साहित्य की पारिभाषिक शब्दावली तथा अवधारणाओं के साथ-साथ संदर्भित कला/कलाओं के पारिभाषिकों तथा अवधारणाओं का ज्ञान एवं विवेक स्वयं सिद्ध करना होगा। इसके लिए आलेख में दी गई सभी तालिकाएँ मार्गदर्शक साबित होंगी।
3. साहित्य तथा कृति के प्रसंग में जो कला/कलाएँ समाविष्ट हो रही हैं उनका निर्वचन उक्त कला की ग्लॉसरी तथा पारिभाषिकों एवं पद्धतियों के द्वारा ही किया जाना चाहिए। तभी सौंदर्य, मूल्य और संस्कृति की त्रयी का नवोन्मेषशाली अनावरण होगा।
4. इसमें स्रोत तो साहित्य की शब्दार्थ-इकाई होगी ही, किंतु लक्ष्य (टार्गेट) समीपवर्ती कला की आधारभूत इकाई होगी।
5. सारे के सारे 'साहित्य-कला-विवेक' तथा 'कृति-सौंदर्यमूल्य-विवेचन' की प्रकृति आद्योपांत एकायामी के बजाय अंतर-अनुशासनात्मक (इंटर डिसिप्लिनरी) ही होगी। इत्यलम्।

तीसरा भाग

तुलनात्मक साहित्य : भारतीय आयाम*

स्वपन मजूमदार

यदि कोई बंगाली फिल्म निर्देशक उर्दू-कहानी को कन्नड़ में या कोई ओड़िया निर्देशक किसी तमिल-कथा को हिंदी सिनेमा के रूप में प्रस्तुत करता है और ऐसी कहानी को उन फिल्मों के दर्शक अपने परिवेश की कथा मानकर सराहते तथा स्वीकार करते हैं, तो क्यों कोई यह दावा नहीं कर सकता कि हम सहज ही किसी अन्य भाषा में लिखित साहित्यिक कृति को उसी प्रकार सराह व स्वीकार कर सकते हैं। कोई प्रत्युत्पन्नमति कहेगा—सहित्य और ललित कलाओं का परस्पर साहचर्य सहज होता है और दृश्य-श्रव्य कलाओं के माध्यम से भाषिक अभिव्यक्ति की सीमा लाँघना भी कठिन नहीं, परंतु साहित्य के आस्वादन के बीच 'भाषा' ही सबसे अधिक बाधा उत्पन्न करती है। और क्या हमने डॉ. जॉनसन के जगाने से चली आ रही वह उक्ति नहीं सुनी कि प्रत्येक भाषा का अपना एक निश्चित लहजा व प्रवाह होता है, अपना एक भाषिक व्यवहार होता है और किसी अन्य भाषा के लुभाने-बहकाने के समक्ष वह छुई-मुई सी दम साधकर बैठ जाती है।[1] भाषा के ऐसे संवेदनशील व्यवहार के कारण उत्पन्न हुई समस्याओं और चुनौतियों के कारण ही तुलनात्मक साहित्य के अध्ययन की चाह उत्पन्न हुई और इस भागमभाग और आपाधापी के युग में भी यह आकांक्षा वास्तविकता का रूप धारण कर सकी।

विभिन्न भारतीय विश्वविद्यालयों के अनेक विषय-क्षेत्रों एवं पाठ्यक्रमों में सम्मिलित अनेक अन्य विषयों के समान ही 'तुलनात्मक साहित्य' विषय भी भारत में बाहर से आया। इसी कारण इस विषय-क्षेत्र के प्रायः सभी भारतीय पुरोधाओं ने भारतीय साहित्य के तुलनात्मक अध्ययन हेतु कार्य-प्रणाली को आयातित करते हुए इसे भारतीय साँचे में ढालने का उपक्रम किया। अनुकूल करने की उनकी अनुशंसाओं को आज भी भविष्यदर्शी व दूर की कौड़ी भले ही मान लिया जाए, किंतु प्रश्न यह रह जाता है कि कोई बाहरी दृष्टिकोण, विचारधारा या प्रविधि मूलतः रहती पराई ही है, चाहे उसे अपना बनाने के लिए कितनी चेष्टा की जाए! और वह दृष्टि, जो पाश्चात्य भूमि में अंकुरित हुई और वहीं के वातावरण में पल्लवित हुई, कैसे यहाँ रोपित होकर फलदाई होगी?

* मूल अंग्रेजी से हिंदी अनुवाद : गोपाल शर्मा

नाटक और दृश्यकाव्य, गीति और खंडकाव्य या उपन्यास, कथा, आख्यायिका के निहितार्थ नितांत भिन्न हैं और उनकी पृष्ठभूमि में उनका दर्शन निश्चित रूप से समरूप नहीं है। चाहे किसी भी निकष पर कसकर देखा जाए, उनके साहित्यिक कोश के लिए वे अनुपयुक्त ही पाए जाएँगे। वस्तुतः हमारे विभिन्न साहित्येतिहासों में ऐसे अनेक उदाहरण प्राप्त हो जाएँगे, जब प्राचीन साहित्य द्रष्टाओं एवं साहित्यकारों को पाश्चात्यीकरण और आयातित सिद्धांतों को दृष्टिगत रखते हुए खोटा मान लिया गया। उनकी अवहेलना की गई। उनके योगदान को नकार सा दिया गया। दूसरी ओर यह भी एक दुःखद विषय है कि पाश्चात्य सैद्धांतिकों ने मुश्किल से ही कभी किसी भी एक साहित्यकार के अनुभव व लेखन के प्रति समर्थन का भाव प्रदर्शित किया। निहित साहित्येतर कारणों से चीन, जापान, कोरिया और अरब देशों के साहित्य की ओर पाश्चात्य पाठकों की दृष्टि गई अवश्य, किंतु सामान्यतः यह अकादमिक जिज्ञासा मात्र थी। और क्या कहें, धीरे-धीरे कई कारणों से दक्षिणी-पूर्व एशिया की भाषाओं और उनके साहित्य के प्रति पाश्चात्य जगत के विश्वविद्यालयों में अध्ययन-अध्यापनरत छात्रों-प्राध्यापकों का रुझान घटता गया है। उनके संकायों व विभागों के बजट में लगातार कटौती की जा रही है। ऐसी अवस्था में भारतीय साहित्य से जुड़े भाषाविदों एवं प्राध्यापकों का यह दायित्व है कि वे अपने-अपने संकायों, विभागों एवं परिवेश में स्वतः ही साहित्य के इतिहास और आलोचक के लिए मानदंड व प्रविधियों का निर्माण करें और तुलनात्मक साहित्य के भारतीय स्वरूप को भारतीय परिवेश के अनुकूल यहाँ की मिट्टी में ही रोपित, अंकुरित, पुष्पित व पल्लवित करें, तभी सुफल की प्राप्ति होगी, क्योंकि परमुखापेक्षी होकर आयातित दोयम दर्जे के सिद्धांतों के भरोसे रहना उपयुक्त नहीं हो सकता। बेहतर यह होगा कि अपने साहित्यिक अनुभवों एवं प्रस्तुत परिस्थितियों से प्राप्त प्रत्यक्ष-परोक्ष अनुभव प्रदत्त सामग्री के आधार पर तुलनात्मक साहित्य के भारतीय स्वरूप को विकसित किया जाए। मुझे विश्वास है कि सुधीगण स्वयं मार्ग बनाकर इस क्षेत्र के विकास को सुनिश्चित करेंगे। हाँ, यह बात अवश्य है कि इस प्रकार के आमूलचूल परिवर्तन की ओर उन्मुख होने के उपरांत भी इसकी स्थापना एवं विस्तार में समय लगेगा।

'तुलना' का विचार होमर-युग से चला आता है, किंतु इसके सिद्धांतों का सम्यक् प्रयोग नेपोलियन-युद्धोपरांत ही यूरोप में प्रचलित हुआ। यह वह समय था, जब सम्पूर्ण यूरोपीय महाद्वीप में एकात्मकता के आदर्श को अपरिहार्य माना जाने लगा था और मेटरनिक प्रणाली (आस्ट्रिया के विदेश मंत्री मेटरनिक द्वारा सुझाई गई मेल-मिलाप नीति) के प्रति सभी के मन में अविभक्त आदर भाव व्याप्त हो गया था। यह भी इतिहास के आश्चर्यों में से एक है कि प्रथम विश्वयुद्ध की सुगबुगाहट के साथ-ही-साथ उठी कई राजनीतिक तरंगों में राष्ट्रपति वुडरो विल्सन के उर्वर मस्तिष्क से निकले 'एक विश्व' और विश्व-एकता के विचार ने भी तुलनात्मक साहित्य को एक अकादमिक विषय-क्षेत्र के रूप में सुगठित करने में योगदान किया। भारत में, जब स्वतंत्रता आंदोलन में जनमानस

ने क्षेत्रीयता के संकुचित विचार को परे सरकाते हुए राष्ट्रीयता की विकसित भावना के फलस्वरूप क्षेत्रीय साहित्य के सौंदर्य के साथ ही अन्य अनेक सजातीय स्वदेशी भाषाओं के साहित्य को सराहने की भावना प्रबल की और एक ऐसी साझी संवेदना का प्रवाह आया, जिसमें 'सहित' भाव निहित था, तो सहज ही 'तुलनात्मक साहित्य' की नींव पड़ गई। मैं समझता हूँ कि यहाँ यह उल्लेख करना असमीचीन न होगा कि उन दिनों जब विभाजन के विरोध में आंदोलन हो रहे थे, राष्ट्रीय शिक्षा परिषद के माध्यम से रवींद्रनाथ ठाकुर ने एक प्रपत्र प्रस्तुत किया। सन् 1907 में लिखा यह 'वर्ल्ड-लिटरेचर' (विश्व साहित्य)[2] आलेख उसी राष्ट्रीय शिक्षा परिषद में पढ़ा गया था, जहाँ बाद में जादवपुर विश्वविद्यालय की नींव पड़ी और जिसके प्रागंण में भारत का ही नहीं, सम्पूर्ण एशिया का पहला 'तुलनात्मक साहित्य' विभाग सन् 1956 में गठित हुआ।

उपर्युक्त पंक्तियों में भारत और पश्चिम में तुलनात्मक साहित्य के अध्ययन अध्यापन के उत्स एवं स्थापना की संक्षिप्त चर्चा की पृष्ठभूमि में इसी विचार को उजागर करने की चेष्टा है कि पश्चिम और भारत, दोनों की परिस्थितियाँ भिन्न हैं, इसलिए तुलनात्मक साहित्य के अध्ययन की परिपाटी भी भिन्न होगी। यूरोप में तुलनात्मक प्रविधि को अपनाना ऐच्छिक था, किंतु भारत में यह एक आवश्यकता थी, क्योंकि भारतीयों की बहुभाषी प्रवृत्ति में एकात्मकता इसी से सुनिश्चित होती। यूनानी और रोमन संस्कृति एवं 'ईसाइयत' के साझा संस्कार विरासत में प्राप्त होने पर भी, यूरोप के सभी देश अपनी एक अलग पहचान रखते थे। उनके संप्रभुता संपन्न इतिहास ने उन्हें एक दूसरे का प्रतिद्वंद्वी बना दिया था। आपस में होने वाले युद्ध कभी थमते ही न थे। कभी वे दम लेते, तो आपसी मेल बढ़ता, सांस्कृतिक आदान-प्रदान भी होता। इसके विपरीत भारत में, विदेशी शासकों के द्वारा अनेक वर्षों तक लगातार शासित एवं पददलित होने वाले भारतीयों ने एक प्रकार से निष्क्रियतापूर्ण प्रतिरोध करते हुए आपसी सौहार्द, सांस्कृतिक एकात्मकता एवं निकटता को बल देने के लिए भाषा एवं साहित्य का आलंबन लिया। भारतीय जनमानस में एक प्रकार की तुच्छता व कमतरी की भावना भरने का कार्य ये विदेशी शासक अपनी नीति की तरह करते थे। हीनता और लज्जा की भावना से भरे भारतीय धीरे-धीरे प्रतिरोध-स्वरूप उन सब गुणों एवं लक्षणों को आत्मसात् करने लगे, जिनके कारण भारत को एक राष्ट्र की संज्ञा दी जाती है।

वस्तुतः भारत को अनेक ऐतिहासिक कारणों से ऐसी बहुत सी परिस्थितियाँ प्राप्त होती रहीं, जिनके कारण एक ओर तो अनेकता व बहुज्ञता पनपी, दूसरी ओर इस अनेकत्व के फलस्वरूप अनायास ही तुलना करने की प्रवृत्ति भी विकसित होती चली गई। चाहे दर्शन का क्षेत्र हो या धर्म और साहित्य का, अनेकता और विविधता ने तुलनात्मक दृष्टि के विकास में अप्रतिम योगदान किया। भारत द्वारा भोगे गए उपनिवेशी अनुभव ने भी सदियों से ऐसी ही दृष्टि विकसित करने का कार्य किया। यही वह दृष्टि और आधार है, जिसके कारण समूची पाश्चात्य साहित्यिक परंपरा और स्थिति ही नहीं, उसकी

आलोचना पद्धति एवं सैद्धांतिकी में भी वह जटिलता और दमक नहीं दिखाई देती, जो भारतीय संदर्भ में मुखरित हुई। लगभग सभी पाश्चात्य देशों में आधुनिकता ने उनकी परंपरा पर कोई आघात नहीं किया। एक के पश्चात् दूसरी का आगमन सामान्य रूप से हुआ। परंपरा के विकास से आधुनिकता पनपी। किंतु भारत में, आधुनिकता का आगमन एक संक्रमण व घोर संकट के साथ हुआ। दो महान परंपराओं का टकराव और उससे अंततः आमूल-चूल परिवर्तन। इसी कारण ऐतिहासिक सुधारवादी दृष्टि भारतीय संस्कृति के लिए सौंदर्यवादी अनुभव भी रहा और आधुनिक भारतीय साहित्य परंपरा और आधुनिकता के टकराव के कारण उभरकर एक नए स्वरूप में प्रकट भी हुई।

अभी कुछ अरसा पहले तक भारतीय संदर्भ में भी सन् 1954[3] में प्रख्यात कवि-आलोचक एजरा पाउंड की 'तुलनात्मक साहित्य' के प्रति नाराजगी व शिकायत ठीक प्रतीत होती थी। वास्तव में हम भी तुलनात्मक साहित्य की न तो कोई आधिकारिक परिभाषा करने में समर्थ थे और न ही यह जानते थे कि इस विषय के अध्ययन की ओर किस प्रकार उन्मुख हुआ जाए। हमें किसी पुख्ता, दृढ़ एवं अनुभूत विधि का ज्ञान ही न था। यह बात अवश्य है कि इस दौरान इतने वर्षों तक इस दिशा में किए गए प्रयत्न व्यर्थ नहीं गए। हमारे अनेक पूर्व-विद्वानों ने बहुत सुघड़तापूर्वक इसकी साहित्यिक समृद्धि एवं विकास को चिह्नित किया। यह भी हमें नहीं भूलना चाहिए कि जो भी उन्होंने किया, वह अपने बलबूते पर और एकनिष्ठ होकर किया। यही कारण है कि उनकी समस्त उपलब्धियाँ उल्लेखनीय हैं। अब जब हम इस चौराहे पर आ खड़े हुए हैं, तो हमें अपने सभी प्रश्नों के समाधान मिल-जुलकर खोजने होंगे। किंतु जब तक हम इस क्षेत्र की समस्त समस्याओं में से कुछ प्रमुख समस्या क्षेत्रों को चिह्नित नहीं कर लेते और उनका निदान नहीं खोज लेते, तब तक तुलनात्मक साहित्य की वास्तविक छवि ओझल ही रहेगी और इसके विकास का कार्य अधूरा ही कहा जाएगा।

सबसे पहले तो यह कहना होगा कि हम भारतीय साहित्य के संरचनात्मक ढाँचे को बहुत बेतरतीब पाते हैं—यह एक पक्षीय है या बहुपक्षीय? भारत के साहित्यकारों की अग्रणी संस्था, साहित्य अकादेमी का ध्येय वाक्य यह बताया जाता है—'भारतीय साहित्य एक है, यद्यपि इसे विभिन्न भाषाओं में लिखा जाता है।' फिर भी अचरज होता है कि भारत की प्रत्येक अनुसूचीबद्ध भाषा में वार्षिक पुरस्कारों की घोषणा सर्वोत्तम कृति (भाषावार) के लिए अलग-अलग होती है। राजनीतिक स्तर पर यह समझा जा सकता है कि मोटे तौर पर भारतीय संघ में राज्यों का भाषावार पुनर्गठन किया गया था। यह नारा भी इसी कारण से राजनीतिक अधिक एवं साहित्यक कम प्रतीत होता है। राजनीतिक पहचान इसी वजह से चली आती है, किंतु क्या यही पहचान हमारे राष्ट्रीय साहित्य को निर्धारित करने वाली अकेली पहचान है? वस्तुतः अभी तक अनेक देशी व विदेशी विद्वान भारतीय साहित्य को अनेक क्षेत्रीय भाषाओं में लिखे साहित्य के संकलन को मानते थे। बाहरी तौर पर देखा जाए तो हमारा ध्यान प्रत्येक क्षेत्रीय भाषा की भाषिक

अद्वितीयता के धरातल पर विकसित हुए साहित्य के विलक्षण लक्षणों पर नहीं जाता। किंतु भारतीय साहित्य का कोई सजग अध्येता किस प्रकार ऐसी अनेक विलक्षणताओं एवं विविधताओं को आत्मसात् व रेखांकित कर सकता है? यदि यह मूल अवधारणा स्वीकृत की जाती है, तो यह कहना सही होगा कि भारतीय साहित्य की तुलनात्मक विधि समस्तरी या क्षैतिज है, ऊर्ध्व या अवलंबी नहीं। यही नहीं, चाहे वह विषय-वस्तु, प्रसंग या प्रकरण विषयक हो या वंशानुगत या रूपवादी हो, फिर तो भारतीय तुलनात्मक पद्धति समस्तरी या क्षैतिज ही हो तभी श्रेयस्कर होगा।

इस तथ्य में कोई दो राय नहीं कि 'भारतीयता' का बोध भावनात्मक धरातल पर ग्रहण करने की वस्तु है। इसको साकार या प्रत्यक्ष न तो प्रस्तुत किया जा सकता है और न ही इसके लक्षणों को गिनाया जा सकता है। राष्ट्रीय चरित्र द्विआधारी प्रक्रिया से विकसित होता है–कभी यह समानांतर रूप से आगे बढ़ता है और कभी अंतःस्पर्शी रूप ले लेता है। चाहे इसका कोई प्रकार ही क्यों न हो, इसमें व्यक्तित्व रूढ़ि और सांस्कृतिक रूढ़ियों का प्रयोग अवश्य होता है। शिव, विष्णु, कृष्ण, राम यहाँ मिथक के रूप में उपस्थित हैं और पुराणों से लेकर गांधी तक की एक अविच्छिन्न प्रथम कड़ी इसका अप्रतिम उदाहरण है। किंतु भारत जैसे बहु-धर्मी राष्ट्र में ऐसे बने-बनाए मिथकों का प्रयोग कभी-कभी राष्ट्रीय चरित्र को एकरसतापूर्ण भी बना सकता है या उसे ऐसा प्रस्तुत किया जाता प्रतीत हो सकता है। अतः यह अधूरा भी है और रूढ़िग्रस्त भी। इसके विपरीत सांस्कृतिक-रूढ़ि, विश्वास, आदर्श, रीति और व्यवहारों का संघटित एवं सम्पूर्ण रूप है। वी.के. गोकाक ने इसी कारण मिथक और व्यक्तित्व रूढ़ियों के 'पारस्परिक सम्मिलन' (Consubstantiation) को 'भारतीयता'[4] की आत्मा माना है। किंतु बहुधा देखा गया है कि जो प्रस्तुत होता है, वह छलावा होता है। संस्कृति शायद ही एकात्म प्रकार की होती है। इसे जीवन के अनेक स्तरों से प्राप्त किया जाता है–पांडित्यपूर्ण एवं लोकरंजित, अभिजातीय व जनजातीय, पवित्र एवं त्याज्य। और ये दोनों स्तर साथ-साथ भी चलते हैं। ऐसे भी लोग विद्यमान हैं, जो यह मानते हैं कि चाहे अपने आप में जातिवाद कितना ही त्याज्य एवं घृणित परिपाटी क्यों न हो, भारतीय संस्कृति में यह एक जोड़ने वाली कड़ी भी रही है। क्या कभी ऐसा कोई दिन आएगा, जब ऐसी परिपाटी त्याग दी जाएगी या स्वयं ही विलुप्त हो जाएगी? भारत जैसे देश में जहाँ शहरीकरण और ग्रामीण जीवन से शहरों की ओर पलायन अभी पूर्ण नहीं हुआ है, समस्या बहुत गंभीर है। किंतु क्या तुलना के ये आधार केवल हमारे राष्ट्रीय चरित्र में ही हैं या इनके साहित्यिक गुणावगुण भी हैं?

राष्ट्रीय और अंतःसांस्कृतिक तुलनात्मक धरातल पर एक साथ ही समस्त परिप्रेक्ष्य का आकलन करना और भी अधिक कठिन हो जाता है। क्या कोई रवींद्रनाथ ठाकुर के साहित्य में भारतीय एवं पाश्चात्य लक्षणों के अनुपात का सही निर्धारण कर सकता है या गोएते के लेखन में पौर्वात्य एवं पाश्चात्य गुणों की सही मात्रा बता सकता है? इसी कारण भारतीयता की उथली दृष्टि को दरकिनार कर हमें अनुभवजन्य दृष्टि को

अधिमानता देनी होगी। उदाहरण के लिए, भिन्नता के प्रमाणों का मापन करते समय, जैसे वाल्मीकि की रामायण से इतर अन्य क्षेत्रीय रामायणों के भीतर, हमें एक विचार सरणि से गुजरना होता है। वह विचार प्रारंभ में कितना ही धुँधला क्यों न हो, किंतु भारतीयता के गठन में सहायक अवश्य होता है। अब तक हमने जो चर्चा की है, उसके आधार पर यह स्पष्ट हो जाता है कि तुलनात्मक अध्ययन के क्षेत्र में भी क्षेत्रीय भावना और उससे संबंधित प्राप्त साहित्य तुलनात्मक निकष हेतु मूल सामग्री प्रस्तुत करते हैं। जब तक किसी अध्येता की पैठ मूल भाषा या प्रथम भाषा साहित्य में नहीं होगी, तब तक चाहे कोई कितने ही तथ्यों की भीड़ जमा कर ले, किंतु वह उनका प्रयोग और सामंजस्य व्यक्तिगत रूप से प्राप्त साहित्यिक अनुभव से नहीं कर सकता। (जादवपुर विश्वविद्यालय के पाठ्यक्रम में इस बात पर सदैव बल दिया गया है, चाहे उन पर यह आरोप भी लगाए गए कि वे अन्य विषय-क्षेत्रों की ओर भी आँख गड़ाए रहते हैं।)

अपनी अभिलाषाओं को अमूर्त वैचारिक-धरातल पर प्रस्तुत करना और उन्हें अनुप्रयोगी क्षेत्र के साथ घटा कर देखना दो अलग-अलग क्रियाएँ हैं। जहाँ तक साहित्यिक निकष का प्रश्न है, भारतीय साहित्यों का असमान विकास उनके सटीक काल-विभाजन के मार्ग में आ खड़ा होता है। उन भारतीय भाषाओं के साहित्य का तो कहना ही क्या, जिनमें आधुनिक काल का आगमन सीधे पाश्चात्य संस्कृति के साथ संपर्क द्वारा निर्धारित होता है। यही नहीं, भारत की अनेक भाषाओं के साहित्य के विकास के प्रारंभिक चरण में भी यह स्थानिक और गुणात्मक उतार-चढ़ाव कम मात्रा में मौजूद नहीं था। उदाहरण के लिए तमिल भाषा अपने आस-पास उपलब्ध भाषाओं में तुलनात्मक रूप से अधिक प्राचीन थी और उनमें से कई भाषाएँ आधुनिक भाषाओं के रूप में अपना प्रथम दर्शन करा रही थीं। ऐसी समस्याएँ मध्ययुग के अंत तक विचारणीय नहीं हुई थीं, क्योंकि साहित्यिक विकास अपनी निश्चित गति से स्वाभाविक रूप से हो रहा था। जब उन्होंने कुछ विदेशी तत्त्वों को अंगीकार भी किया, तब भी उन्होंने किसी विदेशी मॉडल को देख उसका अंधानुकरण कदापि नहीं किया। किंतु पाश्चात्यीकरण या पश्चिमीकरण की आँधी ने—जो एक साथ ही संस्कृतीकरण और इस्लामीकरण के तत्त्वों से अनुप्राणित थी—बड़ी बेदर्दी से प्रभावित किया। अंग्रेजी भाषा शिक्षण परिपाटी के द्वारा अंग्रेजी आलोचनात्मक विचारधाराएँ प्रस्तुत हुईं, जो भारतीय विचारधाराओं से चाहे मेल न खाती हों, फिर भी उनका कुछ-न-कुछ प्रभाव अवश्य पड़ा। उनका भारतीय भाषाओं के विस्तृत फलक पर चाहे उतना प्रभाव न हुआ हो, फिर भी कुछ उल्लेखनीय अवश्य हुआ। उदाहरण के लिए अंग्रेजी के आने के बाद सभी क्षेत्रीय भाषाओं के साहित्य में स्वच्छंदतावादी उत्थान के लिए पुख्ता जमीन तैयार हुई। क्या यह किसी पुनर्जागरण या नव्य-क्लासिकल युग का भारतीय उपमहाद्वीप में कहीं प्रस्तावना का कोई क्रम था? निश्चित रूप से मैं यह नहीं कहना चाहता कि भारतीय साहित्य को पहले कभी ऐसा अनुभव नहीं हुआ। संभवतः इस प्रकार के पुनर्जागरण का कई भाषाओं में प्रवेश एवं उसका अनुभव पहले ही हो गया था। पश्चिमी जगत के अनुभव

के पूर्व भी भारत में ऐसे अनुभव से भारतीय भाषाएँ गुजर चुकी थीं, किंतु यह भी उतना ही सत्य है कि पाश्चात्य भाषा और संस्कृति से ऐसा सीधा साक्षात्कार पहले कभी न हुआ था, तो भी हम चूँकि आदतन दूसरों के सिखाने से सीखते हैं, तो हमने इनके प्रभाव को वैसा ही ग्रहण करने के विचार को स्वीकृति दी।

मैं यहाँ जिस बिंदु पर पहुँचना चाहता हूँ वह यह है कि हम शासक के साथ चलने के निमित्त उसकी संस्कृति से प्रेरित हो रहे थे और हमारे पुरखे अक्सर स्तर के अनुसार न चलकर उसके प्रति अधिक उत्साह प्रदर्शित कर रहे थे। मैं इसे एक पुख्ता उदाहरण से स्पष्ट करना चाहूँगा। माइकेल मधुसूदन दत्त अपने आपको शुद्धतावादी अंग्रेजी कवि मिल्टन का शिष्य मानते थे। उन्होंने सन् 1861 में 'मेघनाद वध' काव्य का प्रणयन किया। विद्वानों का यह मानना है कि उनकी यह कृति बंगाल में रोमांटिक परंपरा पुख्ता करने वाली रही। रवींद्रनाथ ठाकुर की कृति 'मानसी' सन् 1890 में प्रकाशित हुई। कहना न होगा कि जिस मार्ग और अनुभव को आत्मसात् करने में अंग्रेजी साहित्य को दो सौ तीस वर्ष का समय लगा, बंगाली साहित्यिक जगत को उसी अनुभव को आत्मार्पित व आत्मसात् करने में केवल तीन दशक लगे। स्वाभाविक है कि भारतीय परिवेश में यहाँ की विकास यात्रा एवं ढाँचे में जो गैर लचीलापन व यंत्रवत्ता है, उसके कारण साहित्य की कुछ विधाओं—जैसे आलोचना के क्षेत्र में अब भी कुछ कमी पाई जाती थी।

एक दूसरी रीति भी सूक्ति के समान अप्रश्नित होकर यहाँ चली आती है। भारतीय साहित्य में, बार-बार यह माना जाता रहा है कि पश्चिमीकरण का आगाज आधुनिकता के साथ-साथ हुआ। यह भी कि पश्चिमीकरण ने ही आधुनिकता का मार्ग प्रशस्त किया। यह सही है कि दोनों में कुछ अनौपचारिक संबंध है, किंतु आधुनिकता की प्रक्रिया केवल पश्चिमीकरण की विचारधारा पर कभी और कहीं आश्रित नहीं रही। क्या उन देशों में जहाँ ऐसा संयोग नहीं हुआ, वहाँ आधुनिकता का आगमन नहीं हुआ। दूसरी बात यह है कि हम सभी जानते हैं कि बंगाल प्रांत के पाश्चात्य सभ्यता के सीधे संपर्क में जाने से बहुत समय पूर्व ही देश के पश्चिमी समुद्रतटीय राज्य और ऊपरी प्रदेश पश्चिम के प्रभाव में आ गए थे। फिर ऐसा कैसे हुआ कि बंगाली साहित्य ने अन्य भारतीय साहित्यों से पहले आधुनिकता को अंगीकृत किया और उसके प्रभाव को स्वीकार करते हुए साहित्य सर्जन किया? क्या यह कहा जाए कि ऐसा इसलिए हुआ होगा क्योंकि बंगाल में परंपरा ने उन्हें बहुत कम बाँधकर रखा और पश्चिम से स्वयं को प्रभावित होने दिया? चाहे कारण कुछ भी रहा हो, यह कहना असंगत न होगा कि हम ऐसी विचारधाराओं के प्रवाह में बह जाते हैं और अपने सिद्धांतों को स्थापित करने के स्थान पर पाश्चात्य सिद्धांतों को स्वीकृति प्रदान करने लगते हैं।

इसी प्रकार की परमुखापेक्षी मानसिकता तब भी दिखाई देती है, जब हम मध्ययुगीन साहित्यकारों की चर्चा करते हैं। भारतीय साहित्याकाश के उज्ज्वल नक्षत्र; यथा—आलवार, नानक, ज्ञानदेव, कबीर, तुलसीदास, मीरा या सूरदास जिस काल को सुशोभित करते

हैं, वह युग पाश्चात्य परिपाटी का अंधानुकरण करते हुए अंधकार युग (डार्क-एजेज) कह दिया जाता है। मैं इस विचार या अवधारणा को यहाँ तक ही स्वीकार करने को तैयार हूँ कि जहाँ तक उस युग की सामाजिक स्थिति का प्रश्न है, कुछ अंधकार व पिछड़ापन था, किंतु जहाँ तक उस काल की साहित्यिक उपलब्धियों का प्रश्न है, यह युग हमारे लिए स्वर्ण युग के समान है। मध्यकालीन साहित्यिक धरोहर का हमारा वैभव संस्कृत साहित्य के विलक्षण संसार और आधुनिक भारतीय भाषाओं के साहित्य लेखन के उन्नयन के मध्य दब गया है। फिर भी मुझे ऐसा लगता है कि पश्चिम में मध्ययुग के पुनर्मूल्यांकन के चलन से हम भी ऐसे विचारों की व्यर्थता को समझ इस युग का पुनर्मूल्यांकन करेंगे ओर नए परिणामों पर पहुँचेंगे। किंतु यह बीमारी पूरी तरह से उखाड़कर नहीं फेंक दी गई है। हमने अभी तक अपनी साहित्यिक सैद्धांतिकी के लिए पूँजीवादी पाश्चात्य मॉडल पर भरोसा किया है। ऐसा लगता है कि यहाँ भारत में मार्क्स के सिद्धांतों पर आधारित एक अन्य प्रति-क्रांति पहले से ही प्रारंभ कर दी गई है। भारत में यह कैसा रूप लेगी, यह देखना अभी बाकी है। किंतु मूल बिंदु रह जाता है कि क्या ऐसी आयातित विचारधाराएँ हमारे साहित्यिक विचारक्रम एवं सोच में चार चाँद लगाएँगी या उनको नया रूप देने में सहायक अथवा बाधक सिद्ध होंगी? वस्तुतः मैं यहाँ केवल एक मार्ग का अनुसरण करने की वकालत नहीं कर रहा हूँ। मुझे ऐसा लगता है कि ऐसी सभी विचारधाराओं और चिंतन का हमारी अपनी साहित्यिक, यदि हम पहले अपने साहित्यिक मूल्यों का स्वयं निर्धारण कर लें तो, समझ की अभिवृद्धि में और अधिक अर्थपूर्ण योगदान होगा। सर्जनात्मक लेखन कभी किसी ढर्रे को अपनाकर नहीं होता, किंतु आलोचनात्मक दृष्टि चाहे वह सुदृढ़ हो या लचीली किसी सिद्धांत में प्रविधि के रूप में अपनाई जा सकती है।

इसका महत्त्व तब और भी बढ़ जाता है, जब हम प्रभाव- अध्ययन की अवस्था की ओर बढ़ते हैं। मैं यह पहले ही कह चुका हूँ कि मध्यपूर्व युग में हमारी सांस्कृतिक गतिशीलता उच्च स्तर पर पहुँच चुकी थी। इस बात को सप्रमाण संज्ञान में लिया जा सकता है (और चूँकि अनेक आंतरिक तथ्य उनकी बंदिशों के उपलब्ध हैं) कि या तो वे सभी साझा और एक से स्रोत से विश्वास प्राप्त करते थे और यदि कविगण कभी इधर-उधर जाते भी थे या उनकी पांडुलिपियाँ ले जाकर गायकों तथा घुमक्कड़ विद्वानों द्वारा एक कोने से दूसरे कोने तक पहुँचाई जाती थीं, तो भी उनमें एकसूत्रता का निर्वाह था अवश्य। फिर भी तथ्यात्मक लिखित सामग्री और अभिलेखों के प्राप्त न हो सकने के कारण हम यहाँ फ्रेंच प्रविधि का प्रयोग करना सुरक्षित नहीं मान सकते और हमारे पास कोई दूसरा विकल्प नहीं रहा, सिवाय इसके कि हम सौंदर्यवादी और साहित्यिक सादृश्य की दृष्टि से आगे बढ़ें।

यहाँ यह उल्लेख करना भी आवश्यक है कि वैलेकियन-स्कूल (रेन वेलेक और ऑस्टिन वारेन द्वारा रचित पुस्तक 'थ्योरी ऑफ लिटरेचर' के अनुसार 'साहित्य विश्लेषण'

की दो पद्धतियाँ हैं–आंतरिक व बाह्य) के अनुयाई दो या दो से अधिक समतुल्य अवधारणाओं, प्रवृत्तियों अथवा व्यक्तियों को तुलनावादियों द्वारा किए जाने वाले एकल साहित्यिक अनुशासन के अंतर्गत अध्ययन का संगत विषय नहीं मानते। इसका अर्थ हुआ कि शेक्सपियर के यश का ज्वार-भाटा उनके अपने ही देश में तुलनात्मक-साहित्य की सीमा में नहीं आता। उसी प्रकार पूर्व-मध्य युग हमारे अध्ययन व शोध के दायरे में नहीं आ पाता तथा उसकी साहित्यिक उपलब्धियों को प्रायः अनदेखा कर दिया जाता है, क्योंकि यह काल संस्कृत साहित्य की बदौलत हुआ। उसे वे तुलनात्मक अध्ययन की परिधि में नहीं रखते, किंतु जैसे ही उस माध्यम को पार कर लिया जाता है, यह तुलनाकारों के लिए अध्ययन का आकांक्षित क्षेत्र बन जाता है। कहा जा सकता है कि जयदेव पर कालिदास का प्रभाव तुलनात्मक दृष्टि से उपयुक्त नहीं, किंतु जयदेव की उत्तरजीविता भारतीय साहित्य के आधुनिक युग के लिए है। एक अन्य उदाहरण से बात और स्पष्ट हो जाएगी। 'वाल्मीकि प्रतिभा' नामक प्रसिद्ध नृत्य नाटिका रवींद्रनाथ ठाकुर ने 1881 में लिखी। इसमें कथा-क्रम मूल रूप से वाल्मीकि का ही है, किंतु वह आया है अल्प प्रसिद्ध रचनाकार कृत्तिवास के रचनात्मक योगदान से। इसका केंद्रीय आधारभूत कथा-क्रम प्रचलित दंतकथाओं पर आधारित है। कथा-वृत्ति हमें बिहारीलाल चक्रवर्ती की रचना-मुद्रा का स्मरण कराती है, जबकि प्रस्तुति औपचारिक रूप से पाश्चात्य रीति के अनुसार है। समग्रतः कह सकते हैं कि जटिलता की दृष्टि से अनुभव नितांत आधुनिक है और उस पर रवींद्रनाथ की अपरिहार्य छाया है। अब कोई तुलनाकार केवल इसी तथ्य को ध्यान में रखते हुए कि यह भाषागी बंधन का अतिक्रमण नहीं करता, इस रचना का आस्वादन करने से मना कर देगा? तुलनात्मक प्रविधि का कार्य इतना ही तो नहीं कि वह लेन-देन और उत्तरजीविता का ब्यौरा प्रस्तुत कर दे, बल्कि यह तो एक ऐसी प्रविधि है, जिसमें एक ओर तो साहित्यकार की मौलिकता का आकलन होता है, दूसरी ओर उसकी साहित्यिक कृति का।

यहाँ आप मेरा ध्यान इस ओर आकृष्ट करना चाहेंगे कि पूर्व-मध्य काल में भारतीय कला और साहित्य का उत्स या स्रोत एक ही रहा और उनके मूल में एक रूप वातावरण व परिवेश समाहित है। फिर भी यह तो कहना ही होगा कि ये सब एक ही देश की सीमा में घटित होने के बावजूद भाग्य, उत्तरजीविता, त्याज्य-संपत्ति और यहाँ तक कि सर्जनात्मक छल व द्रोह पूर्व-मध्य युग के तुलनाकार के लिए अवश्यंभावी साधन हैं, क्योंकि हमारे पश्चिमी सहकर्मी वर्ग के विपरीत हमारे पास उपयुक्त प्रमाण एवं साक्ष्यों की बेहद कमी रही है। आधुनिक भारतीय परिस्थितियों में भी कुछ व्यक्तिगत संपर्कों को छोड़कर (जैसे लक्ष्मीनाथ बेजबरुआ का रवींद्रनाथ ठाकुर के परिवार से या भारतेंदु का बँगला नाटककारों से) आपसी व्यक्तिगत संबंधों का मूल आधार साहित्यकार की सामाजिक प्रतिष्ठा रही है। मुझे ज्ञात है कि कुछ व्यावसायिक, धार्मिक केंद्रों और विभिन्न राज्यों की राजधानियों में साहित्यकारों के बीच परस्पर संबंध व विचारों का आदान-प्रदान

होता था और अब भी होता है। लेकिन यह आदान-प्रदान भी एक विशेष प्रकार का होता है। इनके अलावा दो भारतीय लेखकों के बीच संपर्क का मुख्य साधन सामान्यतया शुष्क प्रकाशित कृतियाँ ही रही हैं। विद्या सागर और वीरेश लिंगम, भारती और रवींद्रनाथ इस प्रकार के संपर्कों के लिए उपयुक्त उदाहरण हैं, जहाँ आपसी संबंधों के लिए पर्याप्त दूरी बनी रही। यह भी कहा जा सकता है कि यदि हजारीप्रसाद द्विवेदी, मुंशी प्रेमचंद की शर्मीलेपन की आदत, टालूपन व उनका धनी-मानी लोगों के प्रति अनुदार रुख थोड़ा हिला सकते, रवींद्रनाथ और प्रेमचंद समकालीन होते हुए, चाहे वे व्यवहार कुशलता एवं लोकरंजन में भिन्न व्यक्तित्व थे, यदि मिल पाते तो कौन जानता है कि भारत के साहित्यिक इतिहास के एक नए युग का सूत्रपात करते।

यह तो भारत की स्वतंत्रता के पश्चात् ही संभव हुआ कि अनेक सेमिनारों, गोष्ठियों एवं कार्यक्रमों में सर्जनात्मक कलाकार, साहित्यकार और चिंतक एक साथ आकर विचारों का आदान-प्रदान कर पाए और आशा की जा सकती है कि इससे निकट भविष्य में सच्चे अर्थों में भारतीय साहित्यिक परिवेश का पल्लवन होगा। समालोचकों को भी रस महायज्ञ और अनुष्ठान में अपने कौशल के साथ सहयोगरत होना होगा। भारतीय काव्यशास्त्र मूल रूप से तुलनात्मक है ही। अलंकारिका में कहा गया है–

उपमा कालिदासस्य भारवेरर्थगौरवम्।
नैषधै पदलालित्यं माघे संति त्रयोगुणः॥

(कालिदास की उपमा, भारवि का अर्थ गौरव, नैषध का पदलालित्य अनुपम है, किंतु माघ के काव्य में इन तीनों गुणों का समाहार है।)

और जब काव्यशास्त्री इस प्रकार तुलना करके किसी परिणाम पर पहुँचते हैं तो यह साहित्यिक आकलन का एक सही मानदंड प्रस्तुत करने का उपक्रम करता है क्योंकि इन कवियों के गुणों की तुलना से वह वहाँ पहुँचा है। समग्रतः यह कह सकते हैं कि भारतीय तुलनाकार के समक्ष जो आदर्श हैं, इतना ही करना श्रेयस्कर होगा कि इन्हें समयानुकूलित अर्थात् बदलते जमाने के अनुसार करके पुनर्नवा करते रहना होगा। यही उपयुक्त समय है जब हम अपनी मनःस्थिति को उचित समय संदर्भों के अनुकूल करके परंपरागत और आधुनिक दोनों प्रकार के भारतीय साहित्य के लिए सार्थक बनाएँ।

संदर्भ

1. 'प्रिफेसट शेक्सपियर' (1765) में : डीजे एनराइट तथा एर्नेस्ट ड धिकारा (सं.) इंगलिश क्रिटिकल टैक्स्ट्स (लंदन, 1962), पृ. 139
2. विश्व साहित्य, 'साहित्य' (1907) अनुवाद 'यूनिवर्सल लिटरेचर' में : शिशिर कुमार घोष (सं.) ऐंजल ऑफ सरप्लस (कोलकाता, 1978) पृ. 94-104
3. और देखें : 'वेस्टर्न क्रिटिकल प्रिमिसिज एंड इंडियन लिटरेरी प्रैक्टिसिज'
4. द कंसेप्ट ऑफ इंडियन लिटरेचर (दिल्ली, 1979), पृ. 113

भारतीय साहित्य की निर्मिति*

शिशिर कुमार दास

एक से अधिक भाषाओं के सृजन-समूह की पहचान कराने वाले वर्ग के रूप में व्यवहृत पारिभाषिक प्रयुक्ति 'भारतीय साहित्य' अपने प्रयोग के प्रारंभिक चरण से ही विवादित तथा समस्यामूलक रही है। इस पारिभाषिक प्रयुक्ति का पहला चरण और साथ ही 'भारतीय साहित्य' की अवधारणा उन प्राच्यविदों से संबंध रखती है, जिन्होंने इसे कमोबेश प्राचीन भारतीय साहित्य के साथ तादात्म्यीकृत किया है अथवा संस्कृत साहित्य से जोड़ा है। शायद, ए.वेबर का 'द हिस्ट्री ऑफ इंडियन लिटरेचर' (1852) पहला ग्रंथ था, जिसमें विस्तृत रूप से उस साहित्य की चर्चा हुई, जिसे भारतीय साहित्य के रूप में पहचान मिली। दूसरी ओर वेबर इस पारिभाषिक प्रयुक्ति की सीमाओं को स्वीकार करने वाला भी पहला ही विद्वान था। उसके शब्द उद्धृत किए जाने योग्य हैं, केवल इस कारण नहीं कि उनके चलते 'भारतीय साहित्य' की अवधारणा समस्याग्रस्त होनी शुरू हुई, बल्कि इसलिए भी कि वे साहित्य की प्रभुत्ववादी विचारणा के निर्माण में सहायक हैं–

"मैं इन भाषणों की शुरुआत में थोड़ी उलझन, बल्कि दिग्भ्रम से घिरा था कि इनके लिए किस प्रकार सबसे अच्छा शीर्षक चुनूँ। यह दावा नहीं किया जा सकता कि इनका उद्देश्य भारतीय साहित्य के इतिहास पर विचार करना है। उसके लिए मुझे आर्येतर स्रोत वाली भाषाओं सहित भारत के समग्र भाषा-समुदाय को विचार के दायरे में समेटना होगा। दावा यह भी नहीं किया जा सकता कि इनका विषय भारतीय-आर्य साहित्य का इतिहास है, क्योंकि तब मुझे भारतीय-आर्य भाषाओं के विकास के तीसरे काल-खंड का निर्माण करने वाली आधुनिक भारतीय भाषाओं पर विचार करना होगा। तो फिर, अंततः क्या मैं यह कह सकता हूँ कि ये संस्कृत साहित्य का इतिहास प्रस्तुत करने के लिए हैं, कारण यह है कि भारतीय-आर्य भाषा के रूप में वह संस्कृत पहली कालावधि में नहीं है, जो शिक्षितों की भाषा थी और जो आज भी एक लोकप्रिय बोली है। दूसरी कालावधि में लोग संस्कृत के बदले प्राकृत भाषा का व्यवहार करते थे, जो भारतीय-आर्य देशी भाषाओं से संस्कृत के साथ-साथ विकसित हुई थी। आपको मेरे द्वारा प्रत्याशित

---

* मूल अंग्रेजी से हिंदी अनुवाद : ई. विजयलक्ष्मी

किसी आशंका से बाहर निकालने के लिए मैं यही कह सकता हूँ कि हमें केवल भारतीय-आर्य भाषाओं के पहले और दूसरे काल-खंड के साहित्य पर विचार करना है; अतः संक्षेप में मैं 'भारतीय साहित्य' शीर्षक बनाए रखता हूँ।''[1]

वेबर ने अनुभव किया कि यदि 'भारतीय साहित्य' नामक पारिभाषिक संज्ञा को समालोचनात्मक और प्रयोगजन्य तर्कसंगति बनाए रखनी है, तो इसे केवल एक भाषा में रचित साहित्य के साथ अपनी पहचान बनानी चाहिए। चाहे जो बाध्यताएँ रही हों और वह अपने उद्‌देश्य को परिभाषित करने में चाहे जितना स्पष्ट रहा हो, किंतु उसने व्यापक भाव से प्रस्तुत की जा सकने वाली पारिभाषिक प्रयुक्ति को एक प्रकार से संकुचित रूप में ग्रहण किया। संभवतः वह इस बात को अनुभव नहीं कर सका कि उसके द्वारा प्रयुक्त शब्दावली, 'संक्षिप्तता की खातिर', से अनिच्छित और मिथ्या संकेत उभर सकते हैं।

इसके आधी शताब्दी के कुछ ही अधिक अंतराल पर एक अन्य यूरोपीय विद्वान, डब्ल्यू विंटरनित्ज ने भारतीय साहित्य के जटिल मुद्‌दे को विचार का विषय बनाया। अपने तीन खंडों में प्रस्तुत 'भारतीय साहित्य का इतिहास' की भूमिका में उसने बिना किसी संदेह के घोषित किया कि विस्तृत अर्थ में भारतीय साहित्य का इतिहास एक ऐसे साहित्य का इतिहास है, जो न केवल समय के महान कालखंड और विराट क्षेत्र में फैला है, बल्कि अनेक भाषाओं में रचा भी गया है।[2] लेकिन उसने भी भारतीय साहित्य के 'समग्र' पर विचार करने का प्रयास नहीं किया, बल्कि विस्तृत अर्थ में संस्कृत साहित्य कहे जा सकने वाले क्षेत्र तक ही सीमित रहते हुए, कमोबेश उसी की साहसिक व्याख्या और परिभाषा की। कुछ आधुनिक भारतीय भाषाओं के साहित्य के जल्दबाजी में किए गए वर्णन को देखकर कोई भी समझ सकता है कि उसकी संकल्पना और क्रियान्वयन में एकदम साफ अंतर है।

यह समझना महत्त्वपूर्ण है कि भूगोल और समय के दो भिन्न छोरों पर खड़े दो विद्वान 'अनेक भाषाओं में रचित' साहित्य पर विचार करते हैं और सर्वोच्च देवी, संस्कृत-साहित्य की आराधना तक सीमित रहते हुए अंततः बहुमुखी भारत देवी तक पहुँचने का मार्ग तैयार करते हैं। वेबर और विंटरनित्ज के अध्ययन ने 'अखिल भारतीय भाषा' के विचार पर आधारित भारतीय साहित्य की अवधारणा निर्मित की अथवा उसकी निर्मिति में सहायक का कार्य किया। उनके अध्ययनों में संस्कृत को महत्त्व प्रदान किया गया और उन्होंने अन्य भाषाओं को समाहित करने वाले किसी ढाँचे के निर्माण का प्रयास नहीं किया। उनके ढाँचों में पालि और प्राकृत साहित्यों को मात्र थोड़ा-सा स्थान दिया गया। वे सम्पूर्ण मध्यकाल और आधुनिक युग में व्यापक प्रभुत्व रखने वाले बहु-भाषावाद के लिए अपर्याप्त थे। एक प्रभुत्वशाली अखिल भारतीय भाषा के अस्तित्व ने उन्हें 'भारतीय साहित्य' की अवधारणा के लिए औचित्यपूर्ण, विवेकपूर्ण तथा अनुभवसिद्ध सहायता उपलब्ध कराई।

भाषा में स्थान-अवस्थिति निर्धारित किए बिना किसी साहित्य के बारे में विचार करना संभव नहीं था, इसलिए भारतीय साहित्यों के इतिहासकारों ने भारतीय साहित्य की अवधारणा को युक्तियुक्त बनाने की व्याकुलता के चलते अखिल भारतीय भाषा की आवश्यकता पहले से कहीं अधिक मजबूती से अनुभव की। थोड़े से प्रमाणों के सहारे कोई भी यह दावा कर सकता है कि भारतीय साहित्य की कोई तर्कसिद्ध संगति नहीं है, बहुत-से-बहुत यह सिद्ध किया जा सकता है कि यह अनेक भाषाओं में रचे गए साहित्यों का समुच्चय है अथवा सर्वाधिक विस्तृत क्षेत्र में प्रयुक्त सर्वाधिक प्रभुत्ववान भाषा में रचा गया साहित्य है, जिसे भारतीय साहित्यिक गतिविधियों का प्रतिनिधि माना जा सकता है।[3] पहली संभावना बिना किसी दबाव के निश्चित रूप से शोचनीय ढंग से बचकानी है, जबकि दूसरी खंडित और विकृत इतिहास की सीमा से कठिनाई से ऊपर उठ सकती है। यद्यपि वेबर-विंटरनित्ज मॉडल कभी भी स्पष्ट रूप से दावा नहीं करता कि संस्कृत भारतीय साहित्यों की प्रतिनिधि है, फिर भी यह धीरे-धीरे भारतीय साहित्यिक इतिहास के अध्ययन के दूसरे मार्ग का समर्थन करता है। इसके प्रमाण बिना किसी विचलन के संस्कृत को 'भारतीय' के समान मानने वाले अनेक पाश्चात्य विद्वानों की रचनाओं में उपलब्ध होते हैं। उदाहरण के लिए एडविन आर्नल्ड की 'इंडियन पोएट्री' पुस्तक में महाभारत के दो प्रसंग और हितोपदेश तथा गीतगोविंद के कुछ छंदों के अनुवाद संकलित किए गए हैं। यह केवल भारतीय साहित्य का उपलक्ष्यालंकारवादी प्रतिनिधित्व नहीं है, बल्कि भारतीय साहित्य के रूप में एक ऐसे साहित्य की पहचान स्थापित करने की कोशिश भी है, जिसे आर्नल्ड ने अपनी भूमिका में स्वयं रागपूर्ण विदेशी प्रभावों की विकृति से मुक्त साहित्य माना है। एच.जी. रालिंलन द्वारा 'कैसेल्स इनसाइक्लोपीडिया' (1953) में भारतीय साहित्य का वर्णन 'अनिवार्यतः दार्शनिक और धार्मिक' साहित्य के रूप में किया जाना एक ऐसे व्यक्ति का अनुमानवादी निष्कर्ष है, जो केवल विभिन्न आधुनिक भारतीय भाषाओं में रचे गए साहित्य की ही उपेक्षा नहीं करता, बल्कि संस्कृत साहित्य के उस बड़े भाग की भी अनदेखी करता है, जो न तो दार्शनिक है और न धार्मिक।

'सच्चे' भारतीय साहित्य के रूप में संस्कृत साहित्य की पहचान का अनुबोधन प्राचीन भारत के संदर्भ में प्राच्यविदीय सरोकार भर नहीं है, बल्कि इसके मूल में और भी आधारभूत विचारणीय बिंदु हैं। सभ्यता के आद्यंत इतिहास में भाषा साहित्य की तुल्यता का बिंदु इन्हीं में से है। साहित्य को भाषा के संदर्भ में परिभाषित और व्याख्यायित होना चाहिए। ग्रीक साहित्य इसके अलावा किसी रूप में नहीं पहचाना जाना चाहिए कि वह ग्रीक भाषा में रचित पाठों का ढाँचा है। इसी तरह हिंदी भाषा में किए गए सृजन का ढाँचा हिंदी साहित्य है। साहित्य का यह सूक्तीय स्तर भारतीय साहित्य की संकल्पना-प्रक्रिया में एक अडंगा है, क्योंकि 'भारतीय' शब्द मात्र एक भाषा के लिए ही नहीं, एक भौगोलिक क्षेत्र के लिए भी प्रयोग में आता है। इस अवस्था में एक भाषा की खोज आवश्यक है।

भारतीय साहित्य की समग्र-पहचान के प्रतीक के रूप में किसी एक भाषा की खोज निश्चित रूप से निरर्थक है। इसके बावजूद विद्वान इससे पीछा नहीं छुड़ा सके हैं। क्षेत्रीय और राष्ट्रीय भाषाओं के ढाँचे के भीतर भारतीय साहित्य के बारे में विचार करने वाले विद्वानों में सुकुमार सेन बँगला साहित्य के जाने-माने इतिहासकार हैं। अपने विद्वत्तापूर्ण ग्रंथ, 'भारतीय साहित्येर इतिहास' (1962) के प्राक्कथन में अखिल-भारतीय भाषा की अपनी धारणा उन्होंने इस प्रकार व्यक्त की है–

"मेरी विषय-सामग्री एक ऐसा साहित्य है, जो किसी 'प्रादेशिक भाषा' में लिखा हुआ नहीं है, बल्कि एक ऐसी भाषा में है, जो किसी निश्चित क्षेत्र की संपत्ति नहीं है, एक ऐसी भाषा में, जो (भारत के) समस्त क्षेत्रों में फैली हुई थी और जिसके साहित्य का सभी क्षेत्रों से समान जुड़ाव था–कहना होगा कि वैदिक संस्कृत, बौद्ध संस्कृत, पालि, विभिन्न प्राकृत, अपभ्रंश और अवहट्ट–इन सब प्राचीन और मध्यकालीन भारतीय-आर्य भाषाओं का अध्ययन मैंने इस ग्रंथ में प्रस्तुत किया है।"[4]

स्पष्ट रूप से भारतीय साहित्य की प्राच्यविदीय संरचना एकदम अलग है। कसौटी प्रभुत्वशाली भाषा नहीं है, यहाँ तक कि साहित्यिक वैशिष्ट्य भी नहीं है, बल्कि भाषा का भौगोलिक विस्तार है। अखिल भारतीय भाषा की इस योजना में द्रविड़ भाषाओं अथवा आधुनिक भारतीय-आर्य भाषाओं में से किसी के लिए जगह नहीं है। सेन जिस दूसरी भाषा की उपेक्षा करते हैं, वह अंग्रेजी है; जबकि इस भाषा का व्यापक विस्तार है और यह भी एक तथ्य है कि इसमें रचा गया साहित्य 'किसी विशेष क्षेत्र की संपत्ति' नहीं है। पी. लाल और शशि थरूर जैसे हमारे समय के अनेक समीक्षक और लेखक भारतीय अंग्रेजी लेखन के एकमात्र सही भारतीय साहित्य होने का दावा करते हैं। अगर कोई अखिल भारतीय भाषा में रचित साहित्य को भारतीय साहित्य माने जाने की वकालत करने वालों के दृष्टिकोण को स्वीकार करे, तो निश्चित रूप से यह निष्कर्ष सामने आएगा कि प्राचीन काल में एक भारतीय साहित्य था, जो आधुनिक भारतीय भाषाओं के विकास के साथ अवसान को प्राप्त हो चुका है और उन्नीसवीं शताब्दी में भारतीयों को उपलब्ध एक गैर भारतीय भाषा, अंग्रेजी के विकास के साथ फिर से दूसरा भारतीय साहित्य उठ खड़ा हुआ है। इस विचार के प्रकाश में प्राचीन काल में भारत में एक भारतीय साहित्य था, आधुनिक काल में भी एक भारतीय साहित्य है, लेकिन मध्यकाल में भारत में कोई भारतीय साहित्य न होकर केवल क्षेत्रीय अथवा प्रांतीय साहित्य था।

भारतीय बहुभाषिकता के इतिहास को स्वीकार करने की असफलता के कारण इस देश में वर्तमान में जो भाषायी-प्रभुत्व की भावना उभरी, उसी के भीतर से एक अखिल भारतीय भाषा को भारतीय साहित्य के सही साधन के रूप में मानने का दबाव सामने आया। एकल भाषी राष्ट्र-राज्यों के नागरिकों को परेशान करने वाली भाषायी-बहुलता भारतीय इतिहास में कोई अचानक और अप्रत्याशित रूप में घटने वाली असाधारण घटना नहीं है। ये भाषाएँ पिछली अनेक शताब्दियों से अस्तित्व में हैं, निरंतर परस्पर

संवाद कर रही हैं, निरंतर संवाद-पद्धतियों की सुगठित व्यवस्था के अंतर्गत सक्रिय हैं, लेकिन कभी भी परस्पर अलगाव का शिकार नहीं रहीं। बहुभाषिकता के इस ऐतिहासिक संदर्भ के बिना न तो भारतीय साहित्य पर कोई विमर्श संभव है और न ही भारत में विभिन्न क्षेत्रों में विभिन्न कालखंडों में मौजूद रही भाषायी व्यवस्था को स्वीकार किए बिना एकल साहित्यिक इतिहास को निर्धारित करने वाली शक्तियों को पहचानना संभव है।

बीसवीं शताब्दी के प्रारंभ से ही भारतीय साहित्य संबंधी विमर्श के विकास में भागीदारी करने वाले कवियों, विद्वानों और राष्ट्रवादी नेताओं ने भारत के बहुभाषावाद को कभी भी भारत-राष्ट्र के निर्माण के लिए संभावित खतरे या धमकी के रूप में नहीं देखा था। इसके इतर, यह अनुभव किया गया था कि एक धर्म, एक भाषा, एक राष्ट्र के समीकरण पर आधारित यूरोपीय अवधारणा भारत के लिए अजनबी है। यद्यपि राजनीतिक रूप में भारत कभी एक नहीं रहा, लेकिन सांस्कृतिक ऐक्य की अवधारणा सम्पूर्ण इतिहास में मौजूद रही और यह अवधारणा राजनीतिक एकता की अपेक्षा अधिक मजबूत थी। राष्ट्रवादियों की विविधता में एकता की खोज की चिंता भारतीय राष्ट्रीयता के आधारों को परिभाषित करने और उनकी वकालत करने वाले रचनात्मक तथा वैचारिक साहित्य में प्रतिबिंबित हुई थी। यही सम्पूर्ण एकीकृत एक भारतीय साहित्य की पहचान का तर्क भी बन गया। पिछली शताब्दी के महत्त्वपूर्ण तमिल कवि सुब्रह्मण्यम भारती ने भारत माता को संबोधित एक कविता में कहा है–''नहीं जानतीं अठारह मधुर भाषाओं में/बहुविध करते गुणगान तुम्हारा?'' एक अन्य कविता में वे विविधता में एकता के सिद्धांत को और भी विश्वसनीयता के साथ प्रस्तुत करते हैं–''उसके तीस कोटि रूप/पर जीवन है एक/उसकी अठारह जिह्वाएँ गौरवशाली/लेकिन विचार हैं एक।''

'अनेक जिह्वाएँ, किंतु एक विचार' वाला भारत माता का यह रूपक राष्ट्रीयता के आदर्श का काव्यात्मक रूपांतरण है। सन् 1920 के काल में श्री अरविंद ने 'भारतीय साहित्य : भारतीय मनीषा की अभिव्यक्ति' वाले अपने दर्शन के समर्थन के प्रसंग में अखिल भारतीय भाषा के ढाँचे की अपर्याप्तता का संकेत किया था और भारतीय मनीषा के निर्माण में द्रविड़ और भारतीय-आर्य, प्राचीन और आधुनिक, क्षेत्रीय और राष्ट्रीय भाषाओं की भूमिका सिद्ध की थी।

भारतीय मनीषा के सबसे महत्त्वपूर्ण, रचनात्मक और महानतम अभिव्यक्तियों के बहुलांश को प्रस्तुत करने के बावजूद संस्कृत अकेली भाषा नहीं है, जिसमें भारतीय मनीषा ने अपना सर्वोच्च और सौंदर्यवान और सम्पूर्ण व्यक्त किया हो। समग्र आकलन के लिए पालि में रचित बौद्ध साहित्य का काव्य-साहित्य और द्राविड़ी भाषाओं के दर्जनों ग्रंथों को ध्यान में रखना होगा। इस सबमें लगभग एक महाद्वीपीय प्रभाव है।[5]

भारतीय साहित्य के इस विचार की आवृत्ति कवयित्री से राजनीतिज्ञ बनी सरोजिनी नायडू के उस भाषण में भी हुई थी, जो उन्होंने 1945 में भारतीय PEN द्वारा आयोजित

प्रथम 'आल इंडिया राइटर्स कांफ्रेंस' में दिया था। उन्होंने कहा, "हम क्यों पूछते हैं कि क्या सभी भारतीय लेखकों को सम्मेलनों में मिलना चाहिए? इसलिए, कि भारत एक है और अविभाज्य है। यद्यपि उसकी संतानें अनेक भाषाएँ बोलती हैं, लेकिन वे केवल एक अविभाजित हृदय से बोल सकती हैं।"[6] एक और अनेक का रूपक 1954 में राधाकृष्णन के विरोधाभासी प्रतीत होने वाले शब्दों में चरमोत्कर्ष को प्राप्त होकर साहित्य अकादेमी का शुभंकर वाक्य बन गया—"विभिन्न भाषाओं में रचित भारतीय साहित्य एक है।"

श्री अरविंद के साथ-साथ जहाँ अनेक राष्ट्रवादी चिंतक 'भारतीय साहित्य' प्रयुक्ति को अनुभवसिद्ध रूप में वैध मानते थे, वहीं कुछ अन्य थे, जो इसे कुछ-कुछ इच्छानुसार गढ़ने के लिए बेचैन थे। कलकत्ता विश्वविद्यालय के कुलपति, श्री आशुतोष मुखर्जी, ने सन् 1919 में एक ऐसे साहित्य के विकास के लिए आधुनिक भारतीय भाषाओं का पहला विभाग स्थापित किया, जिसे वे जातीय साहित्य (नेशनल लिटरेचर) कहते थे। वे एक ऐसी प्रविधि आविष्कृत करना चाहते थे, जिसमें देश के विभिन्न भाषायी-क्षेत्रों में रचे गए साहित्यों की स्वीकृति और समावेश हो—बंग, बिहार, उत्कल, गुर्जर, गांधार, पंजाब और अन्य सभी 'एक माला में पिरोए जाएँ' और साहित्य-सागर के एक ही तट पर एकत्र हों। एक आदर्शवादी राष्ट्रीय परियोजना के इस प्रारूप के आधार पर उभरे विभिन्न मुद्दों के भीतर झाँकना आवश्यक नहीं है, सिवाय इस बात पर बल देने के कि वे इसे प्राथमिक रूप से एक अकादमिक परियोजना के रूप में देखते थे। उन्होंने घोषित किया था कि "यदि हमें भारत में साहित्यिक एकता लानी है, तो इसे हमें अपने विश्वविद्यालयों के माध्यम से ही संभव बनाना होगा।"[7] उनके लिए 'एक भारतीय साहित्य की निर्मिति' एक राष्ट्रवादी एजेंडा' था।

अनेक भाषाओं में रचित एक भारतीय साहित्य की राष्ट्रवादी निर्मिति का मूल्यांकन ह्रासशील और प्रयोगसिद्ध वैधता से रहित साहित्य के रूप में किया जाना आवश्यक नहीं है, इसके बावजूद कि इस प्रकार का कार्य साहित्य की प्रकृति और एक समुदाय के साथ उसके संबंध पर केंद्रित विशेष बहस खड़ी कर देता है। समुदायों के पुनगर्ठन और विभिन्न देशों की राजनीतिक सीमाओं में होने वाले परिवर्तनों की साक्षी पिछली दो शताब्दियों में भाषा साहित्य संबंधों की अमोघता पर भी सवाल खड़े हो गए हैं। एक ही भाषा में रचित होने पर भी अमेरिकी साहित्य का ब्रिटिश साहित्य से भिन्न होना अब किसी विवाद का विषय नहीं रह गया है। इसमें कनाडियन और आस्ट्रेलियन साहित्य के भी समान भाषा में रचे जाने को शामिल करने पर यह मुद्दा और भी ताकतवर हो जाता है। इससे यह स्पष्ट होता है कि समान भाषा राष्ट्रीयता के प्रश्न को हाशिए पर नहीं धकेल सकती, और भी कि राष्ट्रीयता अथवा किसी के राजनीतिक, सामाजिक (कभी-कभी धार्मिक) समुदायों से जुड़ाव की सजगता उसकी पहचान के सर्वाधिक महत्त्वपूर्ण कारक के रूप में अपना दावा जता सकती है। इसका उद्देश्य न तो साहित्य और भाषा के अनिवार्य संबंध को

चुनौती देना है और न साहित्यिक ढाँचों का गठन करने वाली भाषिक-सामग्री के महत्त्व को कम करके आँकना, बल्कि सांस्कृतिक संदर्भ में किसी समुदाय विशेष की साहित्यिक गतिविधियों का आकलन करना है। एकल भाषा अथवा एक भाषा की सर्वोच्चता को वैश्विक वैधता के समान वैधता प्रदान करने वाली संस्कृति में रचित साहित्य के आदर्श को स्वीकार करना प्राविधिक दृष्टि से अतार्किक और विवेकहीनता है। अनेक भाषाओं वाले व्यवहार-क्षेत्रों में 'एक भाषा-एक साहित्य' का समीकरण भले ही शुद्धतावादियों को संतुष्ट कर सकता है, लेकिन यह समुदायों द्वारा साहित्य की भाषिक सीमाबद्धता की प्रतिक्रिया मानी जाएगी। एक से अधिक भाषाओं में रचे गए पाठ के प्रति समुदाय के व्यवहार की सुविधाजनक व्याख्या के लिए और यह बताने के लिए कि किस प्रकार एक समुदाय द्वारा अपने को समग्र का अंग माना जाना संभव है, मैं 'ए पैसेज टु इंडिया' का एक अंश उद्धृत करता हूँ :

''अजीज ने उसके साथ तुरंत दिल्लगी की और नौकर ने भी, और शेरो-शायरी का दौर शुरू हो गया : फारसी, उर्दू, थोड़ी अरबी। याददाश्त तेज थी उसकी और उसके जैसे युवक ने पढ़ा था काफी, जिन मुद्दों को प्रमुखता दी उसने, थे वे अधिकतर पतन इस्लाम का और बारीकी मुहब्बत की। सुना उन्होंने और हुए खुश भी, शायरी पर राय जाननी चाही उन्होंने आम लोगों की, नहीं जाननी चाही राय व्यक्तिगत ग्रहण की गई इंग्लैंड से। कभी उबाया नहीं उन्हें शब्दों ने, उन शब्दों ने जिन्हें पी रहे थे वे रात की ठंडी हवा के साथ, बिना रुके तनकीद के लिए शायरों के नामों पर—हाफिज, हाली, इकबाल की जमानत ही काफी थी। हिंदुस्तान—सैकड़ों रौकटों हिंदुस्तान—फुसफुसाने लगे तटस्थ चाँद की छत्रछाया में, थोड़ी देर के लिए दिखने लगा हिंदुस्तान एक और अपना उत्तराधिकारी स्वयं, पा लिया फिर से उन्होंने अपना खोया गौरव, सुनते ही कि चला गया है शोक और रुदन, आते ही याद फिर से कि भरनी चाहिए उड़ान युवकों को, महसूस करने लगे वे जवानी को फिर से।''[8]

हमें इस तथ्य से ध्यान नहीं हटाना चाहिए कि यह उद्धरण इच्छित प्रभाव उत्पन्न करने के लिए उपन्यासकार द्वारा अपनाई गई नीति के अनुसार रचे गए वृत्तांत का हिस्सा है और यह भी संभव है कि यह एक विदेशी पर्यवेक्षक द्वारा निर्मित प्राच्यविदीय विश्व के ढाँचे का हिस्सा हो। हमें ऐसे किसी सुझाव को भी उपेक्षित कर देना चाहिए, जिसमें ऐतिहासिक कालखंडों वाले ऐसे भारत की एकजुटता, दर्शाई गई हो, जो कभी नहीं बदलता। इस उद्धरणांश को निर्मित करने वाली सामग्री विश्वसनीय है : सुनने-सुनाने की प्रक्रिया से भरी हुई साहित्यिक गतिविधि में भाग लेने वाले प्रतिभागी, उनकी भाषायी क्षमता, तीन भाषाओं की विविध स्तरीय जानकारी, सामाजिक और सार्वजनिक गतिविधि के रूप में साहित्य का आनंद और दो कथ्यों, 'इस्लाम का पतन' और 'मुहब्बत की बारीकी', एक सार्वजनिक, राजनीतिक और ऐतिहासिक तथा दूसरा स्वकीय, व्यक्तिगत और वैश्विकता की एकात्मता, और अंततः यह कि तीन कवि अलग-अलग भाषाओं में रचना

कर रहे हैं—हाफिज ने केवल फारसी में रचा है—और तीन भिन्न कालखंड घनिष्ठ और समजातीय समुदायों के साहित्य के ढाँचे का गठन कर रहे हैं।

अलग-अलग भाषाओं में रचित, लेकिन कथ्यमीमांसापरक और आदर्शपरक संबंधों में बँधे हुए, पाठों के रूप में साहित्य की अवधारणा कोई नई अथवा असाधारण बात नहीं है। यह भाषाओं और साहित्यों के प्रति समुदाय विशेष के खुलेपन और मानसिकता पर निर्भर होता है। कोई भी, संपर्क में आने वाली अथवा समुदाय द्वारा निर्धारित विभिन्न भाषाओं के संदर्भ में तीन प्रकार की स्थितियों की कल्पना कर सकता है। प्रारंभकालीन ईसाइयों ने तीन भाषाओं—हिब्रू, ग्रीक और लैटिन—में धार्मिक साहित्य के एकीकृत क्षेत्र में कॉरपस तैयार किया। इतिहास में भाषिक-संपर्क की अधिक तेजी से प्रकट होने वाली स्थितियाँ एक भाषायी समुदाय पर दूसरे भाषायी समुदाय की राजनीतिक और सैन्य विजयों का सह-उत्पाद हैं। विजेता विजित समाजों की भाषिक-समजातीयता को विकृत कर देते हैं, परिणामस्वरूप विजित नवीन स्थितियों से समझौता करते हैं। लैटिन और ग्रीक, अरबी और स्पेनिश, अरबी और फारसी, अंग्रेजी और विविध भारतीय भाषाओं के बीच संपर्क की दशाएँ—प्रकृति के स्तर पर समरूप न होते हुए भी—कुछ उदाहरण हैं। तीसरे वर्ग का उदाहरण कनाडा को बनाया जा सकता है, जहाँ फ्रेंच और अंग्रेजी का स्पष्ट रूप से विनिर्दिष्ट भौगोलिक क्षेत्रों में व्यवहार किया जाता है, प्रत्येक भाषा अपने वैशिष्ट्य को बचाए हुए है, इसके बावजूद राष्ट्रीय साहित्य के निर्माण में प्रत्येक भाषा योगदान कर रही है। भारतीय परिस्थिति इन तीनों से अलग है। यहाँ विभिन्न भाषा-परिवारों की भाषाओं तथा विविध स्तरों व भिन्न-भिन्न परंपराओं वाले साहित्यों के बीच निरंतर संपर्क बना हुआ है। भाषा-वैज्ञानिकों ने सिद्ध किया है कि अपनी स्वतंत्र वंशपरंपरागत पहचानों के बावजूद भारतीय भाषाएँ ध्वनि-व्यवस्था, व्याकरण और वाक्य संरचना के स्तर पर पारस्परिक प्रभाव ग्रहण करती हैं। एक बिंदु पर आकर मिलने और केंद्राभिमुखी होने की विशेषता के कारण इमान्यू ने भारत को एक भाषायी-क्षेत्र मानने की वकालत की है। साहित्यों में एक बिंदु पर आकर मिलने की प्रवृत्ति कहीं अधिक मजबूत है : उनमें समान कथ्यों, विधाओं, रूपकों, प्रतीकों, यहाँ तक कि काव्यशास्त्र तथा साहित्यिक प्रयुक्तियों तक के क्षेत्र में परस्पराभिमुखता विद्यमान है। अकेले परस्पराभिमुखता के आधार पर भारत को एक ऐसे साहित्य-क्षेत्र के रूप में देखा जा सकता है, जिसने 'एक भारतीय साहित्य' को युक्तियुक्तता प्रदान की है।

भारतीय साहित्य की गतिविधियों के इतिहास से जुड़े कुछ तथ्यों पर विचार करें। यह सर्वज्ञात है कि 'संस्कृत' नाटकों ने विशेष चरित्रों के वर्ग, जाति और लिंग के अनुसार संवादों में प्राकृतों के प्रयोग की परंपरा विकसित की। अभिज्ञान शाकुंतलम् जैसा नाटक अनेक भाषाओं के सह-अस्तित्व की स्थिति प्रतिबिंबित करता है, साहित्यिक-समुदायों द्वारा न्यूनाधिक समान रूप से बोधगम्य और ग्राह्य। भाषिक-पच्चीकारी का ऐसा पाठ एकल-भाषिक साहित्यिक परंपरा में कठिनाई से ही खोजा जा सकता है। क्या यह संस्कृत

पाठ है अथवा प्राकृतों में तैयार किया गया पाठ है? कोई इसके भाषायी चरित्र का निर्धारण किस प्रकार कर सकता है? सांख्यिकीय कसौटी का प्रयोग करके अथवा इसमें व्यवहृत भाषाओं की समजातीयता के आधार पर? यद्यपि 'एक भाषा-एक साहित्य' संबंध के विरुद्ध यह एक भद्दा उदाहरण है, किंतु इसे सन्मार्ग से विचलन के तर्क के जरिए हाशिए पर नहीं धकेला जा सकता। जिस समुदाय के लिए ऐसा नाटक लिखा गया और मंचित किया गया, उसके सामने इस बहुभाषिक पाठ को एक तर्कसंगत साहित्यिक- रचना के रूप में स्वीकार करने में कोई समस्या नहीं थी।

यूरोपीय अभिजातवादियों (क्लासिसिस्ट्स) ने ग्रीक और लैटिन का एक साथ अध्ययन किया और उन्हें एकीकृत साहित्यिक संसार की रचना करने वाला पाया। प्राचीन भारतीयों ने भी पालि, प्राकृतों और संस्कृत को कमोबेश समान तरीके का ही पाया था। एक प्राचीन काव्यशास्त्री द्वारा काव्य-पुरुष के जन्म का अन्योक्तिपरक दृष्टांत प्रमाण के रूप में प्रस्तुत किया जा सकता है। विद्या की देवी, सरस्वती, अपने पुत्र, काव्य-पुरुष को निम्नांकित शब्दों में आशीर्वाद देती है–

"मेरी ध्वनि और अर्थ में तुम्हारी देह, संस्कृत तुम्हारा मुख, प्राकृत हों तुम्हारी बाहुएँ, अपभ्रंश तुम्हारी जंघाएँ, पैशाची तुम्हारे चरण और विभिन्न प्राकृतों का मिश्रण हो तुम्हारा वक्ष।"[9]

यह स्पष्ट रूप से एकलभाषी साहित्य के संदर्भ में प्रतिविचार है तथा बहुभाषी समुदाय के साहित्य के संदर्भ में एक नई साहित्यिक अवधारणा की अभिव्यक्ति है। भाषिक दृष्टि से भिन्न होते हुए भी समुदाय ने पाठ को एकल साहित्यिक संसार के घटक के रूप में मान्यता दी है।

साहित्य की इस अवधारणा के अस्तित्व का प्रमाण खोजते समय भाषाओं के मिश्रण अथवा 'कोड-मिक्सिंग' की एक विशिष्ट शैली के परिणामस्वरूप भारत के अलग-अलग भागों में अनेक कृत्रिम भाषा-बोलियों के विकास के इतिहास को नजरंदाज नहीं किया जाना चाहिए। पालि और संस्कृत के संयोग से निर्मित एक कृत्रिम भाषा-बोली, गाथा संस्कृत (अथवा बौद्ध-संस्कृत)–जिसमें ललित विस्तर, महावस्तु और दिव्यावदान की रचना हुई–ने शताब्दियों तक चलने वाली परंपरा का निर्माण किया। ठीक यही प्रक्रिया केरल और तमिलनाडु में विद्यमान मणिप्रवाल (GEM-CORAL) साहित्य में विद्यमान है। चौदहवीं शताब्दी का ग्रंथ, लीलातिलकम् इसे संस्कृत और मलयालम के मिश्रण से निर्मित एक विशेष शैली के रूप में व्याख्यायित करता है। भाषा संस्कृतयोग 'मणिप्रवालम्' में 'मणि' संस्कृत का और 'प्रवाल' मलयालम का संकेतक है। मलयालम के एक विद्वान लिखते हैं कि, "समय गुजरने के साथ यह भाषा इतनी बहुविध क्षमतावान और व्यापक हो गई कि इसने भावी युगों और कालखंडों के लिए साहित्य में सौंदर्य के मान-मूल्य स्थापित कर दिए।"[10] इस संकर भाषा का प्रयोग 'कुडियाट्टम' जैसी नाट्य-प्रस्तुतियों में भी किया गया, जिनमें नायक संस्कृत का व्यवहार करता था और विदूषक मिश्र संस्कृत

तथा मलयालम का। तमिल विद्वानों ने पाया कि मणिप्रवाल के आद्य रूप का प्रयोग पाँचवीं शताब्दी से पल्लव और पांड्य शासकों के ताम्रपत्रों के उत्कीर्णन तक में किया जाता रहा। पल्लव काल में निश्चित उद्देश्यों के लिए दरबार की भाषा के रूप में मणिप्रवाल का ही प्रयोग किया जाता था। एक तमिल विद्वान ने टिप्पणी की है कि संस्कृत तथा तमिल, दोनों भाषाओं पर समान अधिकार रखने वाले विद्वानों ने यथायोग्य दोनों ही भाषाओं को स्वीकार किया है।

ऐसी मिश्रित भाषाओं ने संस्कृत के प्रभुत्व को पूरी तरह नकार दिया, परंतु इससे यह भी प्रमाणित होता है कि दो भिन्न भाषा परिवारों (इस प्रसंग में आर्य तथा द्रविड़) की भाषाएँ होते हुए भी साहित्य-रचना के लिए दोनों का ही प्रयोग किया गया; विशेषज्ञता क्षेत्र फिर चाहे जो भी रहा हो। इस बात को समझना भी नितांत आवश्यक है कि मणिप्रवाल केवल द्रविड से उद्भूत नहीं है और न गाथा संस्कृत पूरी तरह बौद्ध अभिवृत्ति से। मिश्रण की यह प्रक्रिया भारत के अन्य क्षेत्रों में भिन्न भाषिक-समुदायों में भिन्न-भिन्न कालों में देखने को मिलती है। सोलहवीं शताब्दी में वैष्णव-कवियों ने भारत के सम्पूर्ण पूर्वी क्षेत्र में एक नवीन मणिप्रवाल की रचना की, जिसे उन्होंने 'ब्रजबुलि' (शाब्दिक अर्थ–कृष्ण की जन्म-स्थली ब्रज क्षेत्र की भाषा) नाम दिया, जो हिंदी की महत्त्वपूर्ण बोली, ब्रज से भिन्न थी, जिसमें मणि संस्कृत नहीं, बल्कि मैथिली थी और प्रवाल कवि द्वारा दिए गए महत्त्व के आधार पर असमिया, बँगला या ओड़िया, तीनों में से कोई एक भाषा थी। इस काव्यात्मक बोली ने संस्कृत के एकाधिकार और प्रभुत्व को पूरी तरह नकार दिया और आधुनिक भारतीय भाषाओं में से एक भाषा को विशेषाधिकार प्रदान कर दिया। इस प्रकार इन भाषाओं के बीच आपसी प्रभुत्व के आधार पर नया संबंध स्थापित करने का प्रयास हुआ। मणिप्रवाल की तरह ब्रजबुलि में भी प्रभूत कलात्मक साहित्य की रचना हुई और उसने काव्यमय भाषा होने के गौरव का आनंद उठाया। असम के बहुगुणी साहित्यकार शंकरदेव ने 'बरगीत' (भक्तिगीत) और 'अंकिया नाट' जैसे धार्मिक नाट्य-रूप की रचना के लिए ब्रजबुलि को माध्यम के रूप में अपनाया। यहाँ तक कि बंकिम चंद्र चटर्जी का 'वंदेमातरम्' जो आजादी के पूर्व भारत का प्रभावशाली राष्ट्रगीत था और जिसे आज राजनीतिक दृष्टि से संवेदनशील पाठ माना जा रहा है, भी बँगला और संस्कृत, दो भाषाओं में रचा गया था।

भारत में विभिन्न भाषावैज्ञानिक-साहित्यिक परंपराओं से जुड़े बहुभाषावाद का दूसरा बिंदु साहित्यिक-बहुभाषावाद है, जिसके परिणामस्वरूप लेखक अपने रचनात्मक प्रयोगों में या तो एक से अधिक भाषा के व्यवहार में प्रवृत्त होते हैं अथवा तेजी के साथ एक भाषा के बदले दूसरी भाषा अपनाने लगते हैं। कन्नड़ पदावली 'उभय कवि' (दो भाषाओं में रचना करने वाला कवि) उन कवियों को नामित करने के लिए प्रयुक्त होनी शुरू हुई, जो अक्सर कन्नड़ और संस्कृत, दो भाषाओं का व्यवहार करते थे। प्रसिद्ध पुरंदरदास का समकालीन कवि 'वाडिराज तीर्थ' (1480-1600) संस्कृत और कन्नड़ में भी रचना

करता था और कर्नाटक के अस्पृश्यों के लिए अपेक्षाकृत छोटी भाषा 'तुलु' में भी। सोलहवीं शताब्दी के तेलुगु शैव कवियों में महानतम् कवि 'पाल कुरिकि सोमनाथ' तेलुगु, कन्नड़ और संस्कृत में रचना करते थे। पंद्रहवीं शताब्दी के मैथिली कवि, विद्यापति अपनी मातृभाषा मैथिली के समान ही संस्कृत, अवहट्ट और प्राकृत में भी रचना करते थे।

भाषायी स्थानांतरण साहित्यिक द्वि-भाषिकता को रूपाकार प्रदान करना और भाषावैज्ञानिक सीमाएँ लाँघने वाले साहित्य के संबंध में बोध उत्पन्न करना है। उन्नीसवीं शताब्दी के महान ओड़िया लेखक राधानाथ राय ने अपने छात्र-जीवन में बँगला भाषा में कौशल प्राप्त किया था। उनका प्रारंभिक साहित्य उनकी मातृभाषा बँगला में रचा गया। उन्होंने बाद में ओड़िया को अपनाया। इससे कहीं अधिक जाना-पहचाना उदाहरण प्रेमचंद का है, जिन्होंने दो भाषाओं, उर्दू और हिंदी में साहित्य-सृजन किया। इन भाषाओं का व्याकरण समान होते हुए भी इनके मध्य व्यापक सांस्कृतिक भिन्नता है। साहित्य की संश्लिष्टता, परस्पराश्रितता, नैकट्य और निश्चित सभ्यताओं के आधार पर एकता के परिप्रेक्ष्य में भारतीय साहित्य की अवधारणा के अस्तित्व का औचित्य सिद्ध करने के लिए उदाहरणों का गुणन संभव है।

लिटरेरी हिस्ट्री ऑफ कनाडा : कनाडियन लिटरेचर इन इंग्लिश (1965) के प्रधान संपादक एफ.किंक 'इंग्लिश कनाडियन लिटरेचर' उपशीर्षक का प्राथमिकता के आधार पर बचाव करते हैं। पूर्व प्रयुक्त पदावली के संबंध में वे लिखते हैं कि "राष्ट्र का नाम पहले रखकर एकता का सुझाव दिया गया है न कि विभाजन का।"[11] कनाडियन, जो मात्र एक स्थान नहीं है, बल्कि एक पर्यावरण भी है, को उपयुक्त सिद्ध करने के लिए संपादक ने व्याख्यात्मक ढंग से अपनी बात रखी है। जहाँ तक स्थान का संबंध है, कनाडा स्थान संख्यक है और जो बात कनाडा के लिए सही है, वह भारत के लिए और भी सही है। काल-क्रमिक दृष्टि से उसमें स्थान-संख्यकता और सीमाओं का प्रतिनिधित्व है, उन सीमाओं का, जो किसी भी युग में निर्धारित नहीं रहीं। भारत एक ऐसे स्थान, एक ऐसे परिवेश, एक ऐसे स्पेस के रूप में हमेशा विद्यमान रहा है, जहाँ भिन्न-भिन्न परंपराएँ परस्पर समन्वित हुई हैं, विकसित हुई हैं, आपस में टकराई हैं, परस्पर समझौता किया है, एक-दूसरे को स्वीकार करते हुए आगे बढ़ी हैं। चंद्रगुप्त मौर्य (ई.पू. चौथी शताब्दी) का भारत अथवा अकबर महान (16वीं शताब्दी) का भारत अथवा आजादी के ठीक पहले (1947) का भारत अथवा हमारे समय का भारत राजनीतिक-स्थिति की दृष्टि से समान नहीं है। अभी तक भारत के संबंध में जो ज्ञात हुआ है, वह राजनीतिक-वैविध्य नहीं, बल्कि एक महत्तर स्थायित्व और दीर्घायुष्य है, काल की निरंतर यात्रा के अनंतर जनता की स्मृति द्वारा रचित एक सत्ता है। भारतीय साहित्य का अभिप्राय भारत की विविध परंपराओं के अस्तित्व में होने के बोध को प्रमाणित करता है। यहाँ पर प्रयुक्त तर्क के प्रकाश में भारतीय साहित्य कोई ऐसा एकल साहित्य नहीं है, जो भूगोल अथवा

जनसंख्या के आधार पर प्रातिनिधिक स्तर का दावा करे और न ही कोई ऐसा एकल साहित्य है, जो किसी सर्वोच्च साहित्यिक वैशिष्ट्य का दावेदार हो। देश के भीतर रचे गए साहित्यों की मध्यमानता को भारतीय साहित्य के रूप में प्रस्तुत करने वाली दृष्टि भी अलग है। यह दृष्टि इतनी मशीनी है कि किसी समालोचना के योग्य नहीं है। यह एक ऐसी संरचना है, जो प्रत्येक साहित्य-व्यवस्था की विलक्षणता को पहचान देती है और उनके बीच के संबंधों को स्वीकार करती है। यह एक ऐसी संरचना है, जो अभिव्यक्ति की बहुलता को अपने भीतर समोती है, प्रत्युतर और स्वीकृति को सँजोती है तथा प्रत्येक चीज को एक सपाट समानता के खाँचे में ठूँसने वाली जबर्दस्त रूप से थोपी गई योजना का निषेध करती है।

विभिन्न भाषाओं की अभिव्यक्ति की अनेकता उनके आपसी एकीकृत रूप के मार्ग में बाधा नहीं होती। यह ऐतिहासिक काल खंडों में भारत में एक साथ जीवन-यापन कर रहे समुदायों के समान मूल्यों द्वारा नियंत्रित स्थिति है। यह किसी एक को श्रेष्ठ सिद्ध करने वाली संरचना नहीं है। विभिन्न साहित्यों के मध्य संबंध हमेशा स्वयं समुदायों द्वारा स्वीकार किया गया है। यह मात्र संस्कृत और अन्य विविध भाषाओं के मध्य विद्यमान संबंध नहीं है, बल्कि स्वयं इन छोटी भाषाओं के बीच संबंध भी है। मैं 'पद्म पुराण' के 'भक्ति समागम' खंड से एक श्लोक उद्धृत करना चाहता हूँ, जिसे विभिन्न भाषाओं में उपलब्ध धार्मिक एवं साहित्यिक परंपराओं को प्रदर्शित करने वाली सारवान रचना के रूप में ग्रहण किया जा सकता है। भक्ति एक स्त्री के रूप में अपने विकास के विभिन्न चरणों में भारत भर में विचरण करती है। वह कहती है :

''मैं द्रविड़ देश में जन्मी। मैं पली-बढ़ी कर्नाटक में।
व्यतीत किया मैंने कुछ समय महाराष्ट्र में,
गुजरात में भी, जहाँ दुबली हुई मैं।
अंततः आ पहुँची वृंदावन, जहाँ पाया मैंने पूर्ण यौवन और सौंदर्य।''[12]

भक्ति अपने लिए कहती है : वह एक है, पर उसे विविध रूपिणी मान लिया गया है। भक्ति साहित्य भी—मध्यकालीन साहित्य की मुख्य धारा के रूप में—भिन्न-भिन्न क्षेत्रों में अलग-अलग है, किंतु उसमें आंतरिक एकता है। सोलहवीं शताब्दी के तेलुगु कवि और 'कृष्णालिया तरंगिणी' के रचयिता नारायण तीर्थ को बारहवीं शताब्दी के संस्कृत कवि जयदेव के अवतार के रूप में उद्धृत किया जाता है। ऐसा नहीं है कि पाठकों को इन दोनों कवियों और उनकी रचनाओं के मूल अंतर का ज्ञान न हो कि वे दो भिन्न भाषाओं के रचनाकार हैं और भूगोल व काल की दृष्टि से दोनों में पर्याप्त अंतर है। इसी प्रकार यह मान्यता भी प्रचलित है कि लीलाशुक बिल्वमंगल ने जयदेव के रूप में अवतार लिया है और जयदेव का पुनर्जन्म हुआ नारायण तीर्थ के रूप में, जिसने क्षेत्रैया के रूप में फिर से जन्म लिया। अवतार का यह रूपक स्वदेशी लोक-काव्य में पराभाषिक संबंध का विषय है। यह परंपरा के नैरंतर्य पर बल देता है। इसमें विभिन्न क्षेत्रीय तथा

भाषिक विचार और अनुभव इकाइयों के भारतीय होने का दावा मौजूद है।

आधुनिक भारत की भाषाओं और साहित्यों का परिचय (1963) में सुनीति कुमार चटर्जी ने भारतीय साहित्य विषय को तीन कालचक्रों में विभाजित किया है–प्राचीन भारत का कालचक्र, प्रांतीय कालचक्र और इस्लामिक दुनिया का कालचक्र। उन्होंने उन कथ्यमीमांसापरक अथवा व्युत्पत्तिपरक प्रारूपों के आधार पर विविध भारतीय साहित्यों के बीच संबंधों के बारे में कार्य नहीं किया है, जो विविध भाषाओं में विविध विधाओं के क्रमागत आविर्भाव को ही स्पष्ट रूप से प्रदर्शित नहीं करते, बल्कि भाषायी और क्षेत्रीय आधार पर विभाजित पाठों में कथ्यगत समानताओं को भी दिखाते हैं। वे अन्य भाषाओं के प्रति लेखकों के सरोकारों, विदेशी परंपराओं के साथ-साथ प्राचीन व मध्यकालीन परंपराओं की उल्लेखनीय पहचान को भी संकेतित करते हैं। एक भाषाविद् जिस प्रकार किसी भौगोलिक-क्षेत्र में समरूपी और स्पष्ट दिखने वाले रेखांकन करता है, उसके आधार पर कोई भारतीय साहित्य में विधागत तथा कथ्यगत परिप्रेक्ष्य में समतुल्य प्रवृत्ति-संबंध दर्शाने के लिए आसानी से चित्रांकन कर सकता है। ऐसी समानता तथा नवीन विधाओं व कथ्य के समानांतर विकास ने साहित्यिक गतिविधियों के वैविध्य को नष्ट नहीं किया, बल्कि और भी उत्कृष्ट बनाया है। कुछ मामलों में कुछ साहित्य स्पष्ट रूप से पृथक हैं और संबंधित साहित्य-समुदायों द्वारा उन भिन्नताओं को आग्रहपूर्वक सुरक्षित रखा जाता है। कथ्यगत और व्युत्पत्तिपरक तथ्यों की दृष्टि से उर्दू और हिंदी पर विहंगम दृष्टिपात करें। ये भाषायी दृष्टि से बहुत निकट दिखाई देंगी, जबकि केंद्राभिमुखी रूप परिवर्तन की दृष्टि से उनमें स्पष्ट अंतर दिखाई दे जाएगा। दूसरा उदाहरण तमिल का है, जो अपनी विशिष्ट द्रविड़- पहचान को बनाए रखने के लिए व्याकुल है। दूसरी ओर ऐसे भी अनेक क्षेत्र हैं, जहाँ तमिल साहित्यिक विकास की सामान्य पद्धतियों की ओर झुकती है। जो भी हो, अधिक महत्त्वपूर्ण यह है कि जब भी एकल भाषा साहित्यों के दीर्घकालिक इतिहासों पर ध्यान केंद्रित किया जाता है, तो पता चलता है कि निकटता और दूरी, केंद्रिकता और विकेंद्रिकता की प्रवृत्तियाँ शाश्वत ढंग से निश्चित नहीं हैं। भूगोल, भाषायी-वंशावली, ऐतिहासिक-अनुभव, धार्मिक-चेतना, क्षेत्रीय साहित्यिक परंपराएँ, अतीत के प्रति व्यवहार, विदेशी साहित्यों के प्रति दृष्टिकोण और ऐसे ही अनेक तत्त्व साहित्यिक-समुदायों के गठन में मुख्य भूमिका निभाते हैं। इतिहास के एक निश्चित कालखंड में विविध साहित्यों के पारस्परिक संबंध विशिष्ट और स्पष्ट होते हैं। उदाहरण के लिए इतिहास के एक विशेष कालखंड में भक्ति-आंदोलन ने विभिन्न साहित्यों के बीच जुड़ाव की शक्तिशाली सत्ता की भूमिका निभाई। सूफी रहस्यवाद ने विभिन्न भाषा साहित्यों (उर्दू, सिंधी, पंजाबी) और उप-समूहों के बीच संबंध विकसित करने वाले सूत्र प्रदान किए। कन्नड़ और मराठी भौगोलिक–निकटता के चलते पारस्परिक–विकास में सहायक सिद्ध होती हैं। भारत की मुख्य भूमि से एकदम अलग क्षेत्र, जहाँ तिब्बत-बर्मी भाषा-समूह की मणिपुरी बोली जाती है, वहाँ प्रव्रजन के कारण पहुँचे बंगाली वैष्णवों की भाषा विशेष का स्पष्ट प्रभाव देखा

जा सकता है। यद्यपि भौगोलिक और सांस्कृतिक दृष्टि से असम बंगाल के अधिक निकट है, लेकिन वहाँ एक भिन्न प्रकार का भक्ति-साहित्य अस्तित्व में आया। निकट इकाइयों के रूप में साहित्य की रचना और पुनर्रचना निरंतर चलने वाली प्रक्रियाएँ हैं। साहित्यिक संबंधों की गतिशीलताओं की पहचान के आधार पर ही कोई भारतीय साहित्य की अवधारणा के निकट पहुँच सकता है।

भारतीय साहित्य ऐसा साहित्य नहीं है, जिसकी 'नाम-पदावली' सामान्य रूप से भाषावैज्ञानिक स्थिति के आधार पर निर्धारित की जा सके। यह एक व्यापक-संरचना है, जो प्रमाणों, कथ्यों, विधाओं, प्रतीकों, नियमों, व्यवस्थाओं और परंपराओं की अनवरुद्ध प्रक्रिया पर आधारित है। यह साहित्यों का सम्मिश्रण है, जिसमें असंख्य परंपराओं और एक ही समय में उनके अस्तित्व में होने के प्रति सतर्कता बरतते हुए पारस्परिक-संवाद और समझौते का नैरंतर्य है। प्रो. वी.के. गोकाक ने एक बार इनकी व्याख्या एक ऐसी मूर्ति के रूप में की थी, जो उन्हें भारतीय साहित्य की गतिविधियों के इतिहास में जगह देती है। इसकी सीमाएँ हमेशा के लिए निर्धारित नहीं हैं, यहाँ तक कि इसके कारक-तत्त्व भी निश्चित नहीं हैं। भाषिक अंगों की व्यवस्था और पुनर्व्यवस्था की भी प्रक्रिया निरंतर चलती रहती है। जिप्सी (रोमा) एक भारतीय भाषा हो सकती है, लेकिन जिप्सी-साहित्य भारतीय-साहित्य का अंग नहीं है। अनेक शताब्दियों तक फारसी-साहित्य भारतीय-साहित्य का महत्त्वपूर्ण अंग बना रहा, किंतु वर्तमान में ऐसा नहीं है। जिस प्रकार भारत की अवधारणा विश्वासों–विचार दर्शनों, मिथकों, प्रतीकों, इतिहास और भौगोलिक पहचान से निर्मित होती है, उसी प्रकार भारतीय साहित्य भी अनुभवों और अभिव्यक्तियों के वैविध्य को अपने भीतर समेटने वाला अंतःनिर्मित साहित्य-संसार है।

संदर्भ

1. Weber, Albrecht, The History of Indian Literatrure, translated from Akademische Vorlesungen uber indische Litteraturegeschichte (Berlin, 1852, and ed. 1875) by J. Mann and Theodore Zachariah (London, 1878), Reprinted, Chowkhamba Sasnskrit Series, Varanasi, 1961, p. 1.
2. Winternitz, Maurice, History of Indian Literature, translated from Geschichte Ver indischen Litterature (in three volumes, Berlin, 1907) by S. Ketar (Vol. I, Calcutta University, 1926), p. 35.
3. For the debate on the nature of 'Indian Literatre' see The Idea of an Indian Literature : A Book of Reading, ed. Sujit Mukherjee, Central Institute of Indian Language, Mysore, 1981; Krishna Kripalani, Modern Indian Literature, Nirmala Sadanand Publishers, Bombay, 1968; also the address by Niharranjan Ray included in Indian Literatrure, ed. A Podder, Indian Institute of Advanced Study, Shimla, 1972.
4. Sen, Sukumar, Bharatiya Sahityer Itihas (in Bengali). 1962. Introduction.

5. Sri Aurobindo, Foundations of Indian Culture, The Sri Aurobindo Library Inc., New York, 1953, p. 289.
6. See Srinivasa Iyenger, K.R. (ed), Indian Writers in Council, International Book House, Bombay, 1947, p. 10.
7. Mukhopadhyay (Mukherjee), 'Bharatiya Sahityer Bhavisyat' (The Future of Indian Literature), included in Jatiya Sahitya (National Literature), Calcutta, 1924.
8. Emeneaus Murray B., 'India as a Linguistic Area', Language in Culture and Society, ed. Dell Hymes, Harper and Row, New York, 1964, pp. 642-50.
9. Sabdarthau te Sariram Samskrtam mukham prakrtam bahuh jaghanamap bhramsah paisacam padau uro misram etc. Kavya mimamsa, I quoted in Ramaranjan Mukherjee, Literary Criticism in Ancient India, Sanskrit Pustak Bhandar, Calcutta, 1966. p. 3.
10. See Encyclopaedia of Indian Literature, Vol. III, Sahitya Akademi, Delhi, p. 2584.
11. Ibid., p. 2585.
12. See, Sukumar Sen, History of Brajabuli Literature, Calcutta University, Calcutta, 1935.

तुलनात्मक भारतीय साहित्य के अध्ययन की प्रविधि*

अमिय देव

हम तुलनात्मक भारतीय साहित्य का अध्ययन दो तरीकों से कर सकते हैं–पहला एकल साहित्यिक तरीके से, जिसमें हमारी मुख्य प्राथमिकता एक विशेष भारतीय साहित्य होता है तथा दूसरा बहुसाहित्यिक तरीके से, जिसमें हमें दो या दो से अधिक भारतीय साहित्यों की चर्चा करनी होती है। पहली पद्धति में शोध प्रविधि आंशिक रूप से तुलनात्मक होती है, जबकि दूसरी पद्धति में यह पूरी तरह से तुलनात्मक होती है।

I

सारे एकल साहित्यिक अध्ययनों में तुलनात्मक पद्धति की गुंजाइश रहती है। कोई साहित्य पूर्ण रूप से अन्य साहित्यों से इतना अलग नहीं हो सकता कि उनमें कोई आदान-प्रदान न हो या कोई सौंदर्यशास्त्रीय रिश्ता न हो। लेकिन एक एकल साहित्यिक अध्ययन एक चीज है और एक बहुभाषिक संदर्भ में एकल साहित्य अध्ययन अलग चीज। यहाँ तक कि पश्चिम में भी, जहाँ भाषायी और सांस्कृतिक संबंध विभिन्न साहित्यों को एक दूसरे से बाँधते हैं, एकल साहित्यिक अध्ययन के पास एक हद तक आजादी होती है कि वह बहुभाषी संदर्भ की तुलना में कम तुलनात्मक हो सके। अंग्रेजी, फ्रेंच और जर्मन साहित्य में गहन अंतस्संबंध है, साथ ही उनका अन्य साहित्यों से भी रिश्ता है, यद्यपि यह आवश्यक नहीं है कि जो धारणा अंग्रेजी साहित्य में है, वह उसी रूप में जर्मन, फ्रेंच या अन्य साहित्यों में भी हो। कुछ धारणाएँ ऐसी हैं, जो अंग्रेजी को अंग्रेजी, फ्रेंच को फ्रेंच और जर्मन को जर्मन बनाए रखती हैं। फिर भी इसका मतलब यह कतई नहीं है कि ये शुद्ध रूप से एकल साहित्यिक धाराएँ हैं और यह भी नहीं कि इनके बीच कोई ऐतिहासिक प्रतिच्छेदन नहीं है। उनमें ऐतिहासिक प्रतिच्छेदन है; इसलिए साहित्य का विद्यार्थी होने के नाते हमारा यह दायित्व है कि हम उसको चिह्नित करें। लेकिन सिर्फ प्राकृतिक रूप से चिह्नित कर देने से कोई इतिहास नहीं बनाया जा सकता; अतः

---

* मूल अंग्रेजी से हिंदी अनुवाद : अभिषेक यादव

पश्चिम में एकल साहित्यिक अध्ययन के लिए प्राथमिक रूप से एकल साहित्यिक आलोचना पद्धति का उपयोग किया जाता है और गौण रूप से तुलनात्मक पद्धति का। बहुभाषी संदर्भ में चीजें एकदम अलग होती हैं। एक एकल साहित्यिक अध्ययन केवल दूसरे साहित्यों के साथ ऐतिहासिक संबंधों की ही पहचान नहीं कराता, बल्कि यहाँ सवाल सांस्कृतिक समरूपता का भी है, जो इसे एक अतिरिक्त आयाम और एक अलग वजन भी देता है। मैंने इसको अन्यत्र भी बंगाली+, अथवा पंजाबी+, अथवा मराठी+ के रूप में स्पष्ट करने की कोशिश की है। उदाहरण के लिए बंगाली साहित्य का अध्ययन, सिर्फ बंगाली साहित्य का अध्ययन ही नहीं है, बल्कि उस '+' (प्लस) का भी अध्ययन है, जिसे निकालकर हम उसे मूर्त रूप नहीं दे सकते। संभवतः हम जो कर सकते हैं, वह यह है कि हम इसे अध्ययन के किसी अतिरिक्त रसास्वादन के रूप में लें और विशेष साहित्यिक इतिहास लिखते समय इसे ध्यान में रखें। इस दृष्टिकोण से मधुसूदन दत्त केवल मुधसूदन दत्त नहीं हैं, बल्कि वे पश्चिम से प्रभावित लेखन की पहली किरण भी हैं, जो बंकिमचंद्र से होते हुए रवींद्रनाथ तक सबसे प्रखर रूप में परिलक्षित होती है। एकल साहित्यिक अध्ययन में हम सामान्यतया इस अतिरिक्त रसास्वादन का ध्यान नहीं रखते और शेक्सपियरों, मिल्टनों, वड्र्सवर्थों का ही अध्ययन करते हैं। परंतु एक बहुभाषी एकल साहित्यिक अध्ययन में साहित्य दूसरी भाषाओं का भी ध्यान रखता है। वहाँ लेखकों द्वारा लगभग प्रतीकात्मक गुण पर ही ध्यान दिया जाता है।

केवल यही एकमात्र कारण नहीं है, जो पश्चिम के मॉडल को सापेक्षिक रूप से तुलनात्मक भारतीय एकल साहित्यिक शोध प्रविधि में कम प्रभावी करता है, बल्कि इसके और भी कारण हैं। तुलनात्मक पद्धति से किए गए किसी एकल साहित्यिक अध्ययन में प्रमुख रूप से शोध प्रविधि के रूप में 'प्रभाव' (influence/impact/effect) पर ध्यान दिया जाता है। वास्तव में यह साहित्यिक भाग्य और रचनात्मक तनाव के माध्यम से अस्तित्व की चुनौतियों से लड़ता है और यही एकल साहित्यिक अध्ययन के लिए मुख्य रूप से तुलना के लिए तर्क प्रदान करता है। एक एकल साहित्यिक अध्ययन में 'प्रभाव' को मुख्यतः लेखक विशेष के विदेशी साहित्य के लेखन या कार्यों से जोड़कर देखा जाता है। हम यह देखने की कोशिश करते हैं कि वह प्रभाव कैसे और कितना किसी विशेष विदेशी साहित्य, लेखन या कार्य से उजागर होता है। इसके अतिरिक्त हम यह भी देखने की कोशिश करते हैं कि इस उजागर होने में वह कितना ढला है अर्थात् उसने किस हद तक विदेशी सामग्री को आत्मसात् किया है और उसे अंगीकृत करके अपना बना लिया है।

जब तक हम साहित्य का विवेचन उसके कारण-कार्य संबंधों को ध्यान में रखकर करते हैं तब तक, हमें प्रभाव-अध्ययन जैसी चीजों के तर्कों में नहीं उलझना चाहिए। उदाहरण के लिए दिदरो और लेसिंग पर लिलो के प्रभाव की व्याख्या दिदरो और लेसिंग के प्रशंसकों के सापेक्ष हमें संकट में नहीं डालती, चाहे जार्ज लिलो का अठारहवीं शती

के पूर्वार्द्ध में जितना भी कम प्रभाव क्यों न रहा हो। उनके 'लंदन मर्चेंट' ने पूरे महाद्वीप पर महत्त्वपूर्ण प्रभाव छोड़ा, जिसने फ्रांस और जर्मनी में क्रमशः Drame और Burgerlich Trauerspiel जैसी नई विधाओं को आरंभ किया। यदि हम इसको ध्यान में नहीं रखते हैं, तो एक कमजोर साहित्यिक इतिहास लिख रहे होंगे। लेकिन, हम किसी साहित्य को निरपेक्षता में देखने के बजाय मुख्य रूप से लेखकों और उनके कार्यों द्वारा देखते हैं और यह मात्र हमारा अनुमान होता है, जो उसे सम्पूर्णता में समझने में मददगार होता है। हम लिलो के सहारे दिदरो और उसके समकालीन रचनाकारों को तथा प्रत्यक्ष या परोक्ष रूप से ब्यूमरखाज को समझने की कोशिश करते हैं। यदि हम जर्मन साहित्य को ध्यान में रखते हैं, तो लिलो के माध्यम से लेसिंग और उसके समकालीन रचनाकारों एवं प्रत्यक्ष या परोक्ष रूप से गोएते और शिलर को समझने की कोशिश करते हैं। फिर भी दिदरो और लेसिंग पर लिलो का प्रभाव इस बात से तय होगा कि दिदरो और लेसिंग लिलो को समझने के लिए कितने खुले थे और कितना उसे आत्मसात् किया और प्रयोग किया। लिलो, दिदरो और लेसिंग का विस्तार पटल क्रमशः अंग्रेजी बुर्जुआ नाटक, फ्रेंच ड्रामे और जर्मन Burgerlich Trauerspiel है। यहाँ केंद्र में विधा नहीं, बल्कि लेखक है।

एक भारतीय भाषा के एक लेखक के ऊपर किसी दूसरे लेखक के कार्य या कार्य-समूह के प्रभाव को वैसे ही समझा जाना चाहिए, जैसे कि पश्चिमी साहित्यों को; अर्थात् व्यक्तिगत उपागम द्वारा। लेकिन यदि यह प्रभाव किसी पश्चिमी लेखक, कार्य या कार्य संकुल का भारतीय लेखक पर हो, तो उसके लिए एक अलग पद्धति से जाँचने की जरूरत है। यदि हम लेखक को 'व्यक्ति' के माध्यम से ही समझने की कोशिश करते हैं, तो इसे और व्यापक करना होगा। यह महज किसी व्यक्ति विशेष के प्रभाव–चाहे वह दुर्घटनावश हुआ हो या जानबूझकर–का मसला नहीं, बल्कि एक सांस्कृतिक सवाल है, क्योंकि यह प्रभाव भी एक सांस्कृतिक दायरे में ही विकसित होता है। किसी के किसी अन्य के प्रभाव में आने के लिए सिर्फ उस वातावरण को महसूस करना होता है। यहाँ शिक्षा उस वातावरण को निर्मित करने में अहम भूमिका अदा करती है। यदि अंग्रेजी शिक्षा को प्रस्तावित न किया गया होता, तो शायद इस तरह के प्रभाव यहीं देखे जा सकते थे। जिसे पश्चिम के प्रभाव सौंदर्यशास्त्र में अंतःमध्यस्थ कहते हैं, वह यहाँ व्यापक अर्थ ग्रहण कर लेता है। यह केवल एक व्यक्ति या पुस्तक के माध्यम से नहीं किया जा सकता। यदि हम पश्चिमी प्रभाव के शुरुआती दौर को देखें, तो हम कुछ लोगों के नाम ले सकते हैं, जिन्होंने मध्यस्थता का काम किया। मसलन अध्यापक या शिक्षाविद्। लेकिन वे लोग निरपेक्ष व्यक्ति नहीं, बल्कि प्रत्यक्ष या परोक्ष रूप से विभिन्न संस्थाओं के प्रतिनिधि थे। विलियम जोन्स द्वारा अभिज्ञान शाकुंतलम् का अनुवाद केवल अकेली पुस्तक का अनुवाद भर नहीं है, बल्कि पूरा पाठ्यक्रम, पूरा साहित्य (विभिन्न भारतीय भाषाओं का) उससे प्रभावित हुआ था। सवाल किसी एक व्यक्ति, कार्य या

कार्यसंकुल के प्रेरण का नहीं, बल्कि उद्‌घाटित करने का है। और यह भी स्वैच्छिक नहीं था, समूची शिक्षा पद्धति का हिस्सा था, जिसे लागू किया गया था। शिक्षा का यह औपनिवेशिक स्वभाव और इसका सह-उद्‌घाटन स्वाभाविक रूप से पश्चिम के प्रभाव सौंदर्यशास्त्र के दायरे से बाहर की बात है। हम कुछ हद तक ग्रीक लोगों के प्रजातांत्रिक रोम में हुए उद्‌घाटन को इसके एक समरूपक उदाहरण के रूप में रखने की कोशिश कर सकते हैं परंतु उस समय रोम में शायद ही कोई साहित्य था, इसलिए यह थोड़ा दूर का उदाहरण हुआ। आंग्ल-अमेरिकन समरूपता भी एक सही उदाहरण नहीं है, क्योंकि वहाँ एक सामान्य उद्‌घाटन ने पूरे साहित्य को ही एक अलग रूप में ढाल दिया था। इस संदर्भ में केवल एक ही समरूपता काम कर सकती है और वह है, हमारी तीसरी दुनिया के साथ समरूपता। हम जिस प्रभाव सौंदर्यशास्त्र को विकसित करने की कोशिश कर रहे हैं, वह काफी हद तक अफ्रीका और लैटिन अमेरिका के साहित्य पर भी लागू होता है। हम पश्चिम के प्रभाव सौंदर्यशास्त्र से मोटे तौर पर केवल संरचना को ले सकते हैं, लेकिन विवरणों का एकदम अलग महत्त्व होगा।

हम सामान्य रूप से औपनिवेशिक शिक्षा, उसके प्रसार के तरीके, पाठ्यक्रम, शिक्षाविद् एवं शिक्षकों के साथ शुरुआत करेंगे। चूँकि यहाँ हमारा सरोकार एकल-साहित्यिक अध्ययन से है, इसलिए हम सहज रूप से प्रासंगिक क्षेत्र, कलकत्ता या मुंबई या मद्रास पर ध्यान देंगे। हमारा अगला काम पश्चिमी प्रभाव की मात्रा का रहस्योद्‌घाटन होगा। औपचारिक उद्‌घाटन के अलावा कुछ सहारा प्रसार के तरीके भी हैं, जैसे कि पुस्तकालय। उधर भी ध्यान देने की जरूरत है। इसी प्रकार सामान्य सांस्कृतिक प्रभाव, जिसका एक भाग धार्मिक भी था। सांस्कृतिक प्रभाव की पूरी शृंखला या पश्चिमीकरण, जो नगण्य से पूरे अनुकरण तक विस्तारित है, के बारे में सोचा जा सकता है। इसी बिंदु पर हम व्यक्तियों पर केंद्रित करेंगे और पहले देखने की कोशिश करेंगे कि वे किस हद तक संस्कृतीकरण की प्रक्रिया से प्रत्यक्ष रूप से जुड़े थे। दूसरे स्तर पर यह भी देखने की कोशिश करेंगे कि उन्होंने किन लेखकों या कार्यों को आहरित किया है। कुछ मामलों में पश्चिमी प्रभाव को जान पाना तुरंत संभव नहीं होता है। इसका आशय यह है कि पश्चिम से प्रभावित अध्ययन स्पष्ट रूप से कई बार तर्क नहीं दे पाता, बावजूद इसके कि हम उसके प्रभाव को महसूस कर पा रहे होते हैं। एक बार बंगाली कवि बुद्धदेव बसु को रवींद्रनाथ टैगोर पर ऐसी ही बात करने के लिए जनाक्रोश झेलना पड़ा था। वे यह नहीं मानते थे कि टैगोर पर पश्चिमी प्रभाव नहीं था, पर वे कहते थे कि टैगोर ने इसे आत्मसात् कर लिया था। लेकिन लोगों को, टैगोर ने जो परंपरा आत्मसात् की थी, उस पर सोचना चाहिए। उन्हें समझना चाहिए कि पहले से ही बहुत-सी चीजें यहाँ पहुँच चुकी थीं और उनके पूर्ववर्तियों द्वारा आत्मसात् भी की जा चुकी थीं। बिहारीलाल जैसे कवि पाश्चात्य प्रभाव के कुछ अंश स्वतः ही ग्रहण कर लेते थे, लेकिन उनका मामला उनके पूर्ववर्तियों से अलग था, क्योंकि उन पर तात्कालिक प्रभाव पड़ रहा था।

आश्चर्य नहीं है कि मधुसूदन पश्चिम के और ज्यादा ऋणी थे, परंतु उनके द्वारा बार-बार पश्चिमी लेखकों के संदर्भ दिए जाने के बावजूद वे पश्चिम प्रेमी एवं नकलची नहीं थे। वे मात्र पश्चिमी प्रभावों को संदर्भित कर रहे थे, जो उन पर और उनकी पीढ़ी पर पड़ रहे थे।

सच में वे एक दुर्लभ कवि थे, जिन्होंने इन सारे प्रभावों को उद्घाटित करने में महारत हासिल की, लेकिन यह भी एक तथ्य है कि उस समय की परिस्थितियाँ उस उद्घाटन में सहायक थीं और उसमें इन प्रभावों का भी महत्त्वपूर्ण योगदान है जो अंग्रेजी अध्ययन और उसकी सहायक व्यवस्थाओं के माध्यम से हो रहे थे। हम किसी भी चीज की अंग्रेजी, फ्रेंच या जर्मन साहित्य के इतिहास से तुलना नहीं कर सकते। यह सच बात है कि एलिजाबेथियन अंग्रेजी पर शास्त्रीय प्रभावों को लेकर विवाद रहा है, लेकिन इसे उद्घाटन की श्रेणी में नहीं रखा जा सकता। यह साहित्यिक प्रभाव में ही समाहित है। फ्रेंच नव-शास्त्रीयवाद को रुचि के सामान्य मानकीकरण—जो शास्त्रीय सादृश्यता एवं व्यक्तिगत ऋण के माध्यम से हो रहा था, से ज्यादा नहीं माना जा सकता है। 18वीं शताब्दी में जर्मनी का एक हिस्सा काफी हद तक अंग्रेजी कविता से प्रभावित था। इसके लिए फ्रेंच प्रेमियों एवं अंग्रेजी प्रेमियों के बीच बहुत संघर्ष हुआ, लेकिन इसके पीछे शुरू में प्रेरणादायी शिल्पकार बोडमर और ब्रिटिंगर और बाद में नवयुवक स्टमर और ड्रैंगर थे। इसलिए पश्चिमी प्रभाव अध्ययन कभी भी इतनी विशाल एवं जटिल चीजों की कल्पना नहीं कर सकता। वे प्रायः x y प्रकार की होती हैं। यह तथ्य प्रभाव-सौंदर्य को कम करके आँकने के लिए नहीं, वरन् एक सामान्य तर्क विकसित करने के लिए दिया जा रहा है। इसमें यह भाव छिपा है कि तुलनात्मक भारतीय एकल साहित्य अध्ययन के लिए एक ज्यादा व्यापक प्रभाव वाले सौंदर्यशास्त्र को विकसित करने की जरूरत है, जो सामान्य ग्रहण एवं अस्तित्व के परे, अंतर मध्यस्थ (चाहे वह व्यक्ति हो या प्रकाशित सामग्री) के परे, मनोविज्ञान के परे हो। कारण यह कि ऐसा प्रभाव सौंदर्यशास्त्र मनोवैज्ञानिक धरातल पर पहुँचकर सामान्य संस्कृतीकरण की प्रक्रिया को ध्यान में रखता है।

दो अन्य कसौटियाँ, जिन्हें तुलनात्मक भारतीय एकल साहित्यिक अध्ययन के अंग के रूप में लिया जाना चाहिए, फारसी-अरबी और संस्कृत-पालि-प्राकृत हैं। इसके लिए सामान्यतया व्यापक तंत्र की जरूरत नहीं होगी। यह सही बात है कि पहले की एक सांस्कृतिक अभिधा एवं सीधी सामाजिक एवं राजनीतिक पृष्ठभूमि है, लेकिन वह पश्चिमी प्रभाव के मुकाबले कम व्यापक एवं विस्तृत है। दूसरा काफी सरल है—यह एक ऐसा प्रभाव है, जो व्यक्तिगत लेखकों या उनके संकुल मात्र से ज्यादा है। यह एक ऐसा प्रभाव है, जो कुछ हद तक पुनः प्रवर्तन का बोधक था और शायद पश्चिमी प्रभाव की प्रतिक्रिया भी। मैंने कुछ साल पहले अपने एक लेख में दो प्रभावों की संरचना को प्रस्तावित किया था—संस्कृत-पालि-प्राकृत एवं पश्चिमी। शायद इतिहास की खातिर

भी हमें इस पर बोलना चाहिए, भले ही संस्कृत-पालि-प्राकृत या परंपरा और पश्चिमी या आधुनिक प्रभाव की संरचना को समझना हमारा लक्ष्य न भी हो, तो भी। दूसरे शब्दों में हमें सीधे द्विचर आकर्षण से बचना चाहिए और जटिलताओं को संज्ञान में लेना चाहिए। यदि 19वीं सदी के मध्य एवं उत्तरार्द्ध में संस्कृत एवं पश्चिम सीधे द्विचर रूप में देखे जा सकते थे, तो 18वीं सदी और उसके पहले संस्कृत-फारसी को भी द्विचर के रूप में देखा जाना चाहिए।

वैसे भी तुलनात्मक भारतीय एकल साहित्यिक अध्ययन में हम जिन चार प्रभावों से सरोकार रख रहे हैं, वे सरल प्रभाव से लेकर जटिल संस्कृतीकरण तक फैले हुए हैं। सहज रूप से हमारा कार्य पश्चिमी बोध के एक प्रभाववादी सौंदर्यशास्त्री से लेकर एक सांस्कृतिक इतिहासकार (जिसे पश्चिम के तुलनात्मक अध्ययन करने वाले अभी तक विकसित नहीं कर पाए हैं) का है। यहाँ यह कहना जरूरी होगा कि तुलनात्मक साहित्य अध्ययन एक उच्चतर तुलनात्मक साहित्यिक शिक्षणशास्त्र के लिए नहीं, वरन् विशेष साहित्यिक इतिहास के लिए किया जा रहा है और इसी के लिए हम मुख्य रूप से प्रतिबद्ध हैं। इन विभिन्न प्रभावों के कारण तुलनात्मक साहित्य एक अपरिहार्य प्रविधि मात्र बनकर रह जाता है, यह उसके महत्त्व को कमतर करने वाला तर्क है।

II

लेकिन तुलनात्मक भारतीय बहुसाहित्यिक अध्ययनों में तुलनात्मक साहित्य एक प्राथमिक तर्काधार है। बहुसाहित्यिक अध्ययन मात्र दो या अधिक साहित्यिक इतिहासों का सौंदर्यशास्त्र नहीं है, बल्कि उनके पारस्परिक संबंधों, उभयनिष्ठ जीनियोलॉजी, थिमेटोलॉजी एवं इतिहास विद्या का अध्ययन है और इन सबके ऊपर जो साझा प्रभाव है, उसका अध्ययन है। दो या अधिक साहित्यों के जिस किसी मोर्चे को हम जानते हैं, वह तुलनात्मकता का उदाहरण है, जैसे कैंब्रिज में आधुनिक भाषाओं का प्रोग्राम अथवा कुछ अमेरिकी स्कूलों में दो मुख्य विषयों के बीच व एम.ए., पी-एच.डी. के ट्यूटोरियल प्रश्नपत्रों में साहित्य के तुलनात्मक अध्ययन का प्रावधान। सहज रूप से जिस मोर्चे का अध्ययन हम कर रहे हैं, वह ज्यादा महत्त्वपूर्ण, अर्थात् ज्यादा तुलनात्मक है। बहुभाषी संदर्भ इसे एक प्रभावी तर्क देता है, जो दो या अधिक पश्चिमी साहित्यों को उपलब्ध नहीं होता। इसका मतलब यह नहीं है कि पश्चिमी साहित्यों में अंतर्संबंध नहीं होता। वास्तव में ऐसा बहुत होता है, लेकिन मोर्चे थोड़े विकृत होते हैं, और जब भी मोर्चे बनाए जाते हैं, उन्हें एक सादृश्य के साथ जोड़कर देखा जाता है; अर्थात् मोर्चे बनाने पड़ते हैं। लेकिन भारतीय साहित्यों में मोर्चे स्पष्ट होते हैं। पड़ोसी साहित्यों में स्वाभाविक रूप से जोड़े बन जाते हैं—जैसे कि मराठी और कन्नड़, बँगला-उड़िया-असमिया। द्विभाषी लेखन या अन्य तरह का द्विभाषीवाद, जहाँ एक लेखक एक भाषा बोलता है, लेकिन लिखता दूसरी भाषा में है, इस तरह की कल्पना मात्र भी पश्चिम में नहीं हो सकती।

बेशक कोर्नाड एक समझने योग्य अपवाद एवं बेकेट एक जानी-पहचानी दुर्लभता हैं। यहाँ तक कि स्विस लेखक भी अपनी भाषा से चिपके रहते हैं। दूसरी तरफ बेंद्रे मराठी और कन्नड़ में लिखते थे। मुक्तिबोध मराठी बोलते थे, लेकिन लिखते हिंदी में थे। इन आसान मोर्चों के अतिरिक्त हम कुछ दूसरे मोर्चों के बारे में भी सोच सकते हैं, जो थोड़े दूर के हैं; जैसे बँगला और हिंदी के अथवा पंजाबी और बँगला के मोर्चे। हो सकता है कि इन मोर्चों के लिए कोई तात्कालिक औचित्य न हो, परंतु अंत में उनका औचित्य कभी-कभार की संबंधता एवं सादृश्यता द्वारा सिद्ध किया जाता है।

शायद पूर्व औचित्य ज्यादा महत्त्वपूर्ण नहीं है, बल्कि अंतिम परिणाम ज्यादा मायने रखता है। x और y का मोर्चा कोई जरूरी नहीं है कि x y के रूप में दिखे, यह केवल x+y के रूप में भी दिख सकता है। पश्चिमी साहित्यों में सामान्यतः बाद वाली स्थिति ही देखने को मिलती है। फ्रेंच और अंग्रेजी के मोर्चे हमें यूरोपीय अथवा पश्चिमी साहित्य की धारणा की ओर नहीं ले जाते, बल्कि एक ऐसी अनुभूति देते हैं, जिसमें पता चलता है कि दो विभिन्न भाषाओं के बीच बहुत गहरा अंतर्संबंध है। और यदि इसमें हम और एक अथवा दो साहित्यों को जोड़ दें, जैसे जर्मन और इटैलियन तो भी कोई फायदा नहीं। यह केवल जटिलता को बढ़ाना होगा। 'एक' पश्चिमी साहित्य का विचार केवल कल्पना है, विज्ञान नहीं। दूसरी तरफ भारतीय मोर्चे हमें एक भारतीय साहित्य के विचार की ओर लेकर जाते हैं। भारतीय साहित्य एक है या अनेक, साहित्य भाषा पर आधारित होता है या इतिहास पर, ये कुछ ऐसे सवाल हैं, जो विद्वानों के बीच वाद-विवाद का मुद्दा रहे और लोगों के मत तीक्ष्ण रूप में बँटे रहे, लेकिन ऐसा प्रतीत होता है कि भारतीय साहित्य को एक इकाई मानने वाले विजेता हुए हैं। मैं उस वाद-विवाद को दोबारा नहीं शुरू कर रहा हूँ, मैं केवल एक नए ताजे वैदुषिक दृष्टिकोण की संभावना की ओर संकेत कर रहा हूँ जिसे जान-बूझकर उपेक्षित छोड़ दिया गया है। भारतीय साहित्य से शुरू करना गलत हो सकता है, क्योंकि साहित्य भाषा पर आधारित होता है, किंतु भाषा द्वारा अंतर्विष्ट नहीं होता। भारतीय साहित्य एक निष्पत्ति है जहाँ हम भारतीय साहित्यों के सहप्रयोग से पहुँच सकते हैं, एक ऐसी निष्पत्ति जिससे एक व्यवस्थित शिक्षण-पद्धति आकार ले सकती है।

लेकिन तब यह अच्छा होगा कि इसे तुलनात्मक भारतीय साहित्य कहा जाए। इस अर्थ में भारतीय साहित्य, साहित्य नहीं है। साहित्य होने के लिए इसे सभी साहित्यों का सम्मिश्र होना पड़ेगा, जो कि वास्तव में बेतुका है। सही है कि हम उच्चतम सामान्य कारक का पता कर सकते हैं और कह सकते हैं कि वह भारतीय साहित्य का महत्त्वपूर्ण हिस्सा है, लेकिन क्या यह सम्पूर्ण रूप से साहित्य का घटक होगा या फिर केवल सामान्य लक्षणों का समेकन? इसके अलावा जब तक हम एक भाषा नहीं बना लेते, जिसे हम भारतीय कह पाएँ, तब तक भारतीय साहित्य जैसी किसी चीज को लक्षित नहीं किया जा सकता। भारतीय साहित्य दो या अधिक भारतीय साहित्यों को एक साथ देखने का

विचार है और चूँकि यह मुख्यतया तुलना के माध्यम से फलीभूत किया जा सकता है, इसलिए इसे तुलनात्मक भारतीय साहित्य कहना ज्यादा वैज्ञानिक लगता है। कम से कम यह भ्रम को कुछ कम करता है। यदि कोई भारतीय साहित्य को हू-ब-हू लेता है और अध्ययन का पाठ्यक्रम तैयार करने की कोशिश करता है, तो यह उसके लिए भयावह समय की तरह होगा। उसे एक संसदीय प्रतिनिधित्व की तरह की किसी पद्धति जैसा कुछ ईजाद करना पड़ेगा। शायद वह अपने पश्चिमी देशों के प्रतिरूपों की तरह ही भारतीय-आंग्लियन पाठ्यक्रम बनाते हुए अपना काम पूरा करेगा। अथवा अपना सर्वश्रेष्ठ करते हुए भारतीय आंग्लियन के साथ-साथ भारतीय-अंग्रेजी अथवा भारतीय साहित्य में अंग्रेजी अनुवाद को भी शामिल करेगा। एक राष्ट्रीय सेमिनार में बारह बरस पहले एक ही आलेख भारतीय भाषा में लिखी गई कविता से संबंधित था, बाकी सभी भारतीय-आंग्लियन से संबंधित थे। इस तरह के समीकरण सचमुच में बहुत दुर्भाग्यपूर्ण हैं और इन्हें ठीक करने का एक ही तरीका है कि हम भारतीय साहित्य के तुलनात्मक चरित्र पर बल दें।

तुलनात्मक भारतीय साहित्य या तुलनात्मक बहुसाहित्यिक-अध्ययन जीनोलॉजिकल, कथ्यमीमांसापरक, इतिहासविद्यापरक और संबंधित विषयों से रिश्तों के माध्यम से ही हो सकता है। जीनोलॉजिकल अध्ययन के भी दो बिंदु हैं। एक वह, जो परंपरा से आता है और दूसरा विदेशी या गैर परंपरा से आने वाला। उदाहरण के लिए पश्चिम से आई उपन्यास विधा को लें। हम जानते हैं कि भारत में कथा/आख्यायिका परंपरा पहले से चली आ रही थी। ऐसे में यह देखना मनोरंजक होगा कि उपन्यास की पाश्चात्य विधा में भारतीय परंपरा कितनी है और यह कैसे रिसी? या क्या भारतीय उपन्यास पूरी तरह से भिन्न रूप में व्युत्पन्न है? हम यह भी देख सकते हैं कि किस प्रकार आधुनिक भारतीय नाटक पारंपरिक नाट्य-कला और पश्चिमी नाट्य-विधा का घालमेल है? ये कुछ ऐसे प्रश्न हैं, जिनका उत्तर एकल साहित्यिक अध्ययन पद्धति के सहारे नहीं खोजा जा सकता। उससे केवल इतना पता चल सकता है कि किसी साहित्य में किस प्रकार इन विधाओं का विकास हुआ? इन प्रश्नों का उत्तर बहु साहित्यिक अध्ययन पद्धति द्वारा अधिक प्रामाणिकता और अधिक बेहतर तरीके से खोजा जा सकता है। उदाहरण के लिए इस प्रकार के अध्ययन के दौरान अगर हमें यह पता चलता है कि हिंदी और ओड़िया भाषाओं में कथा-कहन-कला का विकास बँगला के समान हुआ है, तो हम इस विधा के संस्कृतीकरण के विषय में कुछ अधिक पूर्ण जानकारी उपलब्ध कर सकेंगे। अथवा यदि हम समानांतर रूप से बंगाली और मराठी थिएटर को नजदीक से देखें, तो हम भारतीय नाटक को उसकी दुहरी विरासत के संदर्भ में ज्यादा ठोस तरीके से बता पाएँगे। तभी हम लंबी कविताओं के संदर्भ में पश्चिमी महाकाव्यों, ग्रीक-रोमन और पुनर्जागरण के वक्त की इटली की कविताओं की गहराई की बेहतर प्रशंसा कर सकेंगे और उसी की टक्कर की संस्कृत काव्य में उपलब्ध रचनाओं की भी। बंगाली की 'मेघनाथवध' कविता

का मंगलाचरण होमर और मिल्टन के बिल्कुल नजदीक है, लेकिन इस पर कालिदास का भी सूक्ष्म प्रभाव है। यह दोहरापन और भी ज्यादा महत्त्वपूर्ण हो जाता है, जब हम इसे किसी अन्य साहित्य में भी देखते हैं। दूसरे शब्दों में जीनोलॉजी बहुसाहित्यिक अध्ययनों के लिए बहुत उपयुक्त है।

इसी प्रकार कथ्यमीमांसावाद है। यह नहीं है कि हम विषयों को एकल साहित्यिक पद्धति से नहीं देख सकते, परंतु जब हम उन्हीं विषयों को दूसरे साहित्य में भी देखते हैं–और केवल विषय ही नहीं बल्कि सामग्री के पूरे विस्तार में भी–तब हम भारतीय कथ्यमीमांसावाद की दिशा में रास्ता बनाते हैं। इस प्रकार बहुसाहित्यिक पद्धति से निर्धारित करने पर विषय अक्सर परंपरा से उधार लिये गए रूप में सामने आते हैं–विशेष रूप से महाकाव्यों और पुराणों से। स्वाभाविक रूप से यह उधारीकरण महज उधारीकरण नहीं है बल्कि वे आमतौर पर मिथकों का पुनर्निर्माण कर रहे हैं। यह पुरानी चीजों को नया अर्थ देना है। एक कथ्य विचारपरक सारणीकरण यह भी दिखाता है कि विषय कभी-कभार पश्चिम से भी लिए जा रहे हैं। पुराने मिथकों का पुनर्निर्माण या पुराने विषयों का आधुनिकीकरण हमारी कथ्यमीमांसावादी जिम्मेदारी का हिस्सा है। इसी प्रकार से विदेशी विषयों के अंगीकरण में भी यह जरूरी है। हमें यह चिह्नित करना होता है कि कैसे इस अंगीकरण को भारतीय अनुभवों के लिए प्रासंगिक बनाया जाए। लेकिन कथ्यमीमांसावाद केवल विषयों का सारणीकरण या उनके स्रोत का पता दे देना भर नहीं है। यदि ऐसा होता, तो क्रोचे की चेतावनी न्यायोचित ठहर जाती। अर्थ कैसे द्योतित होते हैं, इसका परीक्षण करने के लिए हमें यह भी देखना होगा कि किसी कथानक पर ध्यान केंद्रित करने का औचित्य क्या है? सोचना यह भी है कि बीसवीं शताब्दी के मध्य में वृहन्नला या इलेक्ट्रा जैसे पात्रों को कोई किस आधार पर युक्तियुक्त और प्रासंगिक ठहरा सकता है। इसी प्रकार नचिकेता और फाउस्ट को हमारे सामाजिक परिवेश के अनुकूल ढालने के लिए कोई कौन-सी युक्तियाँ खोजता है। या फिर बौद्धकालीन अदृश्य राजा वाली कथा के मूल भाव की अभिव्यक्ति के परीक्षण के संदर्भ में हमें टैगोर के मूल अनुभवों को ध्यान में रखना पड़ेगा।

जीनोलॉजी और कथ्यमीमांसापरकता के बाद इतिहास-विद्या के बारे में बात की जाए। तुलनात्मक भारतीय बहुसाहित्यिक अध्ययन अनिवार्य रूप से इतिहासविद्यात्मक है। एक साहित्य की इतिहासपरकता एक बात है और एक से अधिक साहित्यों की इतिहासपरकता बिल्कुल भिन्न बात। यदि साहित्य 'A' को $x_1x_2x_3$ के कालक्रम में बाँटा जाए और 'B' को $y_1y_2y_3$ के क्रम में तो समस्या केवल यह नहीं है कि इसे इस क्रम में बद्ध कर दिया जाए कि $x_1>x_2>x_3$ या $y_1>y_2>y_3$ बल्कि इन्हें x_1y_1, x_2y_2, x_3y_3 के रूप में मिलाना भी जरूरी है। अंतर्राष्ट्रीय तुलनात्मक साहित्य परिषद पश्चिमी साहित्यों के तुलनात्मक इतिहास का संकलन तैयार कर रही है, परंतु ऐसा लगता है कि वह इतिहास विद्यापरकता की उपेक्षा करके सिर्फ तथ्यों का संकलन कर रही है–सिर्फ निर्धारित तथ्य

का। उदाहरण के लिए, इस बात से कोई इनकार नहीं कर सकता कि इस सदी के शुरुआती दशकों में पश्चिमी कला-जगत में अभिव्यंजनावाद नामक आंदोलन था। मान लिया जाए कि कोई अभिव्यंजनावाद पर उपलब्ध सारे बहुभाषिक तथ्यों का मिलान करता है, तो यह तुलनात्मक साहित्यिक इतिहास होगा, परंतु यह केवल एक आंदोलन का तुलनात्मक साहित्यिक इतिहास भर होगा। ठीक इसी प्रकार हम भारत के दो-तीन साहित्यों को शामिल करके प्रयोगवाद के इतिहास का संकलन कर सकते हैं। लेकिन क्या होगा, यदि हम प्रयोगवाद को पूरे भारतीय साहित्यों में चिह्नित करना चाहें? निश्चित तौर पर हम यदि सभी में नहीं, तो अधिकांश में प्रयोगवाद को ढूँढ़ पाएँगे, लेकिन क्या हम उन ऐतिहासिक स्थितियों को अनदेखा करके प्रयोगवाद को चिह्नित कर पाएँगे, जिनके कारण पहले हिंदी में प्रयोगवाद आया और फिर पंजाबी में? यदि प्रयोगवाद को एक आंदोलन के बतौर देखा जाए न कि एक सौंदर्यशास्त्रीय श्रेणी के बतौर और इसे प्रगतिवाद या प्रगतिशील लेखक संघ की प्रतिक्रिया में देखा जाए, तो बंगाली में ऐसा कोई प्रयोगवाद ही नहीं है। प्रगतिशील लेखक संघ के पूर्व ही बंगाली में ढेर सारे प्रयोग हो रहे थे। बंगाली में प्रयोग और प्रगतिवाद में कोई तनाव नहीं था, बल्कि कुछ महत्त्वपूर्ण प्रगतिवादी, प्रयोगवादी भी थे। इसलिए यहाँ एक इतिहासविद्यापरक समस्या है और हम एक विशेष का सामान्यीकरण नहीं कर सकते। इसलिए भारतीय साहित्य के इतिहास के सामान्य ढाँचे तक पहुँचने के लिए हमें इन 'विशेष' इतिहासों का मिलान करना होगा। यह हम कैसे करेंगे? आज सभी साहित्यिक इतिहासविज्ञ इस बात से सहमत हैं कि साहित्यिक इतिहास केवल साहित्यिक घटनाओं का इतिवृत्त भर नहीं है, बल्कि यह साहित्यिक कालों का अनुक्रम है–युग सत्य के अनुसार बताया गया या किया गया।

समस्या दो स्तरों पर है–पहली, विशेष या व्यक्तिगत साहित्य के लिए युग चेतना का प्रतिष्ठापन और दूसरी, जो कि ज्यादा महत्त्वपूर्ण है, विभिन्न साहित्यों के समरूप कालों का मिलान करना। यदि हम तारीखों का मिलान करेंगे, तो संभवतः युग सत्य का मिलान नहीं हो सकेगा। लेकिन चूँकि तुलनात्मक भारतीय साहित्यिक इतिहास आम भावना के तौर पर एक साहित्यिक इतिहास नहीं है–यह एक वास्तविक साहित्य के आधार पर निर्मित साहित्यिक इतिहास है–विभिन्न भारतीय साहित्यिक इतिहासों के संदर्भ में हमें दोनों का मिलान करना पड़ेगा–तारीखों का भी और युगसत्यों का भी। तब हमें दो अलग आधार-सामग्रियों का व्यवस्था-क्रम प्राप्त होगा, जिसमें दोनों ही बराबर महत्त्वपूर्ण होंगे। इन तीन चरों के आधार पर हम एक त्रिस्तरीय विन्यास को रेखांकित कर सकते हैं :

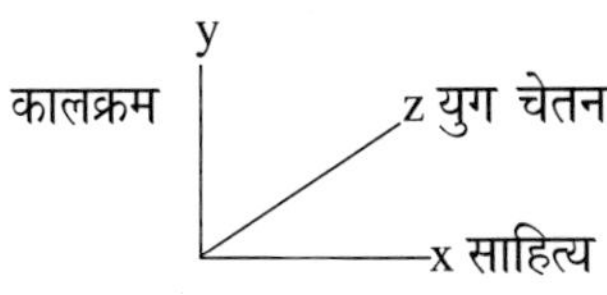

मान लिया जाए कि हम एक विशेष समय पर तुलनात्मक भारतीय साहित्यिक इतिहास में रुचि दिखा रहे हैं, तो हमें एक साथ x और y को देखना ही होगा, तब हमें युगसत्यों और युग-चेतना में विविधता मिलेगी। यदि हम जानना चाहें कि कैसे एक निश्चित युग-चेतना, तुलनात्मक भारतीय साहित्यिक इतिहास में प्रदर्शित होती है, तो हमें x और y को एक साथ देखना होगा। हमें तारीखों की एक विविधता मिलेगी और अनेक समाकृतियाँ भी प्राप्त होंगी। अगर हम साहित्यों की संख्या बढ़ाते चले जाएँ—जैसा कि हम बहुसाहित्यिक अध्ययन में करते हैं—दो से तीन, तीन से चार तो आदर्श रूप में हमें समाकृतियाँ उपलब्ध होंगी। लेकिन यह एक शिक्षणशास्त्रीय कल्पना ही है।

तुलनात्मक भारतीय बहुसाहित्यिक अध्ययनों का सबसे स्पष्ट पक्ष स्वाभाविक रूप से प्रभाव या संबंध से जुड़ा है। यह दो स्तरों पर होता है। पहला, सामान्य रूप से विभिन्न विदेशी प्रभावों का मिलान और दूसरा अंतर्साहित्यिक संबंधों की गवेषणा। बेशक, पहले का आधार तुलनात्मक भारतीय एकल साहित्यिक अध्ययनों से प्राप्त खोज (निष्कर्ष) होनी चाहिए—कोई उनके विस्तार को बहुसाहित्यिक स्तर भी कह सकता है। फिर से यहाँ हम किसी नए अन्वेषण की बजाय निष्कर्षों पर विचार करेंगे। निष्कर्ष भारतीय साहित्यों पर बाहर से आए प्रभावों की गुणवत्ता से संबंधित होंगे—मूल की बजाय तसदीकी, आवश्यक की बजाय संयोगजनित। केवल निष्कर्ष ही हमें इस प्रभाव को जानने की सही दृष्टि प्रदान करेंगे। इस अध्ययन के दूसरे स्तर पर हमें साहित्यों के बीच अंतःसंबंधों के निष्कर्षों के आधार पर एकल साहित्यिक अंतःसंबंध अध्ययन के निष्कर्षों को संशोधित करना होगा। यदि मलयालम के एकल साहित्यिक अध्ययन में हम तमिल के साथ इसके संबंधों को संज्ञान में ले रहे हैं, तो मलयालम-तमिल के द्वय-साहित्यिक अध्ययन में हमें तमिल के मलयालम से रिश्तों को हर हाल में संज्ञान में लेना पड़ेगा। जब हम एक त्रिसाहित्यिक मामले मसलन—तमिल-मलयालम-कन्नड़ या एक चतुर्साहित्यिक अध्ययन, मसलन, तमिल-मलयालम-कन्नड़-तेलुगु का अध्ययन करते हैं, तो स्थितियाँ जटिल से जटिलतर होती चली जाती हैं। अंतर्साहित्यिक जाँच-पड़ताल के इस क्रम में हम उन प्रभावों से गुजर सकते हैं, जो एक तट का काम करते हैं। साहित्य x साहित्य y को प्रभावित कर रहा है, लेकिन साहित्य y से कोई प्रभाव ग्रहण नहीं करता है। यह x से संबंधित हो सकता है, जो प्राथमिक रूप से पश्चिमी प्रभाव को ग्रहण कर रहा है और अंतर्साहित्यिक प्रभाव अन्य साहित्यों को प्रेषित कर रहा है। यह पश्चिम से एक प्रणाली या साधन उधार ले सकता है और दूसरे भारतीय साहित्य y पर अपने प्रभाव के चलते इस प्रणाली को प्रत्यारोपित और स्थापित कर सकता है। बेशक वह 'y' समानांतर रूप से सीधे तौर पर पश्चिमी प्रभाव को ग्रहण करने पर रोक नहीं लगाता, लेकिन तुलनात्मक भारतीय बहुसाहित्यिक अध्ययन में इन सारी चीजों को सुलझाना ही होगा। इसे समझते हुए कहा जा सकता है कि 'y' के एक कवि पर अंग्रेजी रोमानी धारा का प्रभाव होने पर भी हमें सिर्फ उसके अंग्रेजी रोमानी धारा से संबंध पर केंद्रित होने की बजाय उसके

'x' से रिश्तों को ध्यान में रखना होगा। दूसरे शब्दों में, एक प्रभाव का पता लगाने के क्रम में हमें दो ग्रहण-प्रक्रियाओं पर विचार करना चाहिए। यह भारत में साहित्यिक इतिहास की जटिलता को दिखाता है और यह बताता है कि कैसे तुलनात्मक भारतीय बहुसाहित्यिक अध्ययन इन जटिलताओं से सरोकार जाहिर कर सकेगा।

जीनोलॉजी, कथ्य मीमांसापरकता, इतिहासविद्यापरकता और संबंध, ये वे चार मुख्य अध्ययन हैं, जिनको अब तक हमने शामिल किया है। लेकिन एक पाँचवाँ अध्ययन भी है, यद्यपि वह साहित्यिक इतिहास के दायरे के बाहर है। दो या दो से अधिक साहित्यों की तुलना में हम सौंदर्यशास्त्र के सवालों की जाँच-पड़ताल भी कर सकते हैं। यह देखने की कोशिश कर सकते हैं कि इन साहित्यों में प्रचलित सौंदर्यशास्त्रीय प्रतिमान कितना देशज है और कितना संस्कृति संक्रमण के कारण निर्मित। हम यह एकल साहित्यिक तरीके से भी थोड़ा-बहुत कर सकते हैं, लेकिन बहुसाहित्यिक तरीका ज्यादा तेजी से काम करता है। यह अनुपात साहित्य-दर-साहित्य भिन्न हो सकता है और यह ज्यादा प्रामाणिक भी सिद्ध हो सकता है। बेशक, तकनीकी रूप से यह चौथी अध्ययन प्रणाली का ही विस्तार है, क्योंकि इसकी मूल चिंता प्रभाव है। फिर भी इसका अलग से अध्ययन करना ज्यादा बेहतर होगा, ताकि साहित्यिक इतिहास के भ्रम को दरकिनार किया जा सके।

III

निष्कर्षतः तुलनात्मक भारतीय साहित्य, भारतीय साहित्यों का तुलनात्मक अध्ययन है। तुलनात्मक भारतीय साहित्य के दो प्रकार हैं, (i) 'एक' भारतीय साहित्य का तुलनात्मक अध्ययन प्राविधिक रूप से इसके एकल साहित्यिक अध्ययन से भिन्न है और (ii) दो या दो से अधिक भारतीय साहित्यों का एक साथ अध्ययन आवश्यक रूप से तुलनात्मक होगा। पहले प्रकार में हमारे सारे निष्कर्ष एक साहित्य तक सीमित रहेंगे और केवल प्रतीक रूप में 'भारतीय' हो सकते हैं, जबकि दूसरे प्रकार में निष्कर्ष अनिवार्य रूप से 'भारतीय' रहेंगे। वास्तव में दूसरे प्रकार की परिधि बढ़ सकती है—दो से तीन, तीन से चार तक—पर यह बेशक भाषाओं की पहुँच या कम से कम अंतरभाषिक अनुवादों की उपलब्धता पर निर्भर है। यह तब तक एक शिक्षण शास्त्रीय कल्पना होगी जब तक कि सारे साहित्यों को हासिल न कर लिया जाए। तब तक हम चरणों में आगे बढ़ सकते हैं और कभी-कभार भारतीय-आंग्ल सामयिक समीकरणों को भी स्वीकार कर सकते हैं। निस्संदेह वह लचीलापन, जो तुलनात्मक साहित्य की प्रविधि को चिह्नित करता है, इसे अनुमोदित करेगा।

भारत में तुलनात्मक काव्यशास्त्रीय अध्ययन के विकल्प

अवधेश कुमार सिंह

लंबी और ज्ञान ग्रंथ प्रमाणित बौद्धिक परंपरा वाले भारत ने ज्ञान के विविध क्षेत्रों में योगदान किया है। इस प्रक्रिया में भारतीय चिंतकों ने ज्ञान एवं परंपरा की अन्य दूसरी परंपराओं से असंवाद के खतरों के खिलाफ आगाह भी किया। उदाहरण के लिए 'सुश्रुत' ने अपनी 'सुश्रुत संहिता' में कहा कि ''एकशास्त्रिम् अधीयेना न विद्याशास्त्र निश्चोयम्'' (सुश्रुत संहिता, सूत्र-स्थान प्रथम प्रभावणीय अध्याय-4 श्लोक-7) अर्थात् केवल एक विद्या का अध्ययन करने के बाद कभी भी किसी निर्णय पर नहीं पहुँचना चाहिए। इसी प्रकार प्रखर वैयाकरण भर्तृहरि ने 'वाक्यपदीय' (2:48) में अपनी परंपरा के साथ विदेशी परंपराओं को जानने की महत्ता प्रकट की। उनके अनुसार, ''मानव बुद्धि विभिन्न परंपराओं से परिचय व उनके ज्ञान से आलोचनात्मक विदग्धता प्राप्त करती है। मात्र अपनी स्वयं की बुद्धि और परंपरा के ज्ञान से एक व्यक्ति कितना समझ सकता है?'' ऐसे वक्तव्य किसी न किसी रूप में मिल ही जाते हैं। ऊपर के वक्तव्यों या विचारों को यदि सीधे ढंग से कहना चाहें तो उनका अर्थ कुछ इस प्रकार होगा : वह व्यक्ति जो केवल अपनी ही परंपरा जानता है, वह क्या जानता है? जो व्यक्ति अपनी ही परंपरा नहीं जानता है, वह भी क्या जानता है?

भारत में सांस्कृतिक सह-अस्तित्व की छाप ज्ञान के क्षेत्रों में भी दिखाई देती है जिसके मुख्य गुण समावेशकता और सहिष्णुता हैं। इस कारण यहाँ आत्म (सेल्फ) और अन्य (अदर) विरोधी या विषम सह-युग्मों की तरह नहीं उभरे जिसमें अन्य को शत्रु माना जाता था। सह-अस्तित्व की इस विशेषता के कारण भारतीय साहित्य तथा काव्यशास्त्र तुलनात्मक अध्ययन के लिए उपयुक्त स्थल के रूप में उभर कर आता है।

भारत के पास कम-से-कम साढ़े तीन हजार साल का बहुभाषिकता का लंबा इतिहास है जो इसके मानसिक एवं सांस्कृतिक तंत्र का एक अभिन्न अंग बन गया है। तुलनात्मक अध्ययन पद्धति यूरोप के एक भाषायी समाजों की संकीर्णता के विरुद्ध प्रतिक्रिया के स्वरूप अस्तित्व में आई। भारत में बहुभाषिकता का एक परिणाम यह हुआ कि तुलनात्मक अध्ययन के लिए कोई व्यवस्थित चिंतन करने की और उसकी अध्ययन-पद्धति की जरूरत

नहीं समझी गई क्योंकि तुलनात्मक अध्ययन तभी संभव है जब अन्य मौजूद हो। यदि अन्य मौजूद नहीं हैं तो अन्य को खोजे या संरचित किए बगैर तुलना हो नहीं सकती। पाश्चात्य तुलनात्मक अध्ययन अभी भी विषम युग्मों पर आधारित है जिसमें एक स्वयं और एक अन्य की आवश्यकता होती है। पश्चिम में 'अन्य' को जरूर बुराई माना जाता है जबकि भारतीय परंपरा में 'अन्य' बुराई न होकर आत्म का एक अभिन्न हिस्सा होता है। यदि किसी कारणवश अन्य स्वयं का अभिन्न भाग न हो सका तो समस्या अन्य के साथ न होकर मेरे खुद के साथ है। अन्य और खुद का एकीकरण न होने के पीछे भेद बुद्धि या नानात्व बुद्धि कार्य करती है। इसी भेद बुद्धि के नशे में उन्मत्त व्यक्ति और समाज संघर्ष व शत्रु विमर्श का निर्माण करते हैं।[1] भारतीय परंपरा में भेद बुद्धि को अभेद बुद्धि से ओछा माना गया है क्योंकि भेद-बुद्धि या अनानात्व बुद्धि द्वैत या अंतर को अस्वीकार करती है। पर अभेद बुद्धि पाना बहुत दुष्कर है। देवता भी इसके लिए कलपते हैं। 'रामचरितमानस' के 'लंका कांड' के (110/10) में राम की रावण पर विजय के बाद, जैसा कि अक्सर होता है, देवता लोग हाजिर होकर विजयी राम पर पुष्प वर्षा करते हैं और स्तुतिगान भी। इसमें प्रजापति ब्रह्मा भी शामिल होते हैं और वे राम से आशीर्वाद के रूप में याचना करते हुए कहते हैं :

"अब दीन दयाल कृपा करिए। मति मोरि करी हरिए॥"

जब ब्रह्मा जी भेदबुद्धि से निजात न पा सके तो हम साधारण मनुष्यों की क्या बिसात? पर कोई भी संस्कृति अपने आदर्शों से जानी जाती है न कि व्यवहार से। भारतीय संस्कृति में अभेद बुद्धि दुष्प्राप्य जरूर है, पर है एक सांस्कृतिक आदर्श। यही वजह है कि संस्कृत, तमिल, पालि, अपभ्रंश और वर्तमान भारतीय भाषाएँ एक दूसरे के लिए 'अन्य' न होकर पूरक बनती हैं। ऐसी समृद्ध भारतीय आलोचना परंपरा में ग्रीक(यूनानी), रोमन, अंग्रेजी, फ्रेंच, जर्मन और रूसी आलोचना परंपराएँ इसकी सहायक नदियों की तरह आकर मिलीं और वे भारतीय परंपरा का अभिन्न अंग बन गईं। इसलिए जरूरी हो जाता है कि भारत की विभिन्न आलोचना परंपराओं के तुलनात्मक अध्ययन की संभावनाओं और विकल्पों को खोजा जाए और देखा जाए कि किस तरह ये परंपराएँ एक दूसरे को प्रकाशवान करती हैं?

लालित्यशास्त्र या सौंदर्यशास्त्र?

'एस्थेटिक्स', जिसके लिए हम 'सौंदर्यशास्त्र' शब्द का प्रयोग करते हैं, वह एक पश्चिमी कोटि है। 'एस्थेटिक्स' इंद्रियों के द्वारा सौंदर्य के बोध का शास्त्र है। इंद्रियों की अपनी सीमा होती है, जिसके चलते वे अनुभव या ज्ञान की सीमित तथा अविश्वसनीय साधन होती हैं। साथ ही उसका मुख्य ध्यान वस्तुओं के बाह्य रूपों पर होता है जो कि बदलते रहते हैं। भारतीय मनीषा ने वस्तुओं के बाह्य रूप की जगह पर अपरिवर्तनशील आध्यात्मिक और अनित्य आंतरिकता पर बल दिया। बाह्य और आंतरिक के बीच

के विभेद को ऐसे समझा जा सकता है कि ईसा मसीह के पश्चिमी निरूपण में उनकी आँखें खुली होती हैं जबकि पौर्वात्य गौतम बुद्ध आँख बन्द किए आत्म-ध्यान में मग्न होते हैं। आनंद कुमारस्वामी ने ग्रीक (पश्चिमी) तथा भारतीय (पूर्वी) दृष्टिकोणों के इस फर्क को ज्यूक्सिस की कहानी से समझाया है। ज्यूक्सिस को क्रोटोन वासियों ने हेलेन का चित्र बनाने की जिम्मेदारी सौंपी थी तो उसने शहर की पाँच सुंदरतम कन्याओं को मॉडल की तरह माँगा था ताकि वह उन्हें देखकर हेलेन का चित्र बना सके। यदि ज्यूक्सिस की तरह किसी भारतीय चित्रकार को यह करने का प्रस्ताव दिया जाता तो वह ध्यान, साधना, एकाग्रता पर बल देता ताकि वह अपनी अंतश्चेतना में हेलेन के विचार की कल्पना कर हेलेन के अप्रतिम चेहरे से घूँघट उठाता और अपनी अंतर्दृष्टि के आधार पर ग्रीक समाज के राष्ट्रीय चित्र में अंकित हेलेन को उकेरता जो हाड़-मांस की हेलेन से अधिक सारगर्भित होती। (आनंद कुमारस्वामी : 1981, 87)

कभी-कभी सौंदर्यशास्त्र (एस्थेटिक्स)और काव्यशास्त्र (पोएटिक्स) को एक मान लिया जाता है और उनका समानार्थी की तरह प्रयोग किया जाता है। सच यह है कि यह दोनों ज्ञान के अलग अनुशासन हैं। वे अगर मिलते हैं तो केवल एक जगह मिलते हैं, वह है–अनुभव का क्षेत्र। इस अनुभव को संस्कृत में रस कहते हैं और अरस्तू की 'पोएटिक्स' में 'केथार्सिस' या विरेचन। यदि अनुभूति इतनी जरूरी है तो 'एस्थेटिक्स' को हम रसानुभूतिशास्त्र कह सकते हैं। शायद इसी कारण संस्कृत का कोई काव्यशास्त्री रस के प्रति उदासीन न रह सका। भारतीय काव्यशास्त्रीय परंपरा में 'सौंदर्य' शब्द का प्रयोग वामन से पहले किसी ने नहीं किया। हाँ, मधुर, मनोहर, माधुर्य, लावण्य, रमणीयता, लालित्य आदि शब्द प्रयोग में थे। कोई आश्चर्य नहीं कि भारत में सौंदर्य की देवी ललिता बनी और उनके सहस्रनाम का जाप 'ललितासहस्रनाम' में हुआ।[2] इसलिए भारत में कलाओं या रूपों का शास्त्र सौंदर्यशास्त्र न होकर लालित्यशास्त्र होना चाहिए। रूपवान सौंदर्य के लिए कालिदास ने 'मधुर' शब्द का प्रयोग किया। शकुंतला की सुंदरता के लिए 'अभिज्ञान शाकुंतलम्' में कालिदास ने लिखा, ''किमिवि हि मधुराणां मंडनं नाकृतीनाम्'' (1.18) अर्थात् जो लोग मधुर या सुंदर शरीर वाले होते हैं उन्हें किसी आभूषण की जरूरत नहीं होती। महाप्रभु वल्लभाचार्य ने भी 'मधुराष्टक' में मधुर का ही प्रयोग किया है। भर्तृहरि ने 'श्रृंगारशतक' की रचना की जिसमें उन्होंने श्रृंगार के अलौकिक पक्ष की बात की। बाद में भोज ने 'श्रृंगार प्रकाश' लिखा जिसका शाब्दिक अर्थ सुंदरता पर ग्रंथ या प्रकाश है। पर उसमें जो मुद्दे उठाए हैं, उनका सभी का केवल रूपों तथा विधाओं से संबंध है। जगदगुरु शंकराचार्य ने 'सौंदर्य' शब्द का प्रयोग अपनी 'सौंदर्यलहरी' में किया। पर 'सौंदर्यलहरी' में उसका प्रयोग देवी माँ के अप्रतिम सौंदर्य के लिए किया गया। यहाँ (देवी) माँ ऊर्जा की स्त्री रूपी आदि शक्ति है जो शिव से अविभाज्य है और उसे देवी की तरह संबोधित किया गया है। उसकी दिव्यता का वर्णन करते हुए आदि शंकराचार्य ने काम का वर्णन किया है जिसके पुष्पबाण के

लगने पर इंद्रियों द्वारा सौंदर्य की लहर उठती है। इस प्रकार यह सौंदर्य बाह्य इंद्रियों से रूपहीन आंतरिकता में प्रवेश करता है। एक अर्थ में सौंदर्य का अर्थ है श्रद्धा (रेवरेंस)। जहाँ मानव मस्तिष्क किसी व्यक्ति या पदार्थ के प्रति श्रद्धा से जुड़ जाता है, उसे सौंदर्य कहते हैं।[3] उदाहरण के लिए बूढ़ी दादी के मुँह में एक भी दाँत न हो और उसकी चेहरे की झुर्रियों में सदियाँ बसती हों पर उसके नाती-नातिन से पूछो कि दुनिया में सबसे सुंदर कौन है तो वह अपनी दादी या नानी का नाम लेगा क्योंकि शर्तहीन श्रद्धा, अश्रद्धा, कुश्रद्धा या अंधश्रद्धा नहीं, सौंदर्य है।

काव्यशास्त्र

अरस्तू ने 'पोएटिक्स' (काव्यशास्त्र) लिखा तब पोएट्री या काव्य का व्यापक अर्थ में प्रयोग होता था। सभी रचना विधाओं का संदर्भ उसके सामने था। 'पोएट्री' का मूल 'पीएसिस' है जिसका मतलब 'मेकिंग' (Making) 'बनाना' या 'रचना' होता है। पोएटिक्स या काव्यशास्त्र का अर्थ काव्यसिद्धांत का अध्ययन होता है। काव्यशास्त्र के प्रयोग से पहले संस्कृत में उसके लिए लक्षणशास्त्र, क्रियाकल्प, अलंकारशास्त्र, साहित्यविद्या और मीमांसा जैसे शब्दों का प्रचलन था। समयांतर में काव्य का स्थान साहित्य, वाङ्मय और फिर विमर्श ने ले लिया। इस तरह काव्यशास्त्र विभिन्न प्रकार के विमर्श-व्यापारों का सिद्धांत बन गया है। यहाँ यह कहना ठीक होगा कि आज काव्यशास्त्र की जगह वाङ्मयशास्त्र या विमर्शशास्त्र ने ले ली है। मुझे साहित्य-शास्त्र को भी स्वीकारने में कोई रागरया नहीं दिखती, क्योंकि साहित्य स्वयं में एक समावेशक कोटि है जो अंग्रेजी के 'लिटरेचर' से ज्यादा व्यापक है। 'लिटरेचर' शब्द का मूल 'लेटर' (अक्षर) है जबकि साहित्य का अर्थ 'साथ' होने अथवा 'हित' के लिए जो भी लिखा जाए उससे होता है। इसमें लिखित एवं मौखिक विमर्श शामिल होते हैं। यह बात और है कि विद्वानों ने इसे एक निश्चित अर्थ के दायरे में बाँधने की कोशिश की। भला हो संरचनावादियों और उत्तर संरचनावादियों का जिन्होंने साहित्य और पाठ की परिभाषा बदल दी और लिखित तथा मौखिक, केंद्रीय और सीमांत (हाशिए), उच्च और निम्न, मौलिक और अमौलिक, असल और नकल आदि के बीच अंतर समाप्त कर दिया। इसके चलते हमारे भाषा और साहित्य के चिंतन में भी फर्क आया और आलोचना भी सृजनात्मक कर्म बन गई। एक नई समावेशक कोटि के रूप में साहित्यशास्त्र या विमर्शशास्त्र मुझे ठीक लगते हैं।

'काव्यशास्त्र' को पश्चिमी सौंदर्यशास्त्र या साहित्यशास्त्र के पर्यायवाची के रूप में प्रयोग करने से हमारी बौद्धिक अराजकता का पता लगता है। इन विषयों पर लिखी किताबों या लेखों के शीर्षकों एवं अंतर्वस्तु पर सरसरी नजर डालने से पता लगता है कि भारतीय काव्यशास्त्र, भारतीय सौंदर्यशास्त्र या संस्कृत काव्यशास्त्र के अलग-अलग प्रयोग में होने के बावजूद ले-देकर बात संस्कृत काव्यशास्त्र या उसके संप्रदायों के

आस-पास घूमती है जिसमें रस, ध्वनि, अलंकार, औचित्य, वक्रोक्ति और रीति शामिल होते हैं। तथ्य यह है कि ज्ञानानुशासन की मर्यादाएँ किसी भी 'अनुशासनहीनता' की इजाजत नहीं देतीं। अतः सौंदर्यशास्त्र (एस्थेटिक्स) या काव्यशास्त्र (पोएटिक्स) के बीच किसी भी प्रकार का भ्रम खड़ा कर उन्हें एक मान लेने की कोई जरूरत नहीं है। वैसे दोनों के बीच संबंध बहुत कष्ट-कल्पित नहीं है। अरस्तू की 'पोएटिक्स' भी उसके काव्यशास्त्र शीर्षक के बावजूद काव्यशास्त्र से कम और सौंदर्यशास्त्र से अधिक संबंध रखती है। 'पोएटिक्स' सिद्धांततः न तो कविता का बचाव करता है, न ही वह कविता कैसे लिखी जाए; इस विषय के सिद्धांत का ग्रंथ है और न ही वह साहित्यिक आलोचना के सिद्धांतों का विवेचन है, हालाँकि ये सब तत्त्व उसमें मौजूद हैं। सर्वप्रथम और अनिवार्य रूप से यह सौंदर्य सिद्धांत का ग्रंथ है जो यह सवाल करता है कि कविता क्या है? और उसमें सुख की या उससे मिले सुख की प्रकृति क्या होती है? (रसेल व विन्ट्रबाटम 1972 : 220-221)

तुलनात्मक काव्यशास्त्र का क्षेत्र

तुलनात्मक काव्यशास्त्र के क्षेत्र की चर्चा से पहले कहना चाहूँगा कि भारतीय तुलनात्मक काव्यशास्त्र पद तुलनात्मक भारतीय काव्यशास्त्र से बेहतर लगता है। कारण यह है कि भारतीय काव्यशास्त्र जैसा कुछ है ही नहीं क्योंकि भारत में 'भारतीय' जैसी कोई भाषा है ही नहीं। संस्कृत या तमिल काव्यशास्त्र कहें तो बात ठीक लगती है क्योंकि वे दोनों भाषाएँ हैं। हमारी भाषिक और सांस्कृतिक स्थिति में 'भारतीय' शब्द भौगोलिक, सांस्कृतिक, राजनीतिक या संवैधानिक स्थिति का तो द्योतक है पर भारतीय भाषा या साहित्य के रूप में नहीं। इसलिए यदि हम भारत की भाषाओं में लिखे साहित्य और काव्यशास्त्र को भारतीय नाम दें तो कोई बड़ी समस्या नहीं खड़ी होती। वैसे तो तुलनात्मक काव्यशास्त्र, तुलनात्मक साहित्य की तरह बेमानी है क्योंकि भारतीय तुलनात्मक काव्यशास्त्र जैसे पदबंध का न तो कोई अर्थ है न ही यह व्याकरण-सम्मत है। काव्यशास्त्र स्वयं में तुलनात्मक या अतुलनात्मक नहीं होता अगर इसका मतलब दो या दो से अधिक काव्यशास्त्रों का तुलनात्मक अध्ययन है, तो ठीक है। काव्यशास्त्र का तुलनात्मक अध्ययन एक अध्ययन पद्धति है जिससे काव्यशास्त्रों की एक दूसरे से तुलना की जा सकती है। पर अध्ययन पद्धति की भी सीमाएँ होती हैं जिन्हें लाँघे बगैर विवेकपूर्ण और रचनात्मक तुलनात्मक अध्ययन, चाहे वह काव्य का हो या शास्त्र का, संभव नहीं है।

पश्चिम में काव्यशास्त्र, विशेषकर आलोचना सिद्धांत का उद्योग पिछली शताब्दी में खूब फला-फूला। इसके उत्तरार्द्ध में सिद्धांत एक नए अनुशासन की तरह स्थापित हो गया और सदी के अंत होते-होते सिद्धांत की मृत्यु, उत्तर सिद्धांत और सिद्धांत के 'अंत' जैसी आवाजें सुनाई देने लगीं। सिद्धांत के अंत का अर्थ शाब्दिक न होकर सिद्धांत की अति के कारण उत्पन्न 'ऊब' थकान, अथवा उसकी विकेंद्रीयता से था

और यह माना जाने लगा कि सिद्धांत के बगैर भी साहित्य को पढ़ा-समझा जा सकता है।[4] इसका एक अर्थ यह भी हुआ कि साहित्य के अध्ययन के लिए सिद्धांत अपरिहार्य बन गया था। साहित्य सिद्धांत के भाग्य में आए बदलाव से तुलनात्मक साहित्य और तुलनात्मक काव्यशास्त्र अछूते न रह सके। गौरतलब है कि आलोचना सिद्धांत के भाग्योदय के समय भी काव्यशास्त्र और तुलनात्मक काव्यशास्त्र के भाग्य में कोई सकारात्मक बदलाव नहीं आया। विश्व स्तर पर अमेरिकी तुलनात्मक साहित्य संगठन की रपटों से भी यह बात साफ हो जाती है। 1990 के दशक में चार्ल्स बर्नहीमर की रिपोर्ट 'कंपेरेटिव लिटरेचर इन द एज ऑफ मल्टीकल्चरिज्म' (बहुसांस्कृतिकवाद के युग में तुलनात्मक साहित्य) और उसके बाद 21वीं सदी के पहले दशक में हॉन सॉसी की रिपोर्ट 'कंपेरेटिव लिटरेचर इन ऐन एज ऑफ ग्लोबलाइजेशन' (भूमंडलीकरण के युग में तुलनात्मक साहित्य) में तुलनात्मक काव्यशास्त्र की कोई विशेष चर्चा नहीं की गई है। केवल रिचर्ड रोर्टी के छोटे से पाँच पेज के लेख 'लुकिंग बैक एट लिटरेरी थ्योरी' अर्थात् साहित्यिक सिद्धांत को मुड़कर देखते हुए, में सिद्धांत को श्रद्धांजलि जैसी दी गई है। पीछे देखने का मतलब होता है कि न तो अभी कुछ हो रहा है और न ही आगे कोई संभावना है। बस पीछे देख कर थोड़ा शारीरिक व बौद्धिक व्यायाम मुख्य हेतु होता है। पश्चिम ने यह स्वीकार लिया कि 21वीं सदी में आलोचना सिद्धांत या काव्यशास्त्र केवल भूतकाल है, वर्तमान और भविष्य नहीं।

सिद्धांत तथा काव्यशास्त्र के प्रति पश्चिमी उदासीनता की भारत को नकल करने की कोई जरूरत नहीं है और न ही काव्यशास्त्र के तुलनात्मक अध्ययन को नकारने की, क्योंकि भारत में शास्त्र निर्माण की समृद्ध परंपरा रही है, जिसमें लगभग हर मानव गतिविधि के लिए शास्त्र रचे गए हैं। जहाँ तक भाषा और साहित्य संबंधी काव्यशास्त्र का सवाल है, तो वे भारत में उतने ही बहुल हैं, जितनी कि भाषाएँ। इसका अर्थ है कि भारत में काव्यशास्त्र के तुलनात्मक अध्ययन और व्यवहार का व्यापक क्षेत्र है, जिसमें उनके बीच समानताओं, असमानताओं, सादृश्यताओं और अंतर्संबंधों के अध्ययन की खूब संभावनाएँ हैं। भारत से बाहर इनकी चीनी, जापानी, फारसी, अरबी, पश्चिमी, अफ्रीकी आदि काव्यशास्त्रीय परंपराओं से भी तुलना हो सकती है। समय आ गया है कि भारत के विद्वान अपने सही पश्चिम और पूरब को पहचानें जो यूरोप या अमेरिका न होकर फारसी और अरबी भाषा परंपराओं में मिलता है। भारत का सही पश्चिम अरबी, फारसी है, जिनके काव्यशास्त्र को शामिल किए बगैर भारतीय तुलनात्मक काव्यशास्त्रीय अध्ययन अधूरा और औचित्यहीन रहेगा।

भारत में तुलनात्मक काव्यशास्त्र अध्ययन के विकल्प

तुलनात्मक काव्यशास्त्र की चर्चा काव्य के संघटक तत्त्वों, सिद्धातों और उनके अध्ययन के आस-पास ज्यादा घूमती है जिनका व्यवहार या अध्ययन के प्रतिरूपों से कम संबंध

होता है। इन वैकल्पिक प्रतिरूपों की चर्चा आगे की जाएगी :

काव्य-सिद्धांत और काव्यशास्त्र

परंपरागत अर्थ में काव्यशास्त्र का अर्थ काव्य या साहित्य के सिद्धांत के व्यवस्थित अध्ययन से होता है। समकालीन अर्थ में इसे विमर्शों का सिद्धांत माना जा सकता है। विभिन्न भारतीय और विदेशी भाषाओं और साहित्यों को ध्यान में रखते हुए तुलनात्मक काव्यशास्त्रीय अध्ययन निम्नलिखित मुख्य विषयों से संबंधित हो सकता है :

1. **काव्य :** परिभाषा, प्रकृति, और वर्गीकरण।
2. **शब्द शक्ति :** इसमें विभिन्न काव्यशास्त्रीय परंपराओं में शब्द-शक्ति की तुलना की जा सकती है। उदाहरण के लिए, अंग्रेजी में अभिधा/शाब्दिक बनाम संदर्भ/संकेतक/ रूपकीय, भावात्मक दो शक्तियाँ होती हैं जबकि संस्कृत में अभिधा, लक्षणा, व्यंजना और तात्पर्या चार शक्तियाँ होती हैं।
3. **अर्थ :** भारतीय और पश्चिमी परंपराओं में काव्य में अर्थ की परिभाषा, दोष, गुण और अर्थ निर्धारण के तत्त्वों तथा पद्धतियों के तुलनात्मक अध्ययन।
4. **हेतु :** भारतीय और पश्चिमी परंपराओं में काव्य और उसके हेतु या साधन।
5. **प्रयोजन :** भारतीय एवं पश्चिमी परंपराओं में काव्य और उसके प्रयोजन व उद्देश्य।
6. **गुण और दोष :** इसमें काव्य के गुण और दोषों का अलग-अलग परंपराओं में तुलनात्मक अध्ययन किया जा सकता है।
7. **काव्य प्रक्रिया :** इसमें अलग-अलग परंपराओं में काव्य सृजन की प्रक्रिया की परिभाषा, प्रकृति और चरणों का तुलनात्मक अध्ययन किया जा सकता है।

विभिन्न भाषाओं के काव्यशास्त्रों के तुलनात्मक अध्ययन के ये मुख्य परिप्रेक्ष्य हो सकते हैं। एक साथ या किसी अन्य संयोग से इनका प्रतिरूप या फ्रेमवर्क की तरह भी काम लिया जा सकता है। एक अर्थ में तुलनात्मक अध्ययन से पता लग सकता है कि किस काव्यशास्त्रीय परंपरा में क्या है, क्या नहीं? और उनके होने या न होने के कारणों को दार्शनिक भौतिक, राजनीतिक, सामाजिक और सांस्कृतिक परिप्रेक्ष्यों में देखा जा सकता है।[5]

काव्यशास्त्र और उसके प्रस्थान बिंदु

संस्कृत काव्यशास्त्र में कई संप्रदाय या स्कूल जैसे रस, अलंकार, ध्वनि, वक्रोक्ति, रीति और औचित्य शामिल हैं किंतु उन्हें संप्रदाय के बजाय प्रस्थान कहना ठीक होगा क्योंकि विभिन्न काव्यशास्त्रियों ने लगभग सभी पूर्ववर्ती मतों की चर्चा की और मुख्य प्रश्न (काव्य का मूल जीवन या आत्मा किस तत्त्व में होता है?) से इस

अर्थ में उन्होंने अपने मत के साथ-साथ दूसरों के मतों को भी शामिल करने की कोशिश की। आनंदवर्धन ने ध्वनि की व्याख्या और स्थापना के बाद महसूस किया कि रस के बगैर ध्वनि का कोई अर्थ नहीं है। रस के साहचर्य के बगैर ध्वनि नीरस है। इसलिए उन्होंने रस-ध्वनि की बात की। संस्कृत काव्यशास्त्र के इन संप्रदायों की अन्य भाषा व साहित्यों के काव्यशास्त्रों (विदेशी और भारतीय) के साथ तुलनात्मक अध्ययन किया जा सकता है।

1. रस-सिद्धांत की पाश्चात्य परंपरा में सौंदर्यानुभव से संबंधित सिद्धांतों और विचारों से तुलना।
2. भारत की भाषाओं के (विशेषकर संस्कृत तथा तमिल) के अलंकारशास्त्र बनाम पाश्चात्य अलंकारशास्त्र।
3. रीति संप्रदाय की शैलीविज्ञान के सिद्धांत और व्यवहार से तुलना।
4. ध्वनि-सिद्धांत की प्रतीकात्मक अर्थ अथवा निहितार्थ (सजेशन) के सिद्धांत से तुलना।
5. रूसी रूपवाद की कला, साहित्य, कविता के कलात्मक, साहित्यिक और काव्यात्मक आदि तत्त्वों की संस्कृत के वक्रोक्ति सिद्धांत से तुलना। पाश्चात्य नई आलोचना की कृति अध्ययन और व्यावहारिक और 'गहन अध्ययन' पद्धति की भी वक्रोक्ति सिद्धांत से तुलना की जा सकती है।
6. पाश्चात्य औचित्य सिद्धांत 'डेकोरम' एवं 'प्रोपराइटी' (होरेस) की आचार्य क्षेमेंद्र के औचित्य सिद्धांत रो तुलना।

संस्कृत के इन संप्रदायों या सिद्धांतों की भारतवर्ष में ही उपलब्ध अन्य काव्यशास्त्रीय सिद्धांतों जैसे तमिल के काव्यशास्त्र 'तोलकप्पियम' से इनकी तुलना की जा सकती है।

यहाँ पर मैं जोड़ना चाहूँगा कि संस्कृत काव्यशास्त्र या भारतीय भाषाओं के काव्यशास्त्रों के आधार पर तुलनात्मक अध्ययन की भारतीय स्कूल की स्थापना उसका सुखद प्रतिफल होगा। अकादमिक संस्थानों में अनुशासन के रूप में स्वीकृत होने के बावजूद तुलनात्मक काव्यशास्त्रीय अध्ययन की बात दूर तुलनात्मक साहित्य अध्ययन की स्थिति बहुत अच्छी नहीं है। इसमें काफी कुछ सापेक्षिकता, पद्धति हीनता या अराजकता की स्थिति है। प्रायः तुलनात्मक अध्ययन व्यक्तिगत पसंद अथवा लाटरी लगने जैसा होता है। अधिकांशतः अपनी भाषा की एक रचना और दूसरी भाषा की जो भी रचना हाथ पड़ जाती है उनकी तुलना कर ली जाती है। भूल जाते हैं कि तुलनात्मक अध्ययन में तीन चीजों की आवश्यकता होती है : औचित्य(तुलना का औचित्य), पद्धति (तुलना की पद्धति अथवा पद्धति हीनता का सजग प्रयोग), प्रमाण(तुलना में समान, असमान अथवा सादृश्यता के आधार पर निकले निर्णयों का प्रमाणों से समर्थन)। दुर्भाग्य से अधिकतर तुलनात्मक अध्ययनों में इन तीनों का घोर अभाव पाया जाता है। और

जो तुलनात्मक साहित्य जानते हैं वे अमेरिका या यूरोप के अकादमिक जगत की लड़ाइयों में किराए के टट्टुओं की तरह लड़ते रहते हैं। अपनी विद्वता को अमेरिकी तुलनात्मक साहित्य के विद्वान डेविड डेमरोश के 'विश्व साहित्य' की अवधारणा की चर्चा या उसकी आलोचना में झोंककर धन्य महसूस करते हैं। इस प्रक्रिया में अपनी परंपरा और उसके विद्वानों के विवेचन व्यवहार में जो उपलब्ध है उसके प्रति या तो अज्ञान या घोर उदासीनता व्याप्त रहती है। अगर देखा जाए तो भारतीय काव्यशास्त्र की परंपरा में कई ऐसे संकेत मिलते हैं जिनसे भारतीय तुलनात्मक काव्यशास्त्रीय परंपरा की नींव डाली जा सकती है। उदाहरण के लिए अलंकारशास्त्र को कई विद्वान काव्यशास्त्र का केंद्रीय तत्त्व मानते हैं जिनमें पंडित रेवाप्रसाद द्विवेदी शामिल हैं जिन्होंने 2005 में 'अलमूब्रहम' लिखा और काव्यशास्त्र में अलंकार की केंद्रीय भूमिका स्थापित करने की कोशिश की। तुलनात्मक साहित्य व काव्यशास्त्र की तरह अलंकार सिद्धांत भी तुलना पर आधारित है जिसमें उपमा और रूपक इसके आधार बनते हैं। पर सवाल होता है कि तुलना की जाए तो किस वस्तु का ध्यान रखा जाए? इस प्रश्न का उत्तर भामह आदि अलंकारवादियों में नहीं मिलता है। इसका उत्तर क्षेमेंद्र की 'औचित्य विचार चर्चा' में मिलता है जिसमें वे कहते हैं ''हृदयसादृशी उपमा'' अर्थात् उपमा में तुलना की जा रही वस्तुओं के बीच हृदय की सादृश्यता होनी चाहिए। इसे तुलनात्मक साहित्य या काव्यशास्त्र के तुलनात्मक अध्ययन के क्षेत्र में इस प्रकार कह सकते हैं : 'हृदयसादृशी तुलना'। यह हृदय सादृश्यता समानता और असमानता दोनों पर एक ढंग से लागू होती है और भारतीय तुलनात्मक साहित्यिक और काव्यशास्त्रीय अध्ययन का प्रस्थान बिंदु बन सकती है।

काव्यशास्त्रीय आलोचनात्मक अभिगमों का तुलनात्मक अध्ययन

साहित्यिक विमर्श या काव्यसिद्धांत विभिन्न भाषाओं में काव्यशास्त्र के निर्माण में बड़ी भूमिका निभाते हैं, उनका भी तुलनात्मक अध्ययन किया जा सकता है। कला या साहित्यिक विमर्श की प्रमुख धुरियों के आस-पास तुलनात्मक काव्यशास्त्रीय अध्ययन किया जा सकता है।

1. कला/कृति : कृतिनिष्ठ अभिगम-पाश्चात्य नई आलोचना तथा परंपराओं में।
2. कलाकार/लेखक : कलाकार केंद्रित कविनिष्ठ अभिगम
3. श्रोता/पाठक : पाठकीय अभिगम के बीच तुलना।
4. संदर्भ/परिवेश (कॉन्टेक्स्ट) : जीवनीपरक/आलोचना/समाजशास्त्रीय अभिगम एवं औचित्य अभिगम।
5. सहकृति/उपकृति (कॉन्टेक्स्ट) : पाश्चात्य नव इतिहासवाद एवं परंपरानिष्ठ बनाम सहकृतिनिष्ठ अभिगम ।

यहाँ प्रयोजन पाश्चात्य आलोचनात्मक अभिगमों की संस्कृत या अन्य भारतीय भाषाओं

में उपलब्ध अभिगमों की तुलना का है। समानता और सादृश्य के साथ-साथ कई नए क्षेत्र भी सामने आएँगे जिनमें आलोचना-अभिगमों की विशिष्ट भाषा-परंपरा तथा अभिगमों की उपस्थिति या अनुपस्थित का भी अध्ययन किया जाएगा। संस्कृति के कल्पनाशील एवं अनुमानवादी (स्पेकुलेटिव) मस्तिष्कों के लिए यह काफी उपयोगी अध्ययन क्षेत्र होगा।[6]

तुलनात्मक साहित्यिक पद्धति और काव्यशास्त्र का तुलनात्मक अध्ययन

जैसा कि पहले कहा गया है कि तुलनात्मक साहित्य जैसा कुछ नहीं होता, वह तो एक पद्धति होती है। इसी प्रकार तुलनात्मक काव्यशास्त्र भी बेमानी होता है यह तो काव्यशास्त्र के तुलनात्मक अध्ययन की पद्धति है। इस संदर्भ में कहा जा सकता है कि तुलनात्मक साहित्य की पद्धति से तुलनात्मक काव्यशास्त्रीय अध्ययन के प्रारूप/प्रतिदर्श तैयार किए जा सकते हैं, जिसे निम्नलिखित प्रकार से समझा जा सकता है–

1. 'प्लेसिंग' या दो रचनाओं को उनके तुलनात्मक साहित्य अध्ययन के लिए एक साथ रखकर अध्ययन : इस अध्ययन पद्धति में काव्यशास्त्रीय अभिगम या रचना को दूसरे के साथ रखकर देखा जाता है जो एक दूसरे को प्रकाशित करता है।
2. विषय-वस्तु अध्ययन (थीमेटोलॉजी) : इसमें मुख्य काव्यशास्त्रीय या आलोचनात्मक मुद्दों का दूसरे से अध्ययन किया जा सकता है।
3. विधा अध्ययनशास्त्र (जीनोलॉजी) : इसमें काव्यशास्त्र की एक विधा या संप्रदाय का दूसरे के साथ तुलनात्मक अध्ययन किया जा सकता है।
4. प्रभाव (इन्फ्लुएंस) : एक काव्यशास्त्रीय या आलोचना-परंपरा अथवा काव्यशास्त्रीय आलोचक या आंदोलन के अन्य परंपरा या परंपराओं/आंदोलनों आदि पर प्रभाव का तुलनात्मक अध्ययन संभव है।
5. स्वीकरण(रिसेप्शन) : इसमें एक काव्यशास्त्रीय परंपरा/आंदोलन, अभिगम या आलोचक का दूसरी परंपरा/अभिगम या आलोचकों के स्वीकरण का तुलनात्मक अध्ययन किया जा सकता है।
6. साहित्येतिहास या काव्यशास्त्रीय इतिहास लेखन (हिस्टोरियोग्राफी) एवं काव्यशास्त्रीय विचारों का इतिहास लेखन–
    - (क) विभिन्न आलोचनात्मक परंपराओं के इतिहासों व इतिहास लेखन का तुलनात्मक अध्ययन।
    - (ख) काव्यशास्त्रीय संप्रदायों, युगों व अभिगमों के इतिहास लेखन का तुलनात्मक अध्ययन।
    - (ग) आलोचनात्मक विचारों के क्रमिक विकास(इवॉल्यूशन) का तुलनात्मक अध्ययन। पश्चिम के संदर्भ में यह 'डाइक्रोनिक' (ऐतिहासिक) और भारतीय संदर्भ में 'सिंक्रोनिक' (समकालिक) थी, फर्दिनांद दि सस्यूर के भारतीय संस्कृत भाषाशास्त्रीय अध्ययन व अध्यापन के प्रभाव में सिंक्रोनिक बन गई।

(घ) आंदोलन या मूवमेंट्स : काव्यशास्त्रीय आंदोलनों का तुलनात्मक अध्ययन।

(ङ) काल विभाजन या पीरियडाइजेशन : विभिन्न परंपराओं में आलोचना कालों का तुलनात्मक अध्ययन।

आलोचना परंपरा के रूप में काव्यशास्त्र

काव्यशास्त्र में साहित्यिक आलोचना और आलोचना परंपरा भी शामिल हैं। इस अर्थ में तुलनात्मक काव्यशास्त्र को विभिन्न आलोचना परंपराओं के तुलनात्मक अध्ययन के रूप में देखना बहुत रुचिकर होगा। भारतीय आलोचना परंपरा अपने गोमुख से एक छोटी सी धारा के रूप में निकलकर मैदानों तक आते-आते नदी बन जाती है जिसमें कई सहायक नदियाँ आकर मिल जाती हैं और समाहित हो जाती हैं तो कई उपनदियाँ भी निकलकर बहती हैं जो या तो समय के रेत में खो जाती हैं या फिर किसी दूसरी नदी की ओर बढ़ जाती हैं। यह प्रक्रिया पाँच चरणों में देखी जा सकती है जिन्हें आविर्भाव, प्रवाह, अंतर्भाव या अंतर्लोप, पुनर्भव, अंतर्लीन चरणों के रूप में जाना जा सकता है।[7] यह संयोग ही है कि यह पाँचों चरण कश्मीरी शैववाद के पाँच चरणों सृष्टि, स्थिति, संहार, विलय और अनुग्रह में देखे जा सकते हैं।[8]

भारतीय आलोचना परंपरा को यदि नदी के रूपक से देखा जा सकता है तो वह दूसरी परंपराओं पर भी लागू होता है। यदि ऐसा है तो इससे भारत में काव्यशास्त्र के तुलनात्मक अध्ययन से क्या मदद मिलती है? भारत में भाषिक, साहित्यिक एवं आलोचना परंपराओं का घनत्व अन्य प्रदेशों से कहीं अधिक है जिसमें लगभग डेढ़ हजार भाषाएँ आती हैं। आलोचना परंपराओं के तुलनात्मक अध्ययन से इन भाषा/साहित्यों की आलोचना पद्धति एक साथ देखने से यह अंतर्दृष्टि विकसित होगी कि अपनी सह एवं उप नदियों की विशिष्टताओं के बाद भी यह कैसे एक दूसरे से जुड़ती हैं और सह-अस्तित्व भी स्थापित करती हैं। साथ ही, मौखिक एवं लिखित परंपराओं से निगमित उनके काव्यशास्त्र भिन्न होने के बावजूद भी किस प्रकार एक-दूसरे से अंतर्संबंधित एवं अंतर्गुंफित हैं? तुलनात्मक काव्यशास्त्र एवं साहित्य के लिए इन परंपराओं एवं विधाओं के कम से कम 2500 वर्ष के जिए हुए अनुभव के कलात्मक अभिव्यक्ति के आधार पर रचे सिद्धांतों का तुलनात्मक अध्ययन एक बहुत बड़ा बोध-पाठ होगा। भारतीय भाषा साहित्यों के काव्यशास्त्रों के तुलनात्मक अध्ययन के साथ-साथ उनका विदेशी काव्यशास्त्रों से भी तुलनात्मक अध्ययन संभव है।

तुलनात्मक काव्यशास्त्र या वैकल्पिक काव्यशास्त्र

'भारतीय आलोचना परंपराएँ' रचनाशीलता के लंबे दौर में रचित विमर्शों से निगमित सिद्धांतों के आधार पर बनी थीं। भरत के 'नाट्यशास्त्र' और विशेषकर 7वीं सदी में

लिखे भामह के 'काव्यालंकार' के समय तक संस्कृत की सर्वश्रेष्ठ रचनाशीलता का दौर खत्म हो चुका था। वैदिक संस्कृत में वेदों तथा उपनिषदों की रचना हो चुकी थी और उसके बाद क्लासिकल संस्कृत के युग में 'रामायण', 'महाभारत' एवं दर्शन के ग्रंथ और कालिदास जैसे कवियों, चिंतकों, नाटककारों का युग पूरा हो चुका था। कह सकते हैं कि काव्यशास्त्रीय सिद्धांत की स्थापना सर्वोच्च रचनाशीलता के युग समाप्ति की निशानी होती है। काव्यशास्त्र के क्षेत्र में काव्य के सिद्धांत उसके हेतु, प्रयोजन, काव्य की आत्मा या जीवन आदि विषय संस्कृत काव्यशास्त्र में स्वाभाविक रूप से सम्मिलित हो गए। उत्तर भारत में यह कार्य संस्कृत काव्यशास्त्र ने किया और दक्षिण में तमिल ग्रंथ 'तोलकप्पियम' ने। ब्रज, अवधी, भोजपुरी आदि भाषा साहित्यों के आगमन से संस्कृत काव्यशास्त्र के अलंकार, रीति और गुण आदि को समायोजित/समाहित कर लिया गया। इसके उदाहरणस्वरूप ब्रज (हिंदी) में भिखारी दास के 'काव्यनिर्णय' को देखा जा सकता है। साथ ही रस सिद्धांत को नई रचनाशीलता के साथ जोड़कर देखा गया और रूपगोस्वामी ने भक्ति रस जैसे नए रस की बात की। संस्कृत, हिंदी और गुजराती आदि आधुनिक भारतीय भाषाओं की काव्यशास्त्रीय या आलोचना परंपराओं के तुलनात्मक अध्ययन को भी इसमें शामिल किया जाना चाहिए।

19वीं सदी के दूसरे भाग में भारतीय आलोचना परंपराओं की धारा में पश्चिमी आलोचना आ जुड़ी। भारतेंदु हरिश्चंद्र का लेख 'नाटक' भारतीय और पश्चिमी नाटक के तुलनात्मक अध्ययन का एक आरंभिक उदाहरण है।[9] इसके साथ-साथ उन्होंने भक्ति और वात्सल्य जैसे नए रसों को भी जोड़ने का आग्रह किया। इस काल में अंग्रेजी आलोचना के कई निबंधों, जैसे जोसफ एडिसन के 'इमैजिनेशन' का हिंदी में अनुवाद किया गया। परिणामस्वरूप, रामचंद्र शुक्ल ने 'रसमीमांसा' में रस को आई.ए. रिचर्ड्स के मनोवैज्ञानिक मानव के संदर्भ में देखा जिससे 'रसमीमांसा' संस्कृत, हिंदी और अंग्रेजी आलोचना-परंपराओं का संगम बनती है। वर्तमान भारतीय आलोचना-परिदृश्य अपने समृद्ध भूतकाल के बावजूद परजीवी, अमौलिक और कल्पनाहीन नकल (डेरेवेटिव) लगता है। इसका कारण यह है कि दार्शनिक कल्पनाशीलता व सूक्ष्म निरीक्षण तथा सैद्धांतिक सूत्रीकरण के अभाव में कुछ अपवादों को छोड़ दें तो वर्तमान भारतीय आलोचना परंपरा में दोनों का अभाव पाया जाता है। इन अपवादों में संस्कृत और अंग्रेजी से हिरियन्ना, रेवाप्रसाद द्विवेदी और गोविंदचंद्र पांडेय का नाम आता है और हिंदी में रामचंद्र शुक्ल, मुक्तिबोध, हजारी प्रसाद द्विवेदी, अज्ञेय, रामविलास शर्मा और नामवर सिंह आदि शामिल हैं। इसी प्रकार गुजराती में नवलराम पंड्या, रामनारायण वि. पाठक, आनंदशंकर 'ध्रुव', उमाशंकर जोशी, सुरेश, तथा शीतांशु यशश्चंद्र मेहता और मराठी में बी. एस मर्ढेकर, आर.वी. पाटणकर, भालचंद्र नेमाडे तथा शरणकुमार लिंबाले आदि शामिल हैं। इन विद्वानों ने अपनी भाषाओं में देशी, भारतीय और विदेशी, विशेषकर पाश्चात्य परंपराओं से संवाद स्थापित करते हुए अपनी भाषा की आलोचना परंपरा को समृद्ध किया। साथ ही अपनी साहित्यिक

रचनाओं के विवेचन के लिए और उसकी प्रक्रिया में आलोचना के नए मुहावरे को खड़ा किया। भारतीय भाषाओं का दुर्भाग्य यह है कि इन भाषाओं का श्रेष्ठ आलोचना साहित्य अनूदित होकर अन्यों के गहन तुलनात्मक अध्ययन के लिए उपलब्ध नहीं है।

पिछले दशकों में मौखिक विमर्श के साथ-साथ दलित और स्त्रीवादी विमर्श अस्तित्व में आए और शुरुआती प्रतिरोध के बाद स्वीकृत हुए। स्वाभाविक था कि उनके सौंदर्यशास्त्र और काव्यशास्त्र भी अस्तित्व में आएँ। नए अनुभवों की नई अभिव्यक्ति होने के कारण इस नए साहित्य के विवेचन के लिए नए काव्यशास्त्र की जरूरत स्वाभाविक थी। दलित और स्त्रीवादी विमर्शों और उनके सौंदर्यशास्त्रों के लिए भी यही बात लागू होती थी क्योंकि उच्चवर्गीय 'ब्राह्मण' साहित्य से काव्यशास्त्र के आधार पर इन नए विमर्शों को समझना या मापना न तो संभव था न ही उचित। चूँकि हर नई चीज, विशेषकर विचार, को प्रतिरोध के दौर से गुजरना होता है, इसी कारण इन नए काव्यशास्त्रों को भी भयंकर प्रतिरोध झेलना पड़ा। पर कालांतर में उनकी वैधता और स्वीकृति के सामने लगाए जाने वाले प्रश्नचिह्न अर्थहीन हो गए। आज देखा जाए तो दलित साहित्यशास्त्र या स्त्री विमर्शशास्त्र में ही ऊर्जा या नयापन दिखाई देता है।

पूर्व स्थापित कोटियों को चुनौती देने की क्षमता तथा विभेद एवं शोषण के प्रतिरोध के फलस्वरूप स्त्रीवादी विमर्श एवं दलित विमर्श एक दूसरे के करीब आए क्योंकि दोनों विमर्शों में जन्म, न कि योग्यता शोषण के मूल में है। जन्म के बाद लिंग की पहचान लड़की के प्रति विभेद का कारण बनती है और अभी भी घर-परिवार में मातम छा जाता है। इसी प्रकार दलित परिवार में जन्म लेने के कारण शिशु पर दलित का ठप्पा लग जाता है और वह जीवन-भर इस बोझ को ढोता है। इस अर्थ में दलित और स्त्री की जाति और भाग्य एक ही होता है जिसमें विभेद, शोषण और अपमान लिखा होता है। इसी वजह से दोनों एक स्तर पर जुड़ जाते हैं और आज उनकी रचनाशीलता के आधार पर रचे काव्यशास्त्र और सौंदर्यशास्त्र की जरूरत यथार्थ में बदल गई है। भारत की विविध भाषाओं में स्त्री विमर्श और दलित विमर्श की आँच की व्यापकता और गहराई चूँकि अलग-अलग प्रकार की है, इसलिए भारतीय भाषाओं में लिखे दलित एवं स्त्री विमर्श की परस्पर तुलना की संभावना, उनके सौंदर्यशास्त्रों तथा उसके प्रति अभिगमों के तुलनात्मक अध्ययन की न केवल संभावना है, बल्कि उसकी तुलनाएँ काफी दिलचस्प हो सकती हैं। दलित और स्त्री विमर्श दोनों इस अर्थ में जुड़े हैं कि दलित विमर्श में स्त्री और स्त्री विमर्श में दलित स्त्री भी शामिल है। दलित एवं स्त्री विमर्शों की अंतर्विमर्शता की पहचान और अध्ययन कुछ चरमपंथी विचारधारकों को शायद सुखकर न लगे क्योंकि वे इस बात की दुहाई दे सकते हैं कि ऐसी चर्चा स्त्री विमर्श और दलित आंदोलन को बाँट कर कमजोर करने की साजिश है। यह भी कहा जा सकता है कि दलित स्त्री विमर्श अर्थहीन बात है क्योंकि स्त्री पैदाइशी दलित होती है। पर हकीकत यह है कि दलित आदमी को केवल उच्चवर्ग का शोषण सहना पड़ता है। पर दलित स्त्री को उच्चवर्ग के साथ अपने ही वर्ग के पितृसत्तात्मक समाज की व्यवस्था में पुरुष के

शोषण का शिकार बनना होता है। इस चर्चा का दलित एवं स्त्री सौंदर्यशास्त्रों के तुलनात्मक अध्ययन से संबंध यह है कि सौंदर्यशास्त्र को अनुभवों की सूक्ष्मताओं और जटिलताओं को भी उजागर करना होता है, जैसा कि विभिन्न भारतीय भाषाओं के इनके विमर्शों में देखा जा सकता है। भारतीय भाषाओं के स्त्री तथा दलित विमर्शों के काव्यशास्त्रों या सौंदर्यशास्त्रों के तुलनात्मक अध्ययन का उनके पश्चिमी सहविमर्श जैसे पश्चिमी स्त्री विमर्श (लिंग-विमर्श) और श्याम सौंदर्यशास्त्र (ब्लैक एस्थेटिक्स) से तुलनात्मक अध्ययन किया जाना जरूरी है ताकि वे सभी विमर्श एक दूसरे से समानताओं या असमानताओं से सीख सकें।

निष्कर्ष

उपर्युक्त तुलनात्मक काव्यशास्त्र की संभावनाओं की चर्चा ने इसके गुब्बारे में खूब हवा भरने की कोशिश की पर ऐतिहासिक सच काँटा बनकर इसकी हवा निकाल देता है। व्यवहार में सिद्धांत के अति उत्साही प्रशंसकों में काव्यशास्त्र को काव्य से श्रेष्ठ समझने की प्रवृत्ति देखी जाती है। इतिहास कुछ और कहता है कि काव्यशास्त्र के सिद्धांत काव्य रचना के बगैर असंभव हैं क्योंकि सिद्धांत प्रायः काव्यसृजन से निकाले जाते है। दूसरी बात यह है कि काव्यशास्त्र का उदय उस भाषा में श्रेष्ठ रचनाशीलता के अंत की निशानी होती है। संस्कृत में काव्यशास्त्र की रचना, भरतमुनि के 'नाट्यशास्त्र' को छोड़ दें तो, 7वीं सदी में भामह के 'काव्यालंकार' से होती है। तब तक संस्कृत में दर्शन, साहित्य एवं अन्य ज्ञान विधाएँ पराकाष्ठा की स्थिति तक पहुँच चुकी थीं। ठीक इसी प्रकार ग्रीक भाषा में जब अरस्तू ने अपने काव्यशास्त्रीय ग्रंथ 'पोएटिक्स' की रचना की तब तक उसके श्रेष्ठ दार्शनिक जैसे प्लेटो, श्रेष्ठ कवि जैसे होमर, श्रेष्ठ नाटककार जैसे एस्केलीज, सोफोक्लीस, यूरीपडीस और एरोस्टोफेनीज आदि ग्रीक साहित्य की श्रेष्ठता की चोटियों पर पहुँच चुके थे। बाकी रचनाशीलता इन सबकी जूठन है। शास्त्रकाल में सिद्धांत बनाने वालों के लिए खुला मौका था कि वे शास्त्र का शस्त्र की तरह उपयोग कर रचनाओं की शल्य क्रिया कर सकें। असलियत यह है कि शास्त्र रूपी कैंची से छोटे-मोटे पौधे और फूल काटे-छाँटे जा सकते हैं, लॉन बनाए जा सकते हैं पर पेड़ या जंगल नहीं उगाए जा सकते। इसका अर्थ यह नहीं कि काव्यशास्त्र बेकार की चीज है। काव्यशास्त्र 'अनुशासन' है और इस कारण काव्यशास्त्र साहित्य के बाद आता है और साहित्य या रचनाशीलता का अनुकरण करता है। तुलनात्मक काव्यशास्त्र इसके भी बाद तीसरे चरण में अस्तित्व में आता है। इसके बावजूद शास्त्र काव्यशास्त्र जरूरी है यदि वह काव्य की कीमत पर न हो। तुलनात्मक काव्यशास्त्र के पढ़ने-पढ़ाने और व्यवहार में लाने का मुख्य उद्देश्य यह होना चाहिए कि साहित्यिक विमर्श में ज्ञान कैसे संरचित किया जाता है और अलग-अलग परंपराओं में उसके हेतु, प्रयोजन और उद्देश्य क्या होते हैं। जानना यह भी होता है कि मानव मस्तिष्क काव्यशास्त्रीय मुद्दों पर बात करते हुए अलग-अलग समाजों में किस प्रकार आगे बढ़ता है और उससे संबंधित

समस्याओं के भिन्न व समान निष्कर्षों पर कैसे पहुँचता है? उदाहरण के लिए कुंतक ने वक्रोक्ति की चर्चा अपने 'वक्रोक्तिजीवितम्' में 9वीं सदी में की। लगभग वही प्रश्न लेकर 20वीं सदी के दूसरे दशक में विक्टर श्कोलेवस्की ने रूसी रूपवाद ('रसियन फार्मालिज्म') की चर्चा की। दोनों का तुलनात्मक अध्ययन दो काव्यशास्त्रों पर तो प्रकाश डालेगा ही, कारण भी बताएगा कि वे जिनकी वजह से सामूहिक मानव मनीषा काव्य का अध्ययन करते हुए भिन्न देशों में भिन्न समय खंडों में एक जैसे सवाल क्यों करती या नहीं करती है। उत्तरसंरचनावादी रोलॉ बार्थ जैसे आलोचक आलोचना को रचना कर्म मानें तो ठीक ही है पर साहित्य और आलोचना दो अलग प्रकार के रचना कर्म हैं। सच यह है कि आलोचना रचनाशीलता की सहचरी व अनुचरी दोनों ही है।

तुलनात्मक काव्यशास्त्र विभिन्न देशों तथा संस्कृतियों में मानवीय प्रतिभा की बनावटों या प्रतिमानों को उजागर करता है और निगमित सिद्धांतों का तुलनात्मक अध्ययन करते हुए, उनकी समानताओं का अध्ययन करता है। भारत भाषा तथा साहित्यिक संस्कृतियों का भंडार तो है ही, देशी तथा विदेशी भाषाओं, साहित्यों तथा काव्यशास्त्रों के तुलनात्मक सामासिक अध्ययन के लिए उपजाऊ भूमि भी है। अपनी भाषायी साहित्यिक एवं काव्यशास्त्रीय सघनताओं के कारण भारत में तुलनात्मक काव्यशास्त्र के अध्ययन की अप्रतिम संभावनाओं के साथ अंतर्काव्यशास्त्रीयता ज्यादा दिखाई देती है जो तुलनात्मक अध्ययन को अंतर्काव्यशास्त्रीय अध्ययन की शिक्षा प्रदान करती है। यही कारण है कि ऊपर वर्णित सात चौखटों के बावजूद अन्य चौखटों की संभावना बनी रहती है जो उसके आलोचकों के लिए उत्तरदायित्व एवं चुनौती दोनों है।

तुलनात्मक काव्यशास्त्रीय अध्ययन के विकल्पों की लंबी चर्चा के बाद यह उचित ही होगा कि दुगने नीरस व शुष्क विषय का समापन गुजराती कवि रमेश पारेख की कविता से किया जाए जो कवि कर्म की बात करते हुए उसके उत्तरदायित्वों की बात उठाती है :

कविता को क्या करना होता है
कविता
सर्दी की रात में अलाव जलाती है
पेड़ को सुखद छाया देना सिखाती है गर्मी में
चौमास में कहती है बरसात को 'झूमकर बरस'।
क्या-क्या बनना होता है कविता को
काँच को जोड़ने वाला टाँका
भूखे का अन्न?
अनिद्रा से पीड़ित रोगी की नींद?
सैनिकों के घाव की पट्टी?
हाँ!
शिशुओं की किलकारियों का उत्सव मनाना होता है

चुंबन के लिए तरसते फूलों के लिए तितली होना पड़ता है
माँ के स्तन में दूध बनना होता है
आत्महत्या के लिए जा रहे व्यक्ति के पैर की जंजीर बनना होता है
शयनखंड के शुष्क एकांत में
मधुर ऐक्य रचना होता है कविता को।
जहाँ ईश्वर के हाथ न पहुँचते हों
वहाँ पहुँचना होता है कविता को
ये सब तो ठीक
पर सबसे बड़ा काम यह है कि
जब सारा गाँव सो रहा होता है तब
जागना होता है कविता को। [10]

जब कवि को इतना कुछ करना होता है तो आलोचक को और अधिक सजग रहने की जरूरत है और तुलनात्मक आलोचकों को और भी ज्यादा, क्योंकि उसका दायित्व दुगुना बढ़ जाता है कि वह आलोचना परंपराओं के साथ अन्याय न होने दे। साथ ही यह भी देखना होता है कि उनके बारे में कोई झूठ सच बनने की साजिश में सफल न हो।

काव्य और काव्यशास्त्र एक दूसरे से अलग अनुशासन होने के बावजूद अंतर्संबंधित है। यह अंतरसंबंधता उनके कर्म तथा दायित्वों दोनों से संबंधित है क्योंकि दोनों का मुख्य धर्ग जगाना होता है। खुद जागना जगाने की पूर्व शर्त है। इसलिए कवि और आलोचक दोनों को खुद जागना पड़ता है। साहित्य या काव्य को, समाज को आनंद के साथ जगना होता है जबकि आलोचक या काव्यशास्त्री कवि, समाज तथा अन्य आलोचक को जगाता है। स्वाभाविक है तुलनात्मक काव्यशास्त्री को दोगुना ज्यादा चौकस भी रहना पड़ता है। इसी में उसकी सार्थकता है।

टिप्पणियाँ :

1. यदि भारतीय परंपरा में गीता जैसे ग्रंथ को देखें तो पाते हैं कि अपने और अन्य की विरोधयुग्मता को कभी भी सांस्कृतिक स्वीकृति नहीं दी गई। और यदि कभी वे व्यवहार में आए तो उसकी परिणति महाभारत में हुई। गीता के पहले श्लोक में धृतराष्ट्र अपने बेटों तथा अपने छोटे भाई के बेटों के लिए 'माम्' का अर्थात् 'मेरे अपने' तथा 'पांडवों' के अर्थात् पराए का प्रयोग करते हैं। अर्थ साफ है जब 'अपना' तथा 'पराया' का बोध व्यक्ति या समाज को ग्रसता है तो महाभारत ही होता है। गीता का पहला श्लोक इस प्रकार है :

   धर्मक्षेत्रे कुरुक्षेत्रे समवेता युयुत्सवः।
   मामकाः पाण्डवाश्चैव किमकुर्वत संजय।।"

   (गीता, श्लोक-1, अध्याय-1)

2. देखें, श्रीललितासहस्रनाम, सं. स्वामी तपस्यानंद, मद्रास : श्रीरामकृष्ण मठ, वर्ष नहीं।
3. सौंदर्य की भारतीय अवधारणा के लिए देखें, अवधेश कुमार सिंह, ''एस्थेटिक्स, एथिक्स एंड इंडियन कल्चर'', ''रीविजिटिंग लिटरेचर, क्रिटिसिज्म एंड एस्थेटिक्स इन इंडिया'', दिल्ली, डी. के. प्रिंटवर्ल्ड, 2012, पृ. 70-72.
4. बीसवीं सदी में सिद्धांत की चर्चा के लिए देखें, ''बीसवीं सदी में आलोचना कर्म : फिर पाठ की ओर'', आलोचना, अक्टूबर-दिसंबर 2012, 22-28.
5. देखें, अवधेश कुमार सिंहः मिथिक नेरेटिव एज ए मोड ऑफ कन्स्ट्रक्टिंग नोलेज : थ्योरी ऑफ क्रिएटिव प्रोसेस इन द नैरेटिव्स अबाउट द क्रिएशन ऑफ द रामायण एंड द महाभारत, जादवपुर जर्नल ऑफ कंपेरेटिव लिटरेचर, जुलाई दिसंबर 2008, 40-46।
6. भारतीय एवं पाश्चात्य काव्यशास्त्र के बीच तुलनात्मक अध्ययन के लिए निम्नलिखित विषयों या क्षेत्रों के बारे में सोचा जा सकता है :

I. रस :

(क) रस की स्थिति :

(अ) लेखक में (अभिव्यक्तिवादी दृष्टिकोण)

(ब) रचना में (ऑटोटेलिक या आत्म-प्रयोजनवादी दृष्टिकोण)

(स) सहृदय या श्रोता में : 'रीडर रिस्पॉन्स थियरी'

(ख) रससूत्र :

(अ) रस का संरूपण

(ब) टी. एस. इलियट–वस्तुनिष्ठ सह-संबंधक (आब्जेक्टिव कोरिलेटिव)

(स) ए. के. रामानुजन का 'कोरिलेटिव आब्जेक्टिव' सह-संबंधक वस्तुनिष्ठता का सिद्धांत।

(ग) लोंजाइनस की उदात्त ('सब्लाइम') की अवधारणा और अद्‌भुत रस।

(घ) सौंदर्यात्मक बोध (इमेन्युल कांट एवं रस मीमांसा)।

ii. भाषा विचार : भर्तृहरि एवं विटर्गेस्टाइन के विचारों का तुलनात्मक अध्ययन।

iii. शब्दशक्ति : अभिधा, लक्षणा, व्यंजना (ध्वनि) एवं तात्पर्या का आई ए. रिचर्ड्स के 'रेफरेंसिअल' या संदर्भात्मक एवं संवेगात्मक 'इमोटिव' अर्थ या फिर एलेन टेट के 'डेनोटेटिव' या सूचनार्थ तथा 'कानोटेटिव' या संपर्कात्मक अर्थ।

iv. काव्य/कविता : काव्य प्रक्रिया एवं कविता के कार्य (जॉन ड्राइडन, मैथ्यू आर्नल्ड, टी.एस. इलियट) एवं भारतीय काव्यशास्त्र में प्रयोजन।

v. **कवि :** अंग्रेजी कवि सैमुअल टेलर कॉलरिज तथा जर्मन कवि राइनर मारिया रिल्के की अवधारणाओं की राजशेखर की 'काव्यमीमांसा' में व्यक्त अवधारणाओं से तुलना; काव्य सृजन के प्रतिरूप : भारतीय संदर्भ में 'कुम्हार' और पश्चिमी संदर्भ में 'बढ़ई' के प्रतिमानों की तुलना।

vi. प्लेटो एवं अरस्तू के 'माइमिसिस' या 'इमिटेशन' की भरत की अनुकृति एवं शंकुक के अनुकरण तथा अनुमिति, भट्टलोल्लट के अनुव्यवसाय तथा अनुभव से तुलना।

vii. **काव्य एवं नाटक की उत्पत्ति :** भरत के नाट्योत्पत्ति एवं राजशेखर की काव्य-पुरुष तथा काव्य उत्पत्ति की नीत्से के 'बर्थ ऑफ ट्रेजडी' से तुलना।

viii. भारत तथा पश्चिम में युक्ति और कवि समय की तर्कमूलक युक्तियों एवं काव्य रूढ़ियों से तुलना।

ix. **साहित्यिक विमर्शों की वर्गिकी या 'टैक्सोनॉमी' :** राजशेखर की नोर्थोप फ्राई से तुलना।

x. भारतीय काव्यशास्त्र के आचार्यों विशेषकर भामह, अभिनव गुप्त एवं राजशेखर की प्रतिभा की अवधारणा का क्रोचे की 'पोएटिक जीनियस' से तुलना।

xi. **पश्चिम में काव्य साहित्य के विरुद्ध लगे आरोप एवं उसका बचाव :** प्लेटो, अरस्तू, स्टीफन गोसोन, फिलिप सिडनी, जॉन ड्राइडन, सेम्युअल जानसन, टामस लव पिकॉक, पी.बी. शैली, सी. एस. स्नो और एफ.आर लीविस तथा भारत में राजशेखर और आचार्य सम्मद के विचार की तुलना।

xii. भरत और राजशेखर के मिथक संबंधी दृष्टिकोण का जॉक देरिदा के 'व्हाट माइथोलोजी' से तुलना।

xiii. पाल डि मान के 'रूल ऑफ मेटाकर' की संस्कृत अलंकार शास्त्र के उपमा और रूपक से तुलना।

xiv. भारत तथा पश्चिम में काव्यशास्त्र पर दर्शनशास्त्र के प्रभाव का तुलनात्मक अध्ययन।

7. देखें अवधेश कुमार सिंह, नीदर अम्नेशिया नॉर अफेसिया : 'नॉलेज कांटीन्युटी एंड चेंज इन इंडियन पोएटिक्स' इंडियन नोलेज सिस्टम सं. कपिल कपूर तथा अवधेश कुमार सिंह, दिल्ली : डी.के. प्रिंट वर्ल्ड 2005।

8. क्षेमराज ने अपने निम्नलिखित सूत्र एवं टीका में शैव मतानुसार सृजन प्रक्रिया के पाँच चरणों की चर्चा की है। (क्षेमराज 1982 : पृ. 73)

सूत्र : तथापि तदवत् एवं कृत्यानि करोति। (सूत्र 10)

अनुवाद : और इस आत्म की स्थिति में भी, वह (व्यक्ति) परमेश्वर (शिव) की भाँति पाँच क्रियाएँ करता है।

सूत्र : इह ईश्वरादव्यादर्शनस्य बृहमवादिक्येया अयमेव विशेष : यत् सृष्टिसंहारकर्तारम् विलयस्थिति कारकम् अनुग्रहकारम् देव प्रणतार्थिविनाशनम्॥' (स्वच्छन्द तंत्र 1.3)

टीका : यहाँ पर ईश्वरद्वय तथा ईश्वर दर्शन के बीच भेद किया गया है। ईश्वरद्वय दर्शन ऐसी दर्शन व्यवस्था है जो ईश्वर के अतिरिक्त किसी अन्य 'अद्वय' सिद्धांत में विश्वास नहीं करता। कश्मीरी शैव दर्शन की यह विशेषता है कि वह शिव को एक मात्र और सम्पूर्ण सत्य मानता है। दूसरी ओर ब्रह्मवादी हैं जो वेदांतियों की भाँति ब्रह्म के अतिरिक्त माया के सिद्धांत को मानते हैं जो ब्रह्म के अतिरिक्त सृष्टि, स्थिति तथा संहार के लिए उत्तरदाई होती हैं। दिव्यता जिसका मूल तत्त्व 'चेतना' है वह अपने पाँच स्तरीय कर्म की केंद्रीयता बनाए रखती है। यह महा स्वच्छंद तथा अन्य शैव दर्शन के अनुशासन के अनुरूप ही जिसके बारे में कहा गया है : मैं तत्त्व, जो सृष्टि, संहार, विलय तथा स्थिति को रचने वाले तथा सभी पापों से मुक्त करने वाले अनुग्रह को प्रदान करने वाला है उसे प्रणाम करता हूँ। (स्वच्छंद तंत्र 1.3)

उपर्युक्त पंच क्रियाओं का तात्पर्य यह है कि शिव स्वयं में से पूरी सृष्टि का सृजन कर उसे अस्तित्व प्रदान करते हैं और फिर अंत में उसका स्वयं ही विलय कर लेते हैं जोकि बाद में पुनः प्रकट होता है। इससे एक चक्र पूरा होता है जिसे कल्प कहा जाता है। विश्व सृजन की इस प्रक्रिया का कोई अंत नहीं होता यह ब्रह्मांडीय प्रक्रिया अनंतता से अनंतकाल तक चलती रहती है। शिव की इस पंच-क्रिया की व्याख्या निम्नलिखित प्रकार से हो सकती है–

1. सृष्टि : स्वयं में से बाहर निकलना या प्रकटीकरण। सृष्टि संस्कृत के मूल 'सृज्' से बनता है जिसका अर्थ उड़ेलना या प्रक्षेपण होता है। जगत प्रक्रिया शिव में पहले से ही अंतर्भूत ढंग से स्थित होती है। उन्हें जगत प्रक्रिया के संपादन हेतु किसी बाहरी भौतिक तत्त्व की जरूरत नहीं होती। दूसरे शब्दों में कहें तो अंग्रेजी शब्द 'क्रिएशन' के अर्थ में सृजन नहीं है बल्कि एक प्रसर्जन और थियोफेनी है।

   अंग्रेजी शब्द 'क्रिएशन' का सृजन के अर्थ में यहाँ प्रयोग करना भ्रांतिकारक होगा क्योंकि ईसाई मत के अनुसार क्रिएशन कुछ भी नहीं या नथिंग में से हुआ है। जबकि वैज्ञानिक तथ्य यह है कि ऐसा संभव नहीं है क्योंकि कुछ को सृजन करने के लिए किसी न किसी कुछ की जरूरत होती है।
2. स्थिति : जगत प्रक्रिया का अनुरक्षण या पालन।
3. संहार : प्रत्याहार्य या पुनरवशोषण (रिएब्जॉर्प्सन)

   संहार का अर्थ विश्व का विनाश नहीं होता बल्कि शिव के द्वारा कुछ समय के लिए उस सृष्टि कृत तत्त्व का पुनरवशोषण होता है। संहार का विनाश के रूप में अर्थ केवल लाक्षणिक अथवा परोक्ष या गूढ़ अर्थ होता है; मुख्यार्थ नहीं।

4. विलय : आत्म (सेल्फ) की वास्तविक मूल प्रकृति का छिपाव।
5. अनुग्रह : अनुग्रह का अर्थ मुनष्य की मुक्ति के लिए शिव के द्वारा अनुग्रह या कृपा करना होता है।

पहली चार क्रियाएँ ब्रह्मांडीय हैं और आखिरी मुक्ति संबंधी। ये पाँचों न तो कृत्रिम हैं और न ही उपर्युक्त दोनों बिंदुओं या दृष्टिकोणों का मिश्रण। इसके विपरीत अनुग्रह पहली चार क्रियाओं का आवश्यक अंग होती हैं। और पहली चार क्रियाएँ इसी अनुग्रह की स्थिति के लिए बनी होती हैं। इससे शिव के असीम प्रेम की अभिव्यक्ति होती है जिसके कारण शिव अर्थात् कल्याण और उसका पर्यायवाची आशुतोष या शीघ्र प्रसन्न होने वाला नाम मिला है। शिव इन पाँचों क्रियाओं को तब भी संपन्न करते हैं, जब वे जीव के रूप में होते हैं। जगद्गुरु शंकर के वेदांत की भाँति शैव दर्शन में पूर्ण निष्क्रिय नहीं होता। इस प्रकार वेदांती के निष्क्रिय ब्रह्म पर कटाक्ष भी इसमें शामिल है।

9. विस्तृत चर्चा के लिए देखें, अवधेश कुमार सिंह, नीदर अम्नेशिया नॉर अफेसिया : नॉलेज कांटीन्युटी एंड चेंज इन इंडियन पोएटिक्स : इंडियन नॉलेज सिस्टम्स सं. कपिल कपूर तथा अवधेश कुमार सिंह, दिल्ली, डी.के. प्रिंट वर्ल्ड, 2005
10. देखें, रमेश पारेख, स्वागत पर्व, अहमदाबाद, रन्नादे प्रकाशन, 2002

संदर्भ

- एरिस्टोटल : पोएटिक्स, लोंजाइनस : ऑन दि सब्लाइम, डेमेट्रिअस : ऑन स्टाइल (अनुवाद) डब्ल्यू हेमिल्टन किफे कैंब्रिज, हार्वर्ड 1965
- बर्नहीमर, चार्ल्स, कंपेरेटिव लिटरेचर इन द एज ऑफ मल्टीकल्चरिज्म, बाल्टिमोर : जॉन्स हॉप्किन्स यूनीवर्सिटी प्रेस, 1955
- वटलर, जुडिश, जॉन मुइलोरी, एंड थॉमस केंडाल (सं.) व्हाट्स लेट ऑफ थियोरी? लंदन : रूटलेज, 2000
- कुमारस्वामी, आनंद के. द ट्रांसफार्मेशन ऑफ नेचर इनटू आर्ट, न्यूयॉर्क, डोवर पब्लिकेशन, 1934
- कुमारस्वामी, ऐसेज इन नेशनल आइडियलिज्म, दिल्ली : मुंशी एम मनोहरलाल, 1981
- कुमारस्वामी 'द डान्स ऑफ शिवा' बॉम्बे : एशिया पब्लिशिंग हाउस, 1984
- कुमारस्वामी, टाइम एंड इटरनिटी, नई दिल्ली, मुंशीराम मनोहरलाल, 2001
- क्राफोर्ड, डी. डब्ल्यू, कान्ट'स एस्थेटिक थ्योरी, मेडिसन : यूनिवर्सिटी विस्किन्सिन प्रेस, 1947
- कनिंघम, वेलेंटाइन, रीडिंग आफ्टर थियरी, आक्सफोर्ड : ब्लैकवेल, 2002
- डाबने, टाउनसेंड, एन इंट्रोडक्शन टू एस्थेटिक्स, आक्सफोर्ड : ब्लैकवेल पब्लिशर्स, 1997
- डोचेर्टि, थामस आफ्टर थियरी, एडिनवर्ग : एडिनवर्ग, यू.पी., 1971
- ईगल्टन, टेरी, द आडियोलॉजी ऑफ द एस्थेटिक्स, आक्सफोर्ड : ब्लैकवेल, 1990
- ईगल्टन, आफ्टर थियरी, न्यूयॉर्क, बेसिक बुक्स, 2003
- ईगल्टन, हाऊ टू रीड ए पोयम, लंदन, ब्लैकवेल, 2008

- हबीब, एम.ए. आर. हिस्ट्री ऑफ लिटरेरी क्रिटिसिज्म फ्राम प्लेटो टू दि प्रजेन्ट, लंदन : ब्लैकवेल, 2005
- हरिश्चंद्र, भारतेंदु, 'नाटक' अनु. प्रभात कुमार पांडेय, क्रिटिकल डिस्कोर्स एंड कोलोनियलिज्म, सं. अवेधश कुमार सिंह तथा संजय मुखर्जी, दिल्ली, क्रिएटिव बुक्स, 2005
- हिरियन्ना, एम., आर्ट एक्सपीरिएंस, मैसूर : काव्यालय पब्लिशर्स, 1954
- जाथलिन, जॉन जे एंड मेलेप्स, दि न्यू एस्थेटिसिज्म, मैन्चेस्टर, यूपी, 2003
- क्षेमराज, प्रत्यभिज्ञानहृदयम् : दि सिक्रेट ऑफ सेल्फ-रिकग्निशन, अनु. जयदेव सिंह, दिल्ली : मोतीलाल बनारसीदास, 1982
- लिंबाले, शरण कुमार, दलित साहित्य का सौंदर्यशास्त्र, अनु. रमणिका गुप्ता, नई दिल्ली : वाणी प्रकाशन, 2000
- माधकर, टू लेक्चर्स ऑन एन एस्थेटिक्स ऑफ लिटरेचर, बॉम्बे : कर्नाटक पब्लिसिंग हाउस, 1948
- मैकमिलन, मार्टिन आदि (संपादक), पोस्ट थियरी : न्यू डायरेक्शन इन क्रिटिसिज्म, एडिनबर्ग : एडिनबर्ग यू.पी., 1999
- नगेंद्र, भारतीय काव्यशास्त्र की भूमिका, दिल्ली, नेशनल पब्लिशिंग हाउस, 1963, द्वितीय संस्करण
- पारेख, रमेश स्वागत पर्व, अहमदाबाद, रन्नादे प्रकाशन, 2002
- पेने मिशेल व जॉन शेड, (सं.) लाइफ, ऑफ्टर, थियरी, लंदन : कम्युनिकेशन, 2003
- रेवेट, जेन-मिशेल, दि फ्यूचर ऑफ थियरी, ऑक्सफोर्ड, ब्लैकवेल, 2002 प्रिंट
- रिच्टर, डेविड, सं. फॉलिंग इनटू थियरी, बोस्टन : वेडफोर्ड सेंट मार्टिन, 2000
- रसेल, डी.ए. एंड एम. विंटरवाटम, (सं.) एरिस्टोटल्स थियरी ऑफ एस्थेटिक प्लेजर' क्लासिकल लिटरेरी क्रिटिसिज्म, आक्सफोर्ड, ओ यूपी, 1972
- सॉसी, हॉन, कंपेरेटिव लिटरेचर इन एन एज ऑफ ग्लोबलाइजेशन, जॉन्स हाप्किंस यूनिवर्सिटी प्रेस, 2006
- सेतुरामन, वी.एस. (सं.) इंडियन एस्थेटिक्स, बॉम्बे : मैकमिलन इंडिया, 1994
- सिंह, अवधेश कुमार, 'नीदर एम्नेशिया नॉर एफेशिया : नॉलेज, कंटीन्यूटी एंड चेंज इन इंडियन पोएटिक्स' इंडियन नालेज सिस्टम, अंक-2 सं. कपिल कपूर एंड अवधेश कुमार सिंह। नई दिल्ली, डी.के. प्रिंट वर्ल्ड, 2005
- सिंह, अवधेश कुमार, 'मिथिक नैरेटिव ऐज ए मोड ऑफ कंस्ट्रक्टिंग नॉलेज : थियरी ऑफ क्रिएटिव प्रोसेस इन द नैरेटिव्स एबाउट द क्रिएशन ऑफ दि रामायण एंड द महाभारत' जादवपुर जनरल ऑफ कंपेरेटिव लिटरेचर (जुलाई-दिसंबर, 2008) : 46-60
- सिंह, बच्चन, भारतीय एवं पाश्चात्य काव्यशास्त्र का तुलनात्मक अध्ययन, चंडीगढ़, हरियाणा साहित्य अकादमी, 1987
- सुश्रुत, सुश्रुत संहिता : विद इंट्रोडक्शन बाय कविराज कुंजलाल, टोरंटो यूनीवर्सिटी प्रेस, वेस्टर्न साइंस सेंटर, 1907
- दि वाक्यपदीय ऑफ भर्तृहरि, के.वी. अभयंकर एंड वी.पी. लिमाए, (संपा.) संस्कृत एंड प्राकृत सिरीज, पुणे, पुणे यूनीवर्सिटी प्रेस, 1965
- तुलसीदास, गोस्वामी, रामचरितमानस, गोरखपुर, गीता प्रेस, 1974

भारत में तुलनात्मक साहित्य अध्ययन*

सायंतन दासगुप्ता

1

बहुत पहले, 'भारत में तुलनात्मक साहित्य' शीर्षक निबंध 'तुलनात्मक और सामान्य साहित्य वार्षिकी' के एक अंक में प्रकाशित हुआ था। यह तुलनात्मक साहित्य के भारतीय अवतार के स्वरूप को व्यवस्थित करने तथा विश्व के इस क्षेत्र में इसके विकास को इतिहासबद्ध करने के शुरुआती प्रयासों में से एक था। प्रस्तुत निबंध अपनी बात को रखने की दृष्टि से इसे प्रस्थान बिंदु मानता है। यह आधी सदी से भी पहले का है तथा इसने भारत में अपने समय के तुलनात्मक साहित्य के प्रारंभिक रूप का पता लगाने में महत्त्वपूर्ण भूमिका निभाई। यह भारत में हमारे अनुशासन के आरंभिक इतिहास का सर्वाधिक उपयोगी लेखा-जोखा है और भारत में तुलनात्मक साहित्य के प्रथम दो दशकों की जानकारी हेतु प्रमाण स्वरूप है। दुर्भाग्य से, निबंध को वैसी मान्यता नहीं मिली, जिसका वह अधिकारी था, न उस अभिगम को जिसका यह समर्थन करता है और न ही इसकी सीमाओं को। भारत में तुलनात्मक साहित्य के इतिहास पर किए गए कार्य के किसी भी हिस्से में इसकी प्रेरणा स्पष्ट मालूम पड़ती है। बाद के प्रकाशनों और शोध पर इसका मामूली असर ही रहा।

उपर्युक्त निबंध 1959 में कवि, विद्वान, रचनाकार और भारत में तुलनात्मक साहित्य के अध्ययन हेतु प्रथम विश्वविद्यालय-विभाग के संस्थापक बुद्धदेव बसु द्वारा लिखा गया था। इसने पहली बार उस राजनीतिक इतिहास की रूपरेखा तैयार करने की माँग की जिसकी प्रेरणा से राष्ट्रीय शिक्षा परिषद का आविर्भाव हुआ और जिसका घोषित उद्‌देश्य ब्रिटिश नियंत्रित औपनिवेशिक शिक्षा व्यवस्था के लिए एक विकल्प पेश करना था। बाद में इस लक्ष्य और उद्‌देश्य पर बहस आगे बढ़ी, जिससे प्रथम विश्वविद्यालय के रूप में जादवपुर में, तुलनात्मक साहित्य के औपचारिक विषय के रूप में आरंभ किए जाने का आधार तैयार हुआ।[1] अंततः यह समकालीन एकल साहित्य शैक्षणिक प्रथाओं की आलोचना पर केंद्रित हो गया, जो जादवपुर स्कूल के तुलनात्मक साहित्य की विशेषताओं

* मूल अंग्रेजी से हिंदी अनुवाद : शशिभूषण सिंह

का वर्णन करता है (हालाँकि बसु निबंध में कहीं इस पद का उल्लेख नहीं करते) तथा अनुशासन हेतु उपलब्ध अन्य तरीकों के मुकाबले इसे स्वीकृत करता है। यह तुलनात्मक साहित्य की अधिकांश जिज्ञासाओं को प्रकट करता है, जो भारत में उस समय अस्तित्व में थीं तथा जिनका अधिकांश आज भी हमारे अनुशासन को विशेषीकृत करता है। यह भारतीय संदर्भ में तथा अन्य प्रकार से, दूसरे ढंग से यदा-कदा परिवर्तित ऐतिहासिक संदर्भ को धन्यवाद भी देता है। इस कारण भारत में तुलनात्मक साहित्य के आरंभ को चिह्नित करने के प्रयास के रूप में बसु का निबंध एक रोचक प्रस्थान बिंदु है।

प्रथम दृष्टि में, बसु तुलनात्मक साहित्य को एक सीमा तक सार्वभौमिकता की अवधारणा के साथ आरंभ करते प्रतीत होते हैं। पश्चिम में अपने आरंभिक चरण में तुलनात्मक साहित्य बौद्धिक परिवेश का अभिन्न अंग था। वे लिखते हैं, "जहाँ कहीं भी तुलनात्मक साहित्य पढ़ाया जा रहा है, वहाँ धारणा है कि अनेक ऐतिहासिक और आध्यात्मिक अंतर्संबंधों के साथ विश्व के साहित्य एक सम्पूर्णता में समाविष्ट हैं।" (बसु : 88)[2] और अभी तक, निबंध के सावधानीपूर्वक पठन से यह प्रतीत होता है कि बसु उस अवधारणा की अनुगूँज से दूर हैं, जो भिन्नता के ऊपर पहचान के विशेषाधिकार के लिए संघर्ष करती है। वास्तव में, अपने आरंभिक वर्षों में जादवपुर में तुलनात्मक साहित्य की पीठ को स्पष्ट और न्यायोचित सिद्ध करने के लिए जैसे ही वे आगे बढ़ते हैं, यह स्पष्ट हो जाता है कि वे सुचिंतित शैक्षणिक अंतरिक्ष की अनिवार्यता के अनुरूप तुलनात्मक साहित्य के अध्यापन के युक्तिकरण हेतु सिफारिश कर रहे हैं। इस प्रकार, उनका 'भारत में तुलनात्मक साहित्य' मुख्यतः जादवपुर के तुलनात्मक साहित्य पर केंद्रित एक निबंध है, जो एक निश्चित आधार लिए हुए है, क्योंकि तब भारत में तुलनात्मक साहित्य का अन्य कोई कार्यक्रम नहीं था। यह निबंध बताता है कि अमेरिकी विश्वविद्यालयों को उपलब्ध संसाधनों के अभाव में, जादवपुर चंद सुपरिभाषित खोज क्षेत्रों पर केंद्रित हो गया—ये वे क्षेत्र थे जहाँ विशेषज्ञता उपलब्ध थी और जो जादवपुर के संदर्भ में तत्काल प्रासंगिक थे। जादवपुर में प्रथम तुलनात्मक साहित्य पाठ्यक्रम का एक सामान्य अध्ययन भी यह प्रदर्शित करता है कि वहाँ तीन विशिष्ट अध्ययन क्षेत्र थे। उनमें से प्रथम शास्त्रीय संस्कृत परंपरा थी और द्वितीय बँगला साहित्य था, बंगाल की जीवित साहित्यिक परंपरा, जहाँ जादवपुर विश्वविद्यालय अवस्थित था। सबसे बड़ी बात वहाँ 'पश्चिमी साहित्य' था, जिसने स्नातकोत्तर पाठ्यक्रम का एक बड़ा हिस्सा गढ़ा था। यहाँ संस्कृत परंपरा के संदर्भ में बँगला साहित्य का पता लगाने का भी प्रयास किया गया है। फ्रेंच स्कूल के कुछ हिस्सों को साकार रूप देते हुए अपेक्षाकृत अधिक जटिल बहुभाषी भारतीय संदर्भ के लिए इसे स्वीकार करते हुए आदान-प्रदान की ओर संकेत के माध्यम से बसु पाठ्यक्रम में पश्चिमी साहित्य के महत्त्व को न्यायोचित ठहराते हैं, कारण, कि उसने भारतीय साहित्य को शताब्दियों तक आकार देने में मदद की है।

तब फिर, तुलनात्मक साहित्य ने भारत में अपने इतिहास के आंरभिक चरण

में ही स्वयं को परिभाषित कैसे किया? ऐसा प्रतीत होता है कि इस शब्द के चलन में आने के काफी पहले से ही 'प्रासंगिकता हेतु खोज (Ngugi 87-110)' का एक मार्ग एक तरह से प्रत्याशित रहा है। हम भी यह ध्यान दें कि तुलनात्मक साहित्य में 'कैसे' की तुलना में 'क्या' पर स्पष्ट रूप से जोर था; जबकि प्रविधि के प्रश्न काफी बाद में जाकर अधिक महत्त्वपूर्ण हो गए। बसु भी जब भारत में साहित्यिक अध्ययन की स्थिति की समीक्षा करते हैं और तुलनात्मक साहित्य पर काम के लाभ पर प्रकाश डालते हैं, तो उनका ध्यान अध्ययन की वस्तुओं पर अधिक जाता है, तत्पश्चात् प्रविधि पर।[3] इसका भी उल्लेख होना चाहिए कि वे घोर राष्ट्रवाद और मौजूदा मानदंडों के अंधानुकरण को भी स्पष्ट करना चाहते हैं। जब वे उत्तर-औपनिवेशिक भारत में अंग्रेजी विभागों की सर्व-व्यापक सत्ता के विरुद्ध अपील करते हैं, तो स्पष्ट करते हैं, "यह अंग्रेजी की खिलाफत का निर्देश नहीं है, बल्कि पश्चिम के किसी एकल साहित्य की विशेष पकड़...हम...अनुभव करते हैं कि अंग्रेजी साहित्य के ऋण का विस्मरण किए बिना, इसके प्रति हमारी अनन्य आस्था है, जिससे हमारी संस्कृति काफी कमजोर हुई है।" (बसु : 90)[4]

तुलनात्मक साहित्य, सार्वभौमिकता और राष्ट्रवाद के जटिल रिश्तों के बीच, साफ तौर पर प्रतिस्पर्द्धा का एक स्थान गठित करता है, जिसे क्रांतिकारी अभ्यास के रूप में तुलनात्मक साहित्य की अवधारणा के आधार पर फिर से बनाया गया है। यह धारणा कि तुलनात्मक साहित्य एक नहीं बल्कि अनेक हैं, कि प्रासंगिकता और समावेशी दावे पुनर्गठित और पुनर्रूपायित होने के लिए खुले हैं, अपनी ही खोज पर आधारित हैं। एक प्रतिकृतिपरक गतिविधि के रूप में केंद्र और परिधि का समीकरण हमेशा अपने प्रवाह-क्षेत्र में बनता-बिगड़ता रहता है, स्वपन मजूमदार द्वारा दोहराया जाता है, ऐसे में "तुलनात्मक साहित्यः भारतीय आयाम"। उन्होंने 1982 में प्रथम INCLA सम्मेलन में अपना पत्र प्रस्तुत किया था। उन्होंने कहा था कि राष्ट्रवाद के विमर्श के साथ तुलनात्मक साहित्य का गठबंधन भारत में भी विरोधी नहीं हो सकता, जैसा कि भारत के औपनिवेशिक इतिहास के कारण यह पश्चिम में सुस्पष्ट रूप से था। (मजूमदार 13-22)। वे आगे कहते हैं, "...राष्ट्रीय साहित्य हेतु इस पूर्वाभिरुचि के कारण यह सुस्पष्ट है कि एक प्रविधि के रूप में आंग्ल-अमेरिकी आलोचकों के द्वारा अत्यधिक विलापित तुलनात्मक साहित्य तीसरी दुनिया के राष्ट्रों में जड़ें जमा चुका है, विशेष रूप से भारत में।" (मजूमदार 53)

वास्तव में, भारत में तुलनात्मक साहित्य के विकास ने ऐतिहासिक रूप से भारतीय साहित्य की अवधारणा की अग्रभूमिका के साथ एक सहजीवी रिश्ते को साझा किया है।[5] यह इसके एक कॉरपस के व्यवस्थित तथा राज्य-प्रायोजित विकास में स्वतः सुस्पष्ट होता है। भारतीय साहित्य से संबंधित दोनों, समीक्षात्मक और दूसरे प्रकार के, काम तथा अन्य दिशाओं में तुलनात्मक साहित्य को हमारे देश में आना था। इसका अर्थ

है, जादवपुर पाठ्यक्रम को परिवर्तनों के साथ वर्षों प्रभाव में रहना होगा तथा विभिन्न दृष्टिकोणों के साथ तुलनात्मक साहित्य को अन्य संस्थाओं के साथ जुड़ना होगा।[6]

2

विद्या की भारतीय राष्ट्रीय अकादेमी, साहित्य अकादेमी की स्थापना 1954 में भारतीय साहित्य के अध्ययन को बढ़ावा देने और विभिन्न भाषाओं से भारतीय साहित्यिक ग्रंथों के अनुवाद की सुविधा प्रदान करने के उद्देश्य से हुई थी। इसकी प्राथमिक परियोजनाओं में से एक थी 1901 से 1953 के बीच की भारतीय साहित्य की राष्ट्रीय ग्रंथ-सूची का संकलन। इसने अपने दायरे के भीतर भारतीय संविधान की आठवीं अनुसूची में मान्यता प्राप्त भाषाओं के अतिरिक्त सिंधी और अंग्रेजी को शामिल किया। (केसवन 1970, Vii) ग्रंथसूची भारतीय साहित्य की महत्त्वपूर्ण प्रकाशन सूची बनकर सामने आई। इस श्रृंखला में कई भागों में भारतीय साहित्य का विश्वकोश, तुलनात्मक भारतीय साहित्य, के.एम. जॉर्ज और शिशिर कुमार दास द्वारा संपादित भारतीय साहित्य का इतिहास[7] जैसे बाद के प्रयासों का उल्लेख करना महत्त्वपूर्ण है, क्योंकि इसके पूर्व तुलनात्मक साहित्य के हमारे अध्ययन के दायरे में आधुनिक भारतीय साहित्य का अध्ययन लगभग नगण्य था।

1970 के दशक में महत्त्वपूर्ण रूप में तुलनात्मक साहित्य के दायरे में अनुवाद के जरिए आधुनिक भारतीय साहित्य का एक विशाल पाठ्यक्रम नवीकृत होकर सामने आया। आगे चलकर इसे संशोधित करके 1994 में जादवपुर विश्वविद्यालय के स्नाकोत्तर पाठ्यक्रम में जोड़ा गया। मैं संकेत करना चाहता हूँ कि संसाधनों की बढ़ती उपलब्धता, भारतीय भाषा साहित्य की बढ़ती दृश्यता और, भारतीय तुलनात्मक साहित्य के विकास के बीच शायद एक प्रतीकात्मक सहजीवी रिश्ता था। आगे कम से कम आंशिक रूप से ही सही, किंतु निरंतर अपने आप सूचित होते रहने का श्रेय इन्हें दिया जा सकता है। वे निश्चित रूप से एक समान वर्तमान दौर का हिस्सा थे। फिर यह कोई संयोग नहीं है कि जादवपुर में तुलनात्मक साहित्य के दायरे में, अपेक्षाकृत अधिक सार्थक रूप से, एक बृहत्तर भारतीय साहित्य को शामिल करने हेतु संस्कृत और बँगला से आगे जाने के लिए इस चरण का विस्तार किया गया।

संदर्भित तुलनात्मक साहित्य के पाठ्यक्रम का विवरण जान लेने से यह अध्ययन सुगम हो जाएगा। तुलनात्मक साहित्य में जादवपुर का स्नातक (प्रतिष्ठा) का पाठ्यक्रम 'अनुवाद में बंगाली को छोड़कर अन्य भारतीय साहित्य' पर एक पूरा पेपर शामिल करने के उद्देश्य से 1970 के दशक में मौलिक तौर पर पुनर्गठित किया गया। प्रेमचंद की हिंदी रचना 'गोदान' का तकषी शिवशंकर पिल्लै की 'चेम्मीन' और यू. आर. अनंतमूर्ति की 'संस्कार' जैसी अन्य भारतीय भाषाओं की कालजयी रचनाओं के साथ संयोजन करने से इस अवधि में एक बहुत महत्त्वपूर्ण मोड़ आया, जबकि ऐसी रचनाओं का अनुवाद अभी-अभी शुरू ही हुआ था। साहित्य अकादेमी जैसी इकाइयों के ऐसे प्रयासों को

धन्यवाद। अगले कुछ दशकों में भारत भर में हमारे अध्ययन-अनुशासन फैलाए जाने के संबंध में यह एक संकेतक था।

जादवपुर की ओर से यह कदम प्रासंगिकता हेतु अनुशासन की खोज का हिस्सा था, जबकि नया पाठ्यक्रम शायद भारत के अन्य भागों में इसके विकास के साथ संयोजन हेतु भी एक प्रतिक्रिया थी। 1974 में विश्वविद्यालय अनुदान आयोग ने दिल्ली विश्वविद्यालय के आधुनिक भारतीय भाषा विभाग में तुलनात्मक भारतीय साहित्य में एम. लिट. कार्यक्रम प्रारंभ करने के लिए आर. के. दास गुप्ता के प्रस्ताव को स्वीकार कर लिया था। ('भारत में तुलनात्मक साहित्य के इतिहास में कुछ महत्त्वपूर्ण घटनाक्रम'4)। फिर, 1976 में दिल्ली विश्वविद्यालय के प्रोफेसर नगेंद्र को उनके प्रयासों के लिए धन्यवाद कि उन्होंने तुलनात्मक भारतीय साहित्य पर एक संगोष्ठी का आयोजन किया। इस संगोष्ठी में तय हुआ कि अगले कुछ वर्षों के भीतर एक तुलनात्मक भारतीय साहित्य संगठन (CILA) का गठन किया जाएगा। बौद्धिक वातावरण ने माँग की कि चूँकि तुलनात्मक साहित्य स्वयं की पुनर्व्यवस्थिति करता है, अतः तुलनात्मक भारतीय साहित्य के दावों और प्राथमिकता को बढ़ावा देने के साथ 'राष्ट्रीय साहित्य' पर रजामंदी, निश्चित रूप से एक विरोधाभासी अवधारणा है। यह झुकाव कुछ समय के लिए तुलनात्मक साहित्य की अवधारणा का अभिन्न अंग रहेगा जैसा कि उस समय के तुलनात्मक साहित्य के विद्वानों द्वारा लिखी पुस्तकों के शीर्षक से स्पष्ट हो गया था। 1987 में प्रकाशित स्वपन मजूमदार की पुस्तक 'तुलनात्मक साहित्यः भारतीय आयाम' में एक बार फिर रो तुलनात्मक साहित्य की धारणा को क्रांतिकारी अभ्यास की तरह दुहराया गया। इसी तरह 1977 के बाद से प्रकाशित आलेखों को शामिल करके 1984 में अमिय देव का निबंध संग्रह प्रकाशित हुआ, जिसे तुलनात्मक भारतीय साहित्य की अवधारणा की पुनर्प्रस्तुति माना गया। 1985 में प्रकाशित नवनीता देवसेन का 'प्रतिबिंदु' 'भारतीय साहित्य की वर्तमान संकल्पनाः तुलनात्मक साहित्य के लिए एक और नाम?' के साथ शुरू होता है। (देवसेन, 1-13) यह एक आलेख है, जिसे उन्होंने 1976 में अंतर्राष्ट्रीय तुलनात्मक साहित्य संगठन के आठवें सम्मेलन में बुडापेस्ट में प्रस्तुत किया था। किंतु इसमें उभरते हुए दबाव को अधिक स्पष्ट नहीं किया जा सका था। यह प्रवृत्ति चंद्रमोहन के 'तुलनात्मक साहित्य के पहलूः वर्तमान दृष्टिकोण' (1989) में भी सुस्पष्ट है, जो तुलनात्मक साहित्य पर समीक्षात्मक निबंधों के सबसे प्रभावशाली संग्रहों में से एक है तथा अपने समय के कुछ महत्त्वपूर्ण भारतीय और विदेशी तुलनाकर्ताओं को एक साथ लाने का उपक्रम करता है। अमिय देव और के. चेल्लपन की तरह चंद्रमोहन का अपना निबंध तुलनात्मक भारतीय साहित्य पर है। वास्तव में, चंद्रमोहन अपने 'परिचय' में लिखते हैं, "भारतीय विषय-वस्तु पर इन निबंधों का विश्वासपूर्ण स्वर अपने आप में दर्शाता है कि 'तुलनात्मक भारतीय साहित्य' एक वास्तविकता है।" (मोहन 1989 xiv)।[8]

बेशक कुछ 'नए' क्षेत्र थे, जो भारतीय तुलनात्मक साहित्य द्वारा सुरक्षित थे। इसने 'तीसरे विश्व के साहित्य' को समाहित किया जो कम से कम 1970 के दशक के बाद से वास्तविक मुद्रा का साक्षात्कार कर रहे थे। इसने भी जादवपुर में अफ्रीका, लैटिन अमेरिका और बँगलादेश के साहित्यों पर स्नातकोत्तर-स्तरीय क्षेत्र अध्ययन के प्रश्नपत्र के निरूपण के माध्यम से स्वयं को व्यक्त किया। फिर साहित्यिक सिद्धांत था, जो भारत में तुलनात्मक साहित्य के प्रथम चरण में अपनी अनुपस्थिति द्वारा स्पष्ट था। उसने 1990 के दशक में बड़े पैमाने पर तुलनात्मक साहित्य के पाठ्यक्रम में प्रवेश किया। इसका एक उदाहरण स्नातकोत्तर पाठ्यक्रम में देखा जा सकता है जो 1994 से जादवपुर विश्वविद्यालय में संचालित होने लगा था। आठ पत्रों में चार साहित्यिक सिद्धांत पर केंद्रित बने थे। सबसे महत्त्वपूर्ण और स्थाई परिवर्तन, जिसे पूरे देश के विभिन्न संस्थानों में परिलक्षित किया गया, बढ़ती हुई दृश्यता और प्रसिद्धि के साथ भारतीय साहित्य का अध्ययन करना था। और यह भी कि हम 1994 के जादवपुर स्नातकोत्तर पाठ्यक्रम में तीन वैकल्पिक प्रश्नपत्रों की सलाह दे रहे थे, जहाँ विद्यार्थी या तो पश्चिमी या भारतीय साहित्य का चयन कर सकते थे। मतलब यह कि कोई विद्यार्थी भारतीय साहित्य में विशेषज्ञता के साथ तुलनात्मक साहित्य में उपाधि प्राप्त कर सकता था।

ध्यातव्य है कि 'अन्य भारतीय साहित्य' की इस शुरुआत से बँगला भाषा पर नए सिरे से भार पड़ने लगा था। मानवेंद्र बंद्योपाध्याय जैसे तुलनाकर्ताओं ने बँगला भाषा में तुलनात्मक साहित्य में विद्वत-अध्ययन हेतु स्वयं को सक्रियता से व्यस्त कर लिया, इसने बँगला में तुलनात्मक साहित्य को शुरू करने की संभावना प्रबल कर दी।[9] मानवेंद्र बंद्योपाध्याय की अनुवाद-सक्रियता सबसे महत्त्वपूर्ण थी। उन्होंने अनुवाद परियोजनाओं के माध्यम से बँगला पाठकों के लिए आधुनिक भारतीय साहित्य, अफ्रीकी साहित्य और लैटिन अमेरिकी साहित्य के एक बृहत् कॉरपस (कोश) की शुरुआत की। इनमें सबसे उल्लेखनीय था, उनका 'भेदविभेद' भारतीय लघुकथाओं का विचारयुक्त संगठित संकलन, जिसका प्रथम खंड 1992 में प्रकाशित हुआ था, और लीक से हटकर पाँच खंड आधुनिक भारतीय कथा-लेखकों के सबसे सशक्त लेखन से तैयार करवाए गए, जिनमें इस्मत चुगताई,पेंडसे, फणीश्वरनाथ रेणु, राजेंदर सिंह बेदी, अजित कौर, वाजीदा तबस्सुम, वायकोम मुहम्मद बसीर, और विजयदान देथा शामिल थे। उनकी परियोजना उनके समय के कुछ सबसे महत्त्वपूर्ण विद्वानों, तुलनाकर्ताओं और गैर तुलनाकर्ताओं को भी अनुवाद की परतों में चित्रित करती थी जैसे–शिबाजी बंद्योपाध्याय, सौरेन भट्टाचार्या, रूसती सेन, शुभा चक्रबर्ती दासगुप्ता और ईप्सिता चंदा।

3

कई दशकों तक, जादवपुर को देश में तुलनात्मक साहित्य का एक मात्र विभाग

होने का धुँधला गौरव प्राप्त था। एक स्तर पर, तुलनाकर्ताओं के सर्वोत्तम प्रयासों के बावजूद, हमारे अनुशासन की प्रभावोत्पादकता, अंकुरण क्षमता (सर्जनात्मकता) और प्रासंगिकता के बारे में देश के शेष हिस्सों के शैक्षणिक माहौल (Academia) को समझाने में पूर्ण सफलता नहीं मिली। इस प्रकार हाल तक, एक नामित कार्यक्रम के रूप में तुलनात्मक साहित्य को संचालित करने वाले संस्थानों की संख्या को उँगलियों पर गिना जा सकता है। यह अब तक की विफलता का दूसरा पक्ष है। शिशिर कुमार दास उल्लेख करते हैं कि सफलता और भारत में तुलनात्मक साहित्य के प्रभाव का अनुमान अंकगणितीय भाषा में नहीं लगाया जा सकता। 1988 के लेख में वे अपनी राय व्यक्त करते हैं, "...आज, इस विभाग की स्थापना के इकतीस वर्ष बाद, जबकि भारत में विश्वविद्यालयों की संख्या लगभग दोगुनी हो गई है, तुलनात्मक साहित्य के विभागों की संख्या नहीं बढ़ी है। बहरहाल, यह गणित हमारे साहित्य संकायों के नजरिए में बदलाव के बारे में पूरा सच नहीं बताता है। पिछले पंद्रह वर्षों में अथवा कई संगठनों के अस्तित्व में आ जाने के दौरान कई विभागों ने तुलनात्मक साहित्य के रूप में जाने जाने वाले पाठ्यक्रमों की शुरुआत की है। ये मौजूदा साहित्य संकायों के पुनर्गठन हेतु एक नवीन अभीप्सा के संकेत हैं। (दास 1989-4-5)

भले ही इस अवधि में भारत में 'तुलनात्मक साहित्य' नामक विभागों की संख्या में वृद्धि नहीं हुई, किंतु एक निश्चित परिवर्तन अवश्य हुआ, जिससे तुलनात्मक साहित्य इन दशकों के भीतर अपना विस्तार करने में कामयाब हो गया। न केवल अन्य विभागों में तुलनात्मक साहित्य संबंधी नए पाठ्यक्रम अथवा प्रश्नपत्र की शुरुआत से यह स्पष्ट होता है, बल्कि भारत में परंपरागत एकल साहित्य विभागों के अध्ययन की सामग्री में सुधार के रूप में भी यह दृष्टिगोचर होता है। उदाहरण के लिए 'अंग्रेजी' परिवर्तनाधीन है, और आज भारत में कई अंग्रेजी साहित्य विभागों के पाठ्यक्रम तुलनात्मक साहित्य पाठ्यक्रम के ढाँचे के भीतर आसानी से फिट हो जाने वाले पाठों के अध्ययन को शामिल कर रहे हैं। इसी प्रकार, आज कई भारतीय विश्वविद्यालयों में अंग्रेजी साहित्य पाठ्यक्रम के भीतर अमेरिकी साहित्य, कनेडियाई साहित्य, लैटिन अमेरिकी और कैरेबियाई साहित्य तथा अनुवाद अध्ययन अंग्रेजी साहित्य के साथ कंधे से कंधा मिलाकर चल रहे हैं। तो भी अंग्रेजी अनुवाद में भारतीय भाषा साहित्य का अध्ययन एक शुरुआत भर है क्योंकि भारत में तुलनात्मक साहित्य कई दशक पहले से मार्ग प्रशस्त कर रहा था और उसने भारतीय शिक्षा क्षेत्र के शेष हिस्सों में उस समय भारी विरोध का सामना किया था। एक तरफ यह तुलनात्मक साहित्य की सफलता को चिह्नित करता है और दूसरी ओर उस तरीके की ओर भी इशारा करता है, जिसमें अध्ययन की कुछ निश्चित सामग्री और प्रविधियाँ हैं, जो उत्तर औपनिवेशिक

भारत में प्रासंगिक बने रहने के लिए तथा अपनी स्वयं की खोज में अन्य अनुशासनों द्वारा विनियोजित होने के लिए भारत में तुलनात्मक साहित्य को प्रचारित और सक्रिय करती हैं।

शिशिर कुमार दास ने 1980 में इस निबंध में लिखा था कि कई दशकों के पश्चात् जो महत्त्वपूर्ण परिवर्तन आया है, उसे भी संज्ञान में लेने की आवश्यकता है। भारत में तुलनात्मक साहित्य के संस्थागत अध्ययन में जादवपुर अब अकेला नहीं रह गया है। वीर नर्मद दक्षिण गुजरात विश्वविद्यालय, सूरत 1992 से ही अपने तुलनात्मक साहित्य कार्यक्रम के साथ है और 2005 में भारतीय तुलनात्मक साहित्य संगठन (CLAI) के सातवें द्विवार्षिक अंतर्राष्ट्रीय सम्मेलन के लिए सम्मेलन-स्थल था। यह गुजराती साहित्य पर विशेष बल देते हुए तुलनात्मक साहित्य में एम.ए., एम.फिल. और पी-एच.डी. पाठ्यक्रम उपलब्ध कराता है। तेलुगु विश्वविद्यालय हैदराबाद ने भी 1989 में एक 'तुलनात्मक अध्ययन केंद्र' की शुरुआत की, जो 1993 में 'तुलनात्मक अध्ययन विभाग' के रूप में नामित हुआ। इसका लक्ष्य अनुसंधान स्तर पर अंतर-सांस्कृतिक और अंतर-अनुशासनिक अध्ययनों का विकास करना था। (तुलनात्मक अध्ययन विभाग, तेलुगु विश्वविद्यालय 5) 1994 में त्रिवेंद्रम (अब तिरुवनंतपुरम) के केरल विश्वविद्यालय ने तुलनात्मक साहित्य केंद्र की शुरुआत की ('भारत में तुलनात्मक साहित्य के इतिहास में कुछ घटनाएँ'4), जिसने 2001 में CLAI के पाँचवें द्विवार्षिक अंतर्राष्ट्रीय सम्मेलन का आयोजन किया। 1994 में दिल्ली विश्वविद्यालय के आधुनिक भारतीय भाषा और साहित्यिक अध्ययन विभाग ने अपने पहले से अस्तित्व में रहे एम. फिल. कार्यक्रम के साथ तुलनात्मक भारतीय साहित्य में एम. ए. को जोड़ा ('News from Centres/Departments of Comparative literature'14) इसके अतिरिक्त मदुरै कामराज विश्वविद्यालय के पास अंग्रेजी और तुलनात्मक साहित्य का विभाग 1960 के बाद से ही था। एक अन्य संस्था जहाँ थोड़े भिन्न स्वरूप में तुलनात्मक साहित्य अस्तित्व में है, अंग्रेजी साहित्य के साथ संयोजन के रूप में, सौराष्ट्र विश्वविद्यालय, राजकोट है; एक प्रासंगिक विभाग, जिसे यहाँ अंग्रेजी और तुलनात्मक साहित्यिक अध्ययन विभाग कहा जाता है।

वस्तुतः अपने संस्थागत अवतार में तुलनात्मक साहित्य गुजरते समय के साथ अधिकाधिक दृश्य (visible) होता जा रहा है, जैसा कि शिशिर कुमार दास ने अपने निबंध-लेखन के क्रम में उद्धृत किया है। इसने अपना विकास इस प्रकार किया है कि तुलनात्मक साहित्य के प्रभावी अध्यापन हेतु सतत अभ्यास की आवश्यकता है। वास्तव में यह अक्सर नए आयामों से जुड़ता है और अपनी आकृति को नए रूपों में ढालता है, काफी मौलिक रूप से, खासकर जब से इसने जादवपुर विश्वविद्यालय से दूसरे संस्थानों की ओर अग्रधावन किया है। यह शायद एकमात्र वांछनीय प्रवृत्ति है, जो

तुलनात्मक साहित्य की गतिशीलता को उस रूप में चिह्नित करती है, भारत में जिसका व्यवहार किया जा सकता है।

पिछले कुछ वर्ष भारत में तुलनात्मक साहित्य के लिए विशेष रूप से उर्वर रहे हैं। हम पिछले कई वर्षों में तुलनात्मक साहित्य अध्यापन के मानचित्र में व्यक्तियों, विश्वविद्यालयों और संगठनों की ओर से कई दशकों के संघर्ष को देखते आ रहे हैं। भारत में तुलनात्मक साहित्य के पाठ्यक्रमों की पेशकश करने वाले विश्वविद्यालयों की संख्या में वृद्धि हुई है। हाल ही में अस्तित्व में आए कई केंद्रीय विश्वविद्यालयों के पाठ्यक्रमों में तुलनात्मक साहित्य महत्त्वपूर्ण स्थान रखता है।

2009 की शुरुआत में, केरल केंद्रीय विश्वविद्यालय कासरगोड़ में एम.ए. और एम.फिल. के स्तर पर तुलनात्मक साहित्य को लागू करने का प्रयास हुआ। गुजरात केंद्रीय विश्वविद्यालय, गांधीनगर द्वारा इसका अनुकरण किया गया, जो 2009 में ही स्थापित हुआ था तथा तुलनात्मक साहित्य में एम.फिल., पी-एच.डी. कार्यक्रम जहाँ पहले से था। 2010 में पंजाब केंद्रीय विश्वविद्यालय, बठिंडा के तुलनात्मक साहित्य केंद्र ने तुलनात्मक साहित्य में एकीकृत एम.फिल., पी-एच.डी. की शुरुआत की। (मोहन, दासगुप्ता और शर्मा[1])। रवींद्र भारती विश्वविद्यालय ने 2009-10 सत्र से तुलनात्मक साहित्य में एम.फिल. की शुरुआत की। (दासगुप्ता और चट्टोपाध्याय, अप्रकाशित सामग्री)। सबसे महत्त्वपूर्ण घटनाओं में से एक है विश्वभारती विश्वविद्यालय, शांतिनिकेतन में तुलनात्मक साहित्य में छह सहायक (पूरक) पाठ्यक्रमों की शुरुआत। विश्वविद्यालय ने तुलनात्मक साहित्य में तीन संकाय सदस्यों की नियुक्ति भी की है और एक पूर्ण-स्वतंत्र (full-fledged) विभाग जल्द ही यहाँ विकसित होने की उम्मीद है।

ये सभी हाल के घटनाक्रम हो सकते हैं, किंतु ये अतीत में उनकी उत्पत्ति के मार्ग हैं। आज हम जो कुछ देख रहे हैं—यह 'अचानक' तुलनात्मक साहित्य का अपने संस्थागत स्वरूप में फूलना-फलना—वास्तव में वर्षों की अकादमिक सक्रियता का परिणाम है, विभिन्न कार्यकर्ताओं द्वारा दशकों तक किए गए कार्यों का परिणाम, विभिन्न संघों द्वारा किए गए कार्य, जो समय के विभिन्न चरणों में अस्तित्व में रहे हैं जैसे—तुलनात्मक भारतीय साहित्य संगठन (CILA), भारतीय राष्ट्रीय तुलनात्मक साहित्य संगठन (INCLA) और भारतीय तुलनात्मक साहित्य संगठन (CLAI)।

4

यह अकारण नहीं है कि तुलनात्मक साहित्य को उत्सुकता उत्पन्न करने वाला अनुशासन कहा जाता है। (Bernheimer 1) तुलनात्मक साहित्य से संबंधित उत्सुकताएँ बहुमुखी हैं। एक पुनर्गठित अनुशासन की भाँति तुलनात्मक साहित्य की स्थिति के साथ वे उत्सुकताएँ अनुनादित हैं, 'तुल्यता' के जटिल प्रश्न के साथ, एक देश में जहाँ तुलनात्मक साहित्य में शैक्षिक पदों की दृश्यता और संख्या एक साहित्य की तुलना में कम है और

बेशक हमारे देश जैसे एक बहुभाषी देश में शैक्षणिक सामग्री के प्रश्नों के साथ, जहाँ एक राष्ट्रीय साहित्य की अवधारणा कहीं अधिक अस्पष्ट है। यही स्थिति विश्व के अधिकांश भागों में है। भारत में तुलनात्मक साहित्य का आख्यान, जिसे शायद ही कभी दर्ज किया जाता है, ऐसे कभी-कभार दर्ज किए आख्यानों के बिना पूर्ण नहीं हो सकता। मैं यहाँ तुलनात्मक साहित्य के विभिन्न संगठनों के योगदानों के विषय में बता रहा हूँ, जिनका अस्तित्व भारत में समय-समय पर रहा है।

यहाँ कुछ शीघ्र अप्रासंगिक होने अथवा समय से पहले विलुप्त होने वाली तथा कुछ समय के साथ कुछ दूर तक चलने वाली प्रवृत्तियाँ रही हैं, किंतु ये सभी भारत में हमारे अनुशासन के विकास के संबंध में अंतर्दृष्टि प्रदान करती हैं। स्वपन मजूमदार द्वारा कई वर्ष पहले इस क्षेत्र में कुछ सर्वाधिक उपयोगी कार्य हुए थे, जिन्होंने ICLA बुलेटिन के लिए 'भारत में तुलनात्मक साहित्य संघ' (Comparative literature Association of India) की एक सूची तैयार की थी। (मजूमदार 1986 10-12) दुर्भाग्य से, उनके बाद तुलनात्मक साहित्य के शोधकर्ताओं ने जो काम किया, वह उनके जैसा नहीं है, और अब CILA, INCLA और CLAI जैसे संगठनों के इतिहास के महत्त्वपूर्ण पठन की दिशा में कुछ भी नहीं हो रहा है। मेरा विचार है कि इन संगठनों के मुद्दों और काम से संबंधित दस्तावेजों के सावधानीपूर्वक अध्ययन के माध्यम से ये संगठन स्वयं भारतीय तुलनात्मक साहित्य के आख्यान की एक अपेक्षाकृत अधिक समग्र समझ प्रदान कर सकते हैं। किंतु यह इस आलेख के दायरे से बाहर है तथा इसे एक इतर उद्यम के रूप में पूरा करना होगा। तथापि हम प्रक्षेप-पथ को दर्ज करने के लिए कम से कम प्रयास तो कर सकते हैं, जिसके आगे हमारा अनुशासन अग्रधावित किया जा सकता है। इन संगठनों की अकादमिक और प्रशासनिक गतिविधियों को धन्यवाद।

मजूमदार जिस समय लिख रहे थे, उस समय उन्होंने चार विभिन्न संगठनों की सूची बनाई थी, जो उस समय अस्तित्व में थे। इनमें से दिल्ली के 'तुलनात्मक भारतीय साहित्य संगठन' (CILA) और जादवपुर के 'भारतीय राष्ट्रीय तुलनात्मक साहित्य संगठन' (INCLA) का विलय 'भारतीय तुलनात्मक साहित्य संगठन' (CLAI) में हो गया। यह तब की बात है, जब 1987 में जामिया मिल्लिया इस्लामिया, दिल्ली तथा 1989 में तेलुगु विश्वविद्यालय हैदराबाद में इनका संयुक्त सम्मेलन हुआ था। ये संगठन आरंभ से ही भारत के अकादमिक परिदृश्य को बदलने हेतु खोज में शामिल थे तथा तुलनात्मक साहित्य और अन्य संबंधित अनुशासनों के मध्य उपस्थित विषमताओं को ठीक करने के लिए वर्षों से कोशिश में लगे थे। उन्होंने भारत में तुलनात्मक साहित्य के विभेदक और एकीकरणमूलक मॉडलों[10] के बीच संवाद तथा भारत के अकादमिक परिदृश्य में तुलनात्मक साहित्य की अधिक व्यापक उपस्थिति के कारण को प्रचारित करने की चेष्टा की।

इस प्रकार, जनवरी, 1983 को, INCLA की प्रथम महासभा के 'मिनट्स' ने अन्य बातों के अतिरिक्त दर्ज किया, ''यह पारित किया जाता है कि INCIA को

तुलनात्मक साहित्य के प्रसार में सक्रिय रुचि लेनी चाहिए...एक तत्काल प्रस्ताव पारित किया जा रहा है, जिसे सभी भारतीय विश्वविद्यालयों को भेजा जाएगा (साथ ही यू.जी.सी. और शिक्षा मंत्रालय के लिए) उनके साहित्य कार्यक्रमों में तुलनात्मक साहित्य को शामिल करने हेतु कहते हुए, या तो एक पृथक विभाग की शुरुआत के माध्यम से, या एकल साहित्य विभागों में विशेष प्रश्नपत्रों (Special papers) को शामिल करने के माध्यम से।'' ('Minuts of the First General Assembly of INCLA'19) यहाँ कोई उल्लेख कर सकता है कि किस प्रकार INCLA साहित्य और संस्कृति के एक अधिक समग्र अध्ययन में प्रवेश करने वाले के लिए अपने प्रयासों में तुलनात्मक साहित्य के विभेदक और एकीकरण मूलक मॉडलों को शामिल करने हेतु प्रयत्न करता है।

पुनः CLAI की महासभा के मिनट्स (दिनांक 21 अप्रैल, 1996) तेलुगु विश्वविद्यालय, हैदराबाद में आयोजित हुए तीसरे द्विवार्षिक CLAI सम्मेलन के भाग के रूप में इस महासभा ने दर्ज किया कि, CLAI को 'कुछ महाविद्यालयों में स्नातक स्तर पर एक ऐच्छिक विषय के रूप में तुलनात्मक साहित्य के परिचय' हेतु प्रयास करना होगा। (General Body Minutes, unpublished docoments) इससे भी अधिक महत्त्वपूर्ण प्रस्ताव 5 (ii) कहता है, ''डॉ. (अश्विन) देसाई का यू. जी. सी. को एक अन्य प्रस्ताव चयनित भारतीय भाषा में प्रतिष्ठा उपाधि प्राप्त व्यक्तियों पर विचार करने के लिए है। किंतु तुलनात्मक साहित्य में स्नातकोत्तर योग्यता प्राप्त व्यक्ति को वियालयों/महाविद्यालयों में उन भारतीय भाषाओं में शिक्षण पदों के लिए योग्य माना जाए।'' इसने पुनः चिह्नित किया कि एक एकीकरणमूलक मॉडल के साथ एक स्वतंत्र अनुशासन के रूप में तुलनात्मक साहित्य के संगठन किस प्रकार प्रयास करेंगे ताकि तुलनात्मक साहित्य और अन्य अनुशासनों के बीच संभव मार्गों अथवा प्रक्षेप-पथों के निर्माण में प्रशासनिक-नौकरशाही मशीनरी को संलग्न करने का प्रयास हो।

दिल्ली विश्वविद्यालय के आधुनिक भारतीय भाषा विभाग द्वारा 17 से 19 फरवरी 1993 को आयोजित कंपेरेटिव लिटरेचर एसोशिएशन ऑफ इंडिया की दूसरी कांग्रेस के लेखों से भी यह तथ्य उजागर होता है। कांग्रेस ने अपने प्रस्ताव सं. 2 द्वारा यह प्रस्तावित किया कि सभी विश्वविद्यालयों, यू.जी.सी. और राज्यों के शिक्षा विभागों द्वारा–(1) तुलनात्मक साहित्य को विश्वविद्यालय शिक्षण के सभी स्तरों पर एक विषय के रूप में लागू किया जाए जैसे कि स्नातक (बी.ए.), स्नातकोत्तर (एम.ए.), एम.फिल. और पी-एच.डी. में तथा (2) महाविद्यालयों एवं विश्वविद्यालयों के साहित्य विभागों में सहायक प्रोफेसर, एसोशिएट प्रोफेसर, प्रोफेसर पद की नियुक्ति हेतु तुलनात्मक साहित्य को और विषयों के समतुल्य माना जाए। (जनरल बॉडी मिनट्स, अप्रकाशित दस्तावेज)

ये न सिर्फ निर्देशों के महत्त्वपूर्ण संकेत हैं, जिन्हें भारत में हमारे अनुशासन ने अंगीकार कर रखा है, बल्कि अक्सर तुलनात्मक साहित्य को भी इनका अनुकरण

करना पड़ता है, कभी-कभी वांछित सफलता के बिना भी। भारतीय संदर्भ में मान्यता का प्रश्न अब भी ज्वलंत है और तीखी बहस को उत्तेजित करता है; तुलनात्मक साहित्य और एकल साहित्य विभागों के बीच संकाय की भर्ती बनाम भुगतान का संतुलन अब भी पूरी तरह से एकतरफा है। भारत में तुलनात्मक साहित्य विभागों की संख्या में तेजी से वृद्धि हो रही है, हालाँकि यह अभी भी मामूली है; फिर भी वह जितना आज संभावनाओं से भरा है, उतना पहले कभी नहीं था। हम इनकार नहीं कर सकते कि अपनी सभी असहमतियों और चिंताओं के बावजूद आज हम भारत में तुलनात्मक साहित्य के लिए अनुकूल समय में जी रहे हैं।

*(प्रस्तुत आलेख में लेखक ने भारत में तुलनात्मक साहित्य के व्यवस्थित अध्ययन-अध्यापन का जो लेखा-जोखा पेश किया है, उसमें महात्मा गांधी अंतर्राष्ट्रीय हिंदी विश्वविद्यालय, वर्धा का उल्लेख तक नहीं है। जिन नवस्थापित केंद्रीय विश्वविद्यालयों की चर्चा बड़े आशावाद के साथ की गई है, उनकी स्थापना की जब कल्पना भी नहीं की गई थी तब विश्वविद्यालय के तत्कालीन कुलपति प्रो. जी. गोपीनाथन ने साहित्य विद्यापीठ (School of Literature) के अंतर्गत एम.ए., एम.फिल. और पी-एच.डी. के पाठ्यक्रमों की शुरुआत कराई और 2006 में अपनी नियुक्ति के बाद मैं विभाग का पहला विधिवत् अध्यक्ष बना। मैंने उस विभाग को सुदृढ़ नींव पर खड़ा करने के लिए जो प्रयत्न किए उसमें देश के प्रतिष्ठित तुलनाविदों के साथ-साथ जादवपुर विश्वविद्यालय की भी सहयोगी भूमिका रही है। इस पुस्तक की योजना भी इसी क्रम में बनी थी। सितंबर 2009 में मेरे राजस्थान विश्वविद्यालय, जयपुर में प्रोफेसर पद पर चले जाने के कुछ समय बाद बिना पर्याप्त विचार के उपर्युक्त पाठ्यक्रम योजनाबद्ध रूप से स्थगित (बंद?) कर दिया गया; यह बात जरूर दुर्भाग्यपूर्ण और खेदजनक है। —**संपादक**)*

टिप्पणियाँ :

1. मैं इस बात पर बल दे रहा हूँ, जैसा कि शिशिर कुमार दास ने बड़े ही बुद्धिकौशल से यह कहा है कि भले ही 1956 में स्थापित जादवपुर विभाग से भारत में तुलनात्मक साहित्य के इतिहास का औपचारिक आरंभ हुआ हो, लेकिन भारत में इसका लंबा एवं अनवरत 'पूर्व-इतिहास' रहा है। इसमें सन् 1906 में राष्ट्रीय शिक्षा परिषद् में रवींद्रनाथ द्वारा तुलनात्मक साहित्य/ विश्वसाहित्य पर दिए गए व्याख्यान तथा बंकिमचंद्र चटोपाध्याय द्वारा लिखित निबंध 'शाकुंतल, मिरांदा ओ देसदेमोना' (1873), सन् 1800 में स्थापित फोर्ट विलियम कॉलेज द्वारा की गई गतिविधियों और मध्य भारत में अस्तित्व में आए साहित्य संपर्क की स्थितियों का समावेश था। विस्तृत जानकारी के लिए कृपया चंद्रमोहन द्वारा संपादित, 'आस्पेक्ट ऑव कंपेरेटिव लिटरेचर : करंट एप्रोचेज' नई दिल्ली : इंडिया पब्लिशर एंड डिस्ट्रीब्यूटर्स, 1989. पृ. 1-16 में शिशिर कुमार दास द्वारा लिखित, 'कंपेरेटिव लिटरेचर इन इंडिया : ए हिस्टोरिकल पर्सपेक्टिव' आलेख को देखें। स्वपन मजूमदार भी इसी दिशा की

ओर संकेत करते प्रतीत होते हैं, जब वे लिखते हैं : "तुलना एक प्रवृत्ति के रूप में काफी पुरानी है, लेकिन शैक्षणिक प्रविधि की भूमि पर इसका अनुप्रयोग हाल का (नया) विकास है।" (स्वपन मजूमदार, कंपेरेटिव लिटरेचर : इंडियन डायमेंशन की 'प्रस्तावना', कोलकता : पेपिरस, 1987, पृ. 7)

2. हम इसी परिप्रेक्ष्य में शिशिर कुमार दास की इस टिप्पणी को देख सकते हैं–"मानव जाति की मूल एकता की परिकल्पना धर्म और पौराणिक कथाओं के तुलनात्मक अध्ययन में वृद्धि के लिए निश्चित रूप से एक प्रमुख कारण था और विद्वानों ने चेतना की वैश्विकता को सिद्ध करने की व्यग्रता में मानवीय संस्थाओं और संस्कृति के बीच वैविध्य के महत्त्व को उपेक्षित किया।'' शिशिर कुमार दास, 'कंपेरेटिव लिटरेचर इन इंडिया : ए हिस्टोरिकल पर्सपेक्टिव', संपा. चंद्र मोहन 'आस्पेक्ट ऑव कंपैरेटिव लिटरेचर : करंट एप्रोचेज', नई दिल्ली : इंडिया पब्लिशर एंड डिस्ट्रीब्यूटर्स, 1989, पृ. 7)

3. यह विचार भारतीय तुलनाविदों में काफी प्रचलित था। 1989 में हम पाते हैं कि इस परिप्रेक्ष्य को शिशिर कुमार दास ने अपने निबंध 'म्यूजेज इन आइसोलेशन' में दोहराया है–"मुझे लगता है समीक्षात्मक प्रविधि के परिप्रेक्ष्य में देखें तो तुलनात्मक साहित्य...एकल साहित्यों के अध्ययन से भिन्न नहीं है, लेकिन सामग्री और प्रवृत्ति के परिप्रेक्ष्य में भिन्न है।'' (देखें–शिशिर कुमार दास, 'म्यूजेज इन आइसोलेशन', सं.–अमिय देव एवं शिशिर कुमार दास, कंपेरेटिव लिटरेचर : थ्योरी एंड प्रैक्टिस. शिमला : इंडियन इंस्टीट्यूट ऑव एडवांस्ड स्टडीज इन एसोसिएशन विद एलाइड पब्लिशर्स, 1989. पृ. 8-9)

4. तीस वर्ष पहले बुद्धदेव बसु द्वारा स्पष्ट रूप से स्थापित किए गए इस विचार को शिशिर कुमार दास ने पुनः प्रभावशाली ढंग से अपने निबंध 'म्यूजेज इन आइसोलेदान' (ऊपर संदर्भित) में अभिव्यक्त किया है। इकलौता विदेशी साहित्य, या कहें कि, इकलौता यूरोपीय साहित्य जिसने अपनी मजबूत आधारभूमि प्राप्त कर ली है, वह अंग्रेजी है। भारत में एक भी विश्वविद्यालय नहीं है जिसमें अंग्रेजी साहित्य विभाग न हो और न ही कोई ऐसा अंग्रेजी विभाग ही है जो विद्यार्थियों को अपनी तरफ आकर्षित न करता हो। (पृ. 9) फिर वे लिखते हैं, '...मैं किसी दलील पर अंग्रेजी साहित्य के अध्ययन पर रोक लगाने की वकालत नहीं कर रहा हूँ कि यह विदेशी साहित्य है या यह उन लोगों का साहित्य है जिन्होंने हम पर राज किया। मैं केवल भारत में अंग्रेजी साहित्य के अध्ययन के मूलाधार पर सवाल कर रहा हूँ...।' (पृ. 11)

5. कई लोग 'भारतीय साहित्य' पद और इसके बहुलवादी स्वरूप पर विवाद कर सकते हैं। (साहित्य अकादेमी का उद्‌घोष है–भारतीय साहित्य अनेक भाषाओं में लिखित होने के बावजूद एक है।) 'भारतीय साहित्य' की अवधारणा

को इस बात के संकेतक के रूप में देखा जा सकता है कि यह औपनिवेशिकता से दूर जाने की व्यग्रता का परिणाम है जो विविधता में एकता को रेखांकित करता है। स्वाधीनता के बाद के दशकों में ऐसा माहौल बनता है जहाँ एकता में विविधता पर बल दिया गया। हालाँकि, मैं यहाँ एकवचन का प्रयोग इसलिए कर रहा हूँ क्योंकि इसका संबंध हमारे स्वाधीनता आंदोलन के उस वृत्तांत से है जिसमें एकात्मकता की राष्ट्रीय धारणा आकार ले रही थी और जो राष्ट्रीय एकात्मकता के व्यापक संघर्ष के रूप में पेश किया जा रहा था।

6. अमिय देव लिखते हैं : "तुलनात्मक भारतीय साहित्य...ने केवल दो धुरियों को जोड़ा है...और वह भी मूलतः अविशिष्ट तर्क के साथ...जिसका संयोजन भविष्य के विद्वानों के लिए एक चुनौती है। फिर भी यह अच्छी तरह किया हुआ काम है..." अमिय देव, 'टूवड्‌र्स कंपेरेटिव इंडियन लिटरेचर', 'चंद्र मोहन (सं.) आस्पेक्ट ऑव कंपेरेटिव लिटरेचर : करंट अप्रोचेस' नई दिल्ली : इंडिया पब्लिशर्स एंड डिस्ट्रीब्यूर्ट, 1989, पृ.सं. 41
7. तृतीय खंड मरणोपरांत प्रकाशित किया गया। इसका शीर्षक है 'फ्राम द कोर्टली टू द पापुलर : 500-1399'।
8. इस समय के बौद्धिक वातावरण के दृष्टिकोण का प्रमाण यूजीसी के दो परिपत्रों में है जिसमें एक ओर वी.के. गोकाक का प्रस्ताव है कि भारतीय साहित्य को वर्तमान के एकल साहित्य विभागों में समाविष्ट किया जाए तो दूसरा मोतीलाल जोतवानी के सुझाव के रूप में है कि एकल साहित्य आधारित एम.ए. अध्ययन को एम.ए. भारतीय साहित्य में बदल दिया जाए। (देखें–यूजीसी परिपत्र, पत्र सं.–F 5-5-85(HR I), दिनांक 25 मार्च, 1986, जो अमिय देव के 'टूवड्‌र्स कंपेरेटिव इंडियन लिटरेचर' (पृ. 45) में उल्लेखित है।
9. मैं श्री शिबाजी बंद्योपाध्याय के प्रति इस खास पहलू को उजागर करने के लिए अत्यंत कृतज्ञ हूँ।
10. मैंने अन्यत्र कहा है कि भारत में तुलनात्मक साहित्य का इतिहास दो विभिन्न दार्शनिक मॉडलों के बीच घटा-बढ़ा है जिसने एकल साहित्य विभागों के वर्चस्व की तुलना में तुलनात्मक साहित्य की स्थिति को संदर्भित किया है। मैं इन दो मॉडलों को विभेदकारी (Differential) एकीकरणवादी (Integrationist) कहता हूँ। पहला तुलनात्मक साहित्य को अद्वितीय और स्वायत्त अनुशासन के रूप में तथा दूसरा अन्य साहित्य विभागों के साथ संबंध के रूप में प्रस्तुत करता है। इससे तुलनात्मक साहित्य की सत्ता को पहले से स्थापित मानक साहित्य अध्ययनों की तुलना में तात्त्विक रूप से भिन्न पूर्वनिर्मित अनुशासन की तरह स्थापित किया जा सकेगा और परिणामतः उसे अपने लिए स्वयं की जगह बनाने के लिए संघर्ष करना होगा। एक ऐसी जगह जिसमें

विश्वविद्यालयी संबद्धता से लेकर अनेक शैक्षणिक और अशैक्षणिक व्यावसायिक प्रश्न सम्मिलित होंगे। दूसरी स्थिति में उसे स्वयं को ऐसे अनुशासन के रूप में स्थापित करना होगा जो अन्य अनुशासनों के साथ संवाद में अपने लिए जगह का विस्तार करेगा। इससे यह खतरा हो सकता है कि वह मुख्यधारा के अधिक प्रभावशाली अनुशासन के भीतर सिमटकर रह जाए। (देखें– दासगुप्ता, सायंतन 'लोकेटिंग इंडियन कंपेरेटिव लिटरेचर टुडे' कंपेरेटिव लिटरेचर : मैपिंग माइलस्टोंस, ट्रेसिंग ट्रेजेक्टरीज, वॉल्यूम-1 अनपब्लिश्ड मैन्युस्क्रिप्ट, कोलकाता : सेंटर फॉर एडवांस्ड स्टडीज इन कंपेरेटिव लिटरेचर, जादवपुर विश्वविद्यालय)

संदर्भ

- Bandyopadhyay, Manabendra ed., AdhunikBharatiyaGalpa Volume 1-5. Kolkata: Bhurjapatra and Papyrus, 1985-1993. Print.
- --ed. BhedBibhed1: Danga, Deshbhag O Sampradayikatar Sarbabharatiya Galpa-Sankalan. Kolkata: Dey's, 1992.Print.
- Bernheimer,Charles."Intriduction:The Anxieties of Comparison." Comparative Literature in the Age of Multiculturalism.Ed.Charles Bernheimer. Baltimore and London: The johns Hopkins University Press, 1995.1-17. Print.
- Bose, Buddhadeva. "Comparative Literature in india."Yearbook of Comparative and General Literature 8(1959).Rpt. in Contibution to Comparative Literature: Germany and India.Ed.NareshGuha.Kolkata : Jadavpur University, 1979.85-99.Print.
- Das. Sisir Kumar.A History of Comparative Literature Volume VIII. New Delhi: SahityaAkademi,1991. Print.
- ---.A History of Comparative Literature Volume IX. New Delhi: Sahitya Akademi, 1995.Print.
- Das, Sisir Kumar. "Muses in Isolation."Comparative Literature: Mapping Milestones, Tracing Trajectories. Unpublished database and manuscript.
- Datta,Amaresh ed. Encylopedia of Indian Literature Volume 1. New Delhi: SahityaAkademi, 1987.Print.
- "Department of Comparative Studies, Telugu University."Souvenir of Third Biennial Congress of the Comparative Literature Association of India, April 20-22, 1996, Department of Comparative Studies, Telugu University, Hyderabad, 1996.5.Print.
- Dev, Amiya, The Idea of Comparative Literature in India. Kolkata: Papyrus, 1984. Print.
- DevSen, Nabaneeta."The Concept of an Indian Literature Today: Another Name for Comparative Literature?" Counterpoints: Essays in Comparative Literature. Kolkata:Prajna, 1985. Print.
- George, K M ed. Comparative Indian Literature Volumes 1 and 2. Trichur: Kerala SahityaAkademi and Macmillan India. 1984. Print.
- --ed. Modern Indian Literature:An Anthology Volumes 1 and 2. New Delhi: SahityaAkademi, 1992-93. Print.

- Indian National Comparative Literature Association News Bulletin 1, June 1983.Print.
- Kesavan, B S. Introduction. The National Bibliography of Indian Literature Third Volume. Ed. B S Kesavan. New Delhi: SahityaAkademi, 1970, pp.vii-x.Print.
- KesavanBS and V Y Kulkarni, eds. The National Bibliography of Indian LiteratureFirst Volume. New Delhi: SahityaAkademi, 1962. Print.
- KesavanBS and Y M Mulay, eds. The National Bibliography of India Literature Second Volume. New Delhi: SahityaAkademi, 1966. Print.
- KesavanBS ed. The National Bibliography of Indian Literature Third Volume. New Delhi: SahityaAkademi, 1970.Print.
- --,ed. The National Bibliography of Indian Literature Fourth Volume. New Delhi:SahityaAkademi, 1974.Print.
- Majumdar, Swapan."Comparative Literature Associations in India." ICLA Bullein Volume VII Number 1.University of Toledo, 1986. 10-12. Print.
- ---."Comparative Literature:Indian Dimensions."Comparative Literature: Indian Dimensions. Kolkata: Papyrus, 1987.13-22.Print.
- ---."Indian-Western Literary Relations: Problems of Acculturation and Appreciation." Comparative Literature: Indian Dimension. Kolkata: Papyrus, 1987.50-61. Print.
- "Some Important Events in the History of Comparative Literature in India. "Souvenir of Third Biennial Congress of the Comparative Literature Association of India, April 20-22, 1996, Department of Comparative Studies, Telugu University, Hyderabad, 1996. 4. Print.
- Mohan, Chadra. "Comparative Literature in India: Recent Tends." Aspects of Comparative Literature:Contemporary Approaches. New Delhi: India Publishers and Distributors, 1989. Print.
- Mohan, Chandra and SubhaChakraborty Dasgupta eds. CLAI Newsletter. Delhi and Kolkata: Comparative Literature Association of India, August 2006. Print.
- Mohan, Chandra, SayantanDasgupta and Vasant Sharma, "From the Editors."CLAI Newsletter, Kolkata: Comparative Literature Association of India, January 2013. Print.
- waThiong'o, Ngugi. Decolonising the Mind: The Politics of Language of African Literature. Oxford: James Currey, 1986.87-109.Print.

चौथा भाग

तुलनात्मक साहित्यिक अध्ययन/एस.एस. प्रा'र

एस. सतीश कुमार

इस ग्रंथ के मूल सूत्र इसके शीर्षक में अंतर्निहित हैं। एस.एस. प्रा'र 'तुलनात्मक साहित्य' के स्थान पर 'तुलनात्मक साहित्यिक अध्ययन' का प्रयोग करते हैं, जिससे यह संकेत मिलता है कि वे केवल एक सुनिश्चित शिक्षण-प्रणाली की बात नहीं कर रहे हैं, बल्कि उन तमाम प्रकार के साहित्य विमर्शों की ओर संकेत कर रहे हैं, जिनमें तुलनात्मक अध्ययन को आधार बनाया जाता है। भूमिका में 'प्रा'र' पाठक को अपना उद्देश्य तथा इस पुस्तक के लेखन की उत्प्रेरणा समझाते हैं। जर्मन साहित्य को प्रा'र अपना प्रथम प्रेम घोषित करते हैं और संकेत देते हैं कि यह प्रेम ही उन्हें तुलनात्मक अध्ययन की प्रक्रिया की ओर खींचता है। प्रा'र के अनुसार जर्मन साहित्य एक ऐसा साहित्य है, जिसने हमेशा ही दूसरे साहित्यों एवं उनकी परंपराओं के प्रति सबसे अधिक सम्मान का भाव प्रदर्शित किया है। वे आगे कहते हैं कि उनके लिए साहित्य को एक तुलनात्मक चेतना से पढ़ना उतना ही स्वाभाविक रहा है, जितना कि साँस लेना। वे मानते हैं कि यह पुस्तक उन सब पर एक जवाबी हमला है, जो तुलनात्मक साहित्य के प्रति सहिष्णु नहीं हैं और जो इसे अप्रासंगिक और सामान्य मानते हैं। अपने इस प्रत्युत्तर में प्रा'र तुलनात्मक साहित्य की स्वाभाविकता को प्रस्तुत करना चाहते हैं। यही कारण रहा होगा कि वे शीर्षक में 'तुलनात्मक साहित्य' के बदले 'तुलनात्मक साहित्यिक अध्ययन' का प्रयोग करते हैं। इस पुस्तक के माध्यम से लेखक साहित्य-विमर्श के संदर्भ में तुलनात्मक अध्ययन को एक अभिप्राय के रूप में देखते हुए पाठक के समक्ष उसका ऐतिहासिक एवं प्रणालीगत रेखाचित्र रखने की कोशिश करता है। यह कहा जा सकता है कि प्रा'र के लिए तुलनात्मक साहित्य के साथ-साथ साहित्य-विमर्श में तुलनात्मक चेतना भी एक मुख्य विचारणीय विषय है।

भारतीय साहित्य के अध्येता के मन में यह जिज्ञासा उत्पन्न होना स्वाभाविक है कि इस पुस्तक को पढ़कर हमें क्या उपलब्ध होगा? अथवा इसका हमारे संदर्भ से क्या लेना-देना है? प्रा'र इस पुस्तक में यूरोपीय साहित्य, विशेषतः फ्रेंच, जर्मन और

अंग्रेजी की बात करते हैं। उनकी इस तुलनात्मक चेतना के जितने उदाहरण इस पुस्तक में मौजूद हैं, उनमें से लगभग सारे इन्हीं साहित्यों से हैं। इसके बावजूद इस पुस्तक के माध्यम से पाठक को साहित्य विमर्श एवं तुलनात्मक साहित्य पठन-प्रणाली के संदर्भ में कुछ सार्वभौमिक सत्यों के संकेत अवश्य मिल सकते हैं। इस पुस्तक के द्वारा लेखक हमें साहित्य पढ़ने की एक ऐसी पठन-प्रणाली से परिचित कराता है, जो साहित्य को एक पूर्णतावादी श्रद्धा-भाव से समझने की कोशिश करती है– एक ऐसी साहित्यिक पठन-व्यवस्था, जहाँ केवल साहित्य की ही आराधना होती हो। आखिरकार साहित्य के अध्ययन का मूल लक्ष्य उसे समग्र रूप में समझने के अलावा और हो भी क्या सकता है?

लेखक के विश्लेषण का प्रारंभ इस प्रश्न से होता है कि तुलनात्मक साहित्य अथवा तुलनात्मक साहित्यिक अध्ययन क्या है? जर्मन एवं फ्रेंच साहित्यिक बहसों में व्याप्त दो व्याख्याओं के आधार पर प्रा'र लिखते हैं कि तुलनात्मक साहित्य को अगर एक शिक्षण-प्रणाली के रूप में देखा जाए, तो इसमें बल तुलना पर कम, साहित्य पर अधिक दिया जाता है। तुलनात्मक साहित्य या तुलनात्मक साहित्यिक अध्ययन साहित्य को समग्र रूप में समझने की चेष्टा है और इस चेष्टा में तुलनात्मक अध्ययन साधन मात्र है। अब सवाल यह उठता है कि साहित्य के समग्र का क्या अभिप्राय है? इस विषय पर उतने ही सवाल उठते हैं, जितने तुलनात्मक साहित्य की पठन-प्रणाली पर। प्रा'र लिखते हैं कि एक ऐसी साहित्य पठन-व्यवस्था अथवा विमर्श, जो एक जातीय अथवा भाषायी साहित्य के परे जाए, उसे तुलनात्मक साहित्य कह सकते हैं। अर्थात् जो साहित्य विमर्श एक राष्ट्रीय साहित्य के खूँटे से न बँधा हो और केवल एक ही भाषा तक सीमित न हो, वही तुलनात्मक साहित्य कहलाता है। इसी संदर्भ में प्रा'र कुछ भिन्न विश्लेषण धाराओं का उल्लेख करते हैं। इनके अंतर्गत हमें साहित्य पठन की तीन व्यवस्थाएँ मिलती हैं। 1. साधारण या अविशेषक साहित्य, 2. विश्व साहित्य, 3. जातीय अथवा राष्ट्रीय साहित्य। रेने वेलेक, आर.ए. सैस जैसे विद्वानों के अनुसार इन तीन व्यवस्थाओं को तुलनात्मक साहित्य की पठन-व्यवस्था से निश्चित ही अलग माना जा सकता है। इन व्यवस्थाओं अथवा प्रणालियों के बीच के अंतर को समझाते हुए, प्रा'र लिखते हैं कि तुलनात्मक साहित्य का केवल शाब्दिक अर्थ देखा जाए, तो यह इसकी पठन-प्रणाली से बिल्कुल ही भिन्न है। उनका मानना है कि मैथ्यू आर्नल्ड या ऑगस्ट श्लेगेल आदि के लिए तुलनात्मक साहित्य एक साहित्यिक कुतूहल का लक्षण था। यह कुतूहल या जिज्ञासा ही तुलनात्मक साहित्य का आधार नहीं हो सकती। परंतु सत्य यह भी है कि आर्नल्ड, गोएते जैसे विद्वानों के मन में यह जिज्ञासा जागना ही तुलनात्मक साहित्य की शुरुआत थी। आखिरकार साहित्यों के अंतःसंबंध ही हमें तुलना की ओर ले जाते हैं और तुलना से ही हमें साहित्यों के अंतःसंबंध ज्ञात होते हैं।

प्रा'र साहित्यों की राष्ट्रीय अथवा जातीय चारित्रिक विशेषता के प्रश्न पर प्रकाश डालते हैं। वे कहते हैं कि जो साहित्य विमर्श दो या दो से अधिक राष्ट्रों के साहित्य का तुलनात्मक अध्ययन करता है या करने की कोशिश करता है, वह सबसे उच्चकोटि का तुलनात्मक साहित्य होता है। ऐसी पठन-प्रणालियों के इतिहास को ध्यान में रखते हुए, प्रा'र लिखते हैं कि क्योंकि ये दो साहित्यों का अध्ययन करती हैं, इसलिए इनको दो राष्ट्रीय चेतनाओं के तात्त्विक विभेदीकरण का प्रयास भी कहा जा सकता है। ऐसा प्रयत्न उनको हरकर एवं श्लेगेल जैसे विद्वानों के विवेचन में दिखाई देता है। अपने जर्मन साहित्यिक विश्लेषण से उदाहरण देते हुए, प्रा'र सिद्ध करते हैं कि ऐसी पठन-प्रणाली से एक जातीय साहित्य के गठन तथा उसकी गठन-प्रक्रिया को स्पष्ट रूप से समझा जा सकता है। अंततः कोई भी साहित्य अन्य साहित्यों से अलग, शून्य में विकसित नहीं होता।

विश्व के विभिन्न साहित्यों में पारस्परिक आदान-प्रदान का संबंध हमेशा रहा है और रहेगा। इस पारस्परिकता को समझने के लिए हमें इस संबंध में उत्सर्जक एवं प्रापक की भूमिकाओं को समझना होगा। अगर हम इन संबंधों को एक पत्राचार, संचार अथवा संवाद के रूप में देखें, तो इन्हें समझने का मूल-सूत्र उत्सर्जक एवं प्रापक साहित्य, दोनों की ही पृष्ठभूमि को समग्रता में और समान संवेदनशीलता के साथ समझना है। यह संबंध ही पुस्तक के तीसरे अध्याय का विषय है। इस संदर्भ में प्रा'र अस्सोलिनो का उदाहरण देते हैं। अस्सोलिनो ने फ्रेंच साहित्य में हेमिंग्वे के उपन्यासों के अनुवादों का इतिहास लिखते हुए, फ्रेंच साहित्य एवं साहित्यिक चेतना पर हेमिंग्वे के प्रभाव को समझने का प्रयास किया है। इससे हमें एक ऐसी प्रक्रिया की समझ मिलती है, जिसके माध्यम से एक लेखक अपने से अलग एक जाति की साहित्यिक चेतना में अपना स्थान बना लेता है। प्रा'र हमारे समक्ष ऐसे अनेक उदाहरण रखते हैं और उनके अध्ययन से होने वाले फायदों से भी अवगत कराते हैं।

तुलनात्मक साहित्य की पठन-प्रणाली में अंतर्साहित्यिक प्रभावों का अध्ययन एक महत्त्वपूर्ण पक्ष रहा है। यह सत्य है कि रेने वेलेक जैसे विद्वान इस प्रकार की पठन-प्रणाली को प्रत्यक्षवादी वा व्यवहारवादी करार देते हुए इसे नकारते हैं, लेकिन प्रा'र के अनुसार यह पठन-प्रक्रिया साहित्यिक पारस्परिकताओं को समझने का एक महत्त्वपूर्ण साधन है। 'प्रभाव' तथा अन्य अवधारणाओं, जैसे 'सादृश्य', 'सजातीयता' एवं 'परंपरा' का उल्लेख हम 'तुलनात्मक साहित्य' पर लिखने वाले अन्य विद्वानों के विचारों में भी पाते हैं, किंतु 'सादृश्य' या सादृश्यों पर आधारित पठन-पाठन की व्याख्या केवल प्रा'र ही देते हैं। वे जर्मन विद्वान थाउस को सादृश्यवादी पठन विधि का उदाहरण मानते हैं। वे लिखते हैं कि थाउस समानताओं से ज्यादा विषमताओं पर जोर देते हैं। प्रा'र का मानना है कि ऐसी पठन-विधि से हमारी साहित्यिक चेतना में विस्तार आता है। सादृश्यवादी पठन-विधि का उदाहरण एक ऐसा तुलनात्मक अध्ययन हो

सकता है, जो दो अलग साहित्यों में एक ही भाव, जैसे कि देशप्रेम या समाजवादी आंदोलन की भिन्न अभिव्यक्तियों को सापेक्षिक रूप में पढ़े। ऐसे ही कई अन्य उदाहरणों के सहारे प्रा'र परंपरा और प्रभाव के अंतर्द्वंद्व से पैदा होने वाले साहित्यिक सिद्धांतों के अध्ययन को तुलनात्मक साहित्य के पठन-पाठन का महत्त्वपूर्ण अंश बताते हैं।

साहित्यों के पारस्परिक संबंधों को समझने के क्रम में प्रा'र ने पाँचवें अध्याय में अनुवादों एवं अनुकूलनों पर विचार किया है। शुरुआत में ही विलहेल्म वोन हम्बोल्ट का उदाहरण देते हुए प्रा'र लिखते हैं कि विभिन्न राष्ट्रों के साहित्यों में परस्पर आदान-प्रदान को समझने का एक प्रमुख साधन अनुवाद-साहित्य होता है। अनुवाद के माध्यम से ही एक साहित्य अपने से अलग दूसरे से संवाद करता है। आज यदि कोई यूनान की प्राचीन सभ्यता के बारे में प्रारंभिक ज्ञान चाहता है, तो वह प्राचीन यूनानी साहित्य के अनुवादों को पढ़कर ही यह ज्ञान प्राप्त कर सकता है। वैसे ही दुनिया के किसी भी कोने में हम अनुवाद के माध्यम से मूल भाषा के ज्ञान के बिना ही विश्व के किसी भी साहित्य के अध्ययन का आनंद उठा सकते हैं। इसी संदर्भ में यह भी सत्य है कि अनुवाद के माध्यम से पढ़े गए साहित्य का प्रभाव (जैसा कि हर साहित्य का होता है) भी पाठक के मन पर होता है और इस प्रभाव के कारण अधीत रचना के प्रति पाठक की कुछ निजी प्रतिक्रियाएँ भी होती हैं। प्रा'र ऐसे ही अनूदित साहित्य के प्रभाव से होने वाली प्रतिक्रियाओं तथा उनकी कलागत विशेषताओं के अन्य साहित्य तथा उसकी साहित्यिक परंपराओं का अंतर्राष्ट्रीय संदर्भ में ऐतिहासिक चित्र प्रस्तुत करते हैं। प्रा'र लिखते हैं कि दो साहित्यों के पारस्परिक संबंधों के मूल साक्षी अनुवाद एवं अनुकूलन साहित्य होते हैं और इसीलिए तुलनात्मक साहित्य की पठन-प्रणाली में इनका विशेष स्थान होना चाहिए।

अपने इस ग्रंथ में प्रा'र कुछ महत्त्वपूर्ण अवधारणाओं पर विचार करते हैं, जो तुलनात्मक साहित्य के पठन-पाठन में अंतः साहित्यिक पारस्परिकताओं को समझने और उनके अध्ययन में विशेष रूप से सहायक हैं। इनमें विषय-वस्तु, वर्ग, आंदोलन तथा काल-विभाजन, संरचना और अवधारणाएँ, स्थानीकरण तथा साहित्यिक-सिद्धांत और साहित्य-चर्चा आदि विशेष रूप से उल्लेखनीय हैं।

कुछ विषयवस्तुएँ ऐसी होती हैं, जिनका प्रयोग विश्व के प्रत्येक साहित्य में पाया जाता है। इन विषय-वस्तुओं की अभिव्यक्ति अलग होते हुए भी प्रत्येक साहित्य में इनका मंतव्य समान रहता है। यह इसलिए, क्योंकि इन विषयों का मानव-जीवन एवं मानसिकता में स्थान सार्वभौमिक रूप से प्रायः एक ही रहता है। उदाहरणतः प्राकृतिक-सौंदर्य या प्रकृति के शांत एवं रौद्र रूप के प्रति मनुष्य की विपरीत प्रतिक्रियाएँ या व्यक्ति एवं समाज का संबंध या मानव का परमात्मा से संबंध। ये कुछ ऐसी विषयवस्तुएँ हैं, जिनकी अभिव्यक्ति हर जाति अपने ढंग से अपने साहित्य में करती है। प्रा'र

लिखते हैं कि इन अभिव्यक्तियों को केवल मानव जाति के ही नहीं, बल्कि मानव-चेतना के इतिहास के रूप में देखा जा सकता है। एक विषय-वस्तु के विभिन्न साहित्यों में भाँति-भाँति के प्रकरण तुलनात्मक साहित्य के अंतर्गत स्थानानुक्रमिक एवं कालानुक्रमिक अध्ययन के आधार बन सकते हैं।

प्रा'र के अनुसार साहित्यिक वर्गों का अध्ययन तुलनात्मक साहित्य के लिए महत्त्वपूर्ण है, क्योंकि यह साहित्येतिहास और साहित्यिक सिद्धांतों के अध्ययनों को जोड़ने का काम करता है। साहित्येतिहास साहित्य-चर्चा का वह अंग है, जो एक साहित्य के विकास का अध्ययन करता है। साहित्य के इतिहास में काल-विभाजन एक साहित्य-व्यवस्था में होने वाले परिवर्तनों पर आधारित होता है। ये परिवर्तन साधारणतः एक साहित्य-व्यवस्था में आंदोलनों के रूप में प्रकट होते हैं और इन आंदोलनों का सीधा असर नाना प्रकार से साहित्यिक वर्गों एवं उनके गठन पर पड़ता है। एक साहित्य-व्यवस्था में किसी नए वर्ग का पनपना या किसी विद्यमान वर्ग में बदलाव आना उस साहित्य-व्यवस्था में किसी परिवर्तन प्रक्रिया या आंदोलन का संकेत देता है। प्रा'र इन परिवर्तनों के कई उदाहरण देते हैं, जैसे फ्रेंच कविता और प्रतीकवादी आंदोलन, यूरोपीय उपन्यास पर यथार्थवादी एवं प्रकृतवादी आंदोलनों का प्रभाव और रूसी साहित्य पर रूपवादी आंदोलन का प्रभाव। यूरोप में ऐसे कई आंदोलन हुए, जिनका प्रभाव अनेक यूरोपीय साहित्यों पर पड़ा। अतः इस संदर्भ में साहित्य वर्ग, साहित्येतिहास और साहित्यिक आंदोलनों के अंतर्साहित्यिक अध्ययन को तुलनात्मक साहित्य के पठन-पाठन में शामिल करना अनिवार्य है।

प्रा'र का विचार है कि साहित्येतिहास एवं साहित्यिक आंदोलनों का अध्ययन संरचना एवं साहित्यिक अवधारणाओं के अध्ययन से जुड़ा हुआ है। प्रा'र की शैली में 'संरचना' शब्द का प्रयोग साहित्य-व्यवस्था के गठन की ओर इशारा करता है। वे समझाते हैं कि साहित्य या साहित्य से जुड़ी अवधारणाएँ केवल साहित्य से ही नहीं, बल्कि मानव-जीवन के हर पहलू से जुड़ी होती हैं। यद्यपि सामाजिक, आर्थिक, राजनीतिक, धार्मिक, ऐतिहासिक आदि व्यवस्थाओं के परे किसी भी जाति की साहित्य-व्यवस्था को समझना नामुमकिन है, फिर भी साहित्येतिहास को इन समस्त पहलुओं के इतिहास से अलग नहीं किया जा सकता।

स्थानीकरण तुलनात्मक साहित्य या तुलनात्मक साहित्यिक अध्ययन के अंतर्गत एक ऐसी अवधारणा है, जिसका नामकरण एवं विश्लेषण सबसे पहले प्रा'र ने किया है। सरसरी तौर से देखा जाए, तो यह एक प्रकार की अध्ययन-प्रक्रिया है, जिसमें अनेक साहित्यिक रचनाओं को साथ रखकर उनका तुलनात्मक मूल्यांकन किया जाता है। प्रा'र लिखते हैं कि 'स्थानीकरण के माध्यम से हम सहज ही साहित्यिक रचनाओं या साहित्यों के बीच अंतर एवं समानताओं का अध्ययन कर सकते हैं। इस प्रक्रिया को हम एक ही साहित्य या एक से अधिक साहित्यों के तुलनात्मक अध्ययन

(कालानुक्रमिक, स्थानानुक्रमिक या दोनों) में प्रयोग कर सकते हैं। यह 'स्थानीकरण' पूर्व चर्चित आधारों पर होता है। संरचना, विषय-वस्तु, साहित्यिक वर्ग जैसे आधारों पर हम दो रचनाओं या दो साहित्यों का 'स्थानीकरण' कर उन्हें साथ लाकर उनका तुलनात्मक मूल्यांकन या अध्ययन करते हैं। इससे हमें केवल साहित्यिक गठन का ही नहीं, बल्कि साहित्य-रचना की प्रक्रिया का भी ज्ञान अर्जित करने का अवसर मिलता है। यूरोपीय साहित्य से प्रा'र अनेक उदाहरण देते हुए इस प्रक्रिया का विश्लेषण करते हैं। वे ऐसा नहीं कहते कि यह अवधारणा उनके अकेले के मस्तिष्क की उपज है, बल्कि वे यह समझाना चाहते हैं कि तुलनात्मक अध्ययन के इतिहास में यह अवधारणा एवं पठन-पद्धति/प्रक्रिया व्यापक रूप से मौजूद है और वे केवल इसका नामकरण एवं इसकी एक स्पष्ट व्याख्या करने का प्रयास कर रहे हैं। इस प्रक्रिया के उदाहरण प्रा'र यूरोपीय साहित्यिक विमर्श के उन नमूनों को ही बनाते हैं, जिनमें एक से अधिक जातीय साहित्यों के अंतर्साहित्यिक अध्ययन की चेष्टा दिखाई देती है।

इसी प्रक्रिया को हम अगर भारतीय साहित्य के माध्यम से समझना चाहें, तो हमें ऐसे कई उदाहरण मिल सकते हैं। हिंदी साहित्य के संदर्भ में एक ऐसा उदाहरण हमें प्रसाद एवं प्रेमचंद की रचनाओं में मिल सकता है। अगर हम प्रेमचंद और प्रसाद को परस्पर रख कर पढ़ें, तो हमें हिंदी भाषा साहित्य के अंतर्गत भाषा-प्रयोग और साहित्यिक शैली के दो अलग एवं प्रायः समकालीन चित्र नजर आते हैं। फलतः यह पठन-प्रक्रिया हमें तुलनात्मक अध्ययन के माध्यम से एक साहित्य व्यवस्था के सूक्ष्म एवं बहुस्तरीय ज्ञान की ओर ले जाती है। वैसे ही अगर हम भारतीय भाषा साहित्यों में उपन्यास के विकास को समझना चाहें, तो हमें उन भाषा साहित्यों में प्रथम परिचित उपन्यासों को परस्पर रखकर पढ़ना होगा। ऐसा करने से ही हमें भारतीय उपन्यास का समग्र ज्ञान हो सकता है।

प्रा'र के अनुसार साहित्यिक सिद्धांतों एवं साहित्यिक चर्चा के अध्ययन से हमें साहित्येतिहास एवं उसके गठन के बारे में ज्ञान प्राप्त हो सकता है। यह विमर्श तुलनात्मक साहित्यिक अध्ययन एवं पठन-पाठन की ऐतिहासिक पृष्ठभूमि का संकेत देता है। आखिरकार साहित्य सिद्धांतों और साहित्य-व्यवस्था पर उसके प्रभाव का अपना एक इतिहास होता है। प्रा'र रेने वेलेक द्वारा चार खंडों में प्रस्तुत आधुनिक यूरोपीय साहित्य विमर्श के इतिहास का उदाहरण देते हुए उनके इस काम को खूब सराहते हैं। इसका कारण यह है कि यह साहित्य से संबंधित अवधारणाओं का एक ऐतिहासिक अध्ययन है और हमें साहित्य के उस समग्र ज्ञान की ओर ले जाता है, जो तुलनात्मक साहित्य के अंतर्गत किसी भी अनुसंधान का मूल आधार है। साहित्य विमर्श के संदर्भ में ऐसा इतिहास एक प्रकार का आत्म-समीक्षण है। तुलनात्मक साहित्य पठन-प्रणाली में इस प्रकार का अध्ययन बदलते युगों में साहित्य की परिवर्तनशील

पहचान को समझने का एक मात्र साधन है। इस अध्ययन के समाहार की ओर कदम बढ़ाते हुए प्रा'र लिखते हैं कि इस पुस्तक का मूल उद्देश्य आज के युग में तुलनात्मक साहित्य के महत्त्व को समझाना है। ऐसा कई बार होता है कि तुलनात्मक अध्ययन से विशेष ज्ञान-लाभ नहीं होता, पर यह केवल तभी होता है, जबकि तुलना के विषय एवं उसके आधार सटीक नहीं होते। विश्व के हर कोने में बहुजातीय एवं बहुसांस्कृतिक समाजों का वास है, ऐसे में अगर तुलनात्मक साहित्य न होता, तो हमें अवश्य ही उसका आविष्कार करना पड़ता।

तुलनात्मक साहित्य और साहित्यिक सिद्धांत : सर्वेक्षण और परिचय/उलरिक वाइस्तीन*

गौरव चटर्जी

वाइस्तीन ने तुलनात्मक साहित्य को परिभाषित करते हुए प्रारंभ में ही जिस उद्धरण का सहारा लिया है, वह ज्याँ-मारिकार का है। उसमें स्पष्ट रूप से कहा गया है कि तुलनात्मक साहित्य साहित्येतिहास की एक शाखा मात्र है। भूमिका में वाइस्तीन ने स्वयं भी रेने वेलेक तथा बेनेदित्तो क्रोचे को प्रतिध्वनित करते हुए कहा है कि तुलनात्मक साहित्य का कोई भी निजी संदर्भ नहीं होता, बल्कि वह साहित्य के इतिहास और तत्त्व के निरीक्षण की कसौटी पर एक विशेषीकरण का दावा करता है। अर्थात्, दोनों ही प्रसंगों में 'तुलनात्मक साहित्य' के अलावा जो शब्द दृष्टिगोचर होता है, वह है, 'इतिहास' और यहीं से वाइस्तीन की यात्रा प्रारंभ होती है।

तुलनात्मक साहित्य संबंधी समग्र धारणा निर्मित करने के लिए जिन ग्रंथों का अध्ययन अत्यंत आवश्यक है, उनमें निश्चित रूप से वाइस्तीन का 'कंपेरेटिव लिटरेचर एंड लिटरेरी थ्योरी : सर्वे एंड इंट्रोडक्शन' भी एक है। 'समग्र धारणा निर्माण' की बात आवश्यक है; कारण, लेखक ने तुलनात्मक साहित्य को मात्र एक तत्त्व के रूप में प्रतिष्ठित करते हुए किंचित् तात्त्विक विचार-विमर्श ही नहीं किया है, वरन इतिहास लिखने की चेष्टा भी की है। विषय के प्रकरणगत बुनियादी आधारों पर विचार करना ही उनका एकमात्र उद्‌देश्य नहीं है। उन्होंने प्रत्येक तत्त्व के परिवर्तन को भी स्पर्श करते हुए आगे बढ़ने की चेष्टा की है। संभवतः इतिहास होने के चलते मन में आना स्वाभाविक है कि क्या यह किसी कालानुक्रमिक यात्रा में कुछ घटनाओं की पारंपरिक अवस्थिति है? नहीं, वाइस्तीन ने उस अर्थ में इतिहास नहीं लिखा है। उन्होंने जिस प्रकार अपने ग्रंथ के शीर्षक में एक पदबंध जोड़ दिया है, 'सर्वे एंड इंट्रोडक्शन', उसी प्रकार, ठीक उस 'सर्वे' के लक्ष्य को स्थिर रखते हुए वे कालानुक्रमिक एवं स्थानानुक्रमिक विन्यास के साथ परिवर्तनों को स्थापित करते हैं।

---

* मूल बँगला से हिंदी अनुवाद : जयश्री दत्त

फलस्वरूप तुलनात्मक साहित्य जैसा एक सामान्य भाषा साहित्य केंद्रित विषय किसी भी एक भाषा-समूह का अंश नहीं बन जाता, बल्कि सम्पूर्ण यूरोपीय और मार्किन भूखंड में एक ही काल में उस विषय की भिन्नताओं का विमर्श ग्रंथ में अनिवार्य स्थान प्राप्त कर लेता है।

आवश्यकता के अनुरूप यह जगह बना लेना शायद कोई बहुत अस्वाभाविक नहीं था। वाइस्तीन ने प्राथमिक रूप से यह ग्रंथ जर्मन में लिखा था। 1968 में इसका प्रकाशन हुआ था, जर्मनी के स्तुआतगार्द से। उसके पश्चात् इसका अंग्रेजी में अनुवाद हुआ, 1973 में। यद्यपि अनुवाद ओलियाम रिज्ञान ने किया था, किंतु इस अंग्रेजी अनुवाद में स्वयं लेखक की भूमिका थी। इसका प्रकाशन इंडियाना यूनिवर्सिटी से हुआ था, जो एक मार्किन विश्वविद्यालय है। वाइस्तीन वहाँ जर्मन स्टडीज के प्रोफेसर एमेरिट्स थे। इस कारण द्विभाषिता के लिए एक जगह प्रारंभ से ही थी। न केवल द्विभाषिता, बल्कि दो भिन्न देशों की जानकारियों के बीच से गुजरते हुए जितना संभव था, दो भिन्न भूखंडों में तुलनात्मक साहित्य की धाराओं के भिन्न-भिन्न परिवर्तन-बिंदुओं को छू लेने के अवसर भी वाइस्तीन को सुलभ थे। अवसर था, इतनी सारी धाराओं के बीच एक स्वतंत्र मार्ग के चयन का भी। इसीलिए उन्होंने तुलनात्मक नाम-संज्ञा के निर्धारण के प्रसंग में अपनी स्थिति स्पष्ट कर दी है। वे जिस प्रकार फ्रेंच धारा की रक्षणशीलता के पक्षधर नहीं है, उसी प्रकार मार्किन धारा के समान उदार भी नहीं हैं। इसके मध्यवर्ती किसी सतर्क मार्ग पर बढ़ने के लिए ही उन्होंने कलम पकड़ी है और उसी कारण प्रत्येक धारा के कंपेरेटिस्ट को उद्धृत करते समय वे उनके विरोधी मतों अथवा उनके वक्तव्यों की गलतियों या सीमाबद्धता का उल्लेख करने में भी संकोच नहीं करते। वस्तुतः वाइस्तीन चाहते हैं, इतिहास के आसपास तुलनात्मक साहित्य का एक मैनुअल गठित करना। एक ग्रंथ, जिससे न केवल तुलनात्मक साहित्य का, बल्कि साहित्यमात्र का कोई भी छात्र उपकृत हो सके। उन्होंने भूमिका में भी वही कहा है। कहा है, उनका ग्रंथ ओलंदाजी, स्पेनिश, फ्रेंच, जापानी, रोमानी, सर्वो-क्रोएशिया, स्लोवाक और स्लोवेनिया भाषाओं में लिखित तुलनात्मक साहित्य के मैनुअल के समक्ष अंग्रेजी भाषा में एक समांतर रचना की चेष्टा है। गौर करने की बात है कि (हालाँकि अब तक सम्पूर्ण कथन उनकी अंग्रेजी अनुवाद वाली भूमिका से ही लिया गया है) वे अपने ग्रंथ को अनुवाद नहीं, एक स्वतंत्र ग्रंथ के रूप में गिने जाने का दावा कर रहे हैं। कारण उन्होंने अपने आप ही बताया है कि अंग्रेजी अनुवाद करते समय उन्होंने कभी-कभी मूल जर्मन ग्रंथ में भी अनेक फेरबदल किए हैं। कुछ चीजें बदल दी हैं, कुछ जोड़ दी हैं। कहना अनावश्यक है कि ग्रंथानुक्रमणिका में और अनेक ग्रंथ जोड़े गए हैं। अर्थात्, पाँच वर्षों में, अड़सठ से तिहत्तर के मध्य, तुलनात्मक साहित्य के इतिहास में कुछ गौर करने लायक बदलाव हुए, जिनके संदर्भ में अंग्रेजी भाषा में एक ऐसे ही ग्रंथ की आवश्यकता थी।

हमें निश्चित रूप से स्मरण होगा कि अंग्रेजी भाषा द्वितीय विश्व युद्ध के तुरंत बाद ही अपनी परिचित यूरोपीय परिसीमा के बाहर पूरी दुनिया के भिन्न-भिन्न क्षेत्रों में उद्भूत भिन्न-भिन्न संस्कृतियों के प्रकाश में आने का माध्यम बनने लगी थी। इस संदर्भ में उल्लेखनीय है, वाइस्तीन के ग्रंथ के दो वर्ष पूरे होते-न-होते 'अमेरिकन कंपेरेटिव लिटरेचर एसोसिएशन' की 'ग्रीन रिपोर्ट' में भी द्वितीय विश्व युद्ध के प्रसंग का मौजूद होना। और यह प्रसंग भी है कि किस प्रकार द्वितीय विश्व युद्ध के तुरंत बाद दुनिया के विभिन्न क्षेत्रों से एक वैचित्र्यपूर्ण साहित्य भंडार यूरोपियन तथा मार्किन दुनिया को दृष्टिगोचर हो रहा था! इस साहित्य के महत्त्व को अस्वीकार नहीं किया जा सकता एवं ग्रीन रिपोर्ट में यह आशंका भी प्रकट की गई थी कि तुलनात्मक साहित्य इस भिन्न साहित्य-घराने के निरीक्षण के सहारे धीरे-धीरे करके यूरोपीय दृष्टिकोण को बदल डालेगा। हाँ, आशंका ही। कारण, शुरुआती लेविन रिपोर्ट में तुलनात्मक साहित्य को जो साहित्य संबंधी मर्यादा प्रदान कर दी गई थी, उसके सम्मोहन को ग्रीन रिपोर्ट पूरी तरह काट नहीं पाई। यद्यपि संख्या लघुता के विश्वास की यह नींव उसी समय हिलने लगी थी, जब ग्रीन रिपोर्ट को देखकर ना-ना करते हुए भी लगभग डेढ़-सौ मार्किन प्रतिष्ठानों ने किसी-न-किसी रूप में तुलनात्मक साहित्य को सम्मान प्रदान कर दिया था। फलस्वरूप, तुलनात्मक साहित्य अभिजात श्रेणी से क्रमशः साधारण लोगों के लिए सुलभ और बोधगम्य हो गया था। इसी समय, ग्रीन रिपोर्ट के ठीक पहले 'कंपेरेटिव लिटरेचर एंड थ्योरी : सर्वे एंड इंट्रोडक्शन' ग्रंथ लिखा गया (अथवा अनूदित हुआ) अमेरिका की इंडियाना यूनिवर्सिटी से। तुलनात्मक साहित्य का ग्रंथ। अंग्रेजी भाषा में पहली बार।

सहज पाठ के नियमों का अनुसरण करते हुए वाइस्तीन ने अपने ग्रंथ के प्रारंभ में प्रस्तुत की थी, 'डेफिनिशन'। तुलनात्मक साहित्य की परिभाषा। निस्संदेह यह कठिन काम था। कारण, अलग-अलग समय पर अलग-अलग स्कूलों ने तुलनात्मक साहित्य की अलग-अलग परिभाषाएँ दी हैं। वाइस्तीन ने एक सज्जन इतिहासकार की भाँति सारी परिभाषाएँ पाठकों के सामने पेश ही नहीं कर दी हैं, बल्कि उनकी प्रत्युक्ति के आधार पर और कौन-कौन सी परिभाषाएँ संभव हो सकती हैं, इस संबंध में मार्ग भी दिखा दिया है। परिभाषा प्रति-परिभाषा के साक्षात्कार के माध्यम से वे हमारा परिचय नाना समगोत्रीय, किंतु भिन्न धाराओं की साहित्य-चर्चा से कराते हैं। हम परिचित होते हैं, 'जनरल लिटरेचर' से, 'ओल्त लितरात्यूर' अथवा 'ओल्ड लिटरेचर' से, हम भेद करना सीखते हैं कि वे तुलनात्मक साहित्य की पठन-पद्धति से कब, किस रूप में अलग होते हैं! निश्चय ही वाइस्तीन ने अपनी ओर से कोई भी परिभाषा देने की चेष्टा नहीं की है। उलटे ग्रंथ के यात्रा-पथ के लिए परिभाषा-चयन के काम को छिपा कर रखा है। कारण, जो विषय एक विस्तृत धरातल पर साहित्य-पाठ की चर्चा करेगा, उसकी परिभाषा दरअसल विभिन्न रूपों

में उसके मार्ग को सीमाबद्ध कर सकती है।

लेखक परिभाषा के पश्चात् ही विषय के भीतर प्रवेश करना चाहते हैं। उनके विचार में पहले अध्याय के बाद वाले दो अध्याय पूरी तरह से तुलनात्मक साहित्य के छात्रों को समर्पित हैं। क्रमशः ये दो अध्याय हैं–'इन्फ्लुएंस एंड इमिटेशन' तथा 'रिसेप्शन एंड सर्वाइवल'। विभिन्न साहित्य-धाराओं अथवा साहित्य-कीर्तियों में अंतर्लीन या प्रत्यक्ष सम्मिलन के फलस्वरूप किस प्रकार साहित्य का निर्माण होता है, किस प्रकार इस निर्माण को तब तक समझना संभव नहीं, जब तक कि किसी का दो या उससे अधिक साहित्य-घरानों से परिचय न रहे और किस प्रकार एक साहित्य का पाठ अन्य और कई साहित्यों के पाठ को आवश्यक बना देता है, अर्थात् छात्रों के लिए एक से अधिक साहित्य-क्षेत्रों के साथ परिचय करने का सुयोग अथवा बाध्यता हो जाती है। सीधे तौर पर, साहित्य के ढाँचे की समालोचना किए बिना प्रारंभ में ही ग्रहण-प्रतिग्रहण- अभिघात-प्रभाव जैसे विषयों के चयन का कार्य असंदिग्ध रूप से कठिन है। कारण, वही उस विशेषीकृत क्षेत्र या तुलनात्मक साहित्य को विषय के रूप में एक स्वतंत्र आसन प्रदान करता है। लेखक कहते हैं, 'अरे, क्या कंसेप्ट है'। अवश्यंभावी रूप में विश्व-युद्ध, और सबसे ऊपर अमेरिका जैसा नाना रूपी सांस्कृतिक स्रोत इस सुयोग को सामने ला देता है। कुछ हद तक इसी कारण लेखक पूरे अध्याय में प्रथम ए.सी.एल.ए. (ACLA : American Comparative Literature Association) अधिवेशन के कुशीलवों की उद्धृति को व्यवहार में लाते रहे। पाठक उसी के संपर्क से परिचित होता है, प्रभाव, नकलनवीसी अथवा प्रति-ग्रहण के रूप-भेद के साथ। वाइस्तीन सीधे तौर पर प्रति-ग्रहण की बात नहीं करते। वे इस तथ्य पर प्रकाश डालना भी नहीं भूलते कि नाना प्रकार के मध्यवर्ती द्वारों की उपस्थिति में भिन्न-भिन्न क्लासिक्स किस प्रकार अनूदित होकर प्रति-ग्रहण की एक सुदीर्घ धारा प्रस्तुत करते हैं, किंतु अनुवाद के माध्यम से जो प्रति-ग्रहण होता है, उस मुद्दे पर वे चुप रहते हैं। वाइस्तीन ने अनुवाद को मध्यवर्ती द्वारपाल की अपेक्षा कोई खास जगह नहीं दी है। उन्होंने ग्रीन रिपोर्ट के साथ यहाँ भी एक सुखद सहयोग बनाए रखा है।

जिस प्रकार पहले दो अध्याय एकाधिक साहित्य-धाराओं की चर्चा से शुरू होते हैं और साहित्य के देश-काल-पात्र की विभेदक रेखा को स्पष्ट कर देते हैं, उसी प्रकार वाइस्तीन ने एक बृहत्तर कैनवास का प्रसंग प्रस्तुत करके ही अंत भी किया है। 'द म्युचुअल इल्युमिनेशन ऑफ दि आर्ट'। इस क्षेत्र में साहित्य की आपात संबंधहीन दो धाराएँ नहीं हैं, बल्कि साहित्य के साथ संबद्ध अन्यान्य शिल्प-माध्यमों का पारस्परिक समझौता है। प्रभाव है, और भी, प्रतिग्रहण है। शायद इस क्षेत्र में भी हम लोग तुलनात्मक साहित्य के अमेरिकी घराने को ही आगे रखेंगे। कारण यह, कि वाइस्तीन ने अध्याय का प्रारंभ ही तुलनात्मक साहित्य की मार्किन धारा के प्रसंग से किया है। साहित्य के साथ

अन्यान्य शिल्प-माध्यमों को जोड़ने का सिलसिला भले ही यूरोप में अनेक बार चला हो, लेकिन साहित्य के शैक्षणिक क्षेत्र में उसका महत्त्व उस रूप में स्वीकार नहीं किया गया। फलस्वरूप, ऐसे किसी भी क्षेत्र में, जहाँ साहित्य और दूसरे शिल्प-माध्यम परस्पर निकट आ जाते हैं, आलोचना मर्यादा-भ्रष्ट थी। अंततः इस संबंध में लेखक के मन में कोई दुविधा नहीं है कि ऐसे क्षेत्र को पक्के तौर पर एक विषय की दृष्टि से चिह्नित करना तुलनात्मक साहित्य का ही कर्तव्य है। इसीलिए तुलनात्मक साहित्य के ग्रंथ में अनायास ही वह प्रसंग आ जाता है। उसी से ग्रंथ का समापन भी होता है।

लेकिन वाइस्तीन क्या केवल तुलनात्मक साहित्य का मुद्दा ही उठाएँगे? तब उनके ग्रंथ के नाम के साथ जो पुछल्ला जुड़ा हुआ है, 'लिटरेरी थ्योरी' पदबंध? नहीं, केवल तुलनात्मक साहित्य नहीं, उनके सही पाठकों का दायरा थोड़ा और बड़ा है। वे साहित्य नामक एक विशाल क्षेत्र के साथ किसी भी प्रकार जुड़े रहने वाले मनुष्य को ही उद्देश्य बना लेना चाहते हैं। इसी कारण अपने ग्रंथ के चौथे, पाँचवें और छठे अध्याय में, जहाँ भी उन्हें साहित्य के ढाँचे को छूने का सुयोग मिला है, उन्होंने वहीं सार्वजनीन होने की चेष्टा की है। इन तीन अध्यायों के शीर्षक क्रमशः 'इपोक पीरियड, जनरेशन एंड मूवमेंट', 'जेनस' तथा 'थिमेटोलॉजी' हैं। उनकी घोषणा के अनुसार, इस सम्पूर्ण साहित्य की सभी धाराओं के छात्र-छात्राओं, जिनकी यथार्थ और इतिहास संबंधी विषयों में अत्यधिक रुचि है, उन सभी को समर्पित किए गए हैं। कारण, इन्हीं अध्यायों से पाठकों को जानकारी मिलेगी कि साहित्यिक युग-निर्धारण के कौन-कौन से भेद हैं। पता चलेगा कि प्रत्येक साहित्य किस प्रकार भिन्न-भिन्न वर्ग में स्थापित होता है और कहाँ-कहाँ स्थापनाएँ एक-दूसरे को खंडित करती हैं। यह भी ज्ञात होगा कि साहित्य-पाठों की विषय-वस्तुगत इकाइयाँ कौन-कौन सी हैं। पारिभाषिक शब्दों को प्रयोग में लाते समय किस प्रकार थीम, मोटिफ, सिचुएशन या दृश्यकल्प की त्रुटिरहित पहचान आवश्यक है अथवा उन्हें नितांत त्रुटिरहित रूप में पहचाना जा सकता है या नहीं। अर्थात्, कोई भी साहित्य-पाठ हो, एक या एकाधिक, आलोच्य विषयों की सहायता से ही संभव है। आश्चर्यजनक ढंग से तुलनात्मक साहित्य केंद्रित अन्य जो-जो ग्रंथ विषय संबंधी अपनी भूमिका निभाते हैं, उनमें से प्रायः अधिकांश ग्रंथों में ही घूम-फिर कर ये तीन प्रसंग आते हैं। इसका अर्थ हुआ कि साहित्य के देश-काल-पात्र का सामान्य रूप से अध्ययन करने के लिए ये तीन प्रकरण अत्यंत आवश्यक हैं। वाइस्तीन ने ग्रंथ की भूमिका में तुलनात्मक साहित्य के प्रकरण की जिस निजता की बात को अस्वीकार किया था, उन्होंने उसी प्रकरण को सम्पूर्ण ग्रंथ में गूँथ दिया है। नहीं, किसी व्यक्तिगत गवेषणा के माध्यम से नहीं, बल्कि भिन्न-भिन्न साहित्य-तात्त्विकों के अलग-अलग तरह से उद्धार के लिए, विवर्तनकारी इतिहास रचना के तौर पर, 'सर्वे' करने के ढंग से।

इस 'सर्वे' या इतिहास का दावा और भी शक्तिशाली होकर, ग्रंथ के परिशिष्ट में

पहुँचा है। कारण, यहाँ स्थानानुक्रम की आड़ लिए बिना सीधे-सीधे अध्याय का शीर्षक रखा गया है, 'हिस्ट्री', इतिहास। भिन्न-भिन्न सांस्कृतिक, राजनीतिक और साहित्यिक परिवेशों में तुलनात्मक साहित्य एक विषय के रूप में निर्मित हो रहा है। वाइस्तीन ने इस विषय पर आलेख तैयार किए हैं। परिशिष्ट, और यहाँ पहुँचकर उनका तुलनात्मक साहित्य का सहज पाठ और भी आवश्यक पाठ, एक यथार्थ ग्रंथ अथवा मैनुअल बन जाता है। वास्तविक रूप में उनके असली पाठक, चाहे किसी भी धारा से आने वाले हों, यह इतिहास उनका सार्थक पथ-प्रदर्शक है। इसके पहले वाइस्तीन ने जिस प्रकार पूरे ग्रंथ में सर्वेअर की निष्ठा से साहित्य के प्रत्यंग को सैद्धांतिक पक्षों से जोड़ते हुए अपनी यात्रा की है, उसी तरह इस इतिहास-परिशिष्ट में प्रत्येक क्षेत्र के तुलनात्मक साहित्य में घटने वाले परिवर्तनों को भी रेखांकित करना चाहा है। वे एक-के-बाद-एक फ्रांस, जर्मनी, यू.एस., इंग्लैंड, इटली आदि देशों से होते हुए मोटे तौर पर प्रायः पूरे यूरोप के दृश्यपट की नापजोख कर लेते हैं।

यह तो संभवतः नहीं कहा जा सकता कि इस इतिहास ने सम्पूर्ण विश्व के तुलनात्मक साहित्य की तात्त्विकता को अंतर्भुक्त कर लिया है और न यही कहा जा सकता है कि साहित्य की जिन-जिन धाराओं के संबंध में विचार-विमर्श किया गया है, उनके परे कुछ नहीं है। निश्चय ही वाइस्तीन में पाश्चात्याभिमुखी होने का दोष दिखाई देता है। अवश्य ही उनके विमर्श में कुछ अन-यूरोपियन, अन-अमेरिकन साहित्य-क्षेत्रों की दृष्टि से अभाव आ गया है, किंतु उनमें उस दोष को मिटाने की इच्छा भी दिखाई देती है। इसी के अंतर्गत वे परिशिष्ट में तुलनात्मक भारतीय साहित्य के इतिहास को शामिल करते हैं। 'थिमेटोलॉजी' के परिप्रेक्ष्य में विचार करते समय वे संस्कृत काव्यशास्त्र का प्रसंग उठाते हैं और कभी-कभी कथा-साहित्य की बात भी स्मरण करते हैं। विषय की दृष्टि से वे निश्चय ही तुलनात्मक साहित्य की व्यापकता का निदर्शन कराते हैं।

तुलनात्मक साहित्य की चुनौतियाँ/क्लादियो गिलेन*

जुधाजित सरकार

अकादमिक विषयों से, या यों कहें कि उनकी 'स्वाभाविक' उपस्थिति से, हमारा परिचय एक अरसे के बाद इतना बढ़ जाता है कि हम भूल बैठते हैं कि विश्वविद्यालय-स्तर पर इन विषयों का जन्म या आगमन एक विशेष ऐतिहासिक परिप्रेक्ष्य का हिस्सा है। इस विस्मृति का नतीजा यह होता है कि इन विषयों के पठन को उनके सामाजिक व ऐतिहासिक संदर्भ से अलग करके देखने की वजह से हम उनके अनिवार्य राजनीतिक चरित्र को नजरअंदाज कर जाते हैं। भारतवर्ष या फिर एक समय उपनिवेश रहे हुए किसी भी देश में भूलने और भुलाए जाने का यह सिलसिला स्पष्ट रूप से नजर आता है।

तुलनात्मक साहित्य क्या है? इसका जन्म कहाँ व कैसे हुआ? यह किन साहित्यों की तुलना करता है? अक्सर पूछे गए इन सवालों द्वारा भूलने का यही इतिहास उभरकर सामने आता है। हम यह तो कभी नहीं पूछते कि विश्वविद्यालय में पढ़ाए जाने वाले विषय के रूप में अंग्रेजी का जन्म कहाँ और कैसे हुआ, अंग्रेजी विभागों में आखिर पढ़ाया क्या जाता है और भारतवर्ष में पठन-विषय के रूप में अंग्रेजी की जरूरत क्या है? अगर हम यह सवाल भी कभी-कभार पूछ लिया करते और इतिहास में उनके जवाब ढूँढ़ने की कोशिश करते, तो हमें कम-से-कम यह तो पता चल ही जाता कि किसी भी पठन-विषय का जन्म, खासतौर से मानविकी के क्षेत्र में, महज एक ऐतिहासिक इत्तेफाक नहीं होता, बल्कि समकालीन राजनीतिक वातावरण से उसका एक स्वाभाविक रिश्ता रहता है। इस रिश्ते के भूल जाने का, भूले रहने का परिणाम बौद्धिक-सांस्कृतिक स्तर पर जड़ता और गतिहीनता के सिवाय और कुछ होता दिखाई नहीं पड़ता है। और, बात अगर किसी औपनिवेशिक भाषा साहित्य के अकादमिक विषय के रूप में पठन की हो, तो यह विस्मृति सांस्कृतिक साम्राज्यवाद की निरंतर चलने वाली परंपरा का हिस्सा भी बहुत आसानी से बन जाती है।

अब इसे खुशकिस्मती कहें या और कुछ, मगर अपने इतिहास को लेकर तुलनात्मक साहित्य, विश्वविद्यालय स्तर पर अपनी उपस्थिति के शुरुआती दिनों से ही, सचेत रहा

* मूल अंग्रेजी से हिंदी अनुवाद : शशिभूषण सिंह

है। फिर भी यह दावा नहीं किया जा सकता कि इसका परिणाम हमेशा ही सुखद रहा है। मिसाल के तौर पर तुलनात्मक साहित्य और गोएते-कल्पित 'Welt Literatur' अथवा विश्व साहित्य को एक और अभिन्न दिखाने की कोशिश को लिया जा सकता है। मगर अपने इतिहास को लेकर तुलनात्मक साहित्य का कुछ हद तक सचेत रहने का फायदा यह हुआ कि तुलनात्मक साहित्य और विश्व साहित्य के निवेशीकरण को लेकर सवाल भी इस विषय के अंदर से ही उठ रहे हैं।

सन् 1985 में एस्पातिओल भाषा में प्रकाशित अपनी किताब 'Ente to uno el lo diverso : Introducicion a la literatura comparada' में तुलनात्मक साहित्य के अमेरिकी संस्थान के प्रख्यात अध्येता क्लादियो गिलेन इसी आभ्यंतरिक सवाल-जवाब के सिलसिले को आगे बढ़ाते हुए नजर आते हैं। ध्यान देने की बात यह है कि अंग्रेजी में इस किताब का अनुवाद 'The Challenge of Comparative Literature' के नाम से किया गया है, जबकि मूल भाषा में 'चुनौती' या 'Challange' जैसे किसी भी शब्द का इस्तेमाल दिखाई नहीं पड़ता। अगर मूल भाषा से सीधे हिंदी में अनुवाद किया जाए, तो किताब का शीर्षक कुछ इस प्रकार का होगा—'एक एवं अनेक के बीच : तुलनात्मक साहित्य की भूमिका'। जाहिर है कि मूल भाषा के शीर्षक से लेखक के उद्देश्य का साफ पता चलता है और यह भी समझ में आता है कि किस प्रस्थान बिंदु से लेखक तुलनात्मक साहित्य को समझता है और समझाना चाहता है। हालाँकि 'एक व अनेक' शीर्षक का एक अध्याय अंग्रेजी अनुवाद में भी देखने को मिलता है, पर उससे यह साफ पता नहीं चलता कि लेखक एकांत और अनेकांत के बीच के इसी वाद, विवाद और संवाद को तुलनात्मक साहित्य चर्चा के केंद्र बिंदु के रूप में प्रस्तुत करना चाहता है या नहीं। अंग्रेजी अनुवाद में यह सब कुछ चुनौती शब्द की अमूर्त अवधारणा के अंदर छिप जाता है और पूरी किताब पढ़ने के बाद भी यह ठीक-ठीक पता नहीं चल पाता कि यह चुनौती आखिर है क्या?

वास्तव में तुलनात्मक साहित्य के सामने खड़ी चुनौतियाँ और उनसे जूझने के लिए जरूरी सिद्धांतों की छानबीन करना इस किताब का मूल उद्देश्य है ही नहीं। यह पुस्तक केवल पाश्चात्य साहित्यिक और दार्शनिक परिप्रेक्ष्य में एक ऐतिहासिक दृष्टिकोण से एकांत और अनेकांत के बीच के संवाद के महत्त्व को लेखन और तुलनात्मक साहित्य की चर्चा के संबंध में समझाना चाहती है। शायद इसी कारण इस किताब को दो हिस्सों में बाँटा गया है। पहले हिस्से में तुलनात्मक साहित्य के उभार को, मुख्यतः पाश्चात्य साहित्यिक इतिहास के संदर्भ में देखने की कोशिश की गई है। जाहिर है कि इस हिस्से की योजना कालानुक्रमिक है, अर्थात् एक और अनेक के संपर्क को यह हिस्सा विभिन्न साहित्येतिहासिक संदर्भ के निरीक्षण द्वारा समझाना चाहता है। इससे दो फायदे होते हैं। एक तो यह कि इस ऐतिहासिक परिक्रमण से प्रतिष्ठानिक और प्रतिष्ठान-पूर्व स्तर पर तुलनात्मक साहित्य-चर्चा की गतिविधि का अंदाजा लगाया जा सकता है। दूसरा

यह कि उन्नीसवीं सदी में तुलनात्मक साहित्य के प्रतिष्ठानिक उभार के पीछे काम करने वाली विचारधाराओं से साक्षात्कार का मौका भी इसी हिस्से में मिलता है।

इन ऐतिहासिक छानबीनों से सामने आने वाली तुलनात्मक साहित्य-चर्चा की खामियों और मजबूतियों को ध्यान में रखते हुए किताब के दूसरे हिस्से की कल्पना की गई है। इस हिस्से में उन 'प्राथमिक मुद्दों' पर नजर डाली गई है, जो लेखक के अनुसार, तुलनात्मक साहित्य के पठन-पाठन के बुनियादी पहलू हैं–जैसे Genology अथवा साहित्यिक विधाओं का पठन, Morphology अथवा साहित्यिक शैलियों का पठन, Thematology अथवा आख्यानमूलों (Themes) के विन्यास का पठन, Literary Relations अथवा साहित्यिक संबंध और Historiology अथवा साहित्यिक ऐतिहासिकता का पठन। हालाँकि लेखक इन सभी पहलुओं को एक दूसरे से संबंधित दिखाने की कोशिश करता है, लेकिन Morphology और Literary Ralations- वर्गों का पृथक रूप से उल्लेख कुछ भ्रम पैदा करता है। इसका कारण यह है कि साहित्य की शैली कोई स्वतः स्वतंत्र वर्ग नहीं, बल्कि विभिन्न विधाओं में विभिन्न आख्यानमूलों के प्रयोग हेतु पैदा हुए साहित्य कर्म का अनिवार्य अंश होती है। यदि तुलनात्मक साहित्य के पठन-पाठन का उद्देश्य इसी प्रयोग के कला-कौशलों को उनके सामाजिक, ऐतिहासिक और उससे भी पहले, काव्यशास्त्रीय संदर्भ में समझना है, तो उसके लिए विधाओं और आख्यानमूलों के निर्माण एवं उनके आपसी संबंध से पैदा हुई शैलियों का पठन ही काफी होना चाहिए। Morphology या शैलियों के पठन को पृथक वर्ग के रूप में पेश करने का खतरा यह हो सकता है कि हम इस आपसी संबंध को अनदेखा करके शैलियों को कुछ अमूर्त सिद्धांतों की दृष्टि से पढ़ना शुरू कर सकते हैं, बात जबकि इसी प्रवृत्ति को पीछे छोड़ आने की थी।

यह आश्चर्यजनक है कि किताब के इस दूसरे हिस्से में अंतर्राष्ट्रीय साहित्यिक संबंधों को भी लेखक एक भिन्न वर्ग के रूप में उपस्थापित करते हैं। इसे आश्चर्यजनक मानने के पीछे भी दो कारण हैं। पहला यह कि विधाओं के निर्माण को अगर उनकी साहित्यिक व्यवस्था के लगातार बदलते हुए संदर्भ में देखा जाए, तो फिर विभिन्न साहित्यिक विधाओं, आख्यानमूलों और जो साहित्यिक व्यवस्थाएँ इन सभी संरचनात्मक पहलुओं को धारण करती हैं उनके पारस्परिक संबंध अपने आप ही दिखाई देने चाहिए। एक साहित्यिक व्यवस्था बहुत सारे कारणों से किसी दूसरी साहित्यिक व्यवस्था के करीब आ सकती है। इनमें से कुछ राजनीतिक कारण भी हो सकते हैं। यदि साहित्यिक पठन-पाठन से हमारा उद्देश्य विभिन्न साहित्यों को भाषा-जाति-समय जैसे वर्गों के चंगुल से निकालकर उनके आपसी संबंधों का उद्घाटन है, तो यह खुलासा साहित्य-पठन की शर्तों पर ही संभव है। ये शर्तें क्या हैं, उसका पता लगाने के लिए ही Genology, Thematology और Historiology जैसे वर्गों की अवतारणा जरूरी है और अगर साहित्यिक संबंधों को पहचानना है, तो उन्हें इसी स्तर पर पहचाना जा सकता है।

प्रत्येक प्रतिष्ठानिक विषय वर्गीकरण के अपने कुछ बुनियादी सिद्धांतों पर खड़ा रहता है। एक जाति, एक भाषा का आदर्श लेकर उन्नीसवीं सदी में जिन आधुनिक यूरोपीय राष्ट्रों का जन्म हुआ, उनके विश्वविद्यालय स्तर पर साहित्य पठन-पाठन का जो आदर्श निर्मित किया गया, वह भी भाषा/जाति साहित्य के इसी एकमुखी भ्रमात्मक समीकरण को सामने रखकर किया गया। तुलनात्मक साहित्य का उद्देश्य (जैसा गिलेन अपनी किताब के दूसरे हिस्से में दिखाना चाहते हैं) इस समीकरण से बाहर निकलकर कुछ ऐसे वर्गों की तलाश करना है, जिनकी मदद से साहित्यिक व्यवस्थाओं और उनके आपसी संबंधों को उनकी ही शर्तों पर पढ़ा जा सके। सवाल यह है कि क्या जाति व जातीयता इन वर्गों में से एक हो सकती है। अगर मान भी लें कि हो सकता है, तो यह सवाल रह जाता है कि जातियाँ, जातीयता की अवधारणा और उससे पैदा होने वाले जातीय राष्ट्र क्या हमेशा से ही इस दुनिया में मौजूद थे और क्या उनके बीच खींची गई सरहदें हमेशा उतनी ही स्पष्ट थीं? जिस वक्त ये सरहदें थीं ही नहीं, उस वक्त के साहित्यों और उनके आपसी संबंधों को पढ़ने के लिए भी क्या अंतर्राष्ट्रीयता जैसे वर्ग की जरूरत है?

अंतर्राष्ट्रीय साहित्यिक संबंधों को पृथक वर्ग के रूप में प्रस्तुत करने की लेखक की कोशिश से जो आश्चर्य होता है, उसका दूसरा कारण यह है कि पुस्तक के पहले हिस्से में लेखक स्वयं 'अंतर्राष्ट्रीय' की सीमाओं को रेखांकित करता है। इस संदर्भ में वह यह कहने से भी नहीं चूकता कि तुलनात्मक साहित्य दरअसल साहित्य को 'अंतर्राष्ट्रीय' नहीं, बल्कि उसके अधि-राष्ट्रीय (Supranation) संदर्भ में पढ़ने और पढ़ाने का जरिया है।

किताब का यह पहला हिस्सा, शायद इतिहास में जवाब ढूँढ़ने की अपनी कोशिश की वजह से ही, दूसरे हिस्से से ज्यादा तर्कसंगत और उसी कारण से ज्यादा महत्त्वपूर्ण है। कुल मिलाकर ग्यारह अध्यायों में बँटे इस हिस्से को पुनः दो हिस्सों में बाँटा जा सकता है। 'प्राथमिक व्याख्याएँ' जो कि किताब का पहला अध्याय है, से लेकर 'Welt Literatur' तक मूल्यों से मुखातिब होने का मौका मिलता है, जो सिर्फ तुलनात्मक साहित्य के ऐतिहासिक उभार के संदर्भ में ही नहीं, बल्कि मानविकी की सामूहिक गतिविधि के संदर्भ में भी महत्त्वपूर्ण है।

उन्नीसवीं सदी के आसपास जब तुलनात्मक साहित्य को प्रतिष्ठानिक स्वीकृति मिलनी शुरू हुई, तब जो प्रश्न इस विषय के अध्येताओं के सामने उठे और जिनको उन्होंने अपने-अपने क्षेत्रीय और दार्शनिक परिप्रेक्ष्य के हिसाब से समझना और प्रतिष्ठानिक रूप देना चाहा, उनमें से मुख्य दो थे। एक यह कि इस नए विषय की पठन वस्तु क्या होगी और दूसरा यह कि किस तरीके से इन पठनीय साहित्यकर्मों को पढ़ा और पढ़ाया जाए। उन्नीसवीं सदी और बीसवीं सदी के आरंभिक दिनों तक तुलनात्मक साहित्य की जो दो मुख्य शाखाएँ कायम रहीं, उनमें एक का केंद्र फ्रांस और दूसरे का जर्मनी था।

इसी वजह से बहुत दिनों तक इन दो शाखाओं को फ्रेंच 'स्कूल' और जर्मन 'स्कूल' के नाम से पुकारा गया। क्लादियो गिलेन को इस नामकरण पर आपत्ति है। 'स्कूल' शब्द का प्रयोग उनकी समझ में बीसवीं सदी के लिए उपयुक्त है (हालाँकि वह यह ठीक-ठीक नहीं बताते कि क्यों)। अतः तुलनात्मक साहित्य की इन दो मुख्य शाखाओं को, जो एक समय तक प्रभावशाली रहीं, लेखक 'Tour' या 'दौर' के नाम से पुकारते हैं। मगर इस योजना में तुलनात्मक साहित्य के विश्लेषणीय वर्गों को इस्तेमाल करने वाली जर्मन 'लोक साहित्य-चर्चा' को लेखक एक स्वतंत्र 'दौर' का दर्जा नहीं देते और पुनः वह यह नहीं बताते कि क्यों। तुलनात्मक साहित्य के प्रतिष्ठानिक उभार की बात करते हुए वे मुख्यतः 'फ्रेंच दौर' और 'अमेरिकी दौर' तक ही आलोचना को सीमित रखते हैं। इससे आलोचना की एक रैखिकता बरकरार रहती है। बीसवीं सदी के कुछ मुख्य ऐतिहासिक उतार-चढ़ाव के साथ इन दो दौरों के रिश्ते आसानी से देखे और दिखाए जा सकते हैं।

प्रथम विश्वयुद्ध के बाद से ही फ्रेंच दौर का प्रभाव घटना शुरू हो चुका था। इसका कारण उन सैद्धांतिक बुनियादों में छिपा है, जिनके ऊपर इस दौर ने स्वयं को स्थापित किया था। ये मुख्यतः उन्नीसवीं सदी के वे पॉजिटिविस्ट सिद्धांत थे, जिनकी मदद से इस दौर के अध्येता एक जाति के साहित्य के दूसरी जाति के साहित्य के ऊपर 'प्रभाव' को नापा करते थे। जाहिर सी बात है कि इस योजना के तहत जो साहित्य प्रभावित होता दिखाई देता था, वह हमेशा उस साहित्य की तुलना में कम महत्त्वपूर्ण और कम 'साहित्यिक' दिखाई पड़ता था, जो यह प्रभाव पैदा करता था। इस योजना को सामने रखकर की गई आलोचनाओं में भी इसी कारण आखिरकार जो साबित होता है, वह साहित्य का साहित्य-मूल्य नहीं, बल्कि किसी एक जाति और जातीय साहित्य की गरिमा होती है। तुलनात्मक साहित्य के शुरुआती दिनों की कुछ महत्त्वपूर्ण किताबें इस 'दोष' से मुक्त नहीं हैं। लेकिन जाति-गरिमा की यह बुनियाद प्रथम विश्वयुद्ध के साथ ही शिथिल होने लगी थी। द्वितीय विश्वयुद्ध की बीभत्सता ने इस गरिमा को चकनाचूर कर दिया। इसके साथ ही तुलनात्मक साहित्य का एक दौर खत्म हुआ या यों कहें कि उसके सिद्धांत बदल गए।

इन बदले हुए सिद्धांतों के प्रयोग का मुख्य क्षेत्र संयुक्त राज्य अमेरिका बना, जहाँ यूरोपीय अकादेमिक जगत के पंडितों ने बड़ी तादाद में आना और बसना शुरू कर दिया था। इनमें से तुलनात्मक साहित्य के पंडित भी काफी थे। पीछे छोड़ आए अधिवासों और उनके साहित्य की तरफ जब इन्होंने पलटकर देखना शुरू किया, तब इन्हें बस जर्मनी या फ्रांस या इंग्लैंड नहीं, बल्कि पूरा यूरोप महादेश अपनी आपसी संबंधों में बँधी हुई सामूहिकता के साथ दिखाई पड़ा। यूरोपीय 'जातीय साहित्यों' को महज पारस्परिक 'प्रभाव' के परिप्रेक्ष्य में न देखकर अंतर्जातीय साहित्यिक संबंधों ने अब जोर पकड़ना शुरू किया। हालाँकि लेखक ने इस 'अमेरिकी दौर' को लेकर बहुत ज्यादा कुछ नहीं

लिखा है, लेकिन इस किताब से उनका जो नजरिया सामने आता है, उससे उनको 'अमेरिकी दौर' के दूसरी पीढ़ी के उन अध्येताओं के वर्ग में रखा जा सकता है, जो अपना अधिवास छोड़ आए थे और 'जातीयता' जिनके लिए अब भी कुछ न कुछ अर्थ रखती थी। यह कहने का कारण यह है कि अंतर्जातीय कहें या अधिजातीय, 'जाति' शब्द अब भी इन अवधारणाओं के अंश हैं; बस, प्रयोग के क्षेत्र में कुछ सैद्धांतिक परिवर्तन आए हैं।

लेखक खुद यह नहीं जानता, ऐसी बात नहीं। शायद इसी कारण तुलनात्मक साहित्य चिंतन संबंधी रूमानी आदर्शों की छानबीन करते हुए वह मैनफ्रेड गेस्टिगर को उद्धृत करते हुए कहते हैं कि जैसे किसी भी सीमा को लाँघने के लिए उस सीमा का होना जरूरी है, वैसे ही किसी सचेत अंतर्राष्ट्रीयता के होने के लिए भी एक सचेत राष्ट्रीयता की जरूरत है। यही कारण है कि तुलनात्मक साहित्य को लेखक अंतर्राष्ट्रीयता नहीं, बल्कि अधिराष्ट्रीयता के परिप्रेक्ष्य में समझना चाहते हैं। सरहदें पार करना साहित्य और उसके सांरचनिक मूल्यों की हमेशा की आदत रही है। जहाँ ये सरहदें राष्ट्रीय हैं, वहाँ अधिराष्ट्रीयता का विश्लेषणीय वर्ग के रूप में इस्तेमाल फिर भी उपयुक्त है, लेकिन यह समझना बहुत कठिन नहीं है कि जो सरहदें एक इंसान को दूसरे इंसान से और एक साहित्य को दूसरे साहित्य से अलग करती हैं या करने की कोशिश करती हैं, वे जातीय-राष्ट्रीय सरहदों के अलावा भी बहुत कुछ होती हैं और साहित्य इन सरहदों को भी आसानी से पार करता दिखाई पड़ता है। जाहिर सी बात है कि अधिराष्ट्रीयता वर्ग का इस क्षेत्र में सीमित प्रयोग ही मुमकिन है।

एक एवं अनेक, स्थानीय एवं सार्वजनिक या विशेष एवं साधारण जैसे जिन वर्गों की अवधारणा लेखक अपनी किताब के शुरुआती हिस्सों में करते हैं, दुनिया भर में तुलनात्मक साहित्य की चर्चा में उनके प्रयोग लाभदाई हो सकते हैं। पहली नजर में परस्पर विपरीत लगने वाले ये वर्ग सिर्फ एक साहित्य के साथ दूसरे साहित्य के जटिल संबंधों को समझने में ही नहीं, बल्कि साहित्य के जटिल संबंधों को समझाने के इस समीकरण में आलोचक के अपने अवस्थान का खुलासा करने में भी मददगार हो सकते हैं। लेखक के ख्याल में विशेष एवं साधारण या फिर एक एवं अनेक के बीच का जो तनाव है, वह हर साहित्यिक परिस्थिति में देखने को मिलता है। तुलनात्मक साहित्य के अध्येताओं का काम ही इन तनावों को लेकर सचेत रहना है। ये लेखक की अवधारणा में एक ही साथ विषय के रूप में तुलनात्मक साहित्य का परिचय और उसकी पठनवस्तु हैं। तुलनात्मक साहित्य के अध्येता वही हैं, जो इन तनावों के किसी एक छोर पर ही अपना ध्यान केंद्रित नहीं करते। हर साहित्य अपने वक्त और जगह का हिस्सेदार होते हुए भी, अपनी प्रेरणा किसी दूसरे वक्त और क्षेत्र में खोज सकता है और तीसरे किसी काल और क्षेत्र के साहित्य कर्म की प्रेरणा बन सकता है। तुलनात्मक साहित्य के अध्येताओं को भी वैसे ही अपनी तात्कालिक साहित्यिक परिस्थिति को ध्यान में रखते हुए भी

या रखते हुए ही, उसके अंदर निरंतर चलने वाले विशेष और साधारण के द्वंद्व को पहचानना होता है।

गिलेन इस संदर्भ में गार्सिया मार्केज की मिसाल पेश करते हैं, जो लातिन अमेरिकी वास्तविकता के अनोखेपन या 'अकेलेपन' को बार-बार रेखांकित करते हैं। लेकिन उनका विलियम फौकनार का उतनी ही बार 'मेरे गुरु' के रूप में उल्लेख हमें यह समझने में मदद करता है कि इस अनोखेपन/अकेलेपन के साहित्यिक पुनराविष्कार के लिए उन्हें किन चीजों की जरूरत थी। हालाँकि गिलेन यह समझते हैं कि "comparatists do not operate within a sphere of extrence world iness, of uprootenesim bloodless abstraction, a comsopolitatnism carried to the nin degree," मगर उनके साधारण, स्थानीय और 'सार्वजनिक' के इस संपर्क को द्वंद्वात्मक नजरिए से देखना और परखना चाहिए। देखने-परखने की इस कोशिश पर ही तुलनात्मक साहित्य का कल, आज और कल टिका हुआ है।

क्लादियो गिलेन की यह किताब अमेरिकी तुलनात्मक साहित्य के उस अध्याय से हमारा परिचय कराती है जिसमें तुलनात्मक साहित्य की चर्चा में 'साहित्य' शब्द का महत्त्व बरकरार था। सैद्धांतिक निष्कर्ष जब साहित्य पठन की सौंदर्यशास्त्रीय प्रक्रिया से निकलते थे, न कि किसी पूर्व निर्धारित 'नैतिक' दृष्टिकोण द्वारा उस पर थोपे जाते थे। इस किताब में प्रस्तुत विमर्शों को लेकर आपत्ति उठाई जा सकती है। किसी भी विषय की चर्चा वाद-विवाद और संवाद की बुनियाद पर ही टिकी होती है, इसलिए इन आपत्तियों का उठना भी तुलनात्मक साहित्य के स्वास्थ्य के लिए लाभदाई साबित होगा, ऐसी आशा की जा सकती है। इस किताब की सबसे बड़ी सफलता भी यही है कि यह इस आशा को आखिर तक जगाए रखती है।

तुलनात्मक साहित्य
एक आलोचात्मक परिचय/सुसान बासनेट*

पार्थसारथी भौमिक

एक अपरिहार्य प्रश्न 'तुलनात्मक साहित्य क्या है?' से शुरुआत करके, सुसान बासनेट अपनी पुस्तक 'तुलनात्मक साहित्य : एक आलोचनात्मक परिचय' में एक व्यापक ऐतिहासिक विमर्श में भागीदारी करती हैं, जो साहित्यिक अध्ययन के क्षेत्र में अपेक्षाकृत एक नई घटना है। तुलनात्मक साहित्य के सबसे सरल विचारों, यथा, 'Study of texts across cultures' तथा 'Literature across time and space' को यहाँ एक बार फिर से चिह्नित किया जा सकता है, जिन्हें हम गोएते के 'Welt literature' (World literature) या मैथ्यू आर्नल्ड के 'एकल साहित्य की अपर्याप्तता' में पाते हैं। इसके अतिरिक्त, साहित्यिक-पाठ के किसी भी समालोचनात्मक अध्ययन में अन्य पाठों के साथ स्वाभाविक तुलना शामिल होती है और पारस्परिक प्रभावों में रचनारत लेखक भी साहित्यिक अध्ययन में तुलनात्मक अध्ययन की अनिवार्यता पर बल देते हैं। लेकिन तुलनात्मक साहित्य की अनिवार्य अध्ययन प्रविधि के रूप में संस्कृतियों, कालों और क्षेत्रों के संदर्भ में केवल पाठों की तुलना को लागू करने से साहित्य में कथ्यों की पारस्परिक भिन्नताओं की खोज और साहित्यिक विचारों में कमी आने के खतरे पैदा होते हैं।

तुलनात्मक साहित्य के ऐतिहासिक उद्भव को यूरोप में, विशेष रूप से फ्रांस में तथा बाद में जर्मनी और इंग्लैंड में उन्नीसवीं सदी के शुरुआती दशकों में चिह्नित किया जा सकता है। यह विचार वस्तुतः साहित्य की बहुलता के सिद्धांत से विकसित हुआ, जो किसी राष्ट्र-विशेष के साहित्य की उस अद्वितीय भावना पर जोर देता है, जिससे वह ओतप्रोत होता है। विभिन्न राष्ट्रों और संस्कृतियों से संबंधित ऐसे साहित्य एक दूसरे को सहज प्रभावित करते हैं और आदान-प्रदान से जीवंत बनाते हैं। इस रूप में तुलनात्मक साहित्य के प्रभाव और प्रस्तुति के अध्ययन के दो महत्त्वपूर्ण क्षेत्र हैं। किंतु हमें इसके प्रभाव-प्रस्तुति के विचारों के बारे में सतर्क रहना चाहिए, क्योंकि यह तत्क्षण

* मूल अंग्रेजी से हिंदी अनुवाद : शशिभूषण सिंह

सत्ता के प्रश्न को जन्म देती है। एक आधिपत्य प्राप्त संस्कृति एक अधीनस्थ संस्कृति को प्रभावित करती है, जो कि निराशाजनक परिणामों की ओर ले जाती है। सत्ता के इस जाल से बचने के लिए एक 'प्रभावकारी बाध्यता' की तुलना में 'स्वीकरण या अभिग्रहण' अधिक उपयुक्त शब्द है, क्योंकि इसमें ग्रहणकर्ता की सहजता तथा चयन की स्वतंत्रता का भाव निहित है।

किंतु एक संस्कृति से दूसरी संस्कृति में राष्ट्रीय भावना और प्रभाव का स्थानांतरण वास्तविक स्थितियों का सरलीकरण है। उन्नीसवीं सदी का यूरोप स्वतंत्रता और राष्ट्रीय पहचान (अस्मिता) हेतु राष्ट्रों के बीच संघर्षों का साक्षी है। इस प्रयास में विदेशी संस्कृति के प्रभाव को स्वीकार करने और स्वीकृति देने की अपेक्षा वे अपनी स्वदेशी सांस्कृतिक जड़ों को खोजने के लिए अधिक उत्सुक थे। किंतु औपनिवेशिक संदर्भों में स्थिति बिल्कुल भिन्न थी, जहाँ शक्तिशाली उपनिवेशवादियों द्वारा उनके औपनिवेशिक विषयों में मूल्य-निर्णय और प्रभाव का इस्तेमाल 'घटिया' साहित्यों के ऊपर किया जाता था। इस तरह की तुलना और प्रभाव औपनिवेशिक राजनीति का हिस्सा था, जो हमेशा उपनिवेशवादियों की श्रेष्ठता का भ्रम पैदा करता था तथा उपनिवेशवादियों के साहित्य को सार्वभौम और मानक बनाता था। इस सांस्कृतिक उपनिवेशवाद ने प्रारंभिक यूरोपीय तुलनाकर्ताओं को 'क्षैतिज अक्ष' पर दो एक जैसों के बीच तुलना हेतु उकसाया। अतः एक यूरोपीय पाठ की तुलना एक एशियाई अथवा अफ्रीकन पाठ से नहीं की जा सकती थी। उन्नीसवीं सदी में यूरोप में तुलनात्मक साहित्य का विकास 'राष्ट्रीय' के विरुद्ध था, जो कि यूरोप में चल रहे संकीर्ण राष्ट्रवादी झगड़ों को पाटने का एक प्रयास था। Welt literature में गोएते का विचार भी एक एकीकृत, मजबूत यूरोप की उनकी इच्छा से प्रेरित था।

तुलनात्मक साहित्य के यूरोपीय प्रस्थान की वैकल्पिक अवधारणा के रूप में, तुलनात्मक साहित्य के अमेरिकी प्रस्थान ने साहित्य और ज्ञान के अन्य क्षेत्रों, जैसे सामाजिक विज्ञान, इतिहास, दर्शनशास्त्र तथा वास्तुकला आदि के बीच संबंधों पर जोर दिया। फल यह हुआ कि तुलनात्मक साहित्य के अध्ययन के क्षितिज का आगे चलकर विस्तार किया गया, ताकि उसमें पारंपरिक ऐतिहासिक और सामान्य दृष्टिकोण के अतिरिक्त वर्णनात्मक और समकालिक दृष्टिकोण को शामिल किया जा सके। इस प्रकार हस्तांतरित सामग्री के प्रभाव, प्रतिधारण तथा अस्वीकृति के कारणों का पता लगाने के क्रम में प्रभाव का अध्ययन अपेक्षाकृत अधिक तीव्र हो गया है। अतः इस नए स्कूल की प्रविधि में साहित्य का गठन और स्थांतरण एक खत्म उत्पाद के रूप में मान लिए गए साहित्य के अध्ययन की तुलना में कहीं अधिक महत्त्वपूर्ण हो गया। रेने वेलेक अपनी पुस्तक 'Discriminations' में 'भाषायी, जातीय और राजनीतिक सीमाओं से स्वतंत्र' साहित्य के अध्ययन के रूप में इस नए अभिगम का सार प्रस्तुत करते हैं।

किंतु साहित्यिक अध्ययन की ऐसी आदर्शवादी प्रतिरक्षात्मक धारणा तीसरी दुनिया के साहित्य, अर्थात् भारत, अफ्रीका और लैटिन अमेरिका के साहित्य के लिए अपर्याप्त प्रतीत होती है। उदाहरण के लिए, अखंड भारतीय साहित्य की अवधारणा जो अलग-अलग भाषाओं में लिखित या मौखिक रूप से प्रचलित है, अपने 'साहित्यिक सादृश्य' के कारण नहीं, बल्कि 'आम लोकाचार' के कारण विफल रहती है। इसके अतिरिक्त एक दृष्टिकोण के रूप में भारतीय साहित्य के लिए पश्चिमी उपकरण हमेशा प्रासंगिक और उपयुक्त नहीं हो सकते। उदाहरण के लिए, भारत के संदर्भ में साहित्य का कालक्रम अपने अभिन्न ऐतिहासिक संबंधों के बावजूद हमेशा से समस्याग्रस्त रहा है। पश्चिम में भी ऐसी एकरूपता को निश्चित रूप से वास्तविक स्थितियों की कीमत पर प्रायः बहुत आगे ले जाकर एक आदर्शवादी स्थिति तक खींचा जा रहा है। इंग्लैंड में तो एक साथ कई भाषाओं का स्वतंत्र अस्तित्व है, जैसे—आयरिश, उत्तरी आयरिश, गेलिक, वेल्श आदि। इनमें से कई असमान रूप से बँटी हुई हैं। ये सभी मानक अंग्रेजी भाषा और अंततः अंग्रेजी साहित्य के भव्य अस्तित्व के समक्ष समस्याएँ खड़ी करती हैं। कोई इस बात को कैसे नकार सकता है कि बोली अथवा भाषा के रूप में किसी भाषा की हैसियत भाषायी और साहित्यिक कारकों के अतिरिक्त राजनीतिक तथा आर्थिक शक्तियों पर टिकी होती है।

औपनिवेशिक जगत की बात करें, तो उपनिवेशवादियों द्वारा हमेशा 'पहचान-विहीन', 'इतिहास-विहीन' 'आकार-विहीन' दमित औपनिवेशिक लोगों पर बड़ी ही सावधानी से गढ़ी हुई पहचान थोपी गई। निश्चय ही वे क्रिस्टोफर कोलंबस और वास्को-डि-गामा जैसे कुछ समुद्री यात्रियों द्वारा 'खोजे गए' थे। उपनिवेशवादियों के लिए अफ्रीकी, एशियाई अथवा दक्षिणी-अमेरिकी देशों ने यूरोपीय सपने का भव्य और मूर्त रूप खड़ा किया। यह सपना इतिहास के शून्य को भरता है, क्योंकि ये गैर-यूरोपीय देश 'बिना खोजे' निष्क्रिय पड़े थे। उनका साहित्य 'खोज' के साथ शुरू होता है। प्रबुद्ध यूरोप की प्रतिस्थापना में नया खोजा गया अमेरिका एक यूरोपीय यूटोपिया की भाँति मिथकीय (अथवा रहस्यपूर्ण) था तथा अफ्रीका 'अंधमहाद्वीप' था। यह आश्चर्य की बात नहीं कि इन देशों के साहित्य नृविज्ञानी नमूनों अथवा मौखिक परंपरा के कुछ आदिम उदाहरणों में डाल दिए गए। इसका परिणाम यह निकला कि इन देशों के तुलनात्मक साहित्य विभाग एक तरह से यूरोपीय रूढ़िगत धारणा (स्टीरियोटाइप) की प्रतिक्रिया में उभरे। अफ्रीका में स्थापित तुलनात्मक साहित्य विभागों के अध्ययन केंद्रों ने देशी साहित्य के साथ ही धीरे-धीरे अंग्रेजी विभागों को हटाने का कार्य शुरू किया। यहाँ यह भी पता लगाया जा सकता है कि किस प्रकार देशी साहित्य ने यूरोपीय साहित्य के साथ संपर्क कर स्वयं को नवीकृत/रूपांतरित किया और अपनी स्थानीय भाषा और मौखिक परंपरा को कैसे संरक्षित किया। इस प्रकार इन देशों के लिए तुलनात्मक अध्ययन ने न केवल उनके तत्कालीन औपनिवेशिक मालिकों के प्रभावों के खिलाफ अंधी शत्रुता प्रकट की, बल्कि उनके अपने

साहित्य की धारणा की गतिशीलता का अंतर्निरीक्षण भी किया। इसका सापेक्षिक महत्त्व था और यह कहीं से भी उधार नहीं लिया गया था। यह मॉडल पूरी तरह यूरोप केंद्रित मॉडल के विपरीत है, जो पाटी न जा सकने वाली भिन्नताओं के आधार पर यूरोपियन और गैर यूरोपियन पाठों की तुलना को अस्वीकार करता है। यहाँ तुलनात्मक अध्ययन पश्चिमी संस्कृति की मिथकीय 'श्रेष्ठता' की संकीर्ण औपनिवेशिक दृष्टि के प्रति एक उत्तर-औपनिवेशिक प्रतिक्रिया है।

सांस्कृतिक संदर्भ में यह या तो अपनी द्विआधारी इच्छा अथवा कल्पना की एक काल्पनिक पूर्ति के रूप में, एक भिन्न संस्कृति को पेश करने की प्रवृत्ति है। कई पश्चिमी यात्रा-वृत्तांतों में, पूर्व को यौन कल्पनाओं के ठिकानों के रूप में प्रचारित किया गया है। तुलनात्मक साहित्य अन्य प्रभुत्ववादी संस्कृतियों द्वारा निर्मित ऐसे ढाँचों का अध्ययन करता है तथा इस बात पर भी ध्यान देता है कि कैसे इस तरह की स्पष्ट और निहित अर्थ वाली संस्कृतियाँ प्रतिनिधित्व की एक जटिल गतिशीलता में सह-अस्तित्व बनाए रखती हैं। और बात जब लेखक की लिंगीय-पहचान तक पहुँचती है, तो यह मुद्दा और भी जटिल हो जाता है। बीसवीं सदी की स्त्रीवादी समीक्षा रेखांकित करती है कि एक पुरुष के लेखन में जो तथ्य दिखाई पड़ता है, वह महिलाओं की धारणा से बिल्कुल अलग होता है। यह भी प्रतिनिधित्व की सांस्कृतिक मध्यस्थता को प्रभावित करता है। अभिजात पुरुष-साहित्य में महिलाएँ टकसाली मिथ्या-प्रतिनिधित्व और साहित्यिक शोषण की शिकार होती हैं। यह लिंग-आधारित समीक्षा स्त्री और स्त्री साहित्य के प्रतिनिधित्व में एक सार्वभौम प्रतिमान को उजागर करके साहित्य पर सांस्कृतिक भिन्नता के प्रभाव को नजरअंदाज करते हैं।

वर्तमान में तुलनात्मक दृष्टिकोण विशिष्ट सांस्कृतिक संदर्भों तथा संस्कृति के समग्र प्रव्रजन संबंधी पूर्व धारणा के बिल्कुल विपरीत साहित्य के अध्ययन को अपेक्षाकृत अधिक एकरूपता और सार्वभौमिकता के साथ शामिल करता है। विभिन्न सांस्कृतिक संदर्भों के साहित्य का अध्ययन तुलनात्मक अध्ययनकर्ताओं को उसे विभिन्न भाषाओं में अध्ययन करने का अधिकार देता है। मूल भाषा में मूल पाठ को पढ़ना अच्छा है, किंतु यह तरीका व्यावहारिक तौर पर हमेशा अपनाने योग्य नहीं है, क्योंकि तुलना करने वालों के लिए सभी भाषाओं का ज्ञान संभव नहीं है। ऐसी स्थिति में अनुवाद इस भाषायी अवरोध को पाटने में एक सुविधाजनक भूमिका निभाता है किंतु शुद्धतावादियों द्वारा अनुवाद को इस आधार पर निरर्थक साबित कर दिया गया है कि अनुवाद में मूल पाठ की 'सच्ची भावना' या तो खो जाती है या विकृत हो जाती है। ऐसे तर्क खास तौर पर उत्तर-आधुनिक समय में आए, जो दुर्भाग्यपूर्ण हैं। यह समय पाठ के शुद्ध, 'निश्चित' और 'सार्वभौम' अर्थों की मौत का साक्षी है। अनुवाद अध्ययन 1970 के दशक में विकसित किया गया और यह सभी तरह के पूर्वग्रहों के लिए एक चुनौती है। इसके अतिरिक्त एक भाषायी पुल होने के नाते, सांस्कृतिक बहुलता को समझने के लिए सामान्यतः अनूदित पाठ

और अनुवाद स्वतंत्र प्रवेश-बिंदु हो सकते हैं। उदाहरण के लिए स्रोत भाषा और लक्ष्य भाषा में पाठ की स्थिति की तुलना अथवा विभिन्न समयों की विभिन्न संस्कृतियों में अनुवाद की परिपाटी और मानक हमें बहुसांस्कृतिक संदर्भ में साहित्य की बहुलता की अपेक्षाकृत बेहतर समझ की ओर ले जा सकते हैं। आंद्रे लेफेवर अनूदित पाठ की स्वतंत्रता को देखते हुए, उसे 'पुनर्लेखन' कहना पसंद करते हैं।

बासनेट अपनी पुस्तक को एक प्रकार की भविष्यबोधक सलाह के साथ समाप्त करती हैं, वह यह है कि एक 'महत्त्वपूर्ण किंतु सहायक विषय क्षेत्र' के रूप में अनुवाद अध्ययन को तुलनात्मक साहित्य के साथ महत्त्व दिया जाना चाहिए। अनुवाद अध्ययन का प्राथमिकीकरण करते हुए, उसके चारों ओर फैले समकालीन लोकप्रिय उत्साह से बासनेट शायद अत्यधिक उत्साहित हैं। किंतु उत्तर-भूमंडलीकरण के युग में यह उत्साह 'साहित्यिक अध्ययन' की तुलना में 'व्यवसायीकरण' के साथ कहीं अधिक अनुभव होता है। अनुवाद अध्ययन की प्रविधियाँ, जिनसे वे तुलना में 'स्पष्टतर' (clearer) की माँग करती हैं, वास्तव में तुलनात्मक अध्ययन से अभिन्न रूप से जुड़ी हुई हैं। इसके अतिरिक्त भारत जैसे बहु-सांस्कृतिक और बहुभाषी देश में, जहाँ विभिन्न संस्कृतियों और भाषाओं में 'रामायण' के बहुत-से स्वतंत्र संस्करण हैं, तुलनात्मक साहित्य के क्षेत्र में अनुवाद अध्ययन एक अत्यधिक महत्त्वाकांक्षी परियोजना साबित हो सकती है।

तुलनात्मक साहित्य : सिद्धांत, विधि (पद्धति), अनुप्रयोग/स्टीवन टोटोसी डि जेपेत्निक*

देबोर्ति चक्रवर्ती

तुलनात्मक साहित्य अध्ययन के सिद्धांत-विमर्श की दृष्टि से स्टीवन टोटोसी डि जेपेत्निक का 'तुलनात्मक साहित्य : सिद्धांत, विधि, अनुप्रयोग' शीर्षक ग्रंथ वर्तमान साहित्य विद्वत्ता से एकदम अलग दिखाई देता है। यह न केवल कुछ ठोस सैद्धांतिक पक्षों का उद्‌घाटन करता है, बल्कि तुलनात्मक साहित्य के अनुशासन के लिए कुछ अधिक आवश्यक प्रविधीय औजार भी उपलब्ध कराता है। एफ. एलिजाबेथ दाहाब के अनुसार, ''यह एक ऐसा कार्य है, जो वैचारिक निर्माणों में साहित्य और साहित्यिक अध्ययन को बिना किसी लाग-लपेट के सामाजिक-सांस्कृतिक आयामों के भीतर समाहित कर लेता है। अनुप्रयोगों का एक व्यापक सरगम विभिन्न सामाजिक, मनोवैज्ञानिक-सांस्कृतिक, नृवैज्ञानिक तथा ऐतिहासिक, प्रतिबिंबों से लिया जाता है।'' तुलनात्मक साहित्य के वर्तमान परिदृश्य को मजबूती के साथ रखने के लिए, एक तुलनाकर्ता के रूप में टोटोसी, इस सतत परिवर्तित अनुशासन के लिए कुछ नए की आवश्यकता का अनुभव करते हैं, क्योंकि यह अनुशासन सतर्क पाठकों और विद्वानों के लिए प्रासंगिक बना हुआ है। इस पुस्तक में लेखक का सुझाव साहित्य और संस्कृति के क्रमबद्ध और अनुभवजन्य दृष्टिकोण की रूपरेखा में बना हुआ है। पुस्तक की प्रस्तावना में कहा गया है, ''शाब्दिक, सांस्कृतिक, साहित्यिक और परा-साहित्यिक प्रश्नों, क्षेत्रों, समस्याओं, दृष्टिकोणों की प्रयोज्यता के रूप में। टोटोसी इसे वर्तमान के साथ प्रासंगिक बनाते हैं।''

टोटोसी कहते हैं कि साहित्य के अध्ययन में तुलनात्मक साहित्य का अनुशासन एक विधि है। इसे स्पष्ट करने के क्रम में वे दो दिशाओं की ओर इशारा करते हैं। पहला, तुलनात्मक साहित्य का तात्पर्य है एकाधिक राष्ट्रीय भाषा और साहित्य का ज्ञान और साहित्यिक अध्ययन हेतु अन्य अनुशासनों का ज्ञान और अनुप्रयोग, और दूसरा तुलनात्मक

* मूल अंग्रेजी से हिंदी अनुवाद : शशिभूषण सिंह

साहित्य में अन्य के समावेश की विचारधारा, जैसे, सीमांतता के कई अर्थों में एक सीमांत साहित्य, एक शैली, विभिन्न प्रकार के पाठ आदि। उनके अनुसार, तुलनात्मक साहित्य में "आंतरिक रूप से एक सामग्री और एक रूप है, जो अंतर सांस्कृतिक तथा साहित्य के अंतरानुशासनिक अध्ययन से सज्जित होता है। साथ ही इसके पास एक इतिहास होता है, जो इस सामग्री और रूप को प्रमाणित करता है।" टोटोसी साहित्य और संस्कृति के क्रमबद्ध और अनुभवजन्य दृष्टिकोण का परिचय कराते हैं; एक रूपरेखा और प्रविधि का ज्ञान देते हैं, जो "साहित्य और संस्कृति के अध्ययन हेतु सैद्धांतिक रूप से अभिनव और विधिक रूप से सटीक दृष्टिकोण" है।

वे तुलनात्मक साहित्य के ढाँचे के संयोजन की प्रयोज्यता और विभिन्न क्षेत्रों, पाठों तथा साहित्य में आनेवाली समस्याओं के निदान के लिए क्रमबद्ध और अनुभवजन्य दृष्टिकोण भी अपनाते हैं। वे चाहते हैं कि आम जनता और विश्वविद्यालय प्रशासन साहित्य के अध्ययन के महत्त्व को समझें। सामाजिक तौर पर एक रचनात्मक और अनिवार्य शिक्षा तथा जीवन शक्ति के रूप में साहित्य का अध्ययन अनिवार्य है और इस ओर गंभीर ध्यानाकर्षण होना चाहिए। इस आम धारणा से अलग कि विद्वानोचित पुस्तकों को निश्चित रूप से पठनीय होना चाहिए, उनकी राय है कि विद्वता का प्रदर्शन रूप और 'उच्च' विज्ञान की सामग्री में किया जाना चाहिए और उसके बाद उसे लोकप्रिय बनाने का उपक्रम होना चाहिए। टोटोसी के अनुसार, तुलनात्मक साहित्य का प्रस्तावित प्रकार तथा मुख्यतः साहित्य और संस्कृति हेतु क्रमबद्ध और अनुभवजन्य दृष्टिकोण का प्रविधिगत ढाँचा एक साथ वहाँ परिणाम देता है, जहाँ सिद्धांत में अनुकूलता का आपसी सवंर्द्धन होता है, जैसा कि वे अपने अनुप्रयोग में दर्शाते हैं। वे तुलनात्मक साहित्य के एक घोषणापत्र का सुझाव देते हैं, जिसमें दस सामान्य सिद्धांत हैं। ये सिद्धांत प्रयोग में आनेवाली बाधाओं से मुठभेड़ करते हैं। वे साहित्यों के बीच संपर्क और संवाद को इन सबमें सबसे महत्त्वपूर्ण मानते हैं, "तुलनात्मक साहित्य का मतलब है अन्य के साथ हेलमेल और संपर्क, जो कि एक 'गैर-औपनिवेशिक' पाठ (उदाहरण के लिए, लोकप्रिय साहित्य) या अन्य जाति, लिंग, राष्ट्र आदि का साहित्यिक और सांस्कृतिक पहलू हो सकता है।" इसके अतिरिक्त, वे कुछ व्यवस्थाओं, कुछ उपयोगी उपकरणों का, जो उसके सैद्धांतिक 'स्वरूप' को रेखांकित करने में उपयोगी होंगे, का परिचय देते हैं–इनमें निम्नलिखित शामिल हैं :

1. साहित्य के अनुभवजन्य अध्ययन का सिद्धांत
2. साहित्यिक संस्थाओं का सिद्धांत
3. बहुतंत्र (Polysystem) सिद्धांत
4. लिखित पाठ की प्रणाली का सिद्धांत
5. साहित्यिक क्षेत्र का सिद्धांत
6. प्रणाली (तंत्र) के रूप में साहित्य का सिद्धांत।

पुस्तक के द्वितीय अध्याय में टोटोसी साहित्यिक पाठकों तथा सांस्कृतिक भागीदारी में साहित्यिक अधिनियम के संदर्भ की ओर मुड़ते हैं। वे कनाडा और हंगरी में साहित्यिक जर्नल और पत्रिकाओं के संदर्भ के साथ संचयी अधिनियम गठन के एक सिद्धांत के तत्त्व पर प्रकाश डालते हैं। उनका संचयी अधिनियम गठन का सिद्धांत, सैद्धांतिक के साथ-साथ प्राविधिक तौर पर परिचालनात्मक और कार्यात्मक पहलुओं का ऐसा समाहार है जिससे कोई व्यक्ति अधिनियम निर्माण को समझ सकता है। इसके आगे, वे स्पष्ट करते हैं कि चार क्रमबद्ध श्रेणियों (अर्थात् 1. पाठ और प्रस्तोता के बीच सौंदर्य-संचार, 2. पाठ का प्रसंस्करण, 3. इसका अभिग्रहण तथा 4. इसका उत्तर-उत्पादन प्रसंस्करण) के बीच प्रतिध्वनि विज्ञान पर ध्यान देने से क्रमबद्ध प्रणाली आगे सामयिक और समयातीत तौर पर समस्याओं से ग्रस्त हो सकती है।

टोटोसी मानते हैं कि अधिनियम या मानक निर्माण में, एक खास सांस्कृतिक प्रक्रिया में लेखक की स्थिति एक महत्त्वपूर्ण कारक की होती है। वे कनाडा और हंगरी की सांस्कृतिक भागीदारी और साहित्य-चित्र का उदाहरण देते हुए विस्तार से इसकी चर्चा करते हैं। इस चर्चा के क्रम में, टोटोसी उल्लेख करते हैं कि जातीय अल्पसंख्यक पाठकीयता का अपना महत्त्व है, क्योंकि इससे अल्पसंख्यक और बहुसंख्यक संस्कृति के बीच संवाद के रूप में कुछ और प्रक्रियाओं तथा सांस्कृतिक भागीदारी का पता चलता है। उनके अनुसार, एक ओर दूसरे की समझ तथा दूसरी ओर एक समाज के भीतर अल्पसंख्यक और मुख्य धारा के समूहों के बीच बातचीत, बहुसंस्कृतिवाद और सांस्कृतिक बहुलता के बोध हेतु सबसे मुख्य कारक है, जबकि 'अन्य' के साथ बातचीत किसी भी समाज की संरचना का एक महत्त्वपूर्ण घटक है।

जूली थॉम्पसन क्लेन की पुस्तक (Interdisciplinarity : History, Theory, Practice, 1990) से विचार और सुझाव को ग्रहण करते हुए, टोटोसी अंतरानुशासनिकता के दो आधारभूत सिद्धांतों में से एक–अपेक्षाकृत अधिक सटीक वर्गीकरण और दृष्टिकोण–को स्वीकार करते हैं, जैसे–तुलनात्मक सिद्धांत और विधि (Method) का सिद्धांत। वे कहते हैं कि जब माने हुए पैरामीटर के अंदर विद्वत्ता को रखा जाता है, तब अंतर-अनुशासनिकता मौजूद रहती है। जब एक विद्वान प्राकृतिक विज्ञानों जैसे अपेक्षाकृत अधिक दूरी वाले अनुशासनों में पाए जाने वाले सैद्धांतिक और प्रविधीय सिद्धांतों में चित्रित साहित्यिक समस्या के समाधान का प्रयास करता है, तब बहु-अनुशासनिकता उपस्थित होती है और अंततः अलग-अलग क्षेत्रों में काम करने वाले विद्वानों के सामूहिक कार्य की बहु-अनुशासनिकता निर्धारित होती है। इस अध्याय में टोटोसी प्रस्तावित करते हैं कि यदि "तुलनात्मक सिद्धांत और विधि अवसर और कार्यक्षमता के नियमों के अनुसार प्रतिवेदित अनुप्रयोग के अनुरूप तय होते हैं, तो साहित्य का अध्ययन अंतरानुशासनिकता के संदर्भ में निश्चित रूप से अपने प्रगत ज्ञान के उद्देश्य को प्राप्त करेगा।" इसके अतिरिक्त वे साहित्य और सिनेमा से उदाहरण देते हुए इसे स्पष्ट करते हैं और निष्कर्ष

निकालते हैं कि साहित्य और सिनेमा दो अलग-अलग संचार के माध्यम हैं, एक लिखित और निष्क्रिय तथा दूसरा दृश्य और सक्रिय, किंतु वास्तविकता को प्रस्तुत करने हेतु जो तंत्र दोनों को नियोजित कर रहा है, वह एक है। इसके अलावा टोटोसी एक ऐसे उदाहरण का अध्ययन (Case study) प्रस्तुत करते हैं, जहाँ एक साहित्यिक पाठ-उपन्यास (देज्सो कोस्तोलान्यी का एडिस अन्ना, 1926) है, जिसका औषध विज्ञान की सहायता से विश्लेषण किया जाता है। इसके परिणामस्वरूप उस उपन्यास की स्थापित संकटपूर्ण स्थितियों का एक नाटकीय उत्क्रमण में समाधान होता है।

टोटोसी आगामी अध्याय में अपेक्षाकृत अधिक विस्तृत, सैद्धांतिक और व्यावहारिक संदर्भों में एक सांस्कृतिक परिप्रेक्ष्य का परिचय देते हैं। वे साहित्य और संस्कृति के क्रमबद्ध और अनुभवजन्य दृष्टिकोण को लागू करते हैं, जो प्रदर्शित करता है कि कैसे एक सांस्कृतिक क्षेत्र विशेष से लिये गए साहित्यिक पाठ का विश्लेषण एक निश्चित और विशिष्ट दृष्टिकोण को सूचित करता है। वे पूर्व-मध्य यूरोप से अपना उदाहरण देते हैं। उनकी सैद्धांतिक और व्यवहारिक मान्यताएँ—जो मिश्रित और परस्पर समस्याग्रस्त हैं, वे इस प्रकार हैं :

1. उत्तरी अमेरिका और यूरोप में केंद्र/परिधि के बाहर उत्तर-औपनिवेशिक प्रतिमान।

2. सांस्कृतिक भिन्नता और जातीयता के साथ उत्तर-आधुनिक सामाजिक विमर्श का कनाडा का मॉडल।

सैद्धांतिक बातों को ध्यान में रखते हुए, टोटोसी समकालीन पूर्वी यूरोपीय साहित्य और संस्कृति में 'Inbeluren peripherality' और 'Narrative of change' के पैरामीटर की सलाह देते हैं। वे आगे कहते हैं कि ''राजनीति और इतिहास की कमी का बहुत महत्त्व है और यह (हमें) नैरेटिव (Narrative) के एक तीक्ष्ण परिवर्तन की सलाह देता है।'' वे कहते हैं कि साहित्य और संस्कृति के क्रमबद्ध और अनुभवजन्य दृष्टिकोण के साथ जातीय अल्पसंख्यक कर्ज (या उधार) अपने आप में साहित्यिक उत्पादकता का एक स्पष्ट प्रकार है, खासकर वहाँ, जहाँ तुलनात्मक साहित्य का केंद्र-परिधि प्रतिमान प्रयोग में लाया जा सकता है, जब से सामान्यतया अल्पसंख्यक लेखन बहुसंयोजी सम्मेलनों के प्रचलन के कारण समग्रतः नियमीकरण की प्रक्रिया में कठिनाइयाँ नहीं होने की तुलना में अपेक्षाकृत अधिक बार प्रकट हुआ है। वे आगे कहते हैं कि एक बार यदि जातीय अल्पसंख्यक लेखन की 'प्रणालीगत (सिस्टमेटिक पोजीशनिंग) प्रदर्शित हो जाती है, तो ऐसे पाठ अपने आप अपने अपेक्षाकृत अधिक परिष्कृत विश्लेषण के साथ धारणा की एक उच्च स्थिति को प्राप्त कर लेते हैं। तत्पश्चात्, संभव नियमीकरण और अंततः एक पाठकीयता सुनिश्चित होती है।

यदि लैंगिक जिम्मेदारी एक मानवीय विशेषता के रूप में विकसित है, तो अन्य नकारात्मक भेदभाव या तो तार्किक रूप से गायब हो जाएँगे अथवा मुकाबले हेतु आसान हो जाएँगे। वे लैंगिक जिम्मेदारी की एक कार्यात्मक और परिचालक रूपरेखा पेश करते हैं। क्रमबद्ध और अनुभवजन्य रूपरेखा के एक अन्य क्षेत्र में, टोटोसी सामग्री के विश्लेषण

की तुलनात्मक क्रमबद्ध प्रासंगिकता का प्रदर्शन करते हैं। वहाँ प्रकाशन का इतिहास, जैसे अतिरिक्त साहित्यिक कारक, साहित्यिक इतिहास में स्थापित सामाजिक-राजनीतिक धारणाओं में आमूल-चूल परिवर्तन कर देता है। वे अपनी चर्चा में हरमन हेस और रॉबर्ट मुसिल के ग्रंथों (पाठों) पर प्रकाश डालते हैं। वे अपने विश्लेषण में यह बताने की कोशिश करते हैं कि एक पितृसत्तात्मक जगत में महिलाओं की भूमिका के संबंध में सामाजिक इतिहास में कलात्मक संवेदनशीलता और अंतर्दृष्टि जहाँ पुरुषों के लेखन में प्रदर्शित होती है, वहाँ पुरुष साहित्यिक विद्वत्ता के कार्यों पर अपेक्षाकृत अधिक ध्यान देने की आवश्यकता है। नारीवादी आलोचना पर ध्यान देने के साथ, वे आगे एक पाठ जिसमें एक पुरुष लेखक अत्यधिक आंतरिक रूप से शामिल है, का विश्लेषण करते हैं और महिला कामुकता और शृंगारिकता को एक विशिष्ट सांस्कृतिक परिवेश में रचते हैं। उसके बाद वे लेखक और उसके पाठ के कई संस्करणों के प्रकाशन के इतिहास को इस विशिष्ट पहलू के साथ जोड़ते हैं।

प्रविधि विद्वत्ता का एक महत्त्वपूर्ण कारक है, इस आधारभूत तर्क के पश्चात् टोटोसी तर्क देते हैं कि साहित्य और संस्कृति के लिए क्रमबद्ध और अनुभवजन्य दृष्टिकोण की स्वीकृति जब लागू होती है, तब अनुवाद के अध्ययन के लिए बहुप्रणाली सिद्धांत का आकर्षण बढ़ जाता है। इसके अतिरिक्त भी वे एक तर्क प्रस्तुत करते हैं। यह तर्क उन दो सैद्धांतिक चौखटों (Frame works) के विलय के लिए है, जिन्हें कार्यात्मक उपयोग के लिए सुनिश्चित और प्रयुक्त किया जा सकता है। वह है, अनुवाद के अध्ययन हेतु एक वर्गीकरण नियम। यहाँ उनकी राय है कि ''परिचालनवाद और प्रकार्यवाद की एक कठिनतम 'सत्ता (System)' की धारणा का आगे विस्तार होना चाहिए क्योंकि यह प्रविधिगत घटक का प्रतिनिधित्व करती हैं और इस पर प्रकाश डालती है कि सामान्यतः साहित्यिक अध्ययन को कैसा होना चाहिए, खासतौर से अनुवाद के अध्ययन को।'' टोटोसी राय देते हैं कि ''अपने क्रमागत तत्त्वों में बहुप्रणाली सिद्धांत बहुत ही नरम है, क्योंकि यह बहुत ज्यादा अंतर्ज्ञान और विश्लेषण की प्रतीकात्मक प्रस्तुति की अनुमति देता है। परिणामतः अयथार्थ प्रविधि में अनुभव से प्राप्त परिणाम (अनुभवजन्य स्वीकृति) को खारिज कर देता है।'' उनकी राय है कि यदि सिद्धांत के सुझाव का सफलता से पालन किया जाए, तो क्रमबद्ध और अनुभवजन्य दृष्टिकोण एक 'अपेक्षाकृत अधिक कठिन' क्रमागत स्वीकृति (प्राप्ति) और एक उपयोगी प्रविधिगत परिप्रेक्ष्य की संभावना प्रस्तुत कर सकता है। अनुवाद के अध्ययन हेतु वे अपने परिचालक, कार्यात्मक और प्रविधिगत परिप्रेक्ष्य के तीन कारकों को चिह्नित करते हैं :

1. विशेषीकृत वर्गीकरण का प्रश्न
2. प्रविधिगत परिशुद्धता पर बल
3. अनुवाद के अध्ययन में क्रमबद्ध और अनुभवजन्य दृष्टिकोण का आवेदन और इस प्रकार बहुप्रणाली अभिगम द्वारा पहले से ही विकसित दृष्टिकोण का विलय।

इस प्रकार वे अनुवाद के अध्ययन हेतु वर्गीकरण की एक स्पष्ट तसवीर प्रस्तुत करते हैं।

टोटोसी प्रणाली सिद्धांत, साहित्यिक सिद्धांत, साहित्यिक प्रणाली तथा सूचना विज्ञान के संदर्भों को जोड़ते हैं, जिसका उद्‌देश्य एक 'मैक्रो' सिद्धांत के संबंध में एक बहस खड़ी करना है। वे एक महत्त्वपूर्ण प्रश्न प्रस्तुत करते हैं कि किस प्रकार साहित्य के अध्ययन पर सूचना विज्ञान में हुए हालिया विकास प्रभाव डालते हैं। उनके अनुसार इस प्रश्न तक मुख्य दो दृष्टिकोणों से पहुँचा जा सकता है : (क) एक सैद्धांतिक स्थिति (यों) पर प्रकाश डालता है तथा (ख) दूसरा संचालक और कार्यात्मक पहलुओं पर प्रकाश डालता है। ये एक-दूसरे की तुलना में भिन्न (विशिष्ट) हैं, किंतु ये पहलू एक समय-विशेष में ओवरलैप करते हैं। पुस्तक में टोटोसी का तर्क यह है कि इलेक्ट्रॉनिक और सूचना-क्रांति और इसकी निरंतर वृद्धि को देखते हुए यह महत्त्वपूर्ण है कि "साहित्य का अध्ययन स्वयं का पुनर्मूल्यांकन और पुनरुद्धार करे।" उनके लिए, साहित्य और शिक्षाशास्त्र का यह नया परिप्रेक्ष्य व्यवस्थापरक है, क्योंकि यह एक "सतर्क (सावधान), तर्कसंगत, संगठित तथा एक ही समय में पाठ के क्रमबद्ध अन्वेषण के व्यापक फलक की अनुमति देने के" रूप में उपस्थित है। वे यह भी सुझाव देते हैं कि एक व्यवस्थित ढाँचे और प्रविधि के अतिरिक्त, तकनीकी और सैद्धांतिक ज्ञान के बीच अपेक्षाकृत अधिक सहयोग और संवाद आवश्यक है। वे 'The information highway' नामक उपकरण तथा यह किस प्रकार हमारे अपने प्रभाव से हमारी संप्रेषणीयता को परिवर्तित कर देता है, (और अंततः, इसके प्रभाव और परिणाम बदल जाते हैं, जो कि साहित्य के अध्ययन को पुनर्स्थापित कर देता है) में रुचि रखते हैं। उनके अनुसार सूचना प्रौद्योगिकी अपने आप में न केवल प्राथमिक गतिविधियों बल्कि साहित्य के अध्ययन की गतिविधियों को भी प्रभावित करती है। उनकी दृष्टि में, सूचना प्रौद्योगिकी और उसके समस्त प्रभाव साहित्य के अध्ययन के जिस क्षेत्र को विशेष रूप से प्रभावित करते हैं, वह है, दर्शक यानी पाठक, जो अंततः साहित्य के अध्ययन और साहित्यिक सिद्धांत को प्रभावित करेगा। यदि साहित्य का पाठक इस गहन प्रक्रिया से गुजरता है कि पश्चिमी समाज में साहित्य किस तरह से पढ़ा और संसाधित किया जाता है, तो यह भविष्यवाणी करना मुश्किल है कि सूचना प्रौद्योगिकी में प्रगति डाटा के उपयोग की गलतियों को कितना पाट देगी, किंतु टोटोसी की राय है कि एक उपकरण के रूप में Information highway का उपयोग साहित्यिक विद्वानों में निस्संदेह रूप से वृद्धि करेगा।

एक 'नए' तुलनात्मक साहित्य तथा 'साहित्य और संस्कृति' के लिए व्यवस्थापक और अनुभवजन्य दृष्टिकोण के साथ टोटोसी स्वीकार करते हैं कि अनुसंधान और विद्वत्कार्य 'कैसे हो, यह तय करना महत्त्वपूर्ण है।' एक नए तुलनात्मक साहित्य के लिए एक 'घोषणापत्र (Manifesto)' जारी करते हुए, वे तुलनात्मक साहित्य की सैद्धांतिक धारणाओं से मुक्त होने की कोशिश करते हैं और जाँच के साहित्यिक तथा सांस्कृतिक

क्षेत्रों की विस्तृत विविधता के लिए 'व्यवस्थापक और अनुभवजन्य दृष्टिकोण' के अपने सिद्धांत लागू करते हैं। आधुनिक और समकालीन लेखकों और उनके कार्यों को शामिल करते हुए, टोटोसी प्रस्तावित 'नए' तुलनात्मक साहित्य के विभिन्न आवेदनों के प्रयोग के साथ उन्हें विश्लेषित करते हैं। यह पुस्तक अत्यंत महत्त्वपूर्ण है। यह अमेरिका, फ्रांस और जर्मनी में पहले से ही स्थापित तुलनात्मक साहित्य के अनुशासनों में आ गए 'ठहराव' की स्थिति में दो विरोधाभासी घटनाओं का मुकाबला करने में मदद करती है। यह मध्य यूरोप, लैटिन अमेरिका और भारत सहित कई अन्य गैर-पश्चिमी देशों के लिए भी महत्त्वपूर्ण है, जहाँ यह अनुशासन तेजी से प्रासंगिक होता जा रहा है।

परिशिष्ट

परिशिष्ट-1

तुलनात्मक साहित्य पर कुछ जरूरी पुस्तकें

1. A History of Indian Literature (Vol. VII-VIII)- Sisir Kumar Das, Sahitya Akademi, New Delhi, 1991-1995
2. Aspects of Comparative Literature : Current Approaches- Chandra Mohan (Ed.), India Publishers & Distributers, New Delhi, 1989
3. Comparative Literary Studies- S.S. Prawer, Gerald Duckworth & Co. Ltd. London, 1973
4. Comparative Literature : Matter and Method- A. Owen Aldridge (Ed.). University of Illinois Press, Urbana, 1964
5. Comparative Literature : A Critical Introduction- Susan Basnett, Blackwell, 1993
6. Comparative Literature : Indian Dimensions- Swapan Majumdar, Papyrus, Caulcutta, 1987
7. Comparative Literature : Method and Perspective- Newton Stalknecht and Horst Frenz (Eds.) Southern Illinois Press, Carbondale, 1961
8. Comparative Literature : Theory and Practice- Amiya Dev and Sisir Kumar Das (Eds.), Indian Institute of Advanced Study, Shimla, 1989
9. Comparative Literature : Theory, Method, Application- Steven Totosy De Zepetnek, Rodopi, Amsterdan- Atlanta, GA, 1998
10. Comparative Literature and Literary Theory : Survey and Introduction- Ulrich Wisstein, Indiana University Press, 1975
11. Comparative Literature as Academic Discipline : A Statement of Principles, Praxis, Standards- R.J. Clements, Modern Language Association of America, New York, 1978
12. Comparative Literature- H. Gifford, Routledge & Kegan Paul, London, 1969
13. Comparative Literature- H.M. Posnett, Johnson Reprints, New York, 1970 (Original Edition, 1886)
14. Comparative Literature in an Age of Globalization- Haun Saussy (Ed.)- The Johns Hopkins University Press, Baltimore, 2006
15. Comparative Literature in the Age of Multiculturalism- Charles Bernheimer (Ed.), The Johns Hopkins University Press, Baltimore, 1995
16. Comparative Poetics- Earl Miner, Princeton University Press, Princeton, New Jersey, 1990

17. Counterpoints : Essays in Comparative Literature- Nabneeta Dev Sen, Prajna, Calcutta, 1985
18. Death of a Discipline- Gayatri Chakravorty Spivak, Seagull Books, Calcutta/ New Delhi, 2004
19. Discriminations :Further concepts of Criticism Rene Wellek, Yale University Press, New Haven and London, 1970
20. Indian Literature- Arvind Poddar (Ed.), Indian Institute of Advanced Study, Shimla, 1972
21. Spotlight on Comparative Indian Literature- K.Ayyappa Panikar, Papyrus, Calcutta, 1992
22. The Challenge of Comparative Literature- Claudio Guillen, Harvard University Press, 1993
23. The Comparative Perspective on Literature : Approaches to Theory and Practice- Clayton Koelb and Susan Noakes (Eds) Cornell University Press, Ithaca and London, 1988
24. The Idea of Comparative Literature- C.L. Wrenn, Modern Humanities Research Association, London, 1968
25. The Idea of Comparative Literature in India- Amiy Dev, Papyrus, Calcutta, 1984
26. तुलनात्मक साहित्य–नगेंद्र (संपा.) नेशनल पब्लिशिंग हाउस, नई दिल्ली, 1985
27. तुलनात्मक साहित्य : भारतीय परिप्रेक्ष्य–इंद्रनाथ चौधुरी, वाणी प्रकाशन, नई दिल्ली, 2006

परिशिष्ट-2

लेखक/अनुवादक परिचय

लेखक

अमिय देव : प्रतिष्ठित तुलनाविद्। तुलनात्मक साहित्य विभाग, जादवपुर विश्वविद्यालय, कोलकाता में तुलनात्मक साहित्य के प्रोफेसर-अध्यक्ष रहे। विद्यासागर विश्वविद्यालय, मिदनापुर (प. बंगाल) में कुलपति पद पर कार्य। 'द आइडिया ऑफ कंपेरेटिव लिटरेचर इन इंडिया' उल्लेखनीय पुस्तक। जादवपुर जर्नल ऑफ कंपेरेटिव लिटरेचर के संपादक भी रहे।

अवधेश कुमार सिंह : सौराष्ट्र विश्वविद्यालय, राजकोट, गुजरात में अंग्रेजी के प्रोफेसर-अध्यक्ष एवं डॉ. अंबेडकर मुक्त विश्वविद्यालय, अहमदाबाद, गुजरात के कुलपति पद पर रहे। गुजरात नॉलेज कंसोर्टियम, गुजरात सरकार के समन्वयक के रूप में कार्य। संप्रति, अनुवाद अध्ययन एवं प्रशिक्षण विद्यापीठ, इंदिरा गांधी राष्ट्रीय मुक्त विश्वविद्यालय, नई दिल्ली में प्रोफेसर-निदेशक। अंग्रेजी साहित्य के अलावा तुलनात्मक साहित्य, अनुवाद और अंतर-अनुशासनिक अध्ययन के क्षेत्र में उल्लेखनीय कार्य।

इंद्रनाथ चौधुरी : भारतीय साहित्य के प्रतिष्ठित अध्येता। हिंदी के प्रोफेसर और केंद्रीय साहित्य अकादेमी के सचिव रहे। हिंदी में 'तुलनात्मक साहित्य की भूमिका' नामक पहली महत्त्वपूर्ण पुस्तक के लेखक।

ईप्सिता चंदा : तुलनात्मक साहित्य विभाग, जादवपुर विश्वविद्यालय, कोलकाता में तुलनात्मक साहित्य की प्रोफेसर। विभाग की अध्यक्ष एवं यू.जी.सी. की सैप (SAP) केंद्र की समन्वयक रहीं।

गणेश नारायण देवी : प्रसिद्ध आलोचक एवं तुलनाविद्। महाराजा सयाजीराव विश्वविद्यालय, बड़ौदा में अंग्रेजी के प्रोफेसर रहे। 'आफ्टर एमनेशिया' पुस्तक पर केंद्रीय साहित्य अकादेमी पुरस्कार। लीड्स और येल विश्वविद्यालयों की फेलोशिप के अलावा जवाहरलाल नेहरू फेलोशिप। भाषा अकादेमी के संस्थापक, साहित्य अकादेमी की 'लिटरेचर इन ट्राइबल लैंग्वेजेज एंड ओरल ट्रेडीशन' परियोजना के निदेशक। 'पीपुल्स लिंग्विस्टिक सर्वे ऑफ इंडिया' के संयोजक-संपादक।

गौरव चटर्जी : तुलनात्मक साहित्य विभाग, जादवपुर विश्वविद्यालय में रिसर्च फेलो।

जुधाजित सरकार : तुलनात्मक साहित्य विभाग, जादवपुर विश्वविद्यालय में शोधार्थी।

देबोर्ति चक्रवर्ती : तुलनात्मक साहित्य विभाग, जादवपुर विश्वविद्यालय में रिसर्च फेलो।

पार्थसारथी भौमिक : तुलनात्मक साहित्य विभाग, जादवपुर विश्वविद्यालय में सहायक प्रोफेसर।

रमेश कुंतल मेघ : प्रतिष्ठित सौंदर्यशास्त्री एवं आलोचक। गुरुनानकदेव विश्वविद्यालय, अमृतसर के हिंदी विभाग में प्रोफेसर-अध्यक्ष रहे। 'अथातो सौंदर्यजिज्ञासा', 'साक्षी है सौंदर्यप्राश्निक', 'तुलसी : आधुनिक वातायन से' कुछ चर्चित पुस्तकें।

शिबाजी बंद्योपाध्याय : तुलनात्मक साहित्य विभाग, जादवपुर विश्वविद्यालय, कोलकाता में तुलनात्मक साहित्य के प्रोफेसर पद से सेवानिवृत्त।

शिशिर कुमार दास : प्रसिद्ध तुलनाविद्, अनुवादक, कवि एवं नाटककार तथा भारतीय साहित्य के विशिष्ट अध्येता। दिल्ली विश्वविद्यालय के आधुनिक भारतीय भाषा विभाग में टैगोर प्रोफेसर के रूप में कार्य। अन्य महत्त्वपूर्ण कार्यों के अलावा साहित्य अकादेमी, नई दिल्ली की भारतीय साहित्य के समेकित इतिहास की अतिमहत्त्वपूर्ण परियोजना 'ए हिस्ट्री ऑफ इंडियन लिटरेचर' के समन्वयक-लेखक-संपादक। कंपेरेटिव लिटरेचर एसोसिएशन ऑफ इंडिया के अध्यक्ष रहे।

शुभा चक्रवर्ती दासगुप्ता : तुलनात्मक साहित्य विभाग, जादवपुर विश्वविद्यालय, कोलकाता में तुलनात्मक साहित्य की प्रोफेसर। विभाग की अध्यक्ष एवं यू.जी.सी. की सैप (SAP) केंद्र की समन्वयक रहीं।

सतीश कुमार एस. : तुलनात्मक साहित्य विभाग, जादवपुर विश्वविद्यालय में शोधार्थी।

सायंतन दासगुप्ता : तुलनात्मक साहित्य के अध्येता और तुलनात्मक साहित्य विभाग, जादवपुर विश्वविद्यालय में सहायक प्रोफेसर। कंपेरेटिव लिटरचेर एसोसिएशन ऑफ इंडिया के सचिव।

सोमा मुखर्जी : विश्वभारती, शांति निकेतन में तुलनात्मक साहित्य की सहायक प्रोफेसर।

सौरव चक्रवर्ती : तिरुवनंतपुरम के एक शोध संस्थान में प्रोजेक्ट फेलो। बँगला और तमिल का अध्यापन।

स्वपन मजूमदार : प्रतिष्ठित तुलनाविद्। तुलनात्मक साहित्य विभाग, जादवपुर विश्वविद्यालय, कोलकाता में प्रोफेसर-अध्यक्ष रहे तथा साहित्य अकादेमी के पूर्वी क्षेत्रीय अनुवाद केंद्र के मानद निदेशक रहे। विश्वभारती शांति निकेतन में संस्कृति एवं सांस्कृतिक मामलों के निदेशक एवं रवींद्रभवन के अध्यक्ष रहे। 'कंपेरेटिव लिटरेचर : इंडियन डायमेंशन' शीर्षक चर्चित पुस्तक के लेखक। 'जादवपुर जर्नल ऑफ कंपेरेटिव लिटरेचर' का संपादन।

अनुवादक

अभिषेक यादव : राजीव गांधी विश्वविद्यालय, इटानगर, अरुणाचल प्रदेश में हिंदी के सहायक प्रोफेसर।

ई. विजयलक्ष्मी : मणिपुर विश्वविद्यालय, इम्फाल के हिंदी विभाग में सहायक प्रोफेसर। अनुवाद और समीक्षा की 6 पुस्तकें प्रकाशित।

गोपाल शर्मा : भाषाविद्। हिंदी में 16 और अंग्रेजी में 6 पुस्तकें प्रकाशित। संप्रति, वोलेगा विश्वविद्यालय, इथोपिया में भाषा अध्यापन।

जयश्री दत्त : मणिपुरी, बँगला और हिंदी में स्वतंत्र अनुवाद कार्य। रवींद्रनाथ के उपन्यास 'नौका डूबी' एवं 'राजर्षि' का हिंदी अनुवाद प्रकाशित- चर्चित।

देवराज : फ्लैप पर देखें।

शशिभूषण सिंह : महात्मा गांधी अंतर्राष्ट्रीय हिंदी विश्वविद्यालय, वर्धा से पी-एच.डी. शोधोपाधि प्राप्त। कवि एवं स्वतंत्र अनुवादक।

सैयद मासूम रजा : भारत सरकार की सेवा में वरिष्ठ राजभाषा प्रबंधक एवं स्वतंत्र अनुवादक।

सोमा बंद्योपाध्याय : कलकत्ता विश्वविद्यालय, कोलकाता के हिंदी विभाग में सहायक प्रोफेसर। अंग्रेजी, हिंदी, बँगला, मिजो आदि भाषाओं में अनुवाद कार्य।

❑❑❑